『大村はま 国語教室 全15巻 別巻1』
巻別内容総覧

橋本暢夫 編

溪水社

は　じ　め　に

○本書は、『大村はま国語教室　全15巻　別巻１』（筑摩書房　1982～1985）の内容を巻別、事項・項目・細目別に総覧したものである。

○百年にひとりの教育者といわれる大村はまの国語教室では、1928（昭和３）年諏訪高等女学校に赴任以来、「発動的な自己学習の態度」の育成をめざして教育活動が営まれてきた。
　大村教室においては、学習のプロセスがそのまま、学習者一人ひとりのことばの生活を育て、自己をみつめさせ、自己評価の眼を養い、「自己を育てる」態度が育成されてきた。とくに、優劣を意識させないで「自分で自分を育てる」態度の育成がめざされ、さらに指導者が個性に介入することのない工夫を重ねることによって「個の確立」が果されてきた。

○本書は、大村はまの「理念」を具現化した「大村はま国語教室」の実践・研究の工夫に学ぶために作成した。なお、巻末に大村はまの人間像・教育理念・実践研究の全体を識るための「著作一覧」を附した。

凡　例

○ 本書は第Ⅰ部及び第Ⅱ部からなり、『大村はま国語教室　全15巻　別巻1』（以下　全集と示す）の事項・内容を検索する便宜のために作成している。

○ 第Ⅰ部は、全16巻の巻・章・節を［1・Ⅰ・1］のように示し、項目・細目には［⑴　①　Ａ　ア］のように符号を付し内容を検索しやすくした。

○ 第Ⅱ部は、巻別・章別・項目別・細目別に「全集」の内容を縮約したり、要点を記述したり、例を引いたりすることによって示し、本文のその部分に学ぶことができるようにした。

○ 縮約したため、点線（…）の箇所が多くなった。「全集」の本文、［または原著］にぜひ当っていただきたい。

○ 項目・細目の符号や数字が順序通り続いていない箇所がある。紙数のつごうで省略したためで、校正の誤りではないと了承されたい。

○ 見開いたとき、各ページの左上に各巻のみだし「第一巻　国語単元学習の生成と深化」などと、右ページの上に各章のみだし「Ⅲ　単元学習の歩み」などと印字して、節の位置を明らかにした。

○ 節（項）が変わったとき、右端によせて「大村はま国語教室」のページ数、および、出典（「原著」名及び発行所・発行年等）を示した。

○ 学習者の人名は、個人情報の問題があるゆえ、承諾された方のほかは「全集」には記されていても、符号等で示した。

□ 「大村はま国語教室　全15巻　別巻1」からの縮約や要点の記述、引例等については、著作権継承者である大村努氏の了承を得ている。

『大村はま国語教室　全15巻　別巻１』巻別内容総覧
目　　次

はじめに　i

凡　　例　ii

Ⅰ　巻別事項通覧 …………………………………………………………… 1 ページ
　　［章節ごとの事項項目を巻別に一覧にしている］

Ⅱ　巻別内容総覧 …………………………………………………………… 25 ページ
　　巻別、項目別、細目別に、その内容を縮約や要点の記述、引例等によって全体を見通せるようにしている。また「全集」のページを記して、その部分を検索できるようにした。
　　なお、「全集」の後の大村の著作「○○○○」に詳しいなどと註をつけた箇所もある。

第①巻　国語単元学習の生成と深化 ……………………………………… 27 ページ
第②巻　聞くこと・話すことの指導の実際 ……………………………… 30 ページ
第③巻　古典に親しませる指導 …………………………………………… 35 ページ
第④巻　読むことの指導と提案 …………………………………………… 38 ページ
第⑤巻　書くことの計画と指導の方法 …………………………………… 43 ページ
第⑥巻　作文指導の展開 …………………………………………………… 48 ページ
第⑦巻　読書生活指導の実際（一） ……………………………………… 53 ページ
第⑧巻　読書生活指導の実際（二） ……………………………………… 62 ページ
第⑨巻　ことばの指導の実際 ……………………………………………… 86 ページ
第⑩巻　国語教科書とともに ……………………………………………… 99 ページ
第⑪巻　国語教室の実際 …………………………………………………… 122 ページ
第⑫巻　国語学習記録の指導 ……………………………………………… 136 ページ
第⑬巻　国語学習のために ………………………………………………… 151 ページ
第⑭巻　ことばの力を伸ばす ……………………………………………… 173 ページ
第⑮巻　ことばの勉強会 …………………………………………………… 198 ページ
第⑯巻　（別巻）Ⅰ自伝　Ⅱ実践・研究目録 …………………………… 222 ページ
附　　大村はま著作一覧 …………………………………………………… 230 ページ

おわりに　233

第Ⅰ部　巻別事項通覧

第①巻　国語単元学習の生成と深化

Ⅰ　国語単元学習の生成 …………………………………………………… 3

一　国語単元学習の思想 …………………………………………………… 5
　　1　単元学習の生成　　　　　　　　　　　　　　　　　　　　7
　　2　国語科の単元学習　　　　　　　　　　　　　　　　　　　63
　　3　国語の教室形態　　　　　　　　　　　　　　　　　　　　111
　　4　単元学習への出発のために　　　　　　　　　　　　　　　121

二　生成期における実践 …………………………………………………… 137
　　1　単元　クラス雑誌　　　　　　　　　　　　　　　　　　　139
　　2　単元　研究発表　　　　　　　　　　　　　　　　　　　　173
　　3　単元　伝記　　　　　　　　　　　　　　　　　　　　　　285

Ⅱ　国語単元学習の深化 …………………………………………………… 297

一　国語単元学習の成熟 …………………………………………………… 299
　　1　単元学習の成熟　　　　　　　　　　　　　　　　　　　　301
　　2　単元学習と私　　　　　　　　　　　　　　　　　　　　　315
　　3　私の国語単元学習　　　　　　　　　　　　　　　　　　　347

二　深化期における実践 …………………………………………………… 369
　　1　単元　新一年生に石川台中学校を紹介する　　　　　　　　371
　　2　単元　私たちの生まれた一年間　　　　　　　　　　　　　411

Ⅲ　単元学習の歩み ………………………………………………………… 477
　　私の研究授業一覧　　　　　　　　　　　　　　　　　　　　　479

　　解　説　　倉沢栄吉　　　　　　　　　　　　　　　　　　　　529

第Ⅰ部　巻別事項通覧

第②巻　聞くこと・話すことの指導の実際

Ⅰ　聞くこと・話すことの指導計画 ……… 3

 1　よい聞き手を育てる　　5
 2　「聞くこと」の指導計画　　29
 3　「聞くこと」の学習　　41
 4　「話すこと」の指導計画　　53
 5　「話すこと」の学習　　59
 6　話し方学習の系統化　　71
 7　人と学力を育てるために　　77
 8　話し合える人を育てる　　95

Ⅱ　聞くこと・話すことの教育実践 ……… 125

 1　私の授業から　　127
 2　新しい国語学習の実際　　155
 3　聞くこと・話すことの教育実践　　167
 4　「話し合い」指導について　　175
 5　夏休みの自由研究　　187
 6　正しく聞き取る力をつけるために　　211
 7　授業における教師のことば　　229

Ⅲ　聞くこと・話すことの単元の展開 ……… 241

 1　単元　国語学習発表会　　242
 2　単元　いきいきと話す　　319
 3　単元　このことばづかいをどう考えたらよいか　　339
 4　初歩段階の討議指導にはどんな話題がよいか　　367
 5　ことばの意味と使い方　　385
 6　お話がお話を呼ぶ　　407
 7　単元　このスピーチに、この題を　　415

 解　説　　倉沢栄吉　　445

第3巻　古典に親しませる指導

Ⅰ　古典に親しませる学習指導 …………………………………………………… 3
　　1　中学生の古典学習　　　　　　　　　　　　　　　　　　　　　　5
　　2　古代和歌学習指導の一案　　　　　　　　　　　　　　　　　　　15

Ⅱ　「古典に親しむ」の指導の実際 ……………………………………………… 25
　　1　古典入門――古典に親しむ　　　　　　　　　　　　　　　　　　27
　　2　古典へのとびら――古典に親しむ　　　　　　　　　　　　　　　91
　　3　昔の物語を読む　　　　　　　　　　　　　　　　　　　　　　137
　　4　古典への門――平家物語によって　　　　　　　　　　　　　　157
　　5　古典への門――枕草子によって　　　　　　　　　　　　　　　181
　　6　単元　古典のなかに見つけた子ども　　　　　　　　　　　　　215

Ⅲ　「古典に学ぶ」の指導の実際 ………………………………………………… 295
　　1　日本の美の伝統をさぐる――古典に学ぶ　　　　　　　　　　　297
　　2　日本語の改良のために――古典に学ぶ　　　　　　　　　　　　313

　　解　説　　野地潤家　　　　　　　　　　　　　　　　　　　　　　351

第4巻　読むことの指導と提案

I　文学の鑑賞指導の実際 …………………………………………………… 3

1. 単元学習と文学指導法　　5
2. 文学の鑑賞指導の実際　　13
3. 詩の味わい方　　67
4. 中学校における文学指導の評価　　79
5. 現場の小さな問題　　91
6. 教材研究「北風」のくれたテーブルかけ　　117
7. 文学を味わわせるために　　171
8. 鑑賞のための朗読　　207

II　読むことの授業の実際 ………………………………………………… 221

1. 単元　私たちの読書力〈図表を読む〉　　223
2. 単元　明治・大正・昭和の作文の歩み　　241
3. 単元　「──という人」〈伝記を読む〉　　293
4. 単元　知ろう　世界の子どもたちを　　319
5. 単元　知らせよう　日本の子どもたちを　　393
6. 単元　もう一つの歩き方をさぐる　　417

　　解　説　　野地潤家　　445

第⑤巻　書くことの計画と指導の方法

Ⅰ　書くことの指導の計画 …………………………………………………………… 3

1　作文の指導計画案 …………………………………………………………… 5
 (1)　例一　教科書を中心にしての作文学習
     聞き話し読む学習とともに（一）   12
 (2)　例二　教科書を中心にしての作文学習
     聞き話し読む学習とともに（二）   16
 (3)　例三　作文の学習　 22
 (4)　例四　目的を考えて　 89
 (5)　例五　自由作　 104

2　中学国語カリキュラムにおける「書くこと」の指導 ……………………… 123
3　中学校の作文指導 …………………………………………………………… 141
4　筆不精と国語学習 …………………………………………………………… 149
5　『綴方十二ヶ月』に学ぶ …………………………………………………… 157

Ⅱ　書くことの指導の方法 ………………………………………………………… 165

1　取材の指導 …………………………………………………………………… 167
2　記述・批評・処理のためのてびき ………………………………………… 175
3　作文の処理を学習に ………………………………………………………… 187
4　作りかえながら書く力をつける …………………………………………… 211
5　単元　座談会を記事に ……………………………………………………… 227
6　一冊の「言語生活」を手がかりに ………………………………………… 243
7　おりおりの作文の指導 ……………………………………………………… 263
 一　暑中見舞てびき　 263
 二　作文学習日記　 266
 三　日記マラソン　 267
 四　修学旅行二題　 269
 五　平がなの形を整える　 272
 六　あの子の気持ち　この子の気持ち　 277

Ⅲ　学習指導資料と作文題材集 …………………………………………………… 281

1　中学作文 ……………………………………………………………………… 283
2　作文題材集 …………………………………………………………………… 411

  解　説　　井上敏夫 ……………………………………………………… 443

第6巻　作文指導の展開

Ⅰ　中学生の創作力を養うための学習指導 ……………………………………… 3
　1　創作する力をつける ……………………………………………………… 5
　2　創作「五つの夜」 ………………………………………………………… 13
　3　創作文集「秘密の遊び場」 ……………………………………………… 49
　4　楽しくつくる「白銀の馬」 ……………………………………………… 73
　5　楽しくつくる「旅の絵本」 ……………………………………………… 113

Ⅱ　書くことの指導の展開 ……………………………………………………… 125
　1　書き出しの研究 …………………………………………………………… 127
　2　意見文の指導 ……………………………………………………………… 141
　3　作文処理のさまざま ……………………………………………………… 185

Ⅲ　個人文集 ……………………………………………………………………… 241
　1　個人文集——の本　全九冊 ……………………………………………… 243
　2　個人文集——の本　第二案 ……………………………………………… 343
　3　文集のいろいろ …………………………………………………………… 355

　　解　説　　井上敏夫 ……………………………………………………… 377

第7巻　読書生活指導の実際（一）

Ⅰ　読書指導と読書生活の指導 … 3
- 1　読書生活の指導 … 5
- 2　読書指導の実際 … 65
- 3　読書人の基礎能力を養うために … 99

Ⅱ　読書指導の展開 … 153
- 1　単元　私はこの人を … 155
- 2　単元　どの本を買おうか … 179
- 3　単元　外国の人は日本（日本人）をこのように見ている … 205
- 4　単元　各国に生きる現代の子どもたちの姿 … 263
- 5　単元　ここにこう生きている少年少女 … 303
- 6　単元　お話を読んでみつけた私のお話 … 323

Ⅲ　読書生活指導のいろいろ … 339
- 1　もう一冊の本をつくりながら読む … 341
- 2　本を使って … 353
- 3　読書会 … 359
- 4　ここはこれをふまえている … 369
- 5　読書の教室 … 381
- 6　卒業記念　石川台中学校図書館掲示板 … 385
- 7　読書生活通信 … 411

　　解　説　　井上敏夫 … 423

第⑧巻　読書生活指導の実際（二）

Ⅰ　読書生活の指導について ……………………………………………………… 3
　1　読書指導について考える …………………………………………………… 5
　2　帯単元「読書」の指導について …………………………………………… 13

Ⅱ　単元「読書」の指導の実際 …………………………………………………… 31
　1　読書について考える ………………………………………………………… 33
　　まえがき（33）
　　A　ア 読書についての質問（35）　イ 読書計画（47）　ウ 読書生活を考える（53）
　　　　エ 読書について識見を高める（62）　オ 主体的に読む（68）　カ どんな意見があるだろうか（70）　キ 読書について考えを深める──読書論1（73）　ク 読書について考えを深める──読書論2（91）
　　B　読書について考える1（103）　読書について考える2（107）　読書生活について考える3（116）
　　C　問題発見のために読む──問題解決のための読書に対して（125）　読みながら何か発見していく読書（139）
　　D　批判的に読む1（142）　批判的に読む2（153）
　　E　発展する読書（159）
　　F　本のはたらき（171）
　2　本を探す・選ぶ ……………………………………………………………… 185
　　まえがき（185）
　　A　問題について、その解決に役立つ本を探し、役立つ部分をメモする（186）　目録を活用して本を選ぶ1（195）　目録を活用して本を探し選ぶ2（202）
　　B　(1)疑問・問題の解決を求めて本を選ぶ1（208）　(2)疑問・問題の解決を求めて本を選ぶ2（214）　(3)目的によって適切な本を選ぶ（219）　(4)目的によって本を選ぶ（224）
　3　読書の技術 …………………………………………………………………… 229
　　○まえがき（229）
　　A　ア 本で本を読む（230）　イ 本で本を読む──むずかしいものを読む（245）
　　B　ア 自分の読みを育てながら読む（253）　イ 読みえたものを育てながら読む（264）
　　C　ア 読んだ本をとらえ直す（276）　イ 本が呼びかけてくる（284）
　　D　ア 目次・索引の活用（291）　イ 本以外のものの活用（295）　ウ 想像から読みへ（297）　エ いろいろの読み方を使いこなす（302）　オ どの段落をくわしく読んだらよいだろう（306）　カ 解説は、作品を読む前に読むか、あとで読むか（315）　キ アンケートを読む（324）　ク いい問題をもらった（333）

4 本の活用 ………………………………………………………………………………… 349
　○まえがき（349）
　　A　いろいろの本の活用（350）
　　B　本を使って（356）
　　C　書くために読む（362）
　　D　私の生まれた日（369）
5 感想を育てる …………………………………………………………………………… 379
　　まえがき（379）
　　A　感想を育てる（380）
　　B　読書感想文集を読み合って（388）
　　C　感想を幅広く育てる（392）
　　D　資料によって感想を育てる（398）
6 読書生活の記録 ………………………………………………………………………… 405
　　まえがき（405）
　　解説（412）
7 読書会 …………………………………………………………………………………… 433
　　まえがき（433）
　　読書会（434）
8 読みを誘う ……………………………………………………………………………… 455
　　まえがき（455）
　　A　本のなぞなぞ（456）
　　B　読んで作るクイズ　読みを誘うクイズ（464）
9 おりおりの指導 ………………………………………………………………………… 473
　　A　読書に関する調査1（473）　B　読書に関する調査2（475）　C　本を紹介し合う（477）　D　夏休みの読書指導1（484）　E　夏休みの読書指導2（487）　F　夏休みの読書指導3（493）

　　解　説　　倉沢栄吉 ……………………………………………………………………… 497

第⑨巻　ことばの指導の実際

Ⅰ　ことばを豊かに …… 3

1. ことばを豊かに …… 5
2. 中学生と語彙 …… 35
3. 生徒の語彙を増すために …… 51
4. どの教科書も読めるようにするために …… 59
5. ことば——こんな意味が、こんな意味も …… 101
6. 広がることば　深まることば …… 113
7. ことばを思い出す　捜す　見つける …… 135
8. 私たちの作った　ことばあそび …… 149
9. ことばの学習「切る」 …… 163
10. 一つのことばがいろんな意味に使われている …… 171
11. 国語の辞書 …… 191
12. 語彙指導の試み …… 205

Ⅱ　ことばの指導の実際 …… 241

1. 単元　ほめことばの研究 …… 243
2. 単元　日本語について考える …… 263
3. 単元　ことばとことばの生活について考える …… 273
4. 単元　外来語の氾濫について考える …… 319
5. 単元　もっといろいろなことばを …… 367
6. 単元　表現くらべ …… 375
7. このことばこそ …… 419

Ⅲ　おりおりのことば指導 …… 437

A　ことば指導について …… 439
B　こんな言い方がある …… 455
C　一日一語日記 …… 457
D　集める（一）（二） …… 461
E　大きい、小さい …… 471
F　ナンバー付きのことば …… 475
G　新しく覚えたことば …… 478
H　問題を感じたことばづかい …… 479

I　ことばづかいとこころづかい ……………………………………………………… 484
J　「言う」の一族 …………………………………………………………………… 485

　　解　説　　井上敏夫 ……………………………………………………………… 487

第Ⅰ部　巻別事項通覧

第⑩巻　国語教科書とともに

Ⅰ　学習指導書から ……………………………………………………………………………… 3
　　まえがき ……………………………………………………………………………………… 5
　一　年 …………………………………………………………………………………………… 13
　　　目次　14／あいさつ　16／詩の誕生　31／生活の記録　46／読書と辞典　61／対話と問答　72／小説　86／通信　98／民話とことわざ　112／短歌と俳句　124／学校新聞　134
　二　年 …………………………………………………………………………………………… 147
　　　目次　148／ことばを育てる　150／詩の鑑賞　160／学校図書館　177／記録と報告　200／会話と討議　216／劇　230
　三　年 …………………………………………………………………………………………… 235
　　　目次　236／詩の理解　238／発表と報告　249／わたしたちのことば　286／外国の小説から　295／評論　304

Ⅱ　教科書を一冊の本として …………………………………………………………………… 315
　1　教科書を生かして使うために ……………………………………………………………… 317
　2　本に親しむ …………………………………………………………………………………… 325
　3　目次から内容を考える ……………………………………………………………………… 327
　4　読む速さを考える …………………………………………………………………………… 328
　5　朗読大会 ……………………………………………………………………………………… 329
　6　書き出し文の研究 …………………………………………………………………………… 330
　7　「中等新国語二」を読む——この視点から ……………………………………………… 343
　8　単元　小さな研究 …………………………………………………………………………… 389
　9　私の編集 ……………………………………………………………………………………… 417
　10　「国語学習事項索引」作成 ………………………………………………………………… 445

　　　解　説　　野地潤家 …………………………………………………………………………… 451

第11巻　国語教室の実際

Ⅰ　国語教室をつくる ……………………………………………………………………… 3
 1　国語学習指導の記録から ………………………………………………………… 5
 2　国語教室の実際 …………………………………………………………………… 61
 3　生きた場にすること ……………………………………………………………… 93

Ⅱ　教えるということ ……………………………………………………………………… 147
 1　教師の技術 ………………………………………………………………………… 149
 2　教えるということ ………………………………………………………………… 169
 3　教師の仕事 ………………………………………………………………………… 207
 4　中学校国語学習の出発 …………………………………………………………… 249

Ⅲ　ひとりひとりを育てる ………………………………………………………………… 277
 1　ひとりひとりを育てる国語の授業 ……………………………………………… 279
 2　国語教室の工夫 …………………………………………………………………… 325
 3　国語教室の小さな知恵 …………………………………………………………… 349

  解　説　　倉沢栄吉 ………………………………………………………………… 375

第12巻　国語学習記録の指導

Ⅰ　学習記録指導の歩み ……………………………………………………………… 3
　1　国語筆記帖について ………………………………………………………… 5
　2　諏訪高女時代の学習記録から ……………………………………………… 27
　3　学習記録の再出発 …………………………………………………………… 51
　4　さまざまな質問に答える …………………………………………………… 75

Ⅱ　学習記録指導の実際 ……………………………………………………………… 105
　1　学習記録への出発 …………………………………………………………… 107
　　　例一　単元「あいさつ」 ………………………………………………… 110
　　　例二　国語教室通信による指導 ………………………………………… 255
　　　例三　単元「中学校国語学習の準備」 ………………………………… 273
　　　例四　いろいろの工夫 …………………………………………………… 325
　2　学習記録を育てる …………………………………………………………… 345
　3　学習記録あとがき集によって学ぶ ………………………………………… 383

Ⅲ　三年間の学習記録——目次によって見る ……………………………………… 405
　　三年間の学習記録——目次によって見る ……………………………………… 407
　　　ア　ふたば ………………………………………………………………… 409
　　　イ　ほんば ………………………………………………………………… 415
　　　ウ　若　木 ………………………………………………………………… 426
　　　エ　翼 ……………………………………………………………………… 440
　　　オ　成　果 ………………………………………………………………… 448
　　　カ　歩　み ………………………………………………………………… 461
　　　キ　出　立 ………………………………………………………………… 492
　　　ク　栄　光 ………………………………………………………………… 513
　　　ケ　旅立ち（前編・後編）……………………………………………… 531

　　　解　説　　野地潤家 …………………………………………………………… 551

第13巻　国語学習のために

Ⅰ　やさしい国語教室

- ○　国語をどう学ぶか …………………………………………………… 5
- 1　よく聞こう ……………………………………………………………… 9
  - ア　ことばの使い方 ………………………………………………… 32
- 2　よい聞き手、よい話し手 ……………………………………………… 39
- 3　読みを正しく …………………………………………………………… 72
  - ア　読書ノート ……………………………………………………… 83
  - イ　ことばの組の名まえ …………………………………………… 115
- 4　作文の仕方、考え方 …………………………………………………… 128
  - ア　学習記録 ………………………………………………………… 147
- 5　漢字の読み書き ………………………………………………………… 165
- 6　自由研究 ………………………………………………………………… 175
  - ア　昔ばなしを調べよう …………………………………………… 175
  - イ　聞きとる力を伸ばす …………………………………………… 188
  - ウ　正月のゲーム、年賀状の書き方 ……………………………… 198
- 7　あとがき ………………………………………………………………… 214

Ⅱ　続　やさしい国語教室

- 1　続　やさしい国語教室 ………………………………………………… 219
- 2　「国語教室通信」から ………………………………………………… 287
- 3　国語質問箱 ……………………………………………………………… 335
- 4　あとがき ………………………………………………………………… 354

Ⅲ　国語教室おりおりの話

- 1　国語学習のために ……………………………………………………… 359
  - ア　国語学習のいわゆる「秘訣」はない ………………………… 359
  - イ　「聞くこと」の学習――ことばの響き―― ………………… 362
  - ウ　「話すこと」の学習 …………………………………………… 363
  - エ　「読むこと」の学習――心のつながり―― ………………… 365
  - オ　「書くこと」の学習――生活的な「書くこと」―― ……… 366
  - カ　国語の力というもの …………………………………………… 367
  - キ　ことばのゲーム ………………………………………………… 368
  - ク　わたしの三つの話 ……………………………………………… 370

第Ⅰ部　巻別事項通覧

2　ことばを学ぶ知恵 ……………………………………………………………… 375
ア　国語の力をつけるには ……………………………………………………… 376
イ　一冊の本のはたらき ………………………………………………………… 384

3　国語教室おりおりの話 ………………………………………………………… 389

Ⅰ　ア　"おとなになる"学校（389）　イ　親友（391）　ウ　辞書の選び方（393）
　　エ　好きな本の発見（397）　オ　読書日記—ひとこと欄・読みたい本のページ（398）
　　カ　文集の名まえ（402）　キ　学習記録のねらい（404）　ク　怪我の功名（409）
　　ケ　我田引水（410）　コ　"表す"ことのたいせつさ（410）
　　サ　はかることとふやすこと（413）　シ　頭は一つ（414）
　　ス　左手を出しなさい（418）

Ⅱ　ア　「さん」と「くん」（419）　イ　「かわいそう」「ごくろうさま」（423）
　　ウ　「しゃべる」「がんばる」（424）　エ　敬語の話（426）
　　オ　立候補者の演説（431）　カ　グループでの話し合い（433）
　　キ　「今、何をしているところですか？」（435）
　　ク　"ふだんのことば"をみがく（436）　ケ　しかられじょうず（440）
　　コ　ことばを使うには知恵とこころで（442）

Ⅲ　ア　スピーカーズ・コーナー（ロンドン）（444）　イ　窓べを飾る（スイス）（446）
　　ウ　すりへった鍵盤　巨大なイヤホーン（ボン）（447）
　　エ　国際会議とトーキョーのスカーフ（ウィーン）（448）
　　オ　夜には夜の美しさを（パリ）（449）　カ　森繁さんの話（450）
　　キ　新聞のコレクション（453）　ク　クギの穴（454）
　　ケ　心に残っていることば（456）　コ　梅の花（457）　サ　菖蒲（457）
　　シ　ヒヤシンス（458）　ス　蛙と赤とんぼ（459）

4　あとがき ………………………………………………………………………… 462

解　説　倉沢栄吉 ……………………………………………………………………… 465

第14巻　ことばの力を伸ばす

I　やさしい文章教室

1　こんなところからふみだそう ……………………………………………………… 4
　　ア　えんぴつさん　こんにちは（4）　　イ　このポスターに引かれる（7）
　　ウ　身のまわりのことを書く（10）　　エ　思い出して書く　想像して書く（13）
　　オ　いろいろなことを書こう（17）　　カ　さて　この紙は？（20）
　　キ　どう書き出すか（24）　　ク　三十五人の三十五の書き出し（28）
　　ケ　気持ちが通じない（31）　　コ　四枚のカード（35）

2　豊かなことば　正しい表現 …………………………………………………………… 39
　　ア　"正確に書く"とは（39）　　イ　ことばをさがす（42）
　　ウ　ぴったりした表現（45）　　エ　このことばのほうが（48）
　　オ　同じことばが何回も（51）　　カ　"麦秋"と"小春びより"（55）
　　キ　なんともいえない（59）　　ク　おおまかなことば（62）
　　ケ　動詞を使いこなす（66）　　コ　数字の魅力（69）　　サ　ことばをそろえる（72）
　　シ　作文学習日記（75）　　ス　作文遊び（81）　　セ　意識して目をとめる（84）
　　ソ　心のなかを字で書く（87）

3　こんなところを　くふうしよう ……………………………………………………… 91
　　ア　めあてを決めて（91）　　イ　読書の感想を書くことと、紹介を書くことと（94）
　　ウ　心にひびかない文章（97）　　エ　明るい笑い（100）　　オ　静かな驚き（104）
　　カ　もう一歩つっこんで（107）　　キ　どこかもの足りない（110）
　　ク　真実が書き表わせるということ（113）　　ケ　きめのこまかい表現に（116）
　　コ　浮きあがった文章とは（120）　　サ　より正確に（123）
　　シ　ほんとうに書きたかったことは（127）　　ス　とる・削る・省く（130）
　　セ　こんなところでつかえたら（133）

4　より確かに　より豊かに ……………………………………………………………… 137
　　ア　いろいろの日記（137）　　イ　文章の書きくらべ（140）　　ウ　作文クイズ（144）
　　エ　書きつぎ（148）　　オ　そうとれますか（152）　　カ　調べて書く（155）
　　キ　こんなところに目をつけて（158）　　ク　段落を切って書く（162）
　　ケ　思いがけない内容（165）　　コ　組み立てと表現（168）　　サ　労作を（171）

5　あとがき ………………………………………………………………………………… 175

II　やさしい漢字教室

1　漢字を使いこなそう …………………………………………………………………… 179
2　意味に気をつけよう …………………………………………………………………… 183
　　ア　二つの意味が一つの字で（183）　　イ　似ているのは形だけ（186）

　　　　ウ　「熱」と「暑」(190)　　エ　音読みと訓読み (194)
　　　　オ　書いたら読んでみよう (197)　　カ　熟語の多い「特」(200)
　　　　キ　形は似ているが意味が違う (204)
　　　　ク　形が同じだったり、音が同じだったり (207)
　　　　ケ　はっきりよく見て (211)　　コ　まちがいやすい「例」と「列」(214)
　　3　やさしいけれど気をつけよう ……………………………………………… 219
　　　　ア　日月火…一周すると一週間 (219)　　イ　「てき」は「てき」でも (222)
　　　　ウ　へんをつけるか、つけないか (226)　　エ　ちょっと考えて書けば (230)
　　　　オ　かんむりは同じだが (233)　　カ　こんなにいろいろの意味が (237)
　　　　キ　「低」と「底」(240)　　ク　どこがどう違うか、はっきりつかんで (244)
　　　　ケ　何回も書いたことのある字だが (247)　　コ　見なれていながら書くとなると (251)
　　　　サ　同じ音でも (254)　　シ　「象」と「像」(258)　　ス　部分の区別を確かに (261)
　　　　セ　右へいったり左へいったり (264)　　ソ　確かめながら書く (268)
　　　　タ　音も同じ、形もよく似ているが (272)　　チ　似た字の多い「墓」(275)
　　　　ツ　「観」はよく見ること (278)　　テ　「勧」と「歓」と (282)
　　4　ちょっとしたところをはっきりさせて ……………………………………… 287
　　　　ア　よぶんな一画にご用心 (287)　　イ　点ひとつで (290)　　ウ　左二つ右一つ (294)
　　　　エ　見なれた字にはひかれやすい (297)　　オ　「ころもへん」と「しめすへん」(300)
　　　　カ　へんになったり、つくりになったり (304)　　キ　まげるか、まげないか (307)
　　　　ク　余分の「ノ」(311)　　ケ　あとで「たてかく」が通るから (314)
　　5　知っているのにふと迷う ………………………………………………… 319
　　　　ア　考えて、考え過ぎずに (319)　　イ　かりたのか、かしたのか (322)
　　　　ウ　「制」と「製」(326)　　エ　はっきり考えて書こう (330)
　　　　オ　迷ったらよく考えて (333)　　カ　なにげなく書かないように (336)
　　　　キ　どっちが長かったかしら (340)
　　6　使いなれないことばのなかで ……………………………………………… 345
　　　　ア　一つの字から (345)　　イ　ことばの意味を考えて (348)
　　　　ウ　聞きなれたことばだが (352)　　エ　「領土」から「大統領」まで (355)
　　　　オ　一つの意味でいろいろのことば (359)　　カ　字画をはっきり (362)
　　　　キ　訓読みを使いこなそう (366)
　　7　あとがき …………………………………………………………………… 371

　　　解　説　井上敏夫 …………………………………………………………… 373

第15巻　ことばの勉強会

I　みんなの国語研究会

1　開会のことば …………………… 5
2　意見の文章の書き出しの研究 ‥ 7
3　何を、どんな順序に話す ……… 13
4　「か」は、こう使われている … 20
5　「も」は、こう使われている … 30
6　新聞に見られることわざ ……… 38
7　ことわざを調べる ……………… 48
8　あいさつのことば ……………… 60
9　文体の観察 ……………………… 68
10　よい文章の特徴 ………………… 90
11　かたかなはこう使われている … 100
12　ものの名のつけ方と生活習慣 ‥ 112
13　問題を感じたことばづかい …… 119
14　民話の研究 ……………………… 129
15　日本・中国・朝鮮の民話 ……… 142
16　世界児童文学の主人公たち …… 147
17　年賀のことば …………………… 157
18　名まえによく使われている音 … 162
19　あした・あす・明日の使い分け … 166
20　読書についてのアンケート …… 170
21　仕上げられなかった研究から … 177
22　あとがき ………………………… 182

II　ことばの勉強会

1　「勉強会」の誕生 ……………… 187
2　自己紹介 ………………………… 192
3　先生についてものをならう人 … 197
4　自分の気持ちから遠いことば … 202
5　連休の予定 ……………………… 207
6　健康の表現 ……………………… 212
7　旅と旅人 ………………………… 217
8　「カッコイイ」使用禁止同盟 … 222
9　辞書を引いて調べよう ………… 227
10　細かい意味の違い ……………… 231
11　やぶから棒 ……………………… 235
12　仲よしとのけんか ……………… 240
13　コンピューターの見学 ………… 245
14　静かなけしき …………………… 250
15　「予定表」と「企画表」 ……… 255
16　おみやげのお菓子 ……………… 260
17　「真」のつかい方 ……………… 265
18　秋がやってきた ………………… 270
19　夏休みの自由研究 ……………… 275
20　「敬老の日」の贈り物 ………… 280
21　思案投げ首 ……………………… 285
22　クラス新聞の見出し …………… 290
23　「経験を話す」 ………………… 295
24　新しいこどもの遊び場 ………… 300
25　ちまたの声 ……………………… 305
26　グループ文集 …………………… 310
27　「のぞみ」の区別 ……………… 315
28　ことの順序 ……………………… 320
29　「マッチ売りの少女」 ………… 325
30　図書館についての夢 …………… 330
31　ことばの勉強ゲームを作る …… 335
32　からだの部分のつくことば …… 340
33　あどけない人形 ………………… 345
34　年の暮れ ………………………… 350
35　「すがすがしい」 ……………… 355
36　学級会の議長 …………………… 360

第Ⅰ部　巻別事項通覧

37　国語科の研究発表会 ……………… 364
38　寒いときのあいさつ ……………… 369
39　「春眠暁を覚えず」 ………………… 374
40　先生にクイズを出す ……………… 379
41　記者会見 …………………………… 384
42　和語で考えてみよう ……………… 389
43　「異同」「多少」「軽重」 …………… 394
44　一流の俳優さん …………………… 399
45　橋のたもと ………………………… 404
46　おしまい雑談会 …………………… 409
47　あとがき …………………………… 414

Ⅲ　学習慣用語句辞典

1　はじめに …………………………… 416
2　話し合っている人たち …………… 419
3　使われる場面 ……………………… 419
　ア　足が出る（420）
　イ　足をのばす（421）
　ウ　息をころす（421）
　エ　一枚加わる
　オ　一石を投じる（422）
　カ　一頭地を抜く
　キ　色をつける（423）
　ク　言わぬが花
　ケ　売りことばに買いことば（424）
　コ　大船に乗った気持ち
　サ　顔をつぶす（425）
　シ　かたずをのむ
　ス　我田引水（426）
　セ　脚光を浴びる
　ソ　漁夫の利（427）
　タ　くちばしが黄色い
　チ　紅一点（428）
　ツ　すずめの涙
　テ　だめを押す（429）
　ト　つるの一声（429）
　ナ　とりつく島もない（430）
　ニ　二の句がつげない
　ヌ　二番煎じ（431）
　ネ　根も葉もない
　ノ　八方ふさがり（432）
　ハ　火花を散らす
　ヒ　覆水盆に返らず（433）
　フ　二つ返事
　ヘ　満を持す（434）
　ホ　水かけ論
　マ　水ぎわだつ（435）
　ミ　水をあける
　ム　みそをつける（436）
　メ　耳が早い
　モ　身もふたもない（437）
　ヤ　六日のあやめ
　ユ　目くじらを立てる（438）
　ヨ　やぶへび（439）
4　「学習慣用語句辞典」を使って遊ぶ
　　　　　　　　　　　　 ……………… 440

解　説　　野地潤家 …………………………………………………………… 445

第16巻　（別巻）

Ⅰ　自　伝 ……………………………………………………………………… 3
 1　元街小学校のころ ……………………………………………………… 7
 2　捜真女学校のころ ……………………………………………………… 15
 3　東京女子大学のころ …………………………………………………… 67
 4　諏訪高女のころ ………………………………………………………… 123
 5　府立第八高女のころ …………………………………………………… 193
 6　中学校へ転じてから …………………………………………………… 251
 7　今日の日まで …………………………………………………………… 361

Ⅱ　実践・研究目録 …………………………………………………………… 377
 一　研究授業・研究発表目録 ……………………………………………… 381
 二　著述目録 ………………………………………………………………… 477

第Ⅱ部　巻別内容総覧

第①巻　国語単元学習の生成と深化

Ⅰ　国語単元学習の生成

一　国語単元学習の思想

1　単元学習の生成　　　　　　［7～61ペ］
　　　　　　　　　　　　　　　　（書き下し）
(1) やさしいことばで
(2) クラーク先生
(3) 物語の鑑賞
(4) 実用的な手紙
(5) 語いをふやそう
(6) クラス雑誌
　　展開の実際
(7) 古典に親しむ
(8) 読書の技術
(9) 研究発表

2　国語科の単元学習　　　　　［63～110ペ］
　　（出典「国語科学習指導要領の実践計画」
　　　　　　　　　　　六三書房　S.26.10）
(1) 「山椒大夫」の研究発表会
(2) 「味わう力は味わう経験をすることによって伸びる」
(3) 「評価表」
(4) 学習指導＝ことばの力を伸ばせる機会を作り、経験の場を設ける
(5) 単元「実用的な手紙の書き方」

3　国語の教室形態　　　　　　［111～119ペ］
　　（出典「個人差に応ずる国語の学習指導」
　　　　　　　　　　　新光閣　S.27.4）
(1) 「読書」の指導
　A　ア　姿勢に関するもの　イ　本の扱い方に
　　　ウ　呼び出しのカード
　　　　○ 口を動かしてよむ
　B　読書記録
　C　読書力テスト
　D　読書新聞の編集
　　　　　　　内容
　E　グループ分け
　F　読書生活指導の留意点＝言語経験の場

4　単元学習への出発のために　　［121～135ペ］
　　　　　　（出典「中等教育技術」S.29）
(1) 従来の方法A案と一歩前進するためにB案
(2) 資料について
(3) 学習の目標・方法について
(4) 出発　実の場の設定
　　「学校新聞の編集」

二　生成期における実践

1　単元　クラス雑誌　　　　　　［139～172ペ］
　　　　　　　　　　　　　　　　（書き下し）
(1) クラス雑誌　学習指導案
　ア　意義・特色　◎書記になって記録する。
　　　○「たけ」

2　単元「研究発表」　　　　　　［173～283ペ］
　　　（出典「国語の教育計画」S.28.5.25）
(1) 研究発表　目標＝話す、聞く、調べよむ、書く、発表の方法、研究の方法、個人差に応じる
　前単元「詩歌を味わう」の発表＜自己評価
　　　　　　　　　　　　　　　　感　想
(2) 研究発表　指導案
　ア　目標　イ　内容　ウ　高める能力
　エ　資料　オ　評価…面接評価表
　カ　〈すずめは害鳥か〉　キ　ノートの取り方

3　単元　伝記　　　　　　　　　［285～296ペ］
　　（出典　昭和二十九年文部省
　　　　　　「中学校高等学校国語科学習指導書」）
　A　伝記指導案（A案）
　　［手びき］もっと知りたいこと、考えさせられたこと。
　B　伝記指導案（B案）
　　［手びき］お話、どんな伝記が読みたいか。
　C　伝記指導案（C案）
　　〈どのようにして私たちの生活を高めていこうか〉
　　ア　内省　イ　読書
　　ウ　読んだもの、考えたことを話し合う。
　　エ　話し合いへの教師の参加。
　　オ　書き上げたものへの面接

Ⅱ　国語単元学習の深化

一　国語単元学習の成熟

1　単元学習の成熟　　　　　　［301〜314ペ］
　　　　　　　　　　　　　　　（書き下し）
　ア(1) 西尾実編「国語　学習指導の研究」
　　　　A案〜D案の工夫
　　　　C案　活動する学校図書館
　　(2) 単元「学校図書館」
　　(3) 単元「小説3年」二　かえでの木
　　　　　　　　　　　　　　安寿と厨子王
　　(4) 単元「発表と報告3年」二　ぼくの意見
　　　　　　　　　　　　　　　　造船所
　　　　　　　　　　　　　　三　オングル村一番地
　　(5) 単元「公衆との通じ合い3年」
　イ　月例研究授業について
　　(1) 作文指導　昭和40.5〜41.3（8回）
　　(2) 単元「読書」（帯単元）
　　　　　　　　昭和41〜45（5年）
　　　　○昭和45年は「個別化」をみつめた年
　　㉔〈問題発見のために読む　44・12・2〉
　　　　「日本人のこころ」1年
　　㉘〈読んで得たものを生かす　45・2・25〉
　　　　「父と母の歴史」1年
　　(3) 昭和46年度からは領域拡大
　　　　〈私の履歴書〉〈私はこの人を〉
　　　　47年―［「実の場」への意識更に強くなる］〈新一年生に石川台中学校を紹介する〉
　　(4) 単元学習一筋
　　　　（1年生から資料を集める）―［三年間を通して学習をすすめる］
　　　　48年〈私たちの生まれた一年間〉
　　　　　　〈ほめことばの研究〉
　　　　49年〈明治・大正・昭和の作文の歩み〉
　　　　　　〈外国の人は日本（日本人）をこのように見ている〉
　　(5) 50年・51年　自主的・主体的・意欲的＝単元学習
　　　　〈読む人を読む〉〈文献探索〉
　　　　〈本を知る窓〉
　　(6) 52年　個人文集〈ことばについて考える〉
　　(7) 53・54年　自分の育て方・学び方を身につける

2　単元学習と私　　　　　　　［315〜345ペ］
　　［講演　大下学園国語科教育研究会　S.48.12.2］
　(1) 単元学習とは、国語の能力分析をはっきりもって［ねらい］を明確にし、その力をつける効果的な言語生活の指導
　(2) ア　教材（媒材）への指導者の姿勢が大切
　　　イ　新しい指導には新しい方法がいる。案を生かす姿勢が。
　　　　A　いい発言をさせる。一黙っていることを気にしない。いっしょに考えるようにする。
　　　　B　新しそうな今の生徒があんがい道徳的で古い、型にはまった考えをする。"未熟さ"を打ち破るため目の醒める発言を！誘い方＝話し出しを言って…学ばせていく［手をもって挙げさせる…］
　　　　C　書く内容をもたせる
　　　　　　書くことを開発する＝発見して助ける
　　　　D　豊かなことばを使っていく人になる道にのっているかを見つめていきたい。
　　　　E　仏様の指　奥田正造　成蹊女学校
　　　　F　単元「私たちの生まれた一年間」
　　　　　　［教材の選び方］⇒資料がよく、企画がいい。
　　　　・筋道をたてて頭を使う時間を作る。
　　　ウ　指導者の働きがいは大いにあって、それが生徒に意識されない世界をねらってみたい。
　(3) ア　優劣を意識させない教室
　　　イ　個人差に応ずる。
　　　ウ　指導者の力に合わせて単元を考える。
　　　エ　グループは一人ひとりを育てるためにある。

3　私の国語単元学習　　　　　［347〜368ペ］
　　〈「国語教育研究65号」広島大学教育学部
　　　　　　　　　　　　　　　　　S.52.10）
　(1) ア　学習者の生活に密着していること＝引きつける
　　　イ　単元学習と教師の姿勢
　(2) ア　単元学習と教師の学力＝幅の広さ
　　　　　書き出しを教える。広い読書生活
　　　イ　師弟　共に学ぶ　単元学習＝「師弟共流」
　　　ウ　単元学習における評価＝すばらしいものを産む力を育てる
　(3) 単元学習における教師の工夫
　　　ア　個人指導の機会
　　　イ　「対話」のないところに国語教室はない
　　　　（西尾実）
　　　ウ　グループの編成　　　　　　　［364ペ］

　　　　指導者が意義を考えて編成する。個人差によるグループ。
　　　　　［こまめに変える］
　(4) 単元学習＝次の時代に役だつ人の国語能力（言語生活の力）を目ざして！

二　深化期における実践

　1　単元　新一年生に石川台中学校を紹介する
　　　　　　［作業単元］　　　［371〜409ペ］
　　　　　　　　　　　　　　　　（書き下し）
　(1) ア　一年間の総復習のできる単元を考えて発想
　　　　　「生徒会誌」の編集準備からの発想
　　　イ　新一年生への心理（３年生・２年生）
　(2) 書くことの「実の場」
　　　ア　学校の歴史
　　　ウ　生徒会のきまり［説明］
　　　エ　授業の様子、クラブ活動、学校生活・行事、同じ説明文・紹介文でも、図書室と先生方で異る。
　　　オ　楽しいページ（石川台中八景など）軽い調子の文章。
　　　カ　意見文――新一年生へのアドバイス　など
　(3) 編集――読む、書く、話し合う活動
　(4) 学習日記
　(5) どのような能力を養う機会があったか
　　　ア　討議［①聞くこと・話すこと］
　　　　（企画会議）
　　　イ　対話・問答
　　　ウ　独話
　　　　②［読むこと］…
　　　　③［書くこと］説明・紹介・感想・意見
　　　　　　　　物語・生活日記・詩・感想

　2　単元　私たちの生まれた一年間
　　　　　　　　　　　　　　　［411〜476ペ］
　　　　　　　　（書き下し　石川台２年　S.48.11）
　(1) 萌芽　昭和45年から個別化
　(2) 資料（新聞）の準備――S.34.4〜35.3月のうちの百日
　　　12グループが12ヵ月を担当。
　(3) 主目標―読むことの基礎能力　要旨・要点を握む
　　　語彙・語句の学習面――豊か
　　　「手びき」――話しことばによって！
　(4) 学習準備［私たちの生まれた一年間］
　　　ア　グループの編成と担当。
　(5) 学習を進める
　　　ア　学習の手びき
　　　イ　六色のカード（６項目）
　(6) 評価は学習の展開中に。
　(7) 「私たちの生まれた一年間」
　　　A　まとめの形――〈ことばの研究〉
　　　　ア　社会面
　　　　イ　「声」の欄に
　　　　ウ　「天声人語」について
　　　B　話し合いの手びき［私たちの生まれた一年間］
　　　C　仕上げ（まとめ）の手びき
　　　D　資料交換（観点別）カード
　　　E　「私たちの生まれた一年間」あとがきから
　　　F　どのような能力を養う機会があったか。「私たちの生まれた一年間」

Ⅲ　単元学習の歩み

　〇私の研究授業一覧
　　　　　　　　　　　　　　　［479〜528ペ］
　　　A［80年２月まで］→（80〜99）

［注　B　第30回大村はま国語教室の会資料
　　　　　　　　　　　　　　　（00.11.23）
　　　〇「大村はま国語教室の実際下」
　　　　　　　　　（2005.6月　渓水社刊）に］

［注　訂正　480ペの７の昭26.6「語いをふやそう」、481ペの８の昭26.11「読書生活を考える」は、いずれも昭25で、昭26とあるのは、誤り。］

［注　研究授業　1〜203時
　　　　他校で　1〜21時］

29

第2巻　聞くこと・話すことの指導の実際

I　聞くこと・話すことの指導計画

1　よい聞き手を育てる　　　　[5～28ペ]
　　　　　（『大村はまの国語教室』小学館　S.56.7）
(1) まず聞くことから
　　A　聞くことへの自覚を促す学習訓練の実際
　　　ア　大人になる学校
　　　イ　一ぺんで聞く
　　B　聞くに足る話を
(2) 心から話したい話を
　　ア　構成を練った話
　　イ　新しい発見のある話
　　ウ　聞かせたい話はプリントにしない＝刷った話は言わない
　　エ　話しことばによる手作り教材
(3) ゲームとしての三題話
　　ア　お話「釘の穴」
　　イ　「怪我の功名」
　　ウ　国際会議とトーキョーのスカーフ
(4) 生活的に身についた聞き取り方を
　　・聞くことを生活的に身につける
　　・生徒から聞いてくる。
(5) 聞きたくてたまらない気持に
(6) いい話を聞かせることの大切さ

2　「聞くこと」の指導計画　　　[29～40ペ]
　　　　　（『国語教育実践講座』朝倉書店　S.28.10）
(1)〈まえがき〉
　①ア　今年（S.27）度の単元計画。
　　イ　読むこと　書くこと　と合わせて［全体の学習指導計画の中で］まとまりをもつものをあげる。
　　ウ　聞くことの種類・場面
　　　A1まとまった話を聞く
　　　［すべての単元で］…A₄…B₃…C₂
(2)①一学年　聞くことの単元
　　ア　◎私たちのことば（1学期）
　　イ　○ノートのとりかたA2、C2…
　　（中略）シ　○文集　A2　まで
　②二学年
　　ア　詩　A3
　　イ　小説の味わいかた　A3、C1
　　サ　◎放送のしかた　A1～4、B1、C1　まで
　③三学年
　　ア　新聞の読み方　A1（3年1学期）
　　イ　現代文学の味わい　A3、B1、C1
　　コ　演出のくふう　A3、B2、C1　まで
(3)「聞くこと」の指導計画（資料）
　　○指導者の話――各単元ごとの。
　　――まとまった話を聞く練習のために――

3　「聞くこと」の学習　　　　[41～52ペ]
(1) 意図的計画的指導
　　話すことは聞くことのあとに付随してくる。
(2) 目標内容の系統化
(3) 教材化のくふう　情報を知る力をつける工夫。
　　自分が生きた材料になる。
　　内容が新鮮！
　　関心をもつべきものに関心を…（もたせる）
(4) さまざまな題材と教材研究
　　○日本人とユーモア
　　○趣味の話
　　○外国の留学生の見た日本人――勉強について
　　○生活の中での話。
(5) 集団思考

4　「話すこと」の指導計画　　　[53～58ペ]
　　　　　（『国語教育実践講座』朝倉書店　S.28.10）
(1) まえがき――「聞くこと」の指導計画のまえがきの中に。
(2)①一学年
　　ア　◎私たちのことば　A1、A2、A4、B1、C1（1年1学期）
　　イ　ノートのとりかた　A2・C2…
　　（中略）シ　文集　A2　まで
　②二学年
　　ア　詩　A3（2年1学期）
　　イ　小説　C1
　　ウ　◎研究発表　A1-2、A4、B2、C1…
　　コ　学校新聞の編集　A2、B3
　　サ　◎放送のしかた　A1-4、B1、C1
　③第三学年
　　ア　新聞の読みかた　A1（3年1学期）…

コ　◎演出のくふう　Ａ３、Ｂ２、Ｃ１

５　「話すこと」の学習　　　　　　［59〜70ペ］
　　　　　　（『国語の系統学習』東洋館　S.32.12）
(1)　わかりやすく話す［小３〜中２どのような「場合によるか」］
　　（一覧表ができると引きずられて場が作られてしまう）
　　　真実なことばの生活が大切にされること
㊟　系統表は、いま指導を加えるものと、いま触れずに黙過するものの選りわけに役だつ。
(2)　①言語内の条件
　　　　㈠音声　㈡語　㈢文　㈣話
　　　②言語外の条件
　　　　㈠ことがら（話題）構成
　　　　㈡場
　　　　　①相手との関係　②目的　③場
(3)　この表は、程度を示している
　　　（例）「民話白うさぎ」ア　大国主命は…。
　　　　ウ　私たちの祖先の考えた理想の人と、私たちの考える理想の人

６　話し方学習の系統化　　　　　　［71〜76ペ］
　　　　　　　　　　　　　　　　　（書き下し）
(1)　目標１　よい対話ができる
　　　三段階で［Ａ―１年１・２学期
　　　　　　　　Ｂ―１年３、２年１・２学期
　　　　　　　　Ｃ―２年３、３年１学期］
　　　Ａ　中学校国語学習入門
　　　Ｂ　単元「話しことばの改善」
　　　Ｃ　物語を読む
　目標２　よい会話ができる。
　　〃　３　よい独話ができる。
　　〃　４　よい問答ができる。
　　〃　５　よい討議（よい司会）ができる。
　　〃　６　よい討論ができる。

７　人と学力を育てるために　　　　［77〜94ペ］
　　　　　　　　　（大下学園での講演　S.38.11）
○人と学力は本来別のものであるわけはない
(1)　聞く・話すと学力の基礎
　　○いつも整然とした話を聞き、集中して頭を動かしている生徒は学力を備えていく。
(2)　ほんとうに聞くことが学力の第一歩
(3)　人間が育ってくる場。
　　　人の心は、ことばの響きの中に出てくる
(4)　人のため自分のためになる質問の指導を。

(5)　的確な問答の指導が明快な読解力の育成に通じる
(6)　日記の記事をめぐって
(7)　決定的な一言の提案
(8)　会議の形への発展
(9)　ほんとうに討議を指導するとは

８　話し合える人を育てる　　　　　［95〜124ペ］
　　　　　　（『大村はまの国語教室』小学館　S.56.7）
(1)　話したいと思う内容をもたせる
(2)　話し合いから生まれる自己開発の瞬間
(3)　簡単に言えない「話し合ってごらん」
(4)　グループの話し合いはこんなふうに
　　　台本ふうに
(5)　話し合いのよき助言者・共演者に
(6)　話すことの指導はなまの即決的指導で

Ⅱ　聞くこと・話すことの教育実践

１　私の授業から　　　　　　　　　［127〜154ペ］
　　　　　　　　（講演「話しことばの会」S.49.8）
(1)　話しことばを学ぶことの大切さ
(2)　テストに関係ないという考え方を捨てさせる手だて（学習の対象でないと思う風潮）
　　　学力＝生きていくエネルギーは想像のつかぬところから生まれてくる
(3)　討議とテスト――頭の働かせ方は同じ
(4)　話しことばの世界の重要性
(5)　個人的に話すことにも努める
(6)　聞くことによって開かれる世界を体験させる。
(7)　聞かざるを得ない話を
(8)　自分が感動できる話を
(9)　ことばの題材についてのくふう
⑽　題のつけ方
⑾　話の構成の重要性
⑿　長くならないように…
⒀　マンガのテンポに学ぶ
⒂　腰を立てて聞く話を
⒃　単元学習の展開の中で聞くことの場を…
⒄　知っていることを聞かない
⒅　「私たちの生まれた一年間」の例から
⒇　「ほめことばの研究」の例から
㉕　討議のほんとうの場面の設定へ
㉖　話し合いの中での適切な指導の必要性

第②巻　聞くこと・話すことの指導の実際

2　新しい国語学習の実際　　［155～166ペ］
　　　　　　　　　　　　　（「解釈と鑑賞」S.25.8）
(1) 新しい学習の姿として多く見られるのは「話し合い」とか「討論」の姿である。
　○教師はもっと教室で活躍しなければならない。
(2) ア　学級日誌の「記事」欄に何を書くか。
　　　　　——話し合いのテーマとその事例——
　　イ　クラス雑誌、編集会議
　　ウ　新聞、雑誌の読み方
　　　A　新聞の任務、論説と解説の違い
　　　B　「新聞の評語」

3　聞くこと・話すことの教育実践
　　　　　　　　　　　　　　［167～174ペ］
　　　　　　　　　　　　　（「実践国語」S.34.4）
(1)「的確な応答のしかたに慣れること」(1年)
　①いつも心がけていること。気づかせる程度に扱う→誤りを指摘、直すのではなく、指導者が言い直す方法がよい。
　②問いの形を変化させてみること。〈くふうして形を変える〉
　③友だちからいろいろな形の質問をさせる
　④応答の実例を示すこと
　⑤答の半分、ことに、言い出しを示して、あとをつづけさせること。
(2)「相手を尊重しつつ、進んで話し合いに参加すること」
　①ほかの人の言ったことに対して、自分の反応をはっきりと速くとらえること。〈自分の考えの位置を常に確かめ自覚させる〉
　②話し合いに参加できるほど、内容の用意をする。
　○話し合いにはいれないのは、内容をもっていないから。
　③互いの考えを、互に育てあう味をわからせる。
　　賛成を口にすると裏づけになる。

4　「話し合い」指導について　［175～186ペ］
　　　　　　　　　　　　　（「国語通信」S.37.12）
(1) 大人の話し方教室に対し、国語科では「話しことばの指導」である。
(2) 何を・いつ指導するのか明確でないと、注意するばかりになる。
　◇能力をはっきりさせて話し合いをさせる。
　　準備姿勢三つ。
　　　→「よく聞く」状態に多くおく。

(3)「話し合い」指導の実際——進め方・発言のしかたの前に——
　ア　①の例。話し合う価値を感得させる。
　イ　②の例。「よく聞く」習慣は、子どもたちが知らず知らずに聞き入る——実際に聞き入る経験の積み重ね——によって養われる。［指導者の努力］
　ウ　③の例。「話し合い準備」の時間に新鮮な内容を発言できるよう指導していく。
(4) 教室での問答には、ほんとうにわからないことを真剣に聞く場を設けたい。——指導計画のくふうがいる。
　◇記録・報告を読んでまとめる　のでなく　一人ひとりが調査・研究し、まとめる学習の場を設ける。
　　→小さな発表会の形にするとよい。

5　夏休みの自由研究　　［187～210ペ］
　　　　　　　　　　　　　　（書き下し）
　　　　　　　　　［学習記録多し（1965.7）など］
(1) 夏休みの話しことばの宿題
(2) 夏休みの日々の研究
(3) ①二年B組国語学習発表会
　　②研究の手順・方法　A質問をつくる
　　　Bくふうしたこと　C反省

6　正しく聞き取る力をつけるために
　　　　　　　　　　　　　　［211～227ペ］
　　　　　　　　　　　　　（『講座　現代語』）
(1) 意図的に特設した授業と資料の例
　①的確な応答ができるように正しく聞き取ること（1年）
　②必要な用件やことがらを確実に聞き取ること（1年）
　③用件を確実に聞き取る（1年）
　④会議・討議に参加して、話の進行状況を正しく聞き取ること（2年）
　⑤話の中心部分と付加的な部分とに注意して話の中心を聞き取ること（2年）
　⑥会議討議に参加して、話の主題や意見の展開を整理して聞き取る（3年）
　⑦話の主題の展開に注意し、そこに見られる話す人の真意を確実に聞き取る。——3人の意見を比べさせる（3年）
　⑧聞き取ってすぐ次の発言をする立場で、自分の考えをまとめながら聞く。

7 授業における教師のことば　[229～239ペ]
　　　　　　　　　（出典「国語の授業」S.50.4）
(1) まえがき
　　ア　ことばを育て　こどもを育てる。
　　イ　ことばを育てることは　こころを育て
　　　　ること　人を育てること　教育そのもの
　　　　である。
　　☒教師のことばは、授業そのもの。
(2) 次のようなことばの代わりに
　　①「ことばを正確に」「ことばの終りに注意
　　　しなさい」…
　　②指示のことばは少なく。内容の露出した言
　　　い方をせず、内容が行われるようにした
　　　い。
　　③どう読むかA「さくいん　と読むと思いま
　　　す。」↔「思うだけなのですネ」…
(3) 話し合いの場などで、次のようなことばの
　　代わりに。
　　①ア　「思ったことをどんどん…」
　　　イ　「もっと深く」
　　　ウ　「別の面から」
　　②たのしさのあるいきいきした気持でなけれ
　　　ば、子どもは考えたり進んで発言したりは
　　　難しい。
　　③みんなのゆくべき方向を明らかにしなが
　　　ら、子どものなかの一員として発言をす
　　　る。
　　④［目をひらく］話し合ったという実感がも
　　　てるように。
　　　ア　「くもの糸」
　　　イ　「貝の火」
(4) こんなふうに話したい　こんなことばをや
　　めたい
　　①明るく、ゆたかに、変化に富むことばで
　　②〈意見発表会〉の用意――に備えて、
　　③「くれる　もらう　ください」などは言わ
　　　ない［案の通りに進めようとの思いが］
(5) 終わりに
　　　話す調子なり、言いかた、音声の面につ
　　いて触れることができなかった。

Ⅲ　聞くこと・話すことの単元の展開

1　単元　国語学習発表会　　[234～242ペ]
　　　　　　　（石川台1年　S.47.11　書き下し）
(1) 発表会の内容
(2) グループの編成

(3) 学習の経過
　　①てびきプリント　④「学級文集」に学ぶ
　　⑨研究発表「日本・中国・朝鮮の民話」
　　→発表資料
　　○幼い研究であるが自分の力で取り組ませ
　　　る。研究の方法は本格的でなければならな
　　　い。

2　単元　いきいきと話す　　　[319～338ペ]
　　　　　　　　　　（研究会資料　S.50.6）
　○話すことの指導の実際。この一部は、76年
　　4月NHK「…教える」の一部として放送。
(1) 「クリちゃん」資料に。
　　ねらいは〈いきいきと話せるようにするこ
　　と〉
　　①A　内容　珍しいおもしろいものが…
　　　B　書こう　話そう　学習のてびき
　　②実際
　　　A　てびき〈よいことばをつけよう　いき
　　　　　いきと話そう〉
　　　B　生徒作品　くどくなく、長くならない
　　　　　説明を
　　　C　聞く能力をきたえられる
　　　D　広い意味の読む力
　　　　ア　選ぶ過程の読み
　　　　エ　状況によることばの意味の変化に気
　　　　　　づく。
　　　E　書くことの力　ア　イ　ウ
　　　F　書写力［字くばり　きれいに］
　　③優劣を考えるスキのない時間を作りえた。

3　単元「このことばづかいをどう考えたらよ
　　いか」――インタビューの学習――
　　　　　　　　　　　　　　　[339～365ペ]
　　　　　　　　　　　　　　　　（書き下し）
(1) 単元が生まれるまで
　　①インタビューの意味
　　②材料、調査、資料準備、
　　③揺れていて結末のついていない「ことばの
　　　問題」を取り上げた。
　　　「あげる」「ください」「先生」「○○くん」
(2) 学習の実際
　　①準備
　　②記録の準備
　　③まとめの準備
　　④時間の配分予定
　　⑤役割　司会、きく、記録、プリント
　　⑥話の運びかた［例］さびしい／さみしい

(3) 生徒作成の資料
　①アンケート（グループごとに―ア「あげる」　イ「ください」　ウ「先生」　エ「○○くん」
　②アンケートの結果　ア「あげる」「やる」…　イ「ください」　ウ「先生」
(4) インタビュー　ア倉沢栄吉先生に　イ…ウ…エ…

4　初歩段階の討議指導にはどんな話題がよいか――討議のしかたを学ぶ――（'66年度）
　　　　　　　　　　　　　　［367～384ペ］
　　　　　　　　　　　　　　　　（書き下し）
(1) はじめに
　①討議の能力そのものを養う
　②方法として討議を用い、他の学力を養う
　○じゅうぶんな討議力がなければ討議を用いた学習はできない。
(2) 話題を選ぶ
　①討議の指導は国語科の範囲内で！
　②適切な話題の条件（1～5）
(3) 学習の実際
　①実例1、「掘り出すなぞの都」の副題
　　ア　副題のいろいろ〈1～44〉
　　イ　討議の準備
　②実例2、「エベレストをめざして」の副題

5　ことばの意味と使い方――中学生として初めての討議のしかたの指導――
　　　　　　　　　　　　　　［385～406ペ］
　　　　　　　　　　（2年生　72年11月）（書き下し）
(1) 初歩的な討議のしかたを身につけさせる学習
　①準備　取り上げる語句を選ぶ
　◇具体的には、好意（イ　記録「新しく覚えたことば」から）一変（イ）関心（ウ　作文から）けがす（オ）～したの～しないの（ウ）あらかじめ（オ　新聞から）衝動（ア　教科書から）のみならず（エ）
　②グループの編成（4つの観点で）
(2) 学習の実際
　①「ことばの意味と使い方」　学習のてびき
　②「ことばの意味と使い方」
　　　話し合いのてびきは、どのようにするか
　③討議の力を養う指導の方法
　　　（台本ふうに）
　④「ことばの意味と使い方」発表のてびき
　⑤発表　資料から（第二グループ「一変」）

(3) 討議の実際をふりかえって

6　お話がお話を呼ぶ［スピーチの学習］
　　　　　　　　　　　　　　［407～414ペ］
　　　　　　　（石川台中2年　76年7月）（書き下し）
(1) 「お話がお話を呼ぶ」にこめた意図
　①スピーチ学習の形。
　②独話には内容、構成、材料、話し方の検討がいる。
　③話が話を呼び拓かれていく話を！
(2) 学習を進める（準備）
　①予告して2週間は必ずあるように
　②準備の間（相談）
　　題目、趣旨、材料、組み立て、話し出しの工夫、話し方、用語、なんでも相談してよい
　③スピーチの2時間前　話し手に予告をさせる。
(3) 授業の実際
　①話者の話（要点）⇒外国人は表現がオーバーである
　②3名が経験を話す
　　本の紹介。
　③学習記録「あとがき」から

7　単元　このスピーチにこの題を
　　　　　　　　　　　　　　［415～443ペ］
　　　　　　　（石川台中2年　73年9月）（書き下し）
(1) まえがき
　①スピーチを心から本気で聞かせる工夫
　②スピーチにふさわしい教室から生まれた教材を作る。
(2) 学習の実際
　①準備
　　A　7月に二学期の学習の予告――9月最初はスピーチ大会。
　　B　夏休みの報告［単なる生活の報告ではない］
　　C　9月はじめ2時間の準備時間
　②スピーチ大会　進行は指導者。
(3) ①「このスピーチに　この題を」学習のてびき1（個人学習）
　②発表・話し合いのてびき
(4) ①「話し合いの資料」作成
　②　　　　　さんのスピーチにつけられた題
　③題をみて［観点1・2］
(5) 発表と話し合いについて――「学習記録」の一節

第3巻　古典に親しませる指導

Ⅰ　古典に親しませる学習指導

1　中学生の古典学習　　　　［3〜13ペ］
　　　　　　　　　　　　　　（書き下し　1982）
(1) 中学生の古典学習
　　国文学を学ぶ人とは別の方法を探したい。古典への親しみを持たせられる方法を。
(2) 資料を作成する
　　①1ページに4行
　　②原文の左によみ。右に意味。語が意識されるように。
　　③△印にことばを補う。
　　④意味は必要最少限に。
　　⑤強めたり、調子を整える助詞は（強め）と左に…など
(3) 現代口語文完成のエネルギーを得るため。
(4) 読ませる古典
　　①「古来、日本人に愛された人」
　　②西尾実編　筑摩版教科書によって
　　③朗読に徹して「語り物」として「平家物語」を（昭49　三年）
　　④古人と時をへだてて通い合うものをとらえさせてみたいと「枕草子」を（昭51　二年）
　　⑤「古典のなかに見つけた子ども」
　　　「国際児童年」であったので一つの題目を据えて材料を選んでみた（昭54　一年）

2　古代和歌学習指導の一案　　［15〜23ペ］
　　　　　　　　　（「国文学　解釈と鑑賞」S.26.1）
　○「古典に親しむ」の学習をした生徒たちが進学した教室を予想しての案。
(1) 研究の態度と方法とを身につけることに重点をおきたい。［自己活動としての学習］
　○〈大和には　群山あれど…〉
　　①ア　作者について認識を　イ…　ウ…
　　②ア　地名と一般の生活の関係を考える。
　　③国見が耕作地選定なら春、神武31年に倣ったものなら夏。［季節について考える］
　　④情景の中の「色」やことばの「音」が味わいの一つ。
　　⑤表現「<u>立ち立つ→立ちけり</u>」、「<u>うまし国なり</u>」とした場合

　　⑥一首の歌を調べたなら、同じ作者の歌について
　　◇<u>一首について深い理解をもつだけでなく、調べ方として、いろいろの歌を味わう場合に通じるものを発見させていく</u>。
(2) 先人の研究を比較、批判し、研究をすすめていく態度を養う。〈例〉「あから橘」
(3) 学習活動の例
　　①すべて集め編集する
　　②註釈にとりあげられている項目をはっきりさせる。
　　③参考書目録をつくる。
　　　特色と　所在も
　　④先の研究のしかたによって調べ、<u>次のようにまとめる</u>。——台本に。幻燈に。朗読。

Ⅱ　「古典に親しむ」の指導の実際

1　古典入門——古典に親しむ　［27〜90ペ］
　　　　　　　　　　　　（目黒八中　50年11〜12月）
　　　　　　　　　　　　　　　　　　　（書き下し）
(1) 単元「古典入門」
　　「古典のなかの日本人が人びとに愛された心情・情景」を劇化の方向で
　　①教材　ア　古事記…キ　徒然草
　　②テキスト　萩原広道式に
　　③学習指導案
　　　一　目標
　　　　ア　古典への関心と親しみ
　　　　イ　調べ方がわかる
　　　二　資料
　　　三　学習活動
　　　四　評価
　　　Ａ　予備調査［略］
　　　Ｂ　グループ学習中に、…以下（Ｆまで）
(付) 学習記録から

2　古典へのとびら——古典に親しむ
　　　　　　　　　　　　　　　　　　［91〜135ペ］
　　　　　　　　　　　　　　　（文海中3年　'59年）
(1) 学習指導案
　　一　単元設定の理由
　　　①現代文化のもとになっている、また近代文

第③巻　古典に親しませる指導

　　　学の背景となっている古典に生徒を結び…次の新しいものを生み出す力の源泉にしたい。…⑥まで
　二　目標
　　①古典文学を味わわせ、古典に親しみをもたせる。
　　②古典を読むことの意義を体得させ、今の文学も古典を受けついだものであり、これからの文学も古典からの発展であることを考えさせる。
　　③とくに次のような能力を高める。…（略）
　三　資料
　　①「物語の中の少女」（「更級」の創作）
　　②扇の的…⑥
　四　教材研究
　　①「物語の中の少女」堀辰雄の「姨捨」
　　②扇の的
　　③木のぼり
　　④うつくしきもの
　五　三年C組について
　六　指導計画
　七　評価　ア…オ

(2) 学習の実際（記録から）
〈学習の実際〉
　①第一時　単元への期待を話し合う
　②第二時　「物語の中の少女」を読む
　⑤第五時
　　ア　「物語の中の少女」の一節を原文で読む。
　　　○プリントで。非常に興味をもったらしい。
　　イ　第四時に考えたことを書く。
　⑥第六時
　　ア　「扇の的」を読む。
　　イ　「『扇の的』と自分」を箇条書きする。
　⑦第七時
　　ア　「扇の的」を読み、今まで知っていた「那須与一の話」と比べどういうことを知ったかを書く。
　⑧第八時
　　ア　「扇の的」の朗読の発表。（二グループ）
　⑨第九時
　　ア　「徒然草」を読む。
　　イ　小さな簡単な問いで、内容をはっきりさせる。
　〈問いのてびき〉

「木のぼり」1～9　「馬のり」1～6　「えのきの僧正」1～7…以下（略）

3　昔の物語を読む　　　　　　[137～156ペ]
　　　　　　　　　　　（愛媛大附中1年C組　'66.9.11）
(1) 学習指導案
　①単元　昔の物語を読む「馬盗人」（福永武彦訳）
　②目標　古典に親しみを持たせる。
　　指導事項
　　1　意見を聞きながら、その例や根拠を考えること。
　　2　根拠を聞きながら、次に述べられる意見を察すること。…（略）…6まで
　③指導計画
　　ア　読みながら、心に浮かんだことを書きとめる。…略
　④学習活動
　　1．情景のよく出ていると思うところ。武士らしい、はりつめた気持ちやたくましい行動をあざやかに描き出していると思うところ。文章の調子のきびきびしていると思うところなどを朗読しあう。…略（2、3、4）
　⑤評価
　　1．学習態度の観察　とくに3から4への転換が感動をもって行われたか。
(2) 本時の指導記録
　①（い外）です［語彙―漢字］
　②発言の仕方の指導［142～149ペ］
　③的確な発言「Wさんとだいたい同じです。」→…
　④昔の人の考え方［今の人と違うところ］

4　古典への門――平家物語によって
　　　　　　　　　　　　　　　[157～179ペ]
　　　　　　　　　　　　（石川台中3年　'74.11）
(1) 資料　祇園精舎　足摺　忠度都落
(2) 学習の実際　○ひたすらに朗読する…（略）

5　古典への門――枕草子によって
　　　　　　　　　　　　　　　[181～213ペ]
　　　　　　　　　　　　（石川台2年　'76.10）
(1) 資料・春はあけぼの…ほか
(2) 学習の実際
　てびき（プリント）Ⅰ「枕草子」を読む　学習のてびき㈠
　①よくよく読む。声に出しても読む。

②読んでいるうちに気づいたこと、心に浮かんでいたことを次のようなとらえかたで整理してみる。…〈以下　略〉
③次のようなことばを拾ってみる。
　A　今も同じ意味で使われていることば。
　B　形は同じでも、意味が、今はちがっていることば。
　C　現在使われなくなっている古語。
④それぞれ分担したところについて発表し合い、話し合う…〈以下略〉

6　単元　古典のなかに見つけた子ども
　　　　　　　　　　　　　　［215～294ペ］
　　　　　　　　　　　（石川台中1年　'79.11）
(1) まえがき　昭54年は国際児童年であったので…
(2) 学習の実際　朗読が中心であるが二つの作業を！
　　①短い一節を暗誦
　　②暗誦の発展
　　作品の担当…（略）
　　①土佐日記　十一日
　　②二十一日
　　③枕草子
　　④源氏物語
　　⑤堤中納言物語
　　⑥更級日記　あづまじの
　　⑦足柄山
　　⑧物語
　　⑨大納言の姫君
　　⑩宇治拾遺物語
　　⑪平家物語　若宮出家
　　⑫紅葉
　　⑬徒然草
　　⑭謡曲　天鼓
　　⑮義経記
(3) テキスト
(4) プリント――朗読のあとのひととき――
　　①土佐日記　子どもらしい質問　今の子どもも聞きそうな…㉙まで（略）

Ⅲ　「古典に学ぶ」の指導の実際

1　日本の美の伝統をさぐる――古典に学ぶ
　　　　　　　　　　　　　　［297～321ペ］
　　　　　　　　　　　（石川台中3年　'68.11）
(1) まえがき――「古典に親しむ」の成果＝古典の話をせがまれる。⇒「古典に学ぶ」の準備！！
(2) 資料　光村「中等新国語三」第六単元「古典に学ぶ」
(3) 教材　日本の美の伝統
　　㈦島々に灯をともしけり春の海「この句は…子規」
(4) 学習の実際
　　[1] 注を利用して資料全部に目を通した
　　[2] 指導者をまじえてのグループでの話し合い…
　　[9] まとめ　"日本の美の伝統をさぐる"ための私の読書計画(1)(2)(3)(4)探してみた結果の処理
　　→手に入れられる本、読む順を決める。<u>地域図書館</u>で探す。

2　日本語の改良のために――古典に学ぶ
　　　　　　　　　　　　　　［323～349ペ］
　　　　　　　　　　　（石川台3年　'69.11）
(1) まえがき　古典に学ぶものの一つ〈日本の美の伝統〉　加えてもう一つ。
(2) 資料　西尾実編「新版　国語三」によった
　　㈠足柄山
　　㈡ことばの移り変わり（中田祝夫）
　　㈢(1)八つになりし年　(2)高名の木登り　(3)えのきの僧正　(4)奥山にねこまたといふもの
(3) 教材
(4) 学習の実際
　　①短い十のことばの話を用意。
　　②講義　〇直接、感動を伝えることが必要！〇古典に学ぶ！…〇〈学習記録から〉
　　③一グループの話し合いをみんなで聞く形で。
　　④各グループで話し合う。代表者二名を選ぶ…

第4巻　読むことの指導と提案

I　文学の鑑賞指導の実際

1　単元学習と文学指導法　　［5〜12ペ］
　　　　　　　（「言語教育と文学教育」1952.9）
　(1) はじめに
　　文学の学習のために、どんな力をつけ、どんなことをしておくか。
　　　①型にはまらない、のびのびとした態度を育てること…
　　　⑦作品のすじや組みたてがわかり、部分を全体に位置づけてつかむ力。…
　　　⑨ゆたかな語彙をもつこと。
　　　⑩字を読み書く力。はっきりと確実に音を知って読み書く力。
　　　○これらの力が意識的に計画的に養われて文学の単元が成功できる。
　(2) ［実際にどこで展開するか］中一〜三表示
　(3) ①目的と資料を頭に、ノートの工夫を！
　　　②思い出して書く→記憶を甦らせる力をつける。
　　　③会話……⑦会議の記録

2　文学の鑑賞指導の実際　　［13〜66ペ］
　　　　　　　　　（紅葉川中2年　S.28.11・12）
　　　　　　　　　　　　　　　　　（書き下し）
　(1) 文学の鑑賞指導の資料
　　　例　一　絵の悲しみ　独歩
　　　　　二　坂道
　　　　　三　路傍の石
　　　　　四　貝の火
　　　　　五　川将軍　前川康雄
　　　①ア　ほんとうの鑑賞のためには、程度の高すぎる作品より、実態に即した、やさしいもの［ことば、ことがら、主題でも］でなければならない。
　　　　イ　少年少女が扱われていても主題が少年少女でないものが取られてきた。…
　　　　　　　（以下略）
　　　②ア　第一次資料のために、…
　　　　イ　新鮮な印象のものを。…
　　　③作品を幅広く選び
　　　⑥(1)の今まで国語教科書に取られていた作品についての反省
　　　⑦生徒から知りえたことを考え、作品を選び直す。
　　　⑧作品一覧表。（各学年十編）
　　　⑨ア　扱い方のくふうをして長編を。
　(2) 文学の鑑賞指導の計画
　　　①文学掲示板
　　　②国語科カリキュラムの中での計画（他にふれられる単元）
　　　主目標
　　　　一年5朗読会　9物語の読み方
　　　　二年1詩歌を味わう
　　　　三年創作の楽しみ　6読書の技術
　　　③作品数を各学年三十にして、
　　　　A　主単元として扱う…4
　　　　B　各単元の中間に扱う…10
　　　　C　二週間に一度　ホームルームを利用して…16
　　　　ＡＢＣの、三年間の計画表
　(3) 文学の鑑賞指導の方法
　　　ねらい
　　　◇例一　「絵の悲しみ」国木田独歩　③岡本の心持を書くためにどんな力が必要か。
　　　◇例二　「坂道」壺井栄　［日記の形］
　　　　堂本さんの日記
　　　　(1)　×月×日〜(16)。…のところは書かせる。（略）
　　　◇例三　「路傍の石」山本有三
　　　　・話し合いのてびき（発言の例）
　　　◇例四　「貝の火」宮澤賢治　読んだ人たちの感想があり、第一欄は教師、私の感想欄に。
　　　◇例五　川将軍前川康雄　上欄は「ことがら」下は「考えさせられたこと」

3　詩の味わい方　　［67〜90ペ］
　　　　　　　　　　　（紅葉川中　1953年）
　　　　　　　（「中等国語教育技術」小学館　S.28.4）
　(1) 準備
　　　①資料を集める。A　生徒の近づきやすい詩集…
　　　②学校新聞や掲示板などに詩を入れる。…
　　　　（略）
　(2) 学習活動
　　　詩の単元は、「集める」ことと「朗読する」

こと。
　　　A　詩（短歌・俳句を含めて）を集める。
　　　B　朗読する。　味わいえたものの表現故、
　　　　　しらずしらず深く味わうこととなる。

4　中学校における文学指導の評価
　　　　　　　　　　　　　　　[79～90ペ]
　　　（「国語科文学教育の方法」教育書林　1952.2）
　(1)　文学鑑賞力の記録簿
　　　A　読みものを通しての鑑賞力評価
　　　　a　読書記録
　　　　b　観察
　　　　c　読みきかせて
　　　　d　特に貸し与えて
　　　…以下略

5　現場の小さな問題　　　　　[91～116ペ]
　　　　　（出典　筑摩「国語通信①～④⑤」
　　　　　　　　　　1959.3～6、④は1958.4）
　(1)　「随想」の授業を参観した。
　　　五つの段落ごとに要旨→話し合っていた。
　　　A　［もっと主体的、積極的に、求めて読
　　　　む］ように向けられないか。
　　　　〈生活的な目的を持ってよむように〉
　　　B　要旨を読みとる力がつくのか。
　　　　その１　①随想と同じような題でめいめい
　　　　　　　　が書く。…
　　　　その２　書くことを話し合いに変えて。
　　　　その３　①指導者が意見を考え、②考えを
　　　　　　　　提供して「随想」の筆者だった
　　　　　　　　ら、なんと答えるか。書く。
　　　　その４　プリント「友情について」
　(2)　①ぜひ言いたいところを持たせる。指導者
　　　が活動する。…
　(3)　○場面、人物の言ったことば、事がら・で
　　　きごとを確認させ、心から話す場面を！
　(4)　（てびきを工夫して）書くことを取りあげ
　　　る。
　(5)　鑑賞のため注釈は少く。

6　教材研究「北風」のくれたテーブルかけ
　　　　　　　　　　　　　　　[117～169ペ]
　　　（『国語教材研究講座5』朝倉書店　1959.10）
　(1)　作品の研究
　　　①主題
　　　　ア　空想の楽しみ。
　　　　イ　正直なものが勝つ。
　　　　ウ　困難にぶつかっても新しい力をふるい

　　　　起し、解決していく少年の勇気。
　　　②作品の構成　やまは。〈横になれ〉
　　　③表現の特質　A…F
　(2)　指導の研究
　　　①学習者の反応
　　　　○おもしろいところに目がいく。…など
　　　②指導の目標
　　　　ア　人の言動に、心の動きを読みとり、人
　　　　　間の理解を深くすることを学ばせ
　　　　　る。…
　　　③指導すべき能力
　　　　ア　知識
　　　　　(1)　脚本の書き表わしかた（ト書き、登
　　　　　　　場人物、せりふ）…(7)
　　　　イ　技能
　　　　　(1)　聞く・話す　○表情や態度まで注意
　　　　　　　して聞いたり話したりする。○イン
　　　　　　　トネーションに注意して聞いたり話
　　　　　　　したりする。
　　　　　(2)　読む…
　　　　　(3)　書く　○メモ、ノートを箇条書きを
　　　　　　　生かして書く。
　　　　ウ　態度
　　　　　○ことばを身近かにひきつけて、いきい
　　　　　きと読もうとする。
　　　　　○この心情を表現するのに、このことば
　　　　　でいいか、この性格を表わすのにこの
　　　　　行動でいいかと、いつも主題にてらし
　　　　　て考える。
　　　　　○ことばに、登場人物の性格とその運命
　　　　　を読みとろうとする。
　　　④指導上の留意点　ア～キ（略）
　　　［時代的社会的背景］
　　　［作品について］ノールウェーの民話を脚色
　　　したもので、1925年の作。構成がしっかり
　　　としせりふにむだなくいきいきとしてい
　　　る。

7　文学を味わわせるために　[171～206ペ]
　　　　　　　　　　（大下学園　講演　'67.12.3（S.42））
　(1)　優劣を超えて文学に浸らせる方法の一つ。
　　　○「重ね読み」
　　　〈何に　どういう方法で重ねるか。〉
　(2)　「黒いご飯」と「二銭銅貨」、話を聞く
　　　［話に当たるような作品が見つからない時
　　　は、自分で作る。］〈どれも貧しさを扱って
　　　いる〉
　　　→三つの作品を比べて考えたことなどは、い

い作文の材料になる。
　(3)「サーカスの馬」を味わわせる方法。
　　　どんな少年かとか、主題はとか、聞かないでてびきする。
　(4) 屋根の上のサワン［書くこと］を用いて。
　　　〈てびきプリント〉

8　鑑賞のための朗読　　[207〜219ペ]
　　　　　　　　　　　　　　　　（書き下し）
(1) 朗読は、読みえたもの、味わいえたものの表現
　○深く味わってとらえたもの、感動があっても、声に表わすには、<u>別の力</u>がいる。中学校の普通の教室では、鑑賞のための朗読にしたい。
　ア　例一　「ひばりの子」（庄野潤三作）のはじめの一節
　イ　例二　「爪王」（戸川幸夫作）の一節
　　①個人で読む、グループで読む、クラス全員で読む、の組み合わせ。
　　　「爪王」朗読台本(1)グループでよむ。
　　②個人で読むための台本
　　③二人で読む。
　　　Ⓐ赤ぎつねは、この危機をのがれるために激しくころがった。Ⓑ自分のからだを雪の面にたたきつけることによって、鷹をふり放そうとした。…［解説218〜219ペ］

II　読むことの授業の実際

1　単元　私たちの読書力〈図表を読む〉
　　　　　　　　　　　　　　　[223〜240ペ]
　　　　　　　　　　（石川台中2年　'70（S.45）7月）
　　　　　　　　　　　　　　　　（書き下し）
(1) ア「図表を読む」を目標に！　一覧表に、生徒たちは興味をもった。
(2) 問題の実際　略。
(3) 学習を進める。
　　☒「私たちの読書力」
　　　――実態とこれからの問題点
　④資料によって数字を読み、図表をよむ。
　⑤発表しあう。
　　「私たちの気づいたこと、考えたこと」A・B
　　◎見てびっくりするのは、18人の人が、読書力で高校生なみということです。

2　単元　明治・大正・昭和の作文の歩み
　　　　　　　　　　　　　　　[241〜292ペ]
　　　　　　　　　　（石川台中3年　'74（S.49）9月）
　　　　　　　　　　　　　　　　（書き下し）
(1) 単元の胚胎⇒『中学生　日本つづり方作文全集』全六巻…
(2)〈てびきプリント〉「明治・大正・昭和の作文の歩み」
　　①資料
　　　1『…』　2 私たちの作文集　3 先輩の文集　6 中学生文学。
　　②進め方　1…7
　　③学習日誌　その日その日にしたことを確実に。考えたこと、おもしろく思ったこと。かかった時間を書きとめる。
　　④グループ報告。［グループは一テーマを担当する］（244ペ）
(3)〈この本を読む人のために〉A…D
(4) 発表資料から
　　［内容］
　　一）職業・労働編　両親の職業や仕事について
　　三）家族・隣人編
　　五）戦争・平和編
　　六）学校生活編
(5) 発表資料から
　　①目次（戦争・平和編担当）から
(6) 発表会の記録
(7) あとがきから

3　単元「――という人」〈伝記を読む〉
　　　　　　　　　　　　　　　[293〜318ペ]
　　　　　　　　　　（石川台中1年　'78.2）
(1) まえがき　先輩の足あとを見なくなった。引きもどそうとさまざまな工夫をした。その一つ。
(2) 資料（9種）『ＴＮ君の伝記』なだいなだ、『白い大地』吉田武三など
(3) 学習を進める
　　①〈てびきプリント1〉「―という人」
　　　A　それぞれの本を読む。
　　　B　その人をよく表わす十の場面を考える。
　　　C　うち、一つか二つ劇にする。…
　　②〈てびきプリント2〉「―という人」発表資料プリントのてびき
　　③〈てびきプリント3〉発表はこんな筋で
　　　1　―は、…こういう人です。

Ⅱ 読むことの授業の実際

　　　　3　この生涯を表わす十の場面を選びました。
　(4) 発表資料から
　　　1) 土佐から長崎へ
　(5) 「ＴＮ君の日記」を読んで
　　　4) 江戸からヨーロッパへ
　　　6) リヨンの小学校へ
　　　10) 死の前に

4　単元　知ろう　世界の子どもたちを
　　　　　　　　　　　　[319〜392ペ]
　　　　　　　　　　　　(石川台中一年　'79.11)
　(1) あらまし　今年(昭和54年)は、国際児童年である。これをふまえた学習を。
　　①資料は、国際児童年のことを知ると同時に集め始めた。現在の二年生に呼びかけて集め始め、新一年生に引き継がせた。資料は、新しいもの、現在出ている[新鮮な]ものにした。
　　②子どもの研究は、そう高いレベルに達することはできない。しかし、その進め方は本格的でありたいと思う。
　　③目的をもって資料を集め、それを使って学ぶこと…すきまなく心を配った。
　　④子どもたちを優劣のかなたで、その子なりに力をつけていける。
　(2) 学習の実際
　　①〈資料一覧〉ア　花には太陽を(羽仁説子編)…ほか
　　②資料について話す・読む・調べる
　　③着眼点のヒント　カードは30枚くらい〜50枚の生徒も。
　　　報告の提出—グループ編成のため。発表の形を考える(ヒント) 1 劇…4 インタビュー　5 手紙…など
　　④てびきプリント「発表の計画」
　　　3) 学校生活…
　　　6) ほしいもの…など
　　　報告(まとめ)用紙二種
　　⑤第一回発表会
　　　A　プログラム
　　　　一　てい談　ドイツの子どもたち
　　　B　〈作品から〉日常生活(放送劇)
　　　C　〈この日の学習記録から〉
　　⑥まとめ
　　　A　てびきプリント——この学習から私の得たこと、知ったこと、身につけた力
　　　B　〈作品から〉この発表会によって、考える力がついた。また六回の発表を聞くことによって、聞く力がついた。
　　　[注　○新しく覚えた言葉　○感想　が全集では略されている。(『世界を結ぶ』筑摩書房　1989.11.30)の86・87ぺにあり。]

5　単元　知らせよう　日本の子どもたちを
　　　　　　　　　　　　[393〜415ペ]
　　　　　　　　　(実践研究発表会　80.10.26発表)
　　　　　　　　　　　　(予想2年生)
　(1) 4月に「二年生の国語学習準備」
　　①学習記録の向上のために。
　　　ア「学習記録を見て」という指導者の話…
　　　エ　あとがき集により識見を高める…
　　③中学二年の国語学習・読書生活の特色。
　　⑤個人文集　第四集について
　(2) 準備(4月〜6月)　4月のあらまし…
　　〈プリントA〉　①日常生活　断片　②学校生活　④読まれている本　⑪このごろのニュース。新聞から…⑮
　(3) 〈プリントB〉　①座談会「図書」のように
　　　②インタビュー
　(4) 〈アンケート〉
　　一　日常生活を知らせるのに、この生活の一こまをぜひ。
　　二　学校生活のなかで、どんな勉強をどのようにしているか。…十まで
　(5) 資料
　　1　子ども白書1979版(日本子どもを守る会)…
　　3　日本の子どもたち　生活と意識(ＮＨＫ放送研究所)
　　　　：
　　74　子どもたちの十二章(写真集)亜紀書房。

6　単元　もう一つの歩き方をさぐる
　　　　　　　　　　　　[417〜444ペ]
　　　　　　　　　　　　(石川台中1年　80.2)
　(1) まえがき
　　①伝記を生活的に、その人の生きているすがたとしてとらえるように読ませたい。…
　　　[こうこう　こういう人であると思うと総括的にとらえるより、やさしく、誤りも少ない。]
　　②資料は、現在、活躍中の人の自伝を。
　　　ア　わたしの自叙伝(1)(ＮＨＫ)早川種

　　　　　三、吉田忠雄、水木しげる…など10人
　　　キ　ひとすじの道　丸岡秀子
　　　ク　まんが道　藤子不二雄
　　　ウ　わたしの少女時代（岩波）池田理代子、石井ふく子、石堀綾子…など14人
　(2)　学習を進める　　　　　　　　［419〜］
　　①伝記を読む〈てびきプリント1〉
　　　ア　どういう時にどういう言動をしているだろう
　　　イ　そこに考えられる、考え方、態度（見方）
　　②自分たちの生活に取材した作品を作る。
　　　A　〈てびきプリント2〉——私たちの生活には、こんな面がある。——
　　　B　〈てびきプリント3〉もう一つの歩き方をさぐる——私たちの生活にはこんな面がある—
　　　　1）係・役員　名誉と重荷
　　　　2）学習
　　　　3）テスト…
　　　　6）なやみ
　　　C　〈てびきプリント4〉もう一つの歩き方をさぐる——脚本を書くために——
　(3)　作品から　放送劇　性格
　　わたしの自叙伝(1)　吉田忠雄氏の談話を取り上げて
　(4)　発表会　劇についての研究
　　〈てびきプリント7〉発表はこんな形で
　　〈てびきプリント8〉発言のてびき…発表会
　(5)　まとめ「〈もう一つの歩き方をさぐる〉で学んだこと」

第5巻　書くことの計画と指導の方法

I　書くことの指導の計画

1　作文の指導計画案　　　［5～131ペ］
（西尾実「国語」'59年版）

◇作文の指導計画表＝一年二学期の表を例に
(1) 教科書を中心にしての作文学習と、教科書以外の作文学習に分けられている。
(2) 教科書を中心にしての作文学習は二つに。
　　A　いわゆる作文学習。
　　B　聞き、話し読む学習とともに。
○(1)のB「教科書以外の作文学習」は四つに分けてとらえている。…
　　その1「基礎力を養うための学習」
　　その2「書きだし文による作文学習」
　　その3「作文の指導項目を中心にしての学習」
　　その4「題材を集め、自由に書く」
　　◎学習記録は、一貫して書く。
○(2)のBの欄は三つに分けられている。その1は「資料」。その2は「作文としての指導を加える」その3は「その他の作文学習」
(1) 例一　教科書を中心にしての作文学習　聞き・話し読む学習とともに㈠
　　[1] 資料　ことばを育てる㈠～㈢
　　[2] 作文としての指導を加える書くことの指導
　　[3] その他の作文学習。ア～ウ
　　[4] 学習のてびき
　　[5] 生徒作品から…
(2) 例二　教科書を中心にしての作文学習。
　　　　　——聞き話し読む学習とともに㈡——
　　[1] 資料　詩の鑑賞　㈠詩三編㈡村野四郎
　　[2] 作文としての指導を加える書くことの学習…
　　[3] その他の作文学習
　　[4] 学習の実際…
　　[5] 生徒作品から
(3) 例三　作文の学習　いわゆる作文単元
　　[1] 資料（教科書「国語二」：中学作文：ワークブック：口語文法）
　　[2] さまざまな文章を個人で集中して書く。
　　[3] 生徒作品　○「バス通学」の作者にあてて文章を書く
　　[4] 作文の学習　正確に　明確に
(4) 例四　目的を考えて——教科書以外の作文学習の三つめ
(5) 例五　自由作——教科書以外の作文学習の発展的な学習

2　中学国語カリキュラムにおける「書くこと」の指導　　　［123～140ペ］
（「実践国語」 1950.10 (S.25)）

(1) ①中学生生活でどんな「書くこと」の必要性を感じているか。
　　A　1）聞きながら　2）見ながら
　　　　3）報告を書く　4）メモをとる
　　　　5）ノートの整理をする…
　　　　9）標語を書く
　　B　15）複写を　19）随筆（生活作文）を
　②職業人として、必要な場合。
　　1）公務員　○計画書等17種　2）医師
　　　　　　　　○報　告
　　3）教授　4）教員　記録・報告…
　　9）主婦
　　それら、必要、要求、関心　24種
(2) どのように指導するか
　　①場に即して
　　②目的・対象をはっきりさせる
　　③個人差に応じて
　　④用具が身近に（環境）
(3) ①～④の項についての工夫
　　単元〈会議のすすめ方〉を例に↔1年を通じて計画的に！

3　中学校の作文指導　　　［141～147ペ］
（『生活綴方と作文教育』金子書房　S.27.6）

(1) ねらい——ごく自然にペンをとるようにしたい。↔書く機会を広く細かく取りあげる。
(2) 例「話し合い」
　　①話しあいについて考え、評価表をつくる。
　　③一グループずつ話しあいをする。
(3) このうち③の部分だけを取りあげて、作文の場面を考える。
　　①話しあいのグループ
　　②記録のグループ
　　③批評を担当するグループ——評価表によって意見を発表する。［アは、明瞭に、確実に。イはあたたかく育てあう気持をこめ

④学習記録を書く——生活の場を意識して
(4) 指導者の批評　ア…カ　どういう考えで直したか。

4　筆不精と国語学習　　　　［149〜156ペ］
（「言語生活」筑摩書房　S.40.9）

(1) はじめに
　筆不精でない人間にしたい。
(2) つねに書かせる。どのようにして。
　①「学習記録」を書かせる＝「筆不精」への対策。
　②必要感のある書く機会を計画し、それを処理する。
(3) 〈どんなことを書かせるか〉——ア…オ
(4) 書かせるために
　ア　計画の工夫によって　変化に富んでいること、新鮮な気分のあること
　イ　思わず書きとめたい　ことばをはさむ
　ウ　処理を適切に。①…⑪
(5) 「書くことの力・働き」を悟らせる。
　心の一片を気ばらずに、らくに書けるようにしたい。

5　『綴方十二ヶ月』に学ぶ　　［157〜164ペ］
（『綴方十二ヶ月の意義と価値』
　　　　　　　　　　文化評論出版　S.46.8）

(1) 女学生時代　川島先生からお借りして全体を書き写した。
　①「五月の巻」相撲—〈文題〉10＝着眼点の指導＝ひとりひとりを意識して文題を！
　②文章を集めることを大事にされている。
　③自己評価が大切にされている。—
　④文章の批評のしかたについて
　⑤組み作文（・「五月の巻」・「遠足」一押上まで〜五その夜）
　⑥作文として仕上げるものだけをねらわず練習的に書く工夫。
　⑦聞いた話を書く——
　⑧をさない文を集めさせる——
　⑨よい文章が書けるようにするには——
　⑩文章の種類として——
　⑪ゆたかな世界を——

II　書くことの指導の方法

1　取材の指導　　　　　　　［167〜173ペ］
（「作文教育」　S.33.5）

(1) 書く力を伸すには、「何を書くか」を一変させること。書く意欲のわく内容にする。
(2) 指導の実例
(3) 指導をつづけて一年、取材の方向が変った。次のような題材が多くなった——
　○ぼくらの組の一つおぼえ
　○投書欄をみて
　○ことわざ集め
　○環境など
(4) 国語学習記録を、幅広さからも深さからも大切に
(5) ジャンルの特色をとらえての指導も。
(6) 一つのことを　みんなで書き合う−読み合うことも大切。
(7) いつも書こうとすることをゆたかに持ち、それを自由に書く。

2　記述・批評・処理のためのてびき
　　　　　　　　　　　　　　［175〜186ペ］
〈作文教育講座4〉
（『作文指導の方法㈢』河出書房　S.30.3.31）

(1) 作文の能率的な処理のためには、「どのように書かせるか」をまず考えなければならない。
　ア　表記に「読みやすく」という心づかいをして書く態度。
　イ　構想も書くまえに、また途中で。
　ウ　処理の方法として、相互評価も。自己評価も、工夫を。
　①「夏休みの報告」A（書くためのてびき）
　　一　どんなことを書きましょうか。
　　五　どれから書きましょうか。
　　六　さあ、書きましょう。書き出し、思いつかなかったら、次のようにしたらどうですか。
　　十一　ページを打ち、順序よく重ねて、とじましょう。
　①−B　友だちの文章を見るてびき
　　一　一度読んで心に残ったところ。
　　三　三度めに心に残ったところ。
　　七　力を入れて書いていると思うところ。
　　九　深く考えさせられたこと。眼を拓かれた気のすること。
　　○友だちからの評価表（4人グループなら3枚）を作者はまとめて処理する。
　①−C　作者である生徒の処理のためのて

びき
　　　各項目について上下二段の記入欄。上段
　　　には、友だちの書いたものをまとめて、
　　　下の欄には作者の反省を書く。
　　②「一つの意見」
　　　A　書くためのてびき
　　　　1　どういう人に向って（対象）
　　　　2　書こうとすること（内容）
　　　　3　構成
　　　　4　さあ書きましょう（記述）
　　　　5　読み直しましょう（推敲）
　　　B　友だちの文章を見るてびき
　　　C　作者の最後の処理のためのてびき
　　　　1…3　4　先生への手紙を書く。

3　作文の処理を学習に　　［187〜210ペ］
　　　　　　　　　　　（「国語通信」S.40.3月）
(1) 作文の処理が重荷に感じられている。共通
　　点はとりあげて一度に処理をし、残された
　　個人の問題を個人対個人で処理するように
　　したら、不安な思いをするよりよい。
　　①中1の4月から指導してきたこと。
　　　1）筆まめに、おっくうがらずに書けるよ
　　　　うに。（学習記録によって）
　　　2）題材を豊かにもつこと（二種の題材集
　　　　め用紙によって）
　　　3）目的によって、材料を取捨すること
　　　　（カード法）…
　　　7）スピーチの会　　学級によって異る。
　　②〈プリントA〉について
　　　「私の作文「　」に添えて」
　　③〈プリントB〉による授業（略）
　　　ア（一）題材集めから。
　　　　Ⅰ　放送「野火」を聞いて…
　　　〈プリントC・D・E・F〉（略）
　　　イ〈第一時間目〉
　　　　一　練習「絵を見て」
　　　　二　「題材集め」から学ぶ
　　　　三　書き出し
　　　　　　――と主題と結び
　　　　　　――と構想
　　　ウ〈第二時間目〉板書「的確な表現」。
　　　　教室の実際…
　　　エ〈プリントCDEF〉はクラスの作文に
　　　　よってつくったもの――材料は組に
　　　　よって違ったものになっている。

4　作りかえながら書く力をつける
　　　　　　　　　　　　　　［211〜226ペ］
　　　　　　　　　　　（「作文　中学」S.32.10月）
(1) 亀山市合生中学からの作文を一まとまりと
　　してとらえ学習を導いたもの。
　　A①「宮川ダムの見学」たいてい次のことを
　　　書いていた。
　　　　ア　見学が楽しみで待ったに待ったこと。…
　　　②次にかなりおおぜいの書いていたこと
　　　　ア　発電所の説明の内容…
　　　③生徒作品五編を取り出す。
　　B〈てびき〉これらの文を書いた力を出し
　　　あって、いろいろな文章を書きあい、読
　　　みあうことを考える。どんな種類の文章
　　　が書けるか。　1　めいめいの生活記録。
　　　2　学習記録。メモに書き足し、順序を整
　　　えて社会科や理科の学習に役立てられ
　　　るように。
　　　6　こうした催しに対しての意見。学校新
　　　聞に。…12まで
　　Cア　Aさんには11の景色の美しさを紹介す
　　　　る文章を書いてもらう。
　　　オ　Eさんには7番の、参加できなかった
　　　　友だちに知らせる手紙を。（以下　略）

5　単元　座談会を記事に　　［227〜242ペ］
　　　　　　　　　（実践記録石川台3年　S.50.3）
(1) 大岡信氏の文章［朝日新聞夕刊　S.49.12.9］
　　がヒント。
(2) 学習の実際
　　Ⅰ　目標や学習のあらまし。グループは自
　　　由。話し合いのテーマを示した。
　　A　一　「私たちの座談会」①目標…
　　　　二　座談会の準備…
　　B〈てびきプリント〉「私たちの座談会」
　　　①テープの録音を文字化する。
　　　②次のような点を話し合って、直す。ア…
　　　　エ
　　　④段落を考え、見出しをつける。
　　　Ⅵ　発表会…
(3) ［付記］総復習の学習として適切。
(4) 他のグループの題目と見出し　ア…エ

6　一冊の「言語生活」を手がかりに
　　　　　　　　　　　　　　［243〜261ペ］
　　　　　　　　　　（実践記録石川台3年　S.46）
(1) はじめに
　　①書く力＝取材と書き表わす力とを切り離し

て考えてみては。
②記録、報告の文章、説明の文章の学習が、位置をもち、生きていない。
③国語学習のなかに必然の位置をもった説明的な文章を書かせたい。
〈目標〉いろいろの目的によって、いろいろの種類の文章を書く力を養う。
〈資料〉「言語生活」（昭46.9月）
〈内容〉9月号を使用して、説明、意見、手紙などさまざまな文章（十五種）を書く。
(2) 指導の実際
①「言語生活」という雑誌を紹介する文章。「『言語生活』という雑誌は」と書き出しを与えた。
②〈資料「目」のページ。「耳」のページ。
③「目」「耳」のページを資料に否定のいろいろの表し方を人に伝える文章を書く。
〈生徒作品から〉
ア「そのうち『おぼつき』という名詞ができるか」とある…皮肉を含んでいて…
イ 次に「夏る」があれば…
⑥新聞などの広告に外国語の使われている実態を歴史的に調べている人に。…
⑫「どうも　どうも」を読み、「ことば」に取材した随筆風の文章を書く。
⑭本の広告を見て、自分の読みたい本を探し、図書室の「私の読みたい本」のポストに入れる文章を書く。
⑮表紙を見ながら友だちと話し合い、その会話を写した文章。
——録音して文字化するのであるが鉛筆対談の形の方が簡単である。

7　おりおりの作文の指導　［263〜280ペ］
（実践記録　書き下し）
(1) 暑中見舞てびき［配布しただけのてびき。］
ア　ただの儀礼ではない。相手の顔を思い浮かべながら書く。
ウ　「暑中おみまい申し上げます」だけでなく、必ず自分の生活のひとこまを書いて知らせる。
カ　自分の住所は必ず書く。［旅先からでも、自宅の住所は必ず書く］
ク　絵をそえてもいい。
シ　暑中みまいは立秋まで。あとは残暑見舞ということになっていますが気にしなくていい。休みの終りや休みになってすぐ出すのなども目的には合わない。
ス　とにかく、はがきがあなたの心を運んでいく、あなた自身を運んでいくものであることを考えて書きましょう。相手をたのしませましょう。
(2) 作文学習日記——夏休みの学習の一こま＝10日分を期待し十枚ずつ配布。（略）
(3) 日記マラソン
○先行してゴールの日の決っている「読書マラソン」がある。4月スタート、ゴールは秋の読書週間の終りの日。
○12月20日スタート、3月1日ゴール。ノート5冊を文字で埋めるマラソン。
○全員に最初一冊ずつ。（手作りカバーを用意した）
(4) 修学旅行二題
○修学旅行のあと、書くことがたくさんあるようでいて…何をどう書いてよいかわからない。…しかし、一文も残せないことは残念。次の28の書き出しのてびきで「修学旅行二題」を。
①雨に煙る比叡山、すくっと立つ杉の大木の濃淡。
②聞いていたほどでなかった根本中堂での説教であった。…（以下略）
(5) 平がなの形を整える
A　くずれている平がなをひとりで学ぶ明快な方法を願って作成した学習資料。
〈資料作成の手順〉
B　〈学習資料プリント〉「あ」ポイント…
「た」…
「は」ポイント①…⑨
「れ」…⑤
C　〈学習の方法〉
①自分で「あ」と書く
②縦の欄のいろいろの字形と照らし合わせて、どれに似ているかを探す。
(6) あの子の気持ち　この子の気持ち　小作文学習
①読み浸り、書き浸っているとき、調べものに夢中のとき、盛り上っているグループ活動の姿などを教卓のカメラに収めていた。そんな写真を与えたとき、じつに鋭い観察を表すことばがにぎやかに飛び交う。…
○写真は主としてカメラ誌から集めた。子どもにわかる生活の断片の出ているものを選

んだ。十か月ほどで200枚近く集まったので学習に。
② ［準備］(1)写真を一枚ずつ画用紙に貼り、資料番号を打った。…
③ ［学習の実際］
　A　おりおりにこの学習の話は出ていたので［210ペ］説明の必要はなかった。作品例を壁に貼って見せるだけでよかった。
④ ［生徒作品から］〈写真説明〉
　（略）

III　学習指導資料と作文題材集

1　中学作文　　　　［283〜410ペ］
　　　　　　　（筑摩書房　S.36.12）

(1)「作文の基礎力を養うための学習」一覧表の一つ一つについて練習した。その資料集<u>文章が書けるためにはどういう能力があればよいか</u>。能力を分析し、その一つ一つの実践。たとえば「要点を明確に書くこと」の指導…要点を明確に書く基礎を養う方法はないか。どんな力がついていたら、要点を明確に書くことがたやすくなるのだろうか。

「作文の基礎力を養うための学習」一覧表
　1　述べ方
　　A　描写する
　　B　説明する
　　C　議論する
　　D　説得する
　　E　物語る
　　F　感動を表わす
　2　書き出し
　3　段落
　　A　切り方
　　B　関係
　　C　補充省略
　　D　主題の出し方
　　E　中心文の位置
　　F　結び
　　G　強調
　4　書き継ぎ（文と文）
　5　材料
　6　その他
　7　注

2　作文題材集　　　　　［411〜441ペ］
　　　　（石川台中二学年。学習資料　S.40年度）

(1) 題材集めについて――「題材集め」はごく日常のことで随時提出。組のみんなに新しい着眼点に気づかせたり、視野を広くする題材は掲示。用紙はいろいろ。…。（略）

代表的な形

書き出し	目あて	こんなこと	題
結び	組たて		年組

ときどき使った用紙

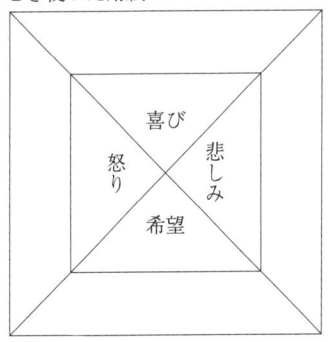

（喜び・怒り・悲しみ・希望）

・視野を開かせる。
・一種のおもしろさ、遊びがある
○ときどき全員の題材をプリントして配った。
・とらえ方、考え方を学んだり、題のつけ方や書き出し方、結び方などを学んだり、ヒントを得たりする。→自分も書いてみたい題材。

(2) 題材集による授業のてびき。
　〈てびきプリント〉
　ア　例一　「鬼」の発表をめぐって
　イ　例二　津田さんを囲んで
　　A　なぜ「井上靖」にしたのですか
　　B　もうかなり調べてあると思われるが、少し発表してほしい。
(3) ア　作文題材集から㈠　昭和四十年度二年生
　　イ　作文題材集から㈡　四十九年度三年生
　　　A組　○「鬼」
　　　C組　○「東京と京都」

47

第6巻　作文指導の展開

I　中学生の創作力を養うための学習指導

1　創作する力をつける［野地潤家先生との対談］　［5～12ぺ］
　　　　　（『大村はまの国語教室』小学館　S.56.7）
(1) 書くことがあれば書ける。
　①創造力が言われた時があった。…創作する「力」をつけようと考えた。その一番だいじなことは取材。
　②筆不精でなく、書く力そのものをつけておけば、思想も育ち人間も育った場合、その筆力を使って書いていけばいい。
(2) 書くに値する内容とことばを
　①構成は大切だが、これを、という内容の深いものを持ったときに初めて、構成が、その事柄自身のなかから生み出されてくる。
　②書きたくなる材料を与え―その先へつづけて書く。創作とは言えないが創作力をつける作業としてはできると考えた。
　　ア絵本・絵、いい作品を選んで、その途中を書いてみたりした。…［略］

2　創作「五つの夜」　［13～48ぺ］
　　　　　（石川台中指導記録による書き下し　S.48.11）
(1) 「五つの夜」までの歩み
　一 [1] 五月。「雨の子五郎ちゃん」を書く。
　　 [2] 「雲の上に雨の子の兄弟姉妹が住んでいる。いちばん上の兄は、嵐の兄…」
　　 [3] 雨に関係して、…想像をひろげさせる。
　　 [4] 「雨の子五郎ちゃん」の作品より。生徒作品。
　　 [5] 練習
　二 [1] 六月。五月は、おもに目でとらえたもの、観察、情景。六月は人間の心の動きを想像して書いてみる。
　　 [2] 「五色のしか」
　　 [3] この男は、裏切りをする前に、なん回も…でも約束を守ってきた。次の三種類に分けて…㈠命を助けられて…㈡今まで…どうしてこういうことになったか。㈢ ㈠㈡のあいだ堪えている姿。
　　 [4] 作品より…
(2) 「五つの夜」少女時代「八つの夜」変身譚→五つの話に。
　学習の実際
　[1] 談話一　「八つの夜」の魅力
　[2] 談話二　自由な想像を支える条件㈠㈡㈢
　[3] 構想メモの提出〈プリント〉構想メモ（例）
　[4] 構想を見合い…自分の案をゆたかにする。
　[5] 冒頭の一節の提出。
　[6] 冒頭の研究会
　[7] 調べたことを活用し、想像を広げながら文章を書いた。
　〈生徒作品から〉五つの夜

3　創作文集「秘密の遊び場」　［49～72ぺ］
　　　　　（石川台中指導記録による書き下し　S.35）
(1) 生徒会誌「石川台」の改善に「組み作文」のページを設けた。ハーモニーが生まれ、「組み合わせることの生み出すもの」のゆたかさをこの後も生かした。
(2) 学習の実際
　[1] 『おもちゃ屋』（庄野潤三）（テーマは「危険」）から三編ほど読み聞かせた。
　[2] 連作のてびきを渡す。
　[3] てびき一、二、五にあるように、実習的に類語による一つの方法を試みた。
　　(1) テーマを「争い」として類語を86集めて資料を作った。
　　「学習資料」1争う　2あらがう　　［略］
　[4] テーマを選び、連作の構想を練った。3内至5案を立案。
　[5] 制作　途中で相談が多かった。…以下略
　[10] 「秘密の遊び場」を読む私達（文集）

4　楽しくつくる「白銀の馬」［73～111ぺ］
　　　　　（石川台中１年書き下し　S.50.10）
(1) 作品を目的とせず、創作の力そのものをつける試み。
　〇創作の力そのものの指導は、取材の次の段階からにおくのがよくはないか。

(2) 「白銀の馬」までの歩み
　[1]「灯台とハマナデシコ」(千川あゆこ)
　[2]「りんごがたべたいねずみくん」
　　　　　　　　　　　（なかえよしを作）
　　　　　　　　　　　　上野紀子え
　　（「絵本のひろば13」ポプラ社　昭50.5月）
　[3]「クリちゃん」(根本進作：全四冊、さえら書房)
　　　文字のない四コマ漫画にことばをつけた。
　　〈てびきプリント〉
　　　よいことばをつけよう　いきいきと話そう。
　[4]「空中ブランコのりのキキ」（別役実作によって）
　　　この話を途中まで読みきかせて、あとを書かせた。
(3) 白銀の馬（リンド・ワード作、富山房刊　昭49.12.5)
　[1] 学習の進め方〈てびきプリント〉―書くまでに二、三
　[2] プリントのてびきによって書いた。
　[3]「私たちの白銀の馬」から
(4) 創作ということはAとBとCをもって　AでもBでもCでもないDをつくることを確かめえた。（指導を終って）

5　楽しくつくる「旅の絵本」［113〜124ペ］
　　　　（石川台中　1年　指導記録による書き下し　S.52　2学期）
(1)「旅の絵本」によって書く（安野光雅1977年福音館書店）そこには、人間の生活があった。人々の会話が聞こえた。…これを「白い本」に―
　①〈てびきプリント〉
　　一　旅日記　旅の記録
　　二　旅だより…
　　五　ここにも人の生活が…
　　九　絵のなかのどの人かになって書く。
　②〈てびきプリント〉『旅の絵本』によって書く　あとがきのてびき
(2)〈生徒作品から〉
　ア「遠い旅の記録」M.I.
　イ「動きのフレーズ」M.K.「ゆれる・流れる・飛ぶ」

Ⅱ　書くことの指導の展開

1　書き出しの研究　　　　　　［127〜140ペ］
　　　　（S.33・S.34　文海中　三年　対談　S.55.8）
(1) 作文が書けるためにはどういう力とどういう力があればよいかを分析。どういう書き出しをしている文章は成功が高いか。
　◎指導は書かせることのなかでこそすべきと思うようになった。
(2) 研究の実際
　㈠動機と目的
　㈡資料（作徒作文）意見の文章を。十種類。
　㈢方法
　　①題を与え、その文章の書き出しと結びを書かせた。
　　②書き出しと結びを分類。次のようなことを調べた。
　　　1　どんな書き出しがどのくらいあるか。…
　　　10　どういう題の出し方が内容をはっきりした意見に導くことが多いか。…
　　　16　どういう場合に筋が混乱しやすいか。…
　　③結びにしっかりした意見の出ている文章の書き出しを取り出し、他の学級で書かせた。―どういう書き出しが特に働きかけが強く、しっかりした意見文に近づけるものかを具体的に考えた。
　㈣研究発表資料から
　　A　立会演説会(1)三年―この表（略）から受けとれるもの
　　　・書き出し―結び　・書き出し文の例
　㈤結果　意見文を書かせる場合、スタートの地点での方向を正しくすることが必要。実際に…このようにということば、文を書き示す。

2　意見文の指導　　　　　　　［141〜183ペ］
　　　（指導記録による書き下し　S.35－2年、S.36－3年二例、S.50－1年）
(1) 意見を書き合う（昭35年　2年生）
　〈新聞の投書について意見を書く〉
　○ある人の意見をきっかけにして自分の意見を書く。発展させることで「意見を書く力」を養う。
　〈学習の実際〉
　[1] 新聞の投書を読み、自分が意見を書いて

みようと思う一編ないし二編を選ぶ。
[4] 意見を書き合う。二つを書いたあとは、自由に書きたい人の意見を選んで書く。
　②上の欄を書く人は、右のページの文章を読んで書く。下の欄を書く人は上の意見をふまえて書く。
[5] 評価項目
　　2　ゆたかな内容
　　4　人に訴える力
　　5　よくわかる文章
　　8　正しい表記　など
[6] 発表と意見の書きあい。
　(1) 生徒が、自分の意見文と、それについて書かれた二人の意見を紹介する。
　　○作品例　M.K.、K.O.

(2) 一つの意見→「こんなに意見を述べたいことがある」のプリント
[3] プリント意見を整え構成を考えてみるために
[5] 互いに書き合う。教師も一人の書き手として加わる。

(3) 「課題図書」について考える―夏休みに「百字の意見」。―クラス全体のを読んでみたところ「課題図書」が多かった。
〈学習の実際〉
[1] 資料
　(一)①安易に押しつける夏休みの課題図書（7/27朝日）
　　②課題図書の目的は「片寄らない読書」（7/31朝日）
　　③「課題図書」に抵抗を感ずる。（8/9読売）
　　④希望の本でこそ感想文も生きる（8/18読売）
　　⑤「課題図書で一言」（8/22朝日）
　(二)投書を読んで―「百字の意見」
　　①について四編…
　　④二編
　(三)「読書と読書感想文」（藤田圭雄）＝約3000字　生徒用プリントにはてびきをつけた。
[2] 〈てびきプリント〉学習の進め方
　一　資料(一)を意見によって分けてみる
　二　(二)をよむ根拠を考える。
〈プリント〉課題図書について考える。（　）の中に書き入れながら開く［4人　一　二

三　四］
〈てびきプリント〉課題図書について考える。
[3] それぞれの章、節の書き出しの部分を書いたてびきをつくった。考えたことが整って位置づく。
〈てびきプリント〉まとめの文章（おおよそこんなふうに）
　一　ここに「課題図書」について数編の投書がある。…
　五　私はこれらを読んで…
　六　そもそも課題図書とは何か。
　八　私の考え。
[4] てびきによって書かれた文章
〈生徒作品〉「課題図書」を考える

(4) 意見から意見　意見に意見
①ア　ねらいは意見を書くことに慣れさせること。
　イ　書きながら考えを育てる。…
②［学習の実際］
[1] 日程〈表176ペ〉
[2] 学習準備
　○進めかたのあらまし。…
　○気をつけたいこと。
　一　聞きかじったこと、を自分の考えとかん違いしないこと。…など。
[3] 書く。
　・投書を読で、意見を書く。1ページは書く。
　・一つ書けると新しいべつの投書をもらって書く。
　・「おおいに書こう。」
[4] 発表準備
[5] てびきによって発表の原稿をまとめる。
〈てびきプリント〉私は――という題の投書について意見を発表します。
　この投書を寄せたのは、…
[6] 発表会　十の題目にまとめ、一題目ごとに発表会。
　プログラムの例

3　作文処理のさまざま　　［185～239ペ］
　　　　　　　　（S.40　石川台中書き下し）
(1) 先生への手紙によって
①ねらい
　A　五学級200名の処理を可能にする。…
　C　作文の学習の材料は、その学級の作品がよい。…

F　書き合うという学習から得るものの大きさを知る。
②〈プリント　私の作文「　」に添えて〉
　二年（　）
　　・まず題材についてですが、この題材は…
　　・めあては…
　　・とくに書きあらわしたかったのは…
　　・そのためにくふうしたこと…
　　・構想は上のらん…もう一つ…
③［先生への手紙を活用して］
　(1)　短時間に作文をとらえられる。
　(2)　符号A・Bは○？を。
　(3)　Eは○◎を
　(4)　Fはそうではないときに○
　(5)　Gには、このことばがと思うことばを書く。
　○この手紙からはじつに多くの作文教材を得ることができる。構想・書き出しを別の書き出しで書いてみる…など

(2)　この人の、この作文をめぐって
　　　　　　　　　　　　　　　(S.40　二年)
　（その一）クラスの一種の遊びを、軽快な明るい調子で書いている作文
〈教材プリント　一回一円〉
［学習の実際］
　A　作者が朗読する。
　B①てびきの（　）のなかに入れることばを探す。
　　②思いついたことばをはり出す。
　D　ことばは一つに決めない。
　（その二）この作文は自分の考えをあるところまで書いたものの十分には書けていない作文。けれどもクラスのみんなの「考えを書く」学習にはたいそう役立つ材料である。
〈教材プリント　病院にて〉
本文の終りに短い一節①②を書き、考えを深める①　考えを結晶させる②
［学習の実際］
　A　「病院にて」を作者が朗読。
　B　質問　例「車いすに女の人がいた」とあるが「いた」の状態？
　C　①②を書く。
　（その三）「比べる」ということは、たいへん考えやすい。学習しやすいこと。
　・ある日出張のみやげ話をした。

　　［指導者を読み手として書く態度から抜け出させようと努力していた］
　・結びを書いて、口頭で発表。一拍手の多かった例
　（その四）〈教材　プリント〉くいしんぼうな男の話
［学習の実際］結びをめいめいが書く。
　（その五）昭40年私の学校ではまだ机やいすが不備であった。
　・「中学校の机といす」（○めあて、構想）
　・Iさんの作文「中学校の机といす」を読んで
［学習の実際］てびきによって考え書いてみる。
　（その六）学習の趣旨等「中学校の机といす」と同じ。
　・「欲ばりとは」（めあて、工夫、構想）

(3)　きめのこまかな、的確な表現を求めて
①すべて生徒の書いたものから拾った。本人から問題点として提出されたものもある。氏名を明記し、十分説明をさせたり、質問をしたりしてから表現を考えるようにした。
②〈教材　プリント―のところの表現を、こまやかに、的確に〉
　ア…キ…。

Ⅲ　個人文集

1　個人文集―の本　全九冊　［243〜375ペ］
　　　　　　　　　　　　　　　（製作　S.52）
　◯―のところには、「私」でも「わたし」でも「姓名」でも「名」だけでもよい。
(1)　作文指導の方法はいろいろある。
　A　取材の指導
　　　題材集め
　B　書き出し文の指導
　　　構想メモによる指導、書きつぎ
　C　作文に添える先生への手紙による推敲指導。
　D　グループでの読み合い書き合いによる指導。
　E　作文あそび
　F　描写をはじめ、いろいろの表現の練習
　G　日々の学習記録の指導
　H　さまざまな文集
　I　聞き書き　<u>まだまだある</u>

◇それ以外の、別の方向からの指導を工夫をしてみるのが新鮮な学ぶ力を誘えるのではないか。
(2) この文集は、作文を集めて作る文集でなく、作文と並んでいる文集。
　A　いろいろな作文のアイデア集ではない。「文集」という作品である。
　B　この文集は下手が気にならず、楽しく書いているあいだに、書く力の成長することをねらった文集。
　C　一冊一冊ちがったハーモニーが生まれ、そのなかで一つの文章であったときより光ってくる。
(3) この九冊を貫ぬく主題は「自己をみつめる」である。取材・着想を大幅に手伝っている。そのなかで子どものわくが工夫される。書くとよさそうなことを発掘する。→自分で発掘する力を養う。[心がけたこと]ア…オ。
　ウ　明るく、心がはずむような、"楽しい気分"が漂っているように。
　オ　書く力の弱い子どもへの配慮とともに、すぐれた書く力はじゅうぶん発揮できるたねを用意する。
　◇これが中学の作文指導の全体ではない。学習記録を中心とする層の厚い書くことの生活を背景としている。
(4) 〈個人文集―私の本　第一集～第九集〉
　目次
　一　第一集　一年一学期　私の名前　○○さんから　誕生。
　二　一年二学期　登校の道小景　ある日の授業時間。
　三　一年三学期　最初の記憶　わがすむあたり。…（以下略）
(5) 〈個人文集―の本　第一集〉（各記入ページ例　コメントの解説）
　①表紙のうらの2・3ページは見開き。
　②×印のついたように―「この表紙は」と書き出さないこと。
　③由来をひろげるヒント
　④取材の方法［聞いて、調べて］
　⑤書き出し［留意点］
　あとがき　奥付　□

2　個人文集―の本　第二案（3冊）
　　　　　　　　　　　　　　　　[343～353ペ]
　2　「個人文集―の本」

(6) 第二案は、一年に一冊3学期頃仕上げるものとして、3冊本。
　A　こういう文集は、第三案も第四案もいろいろ種類があって、豊かに勉強していくものではないか。
　B　第二案のヒントは「わたし」（大橋歩著　1981福音館書店）

3　文集のいろいろ（一～四）[355～375ペ]
　　（一　文海中3　S.34.11　二　2年　S.45.7～46.1　三　石川台3　S.44.3　四　石川台1年　S.47.11）
(1) グループ文集から学年文集の作成
　①「高鳴り」（文海中3年　S.34.11）
　・目次…あとがき
　②「とどろき」（石川台中1年　S.40.3）
　・目次…あとがき
(2) 個人文集から学級文集さらに学年文集へ
　①「とどろき」二号、三号。
　　昭45.7月　昭46.1月（石川台中二年）
　・目次（2号A組）
　②「大草原Ⅱ」昭47.3月（石川台中三年）
(3) 単元「広い教養　ゆたかな話題」の学習の一節として学級文集
　（例）「芽ぐむ」昭44.3月（石川台中三年A組）
　　　　　　　　　　　　　　　　　[369～375ペ]
　　　　　　　　　（三　石川台3年　S.44. 3
　　　　　　　　　　四　石川台1年　S.47.11）
(4) 全員の作品をグループが編集する学級文集
　○全員の作文を五十音順に並べ、目次なしの文集にする。めいめい全員の文章を読み、グループで話し合って編集する。
　（例）昭47.11. 石川台中1年
　○目次の例（第一グループ）
　○この文集に私のつけた名まえは　そしてその名まえを選んだわけは（1年B組）
　○あとがき　から

第7巻　読書生活指導の実際（一）

Ⅰ　読書指導と読書生活の指導

1　読書生活の指導—実践から得たひとつの計画案—　〔5～65ペ〕
（共文社、改稿　S.52）

(1) 「読書生活」の考え方
　ア　昭和41年、月例研究授業のテーマを「読書案内でない読書指導」に。目的によって読み方を考える、速く読む（技術）等、読書指導からの脱皮を。
　イ　読書感想文からの解放—
　ウ　読書＝読んでいる間に自分の心の中に開かれてくるものがある。
　エ　心のひらめきをとらえる「読書日記」—著者は力強く子どもの心をとらえ、価値あることを考えさせてくれる。

(2) さまざまな工夫
　ア　読書生活の記録、何を読もうかなと思うそれも読書生活。
　○用紙を各自がとじて、一年の終りに目次やあとがきをつけてとじる。読みたい本があれば、書きとめる。＝主体的な、生きた人間らしい心と思う。
　◇読書生活の記録の内容
　　1　表紙
　　2　とびら
　　3　まえがき
　　4　読書日記一日一行くらいのつもりで。読書の習慣をつけることが目的。
　　5　読書ノート。…
　　12　私の読んだ本
　　13　私の読みたい本
　　14　新しく覚えたことば
　　15　私の読書生活評価表
　イ　本の紹介—いつも新しい方法で。苦心することは子どもの状態に合わせる。
　ウ　子どものための読書新聞＝「読書生活通信」ねらいは5項目
　　①読書生活の指針を得る…いま何を与えたらいいか、タイミングを考えて。

(3) 指導計画案（昭41～43年実践）
　1　単元　読書（年間22～33時間。月2～3時間）

2　目標
(1) 自己を開発し、自己をゆたかにする読書。問題解決のため、問題発見のための読書。休ませ、楽しみを得させる読書。…

3　指導の実際
A①毎日読書し簡単な読書日記をつけさせる。感想はできたら書く。
　②「読書生活の記録」を作らせる。…
　⑫読書新聞や、読書欄に親しませる。
　⑬出版案内の類を与えたり、集めさせたりする。
　⑭「読書生活通信」を発行する。

B　「私の読んだ本」（紹介）〈話しだしのしおり一〉　①…
　⑦皆さん、□のことを知りたいと思いませんか。⑧⑨⑩⑪⑫⑬⑭
　⑮この本のなかに、こういうところがあります。（一節を朗読する）
〈てびきプリント　○話しだしのしおり二〉
　②□に□ことが書いてありますが、これは、ほんとうだと思います。…
　③□とあります。そうすると、一はどうなるでしょう。
　⑫□とある。この考え方に、教えられました。
○紹介を聞くてびき（略）

4　計画表（案）
　A①読書に関するおもな能力を一年、二年、三年とくり返そうとした表。三学期は学年らしい特色を。…
　②読書の時間は、一年一単元のようなもの［帯単元の形］ひと月に2～3時間。年間22～33時。少しずつでも毎月あることがよい。…（表　略）

○　考えることをせず、何でも書くくせを直して、ほんとうに考えて、本を生かすノートの取り方を身につけさせようとした。
　ニューナイスズメのすべてをノートしたものと、スズメは益鳥である証拠だけをノートしたものとを比較してノートのとり方の第一歩を理解させようとした。

③ア　6月　1年　あることがらを調べるために、適当な本を探す。書名、はしがき（まえがき・あとがき）、目次を使って。…
　　3年　あることがらを調べるために、ある箇所などによって調べたいことがどの本にはあって、どの本にはないかを見いだす。
〈自分たちがもっている問題を本によって解決を得るのにどんな手順があるのか〉

イ　7月　1年　読む心を、新鮮に開くために　伝記を読んで(1)おたずねします(2)私の発見…(10)まで　2年…
　　3年　読んだあと、中心が明らかになるよう、題をつける。開かれた心を書く。

ウ　9月　1年　百科事典を含め各種の本の活用。（例）人間の始まり［図書室じゅうから探す。］
　　2年…3年…

エ　10月　1年　批判的に読む準備として比べ読みひとりの人の伝記を自伝に照らして異同を調べる。（例）シートン

オ　11月　2年　いろいろの読書法を読み、読書についての考えを広くする。「私の読書法」（岩波新書）を読んで、共鳴、反発、疑問　発表し合う。

カ　12月　2年　本で本を読む。やや程度の高い本を同じ人の、別の人の本と重ねて読む。

キ　1月　1年　問題発見のために読む「日本人のこころ」（岡田幸雄）①これは問題だ。④そうだったのか。⑧ほんとうにその通りだ…。

ク　2月　3年　読書について考える（ヘンリ・ミラー「わが読書」）

ケ　3月　3年　読書について考える。「近代読書論」（外山滋比古）読者の誕生
〈付〉読書論についての図書リスト（卒業祝いに）

2　読書指導の実際
　　こんな目標には、こんな資料で、こんな方法で―　　　　　　　　　［65～98ペ］
　　（長野県夏期講習　S.46の共文社刊の改稿　S.52）

(1)「本を選ぶ」
　ア　本を探す
　→「詩についての質問集」（プリント）4冊の本の表紙・目次・「はじめのことば」・索引をプリント。たくさんの生徒の出していた問題を一つとって、この本ならありそうと見当をつける。自分の問題を探す。
　　［求めるものを持って、探し、からだで覚える。（読み方に種類のあることも判る）］一時間で終る。

イ　本を選ぶために―中2「ことばについての疑問」
◎関心の高いことばの問題の一つを取りあげ、「はじめのことば」［他に目次・索引・本の始めの一章］を速く読む要領をからだで覚えさせた。

ウ　本を探すための目あて（2年のおわり）
エ　問題意識をもって本を探す。［昭45・2年生］
○カードに十問。
カ　いろんな本を活用する。〈自分の生まれた日〉何があったかプリント。出来事を調べる。

(2)批判力を育てる読書指導。
ア　〈資料〉『自然と人間の物語』古賀忠道〈動物はうそをいわない〉
イ　本を読み比べる―読解と読書の接点（2年生）『福翁自伝』伝記にどう書いてあるか。
批判は確実に厳しい読みが要求される。一語一感の末まで目を光らせよんだ。
ウ　やさしい文章を使って批判力を育てる。
〈資料〉①『ハインリヒ・シュリーマン自伝』、②「シュリーマンの一生」（教科書の書き下し）、③「夢を掘り当てた人」（ヴィーゼ書　岩波少年）
　　［①と②を比べる（大事なところが入っていない）
　　①と③を比べる（大事なところがはいっていない）］

(3)読書指導のくふう
ア　目録の役割。読書生活のためには本を探す。―何々文庫目録…
イ　図表を読む
　　読書力テストを使い、統計をとった。あまりよいテスト問題ではなかった。目的によって問題を分析した。
ウ　どの段落を詳しく読んだらいいか。条件［目的をもち、速くはもちろん。］

エ 読んで考えさせる指導
　　てびきによって心を拓き感想を育てる。
　　『日本人のこころ』
(4) 生産的に読む　読んで創造する世界が貴い。

3　読書人の基礎能力を養うために
　　1　本を知る窓　2　読む人を読む
　　3　文献の探索　　　　　　[99〜152ペ]
　　（実践研究発表会　S.50　共文社刊の改稿　S.52）

○読書人の育成＝「本を使って生きていく人」
○新しい読書（生活）の指導[楽しみ/調べる]のほか百科事典・年鑑・図鑑を利用し、本を使って生きていく能力を養う。

(1) [授業一] 本を知る窓『子ども日本風土記』47冊（岩崎書店）＝小・中学生の散文・詩・版画・写真などで構成した本。
○出版案内に11名の推薦文、新聞各紙の評、編輯趣旨の文章、特色の箇条書きなど読みの技術を練る。

[学習の実際]
① 〈てびきプリント　本を知る窓〉
　　A　出版案内を見る。
　　B　次のようなところに三色の紙テープをはさみながら読む。
　　(1) すいせんのことばの…に当っていると思います（赤）。(2)…　(3)…
② 〈てびきプリント　出版案内を手にして『てびき・ノート』〉
　　A 1　これは『子ども日本風土記』。「風土記」って？…
③ 〈てびきプリント　出版案内を手にして『てびき・ノート』二〉
　　A　めあて　知らなくてはいけないこと。動いている社会の真実を。地方の生活を知りたい。子どもたちはどんなことを考えているか。B…　C…
④ 共鳴するところ、もっと推薦したいところを発表しあった。
⑤ こういう人たちに読んでほしい（作文）―日本の将来を考えている人に。

(2) [授業二] 読む人を読む
　　A　前の学期に『日本民話選』（木下順二）を読み、次のことをとらえた。
　　　ア　どういうことで（を）喜んで、悲しんで、いかりを感じて、おどろいて、感動して、あこがれているといえるだろう。
　　イ　あわせてカードの使い方、発表資料の作り方、プリントの切り方などの指導を。
　資料を使って話し合いをし、質問し合うこと、意見を述べあう経験もした。
　B　[学習の実際]〈てびきプリント「読む人を読む」学習のてびき〉
　一　〇〇さんはどんな立場で考えているのかな。
　三　資料
　四　学習を進める。
　1　「　」の次のところを読む。・はしがき・解説の1　日本の民話伝説…
　4　いろいろの民話集の解説を見る。「もっと書いてほしかったと思うこと」を見直す。
　5　話し合い、聞き合い。　①…　②…

[学習活動]
[5] 話し合い、聞き合いをグループで。
[6] 聞き手のグループで話し合いをした。Aグループが読む人で、BグループはAグループの人を読むことになる。　Aグループ〈もっとこんなことも書いてほしかった〉→B〈どの面から見て〉〈どんなアイデアを持って〉〈どういう計画があって〉発言しているか。

[提案]
(1) 指導する意義
(2) 適切な資料
(3) 解説の生かし方
解説を読む＝主体的に読む＝どうしてあのところで共鳴するのか。

(3) [授業三] 文献の探索
[学習の実際]
① 「動物のことば」を調べる文献（71種）
[資料]
ア　「魚の生活」末広恭雄　岩波書店（昭17）
イ　「動物はささやく」寺尾新　同和春秋社（昭26.3）
ウ　「ファーブルの昆虫記(上)(下)」山田吉彦訳（岩波書店　上昭28.7　下昭30.1）…月刊「言語」動物のことば　鈴木孝夫ほか　大修館（昭50.7）などなど
② 〈てびきプリント　適切な文献を豊富に速く探そう〉
　一　目的　動物の通じ合い

㈢　学習
　　　(1)　探す　この本にありそう。勘をはたら
　　　　　かす。手がかり。○―
　　　　　　　　　　　　　　　○―
　　　　　　　　　　　　　　　○―
　　　(2)　読む。どんなふうに。
　　　(3)　記録する。カード使用。
　　　(4)　グループで発表し合い、話し合う。
　　③累計210分。[学習に「熱狂」した。]
　　④各時間の終わりに
　　　(1)　探索時間。累計。
　　　(2)　何冊見て、カード何枚。…　(4)
　　⑤カードの書き方は、個々に指導した。
　　⑥グループの話し合い。…
　◇各グループから推薦された本。…
　　[提案]
　　(1)　この本にありそうと見当をつける勘を練
　　　　る学習の実際
　　(2)　パラパラと見る…目次や索引を活用する
　　　　体験…
　　(4)　自分に合うか判定する能力。

Ⅱ　読書指導の展開

1　単元　私はこの人を　　　[155〜178ぺ]
　　　　　　　　　　　　　　　(書き下し　S.46.3)
　○「私の履歴書」で優劣を脱出―自分ひとり
　　が報告する自覚。
　[学習の実際]
　　資料『私の履歴書』（日本経済新聞社刊46
　　冊）一編ずつ紹介（みだし10くらい）
　[1]　学習準備
　　　(1)　各巻二冊ないし三冊。
　　　(2)　どの巻をだれに　は指導者が。
　[2]　めいめいで一週間読む。
　　　㈠長い多くの思いでから、どんなものを選
　　　　んでいるかにその人が出ている。…
　　　㈢書かれていないことを捨てた　その人を
　　　　読む。―この人は、自分をこのようにダ
　　　　イジェストしている。
　[3]　読書会準備
　　　(1)　資料まとめプリント
　　　(2)　「このことこそこの人」と言えること
　　　　「このことばをこの人に」と思うこと
　　　　ば。
　[4]　読書会
　　　○ある時間
　　　◎岡潔「これからの日本人とはこうあるべ
　　　　き、と考えさせてくれた人」
　　　・K「おもしろおかしいこと自慢ばなし等
　　　　はいっさい書いていない」とある
　　　◎平塚らいてう「婦人運動を盛んにしてく
　　　　れた人」…

2　単元　どの本を買おうか　　[179〜203ぺ]
　　　　　　　　　　　　　(S.47　1年　書き下し)
　10月〈読書の秋〉にふさわしい読書生活のた
　め学級文庫へ本をとの提案があった。
　○購入図書選択の根拠を考えさせたかった。
　・いろいろな数字や図表も活用させられ
　　る。・放送など聞く資料も得られる・話
　　す学習の機会は豊か…

　一　学習準備
　[1]　まず、学習のあらまし（調べ、話し合
　　　い）と具体的な目あてを確めた。予算
　　　5000円。
　[2]〈てびきプリント　どの本を買おうか〉
　　　一A(1)　現在学級文庫にある本
　　　　　(2)　9月の研究「私たちの読書傾向」
　　　　　(3)　読書生活記録の中の「私の読みた
　　　　　　　い本」
　　　　　(5)　総額五千円
　　　　B　各出版社の図書目録。…
　　　二　グループの案の発表と話し合い。
　　　三　グループの代表による話し合い。購入
　　　　　図書決定。
　　　○資料1　学級文庫図書目録（昭47.10
　　　　　　　　1A）
　　　○資料2　「私の読みたい本」
　　　○資料4　目録
　[4]　資料、準備
　[5]　グループの編成A〜D。
　　　㈡編成の要点　(1)〜(4)

　二　学習を進める
　[1]　書名・著書名の質問多かった。
　[2]　グループ活動になると盛んな話し合いに
　　　なった。
　[3]　根拠をもって本を選ぶ態度を養い、その
　　　根拠を理解する。〈発表のてびき〉には二
　　　つの目的
　　　○〈てびきプリント　発表のために〉
　　　　[1　私たちの選んだ本は…7　私たちの
　　　　案でいちばん苦心してあるところは…。]
　　　○発表資料（カード使用）⑯項。

○発言のてびきプリント
　　　1　「─」は、どんな本ですか。
　　　8　「─」という本は、どうして△△出版社のものにしたのですか。
　[4]　発表の記録から（第二グループの選んだ本は12冊です。分類としては…）
　[5]　話し合いの記録から。
　[6]　代表者による購入図書の決定。
　[7]　話し合いの結果＝写真集;「地球の誕生と死」など

3　単元　外国の人は日本（日本人）をこのように見ている　　　[205〜261ペ]
　　　　　　　　　　　　（S.49　3年　書き下し）
(1)　単元の胚胎
　姉の卒論「キリスト教の日本文学に及ぼせる影響」など
　○昭和47年、一年生を担当。この人たちが三年になったら、この単元をと心に決めた。
(2)　[学習の実際]
　[1]　資料を収集する。
　　〈てびきプリント　研究資料集め〉
　　　一　題目
　　　二　方法
　　　①集める。○出版目録○出版ニュース○書店に行って、…
　　　②記録する。
　　　③紹介しあう。
　　○資料一覧（昭49.10）書籍57　新聞記事48　録音テープ7本など
　◎学習準備「学習のてびきプリント」
　題目は「外国の人は…」
　[1]　観点。次の観点でカードをとる。
　　　1　日本の自然について
　　　2　日本の生活、風俗
　　　3　日本人の性質（国民性）について
　　　4　日本人のものの考え方
　　　5　日本の文化、芸術
　　　6　日本語について
　[2]　本の割り当て全員・個人
　　　「日本を知る」は全員に。
　[3]　めいめいの予定で読む
　[4]　読書会の資料を作成する（報告）〈てびきプリント〉→4　紹介　5　特色　6　どういう資料があるか…8。
　　○指導者が担当した二冊の例
　[5]　読書会
　　(1)　報告…(3)台本ふう　てびき

　[6]　読書会の記録を書く
　[7]　読書会通信に書く〈てびきプリント〉
　　○生徒作品から
　　〈この学習でどのような力をつける機会があったか〉資料・読書会
　　〈提案〉1、身につけた読書生活を長く発展させていく意欲をもたせ…4、優劣のこだわりから解放するくふう…7、資料作成のしかたを…

4　単元　各国に生きる現代の子どもたちの姿　　　　　　　　[263〜301ペ]
　　　　　　　（S.51.10　2年　書き下し）
(1)①　7月夏休みの国語学習の指導。資料の一つ冊子＝「（岩波）少年少女のために」
　・「この一群の本は、各国に生きる現代っ子たちの姿を、読者につたえます。」
　・大江健三郎の文章
　○夏休みに4セット（33冊）を貸す。
　②　[学習に当って考え工夫したこと]
　　1　力強い読み手をつくるための　聞くこと話すことはどうあればよいか。
　　3　ともに読みつつ　ともに歩む読みの工夫。
　　4　どういう人間のすがたが出ている→気持ちを考えさせる。
(2)　学習の実際
　[1]　学習準備
　　〈てびきプリント　各国に生きる現代の子どもたちの姿〉
　　　一　まず、読む。できるだけたくさん読む。…
　　　四　読みながら自分の考えなり生活なりにどんな変化があったか
　　（視点）
　　　・戦争の問題　・自分とのたたかい　など
　[2]　めいめいで読む。学校で8時間。熱中して読んだ。(途中の対話　平均3〜5回)
　[3]　「この作品はここに視点をおいてみたら」の話し合い。
　　(1)　視点ごとに…
　[4]　1　話し合いの実際
　　　四　戦争の問題「6　あらしの前」「7　あらしのあと」
　　　五　なぞをとく・探検9　10　11　14「17　アーノルドのはげしい夏」
　　　六　自分とのたたかい「1　砂」4・21・23・27

八　現在の社会にかかわる問題「13ヤマネコは…」24　28　30
　［5］各国の少年少女の心・人・考えを生活場面でとらえる。プリント。
　〈こんな場合にどうするだろう、なんと言うだろう〉
　［8］まとめ〈てびきプリント〉
　　B　○33冊のうち私は次の（　）冊を読むことができた。
　　　○これらの作品を読みながら…

5　単元　ここにこう生きている少年少女
　　　　　　　　　　　　［303〜322ペ］
　　　　　　　（S.52.11　1年　書き下し）
(1)①ア　資料（40冊のうち10）「日本の児童文学」（理論社）のCグループ10冊
　　イ　「各国に生きる―」では作品中の人物は、このような場ではどういうことを言い、どんな行動をとるだろうかを考えた。
　○「ここにこう生きている―」でも同じ。性格・考え方のつかめる人物をとりあげ小さな劇をつくる。
　　ウ　放送劇
　　　1　葛藤がなければならない。
　　　2　せりふと日常生活のなかのことばの違い。
　　　3　ト書き。
　②〈てびきプリント〉
　　1　取りあげる人物について話し合う。（カードを利用）
　　2　場面を考える。あらすじを考える。
　　3　この人ならこの場ではこういうだろう。
　　7　話し合い。人物のとらえ方、場でのことば［ぴったりである。言うはずがない　など］
　③〈小さな劇を作るために　てびきプリント〉
　　1　放送劇
　　4　せりふのあとにト書き
(2)［学習の実際］
　［1］学習準備
　　①グループの編成。…
　　⑤意図・ねらい
　［3］学習を進める。
　　①個人指導。「人」について。見方、目のつけどころ。話し合いに参加。

　　③発表会プログラム。
　　二　心のつながり「キューポラのある街」
　　四　モミイチ「星の牧場」…
　　十一　地球儀
　［4］発表会の記録
　［5］発表のあいだにあった勉強の機会。「脱走」の終りの一行。説明でなく、せりふにと。
　［6］発表後、はずんで静まらない。―鉛筆対談にした。

6　単元　お話を読んでみつけた私のお話
　　　　　　　　　　　　［323〜338ペ］
　　　　　　　（S.53.10　1年　書き下し）
(1)①動機
　②民話を中心に中学生らしい話しことばの学習を展開したい。
(2)［学習の実際］
　［1］資料「少年少女日本の民話・伝説」全八巻（偕成社）のうちの「民話」。地方別希望による。グループであるが、実際は個人学習。
　［2］本を渡し、学習のあらましを話した。
　〈学習記録から〉
　　一　「民話の中に見つけたもの」私は東北地方…など知っている話もあった。
　［3］「刊行のことば」「はじめに」「この民話集を読む前に」。次に「(1)日本の民話・伝説について」「この本に出てくる民話・伝説」を読んだ。
　［4］話題を拾い上げながら読み続けた。各自の選んだ話の題をプリントにした。
　〈プリント、この話を！〉
(3)〈学習記録から〉
　一　民話を読んで話題をとらえる。
　［5］話題の提出　一人三題ていどということにした。時間は9時間、ほとんど一冊は読んでいた。
　［6］話し合いの資料「こんなことはどうですか」（全19ページ。地方別に。72題）
　［7］上の作業　72話題の10例。
　〈資料プリント〉
　「こんなことはどうですか。そう、それは…」
　○東北地方の民話を読んで、重要な役割を担っているのは、ほとんど男の人だ。「十二の倉」ではおきくという娘が中心

となっていたが…。
　○兄弟話では、
　○「一わのわらで十六わ」
[8] 話し合いの会を準備する。
　(1) 会の内容…
　(3) 話し合いの練習。
[9] 話し合いの実際
〈学習記録から〉
　今日の学習
　一　お話　H
　二　話し合い　1番
　三　お話　O
　四　話し合い24番
〈お話の感想〉〈話し合い—1は私が出題者だ。…〉〈私の感想〉〈もう一つの話し合いは、…〉

Ⅲ　読書生活指導のいろいろ

1　もう一冊の本をつくりながら読む
[341〜352ペ]
(S.49　3年　書き下し)

(1)①好きな本の範囲を広げ、読みたい本も見つけてほしい。いろんな本の存在に気づかせ、触れさせたい。
(2) 準備
　①指導者がてびきとして「桜の本」を作った。目次　・桜と古典（先生の話）（研究）　・桜のつくことば
　②「白い本」の小型のものを用意。
(3) 学習
　①「桜の本」の目次のプリントを配る。…
　④編集、清書。目次、まえがき、あとがき、さし絵
(4) [生徒作品]
「うぐいすの本」から、
　○まえがき
　○目次
　・ウグイスの歌
　・ウグイスの民話
　・うぐいすと古典
　・ウグイスの知識
　・ウグイスと私（エッセイ）
　・ウグイスの故事、ことわざ
　・ウグイスの物語
　・ウグイスの童謡
　・ウグイスづくし（埋め草ふうに）
　○あとがき
　　図書館の詩集を片っ端から…三日に一度は図書館へ　資料を集めるのが大変。現代のものにも案外ある　俳句もたくさんあった。ほかのテーマについてもやりたい気がする。…

2　本を使って
[353〜357ペ]
(S.51　2年　書き下し)

(1) [資料]「子どもの本」のエッセイ「はじめてであった本」十編。
(2) [学習活動]
　[1] 表紙に「はじめてであった本」の紹介を書く。紹介文の内容（指導者の話）…
　[2] グループで一編を担当し、注の必要な語句・事項を取り上げる。
　　○相談の例（資料）西条八十編「日本童謡集」中田喜直→（司会）これに注をつけるべき語句を拾ってみよう。→題を入れて19行だから、6行くらいずつやりましょう。→（話し合い）17項目
　[3] とりあげた項目について、各種の本を使って調べる。
　　(1) このグループは、①西条八十、中田喜直、三木露風　②子どものころ　⑧六つの子どもの歌
　　(2) 調べかたについて、見当をつける。
　[4] 担当項目について、めいめい調べる（3時間）
　[5] 調べたことを簡潔に書く。
　[6] 一人一項目程度　プリントして全員に配る。（本を使って調べることに主目標がある。内容を主目的にしていない。）

3　読書会—書き合う読書会　話し合う読書会—
[359〜367ペ]
(S.51　2年　書き下し)

書くことによる読書会もあってよいのではないかと考えた試み。

一　書き合う読書会
(1) [資料]『ミュンヘンの小学生』（子安美知子・中公新書）『北京三里屯第三小学校』（浜口允子著　岩波新書）
(2) [学習の実際]
　[1] クラスを二つのグループに。Aは『ミュンヘンの—』を、Bは『北京—』を読む。
　[2] 読みながら興味をもったところをメモす

る。とくに気をつける点は、生活の習慣、学校生活、家庭生活…。
　　[3] メモをもとに作文を書いた。Aのグループのほうは B へ、B のほうは A へおくる。
　　　　○内容のてびき
　　　　○作文から「シュタイナー学校では、…その点、北京では…」
　　[4] [3]で書いた作文はプリントして全員に配った。返事のほうは個人あての手紙として書く。できるだけ何通も書く。
　　　〈てびきプリント〉
　　　　○返事の手紙
　　　　『…』を読んでのおたずね、私も…

二　話し合う読書会
(1) [資料]『子どものモスクワ』(松下恭子　岩波新書)
(2) [学習の実際]教室の中央に十名の席。中央の話し合いのあと、周囲の席から質問をしたり、意見を述べたりした。
　　①話し合いの題
　　　アこの本ができるまでを想像して
　　　イこの本の書かれた意図
　　　ウこの本によって啓発されたこと
(3) ○話し合いの記録。
　　・日本のことばの勉強のしかたを考え直して…という気持　など。

4　ここはこれをふまえている　[369〜　ペ]
　　　　　　　　　　(S.50.3　3年　書き下し)
(1) 広聞広告に「目に青葉山ほととぎす冷蔵庫」をはじめ、ことわざ、格言、文学作品や歴史のひとこまをふまえているものが目にとまった。…
(2) [資料]昭50年3月、収集のなかから三分の一の141を選び、余白を十分とって、「何をふまえて書いている」という71ページのプリントにした。
　　A天声人語、声、かたえくぼ、ひととき、素粒子、今日の問題
　　○生き残り不発弾　住民走らす (A.50.2.12)
　　○面白うてやがて悲しき上野かな。(素粒子、48.4.2)
(3) [学習の実際]
　　[1]〈てびきプリント　ここはこれをふまえている〉
　　　一　進めかた

　　1　「ここは…」あるいは、「ここは、何かふまえているようだ」というところを探す。どうしてそう思ったか。メモ…。
　　4　できたら…ふまえ方を考える。分類する。
　　種類　一　日本のことわざ・格言、二　中国の…十二…ほか。
　　[2] 勉強会〈てびきプリント〉会はこんなふうに。
　　　5　ヒント　ここにはことわざがかくれています。
　　[3] 発表資料「どこにふまえられている」から、
　　(プリント)　四　日本文学(古典)
　　　1　目出度さもちゅうくらいなり…(一茶)
　　八　聖書
　　　1　迷える羊(ルカ　福音伝)
　　　3　われ山にむかいて目をあげる。…(詩編121…)
　　　6　あなたがたは、地の塩である。…(マタイによる福音書五章十三節)

5　読書の教室　　　　　　　[381〜384ペ]
　　　　　　　　　(S.27　紅葉川2年　書き下し)
(1) 昭27年、二つの小学校に分かれて教室を借りていた。おちついて、ゆっくり本を読ませたかった。ようやくある程度の本が集ったので読書の体験をさせたい。…
(2) ○読書新聞を作ることによって、読書をめぐるいろいろな問題─どういう本があるか、本の選び方、探し方、本の読み方、記録の仕方まで─指導をしようと。1号はザラ紙一枚。
(3) ○普通教室を図書館風に変えて。
　　○二つのテストコーナーを設け─〈読みの速さ／読解力〉のテストを受け、自分で評価し、解読をよむ。
　　○連絡は黒板を使い、話をすることはなかった。─指導者は談話室に！
教室の工夫・座席表(略)

6　卒業記念　石川台中学校図書館掲示板
[385〜410ペ]
（第11回国語科実践研究発表会資料を改稿
S.56.11.22）

一　単元「卒業記念石川台中学校図書館掲示板」の生い立ち
(1) 折々の歌掲示板
(2) 文学掲示板［「言語環境を整える」⇒掲示板への努力を］
　都の研究指定校として、〈文学鑑賞の指導〉発表会の背景として。
　ア　第一号　主旨として「この掲示板は、「文学の壁」として生まれました。
　　これから…。」
　イ　内容
　　①詩（季節に合うもの）（例）「雨」八木重吉
　　②名作をたずねて（例）「ものいわぬ顔」小川未明　すじ　作者について
　　③現代文学の流れ　復習をつける。次への誘いをつける。（例）「明治のはじめには…」
　　④生徒作品
　　⑤作品と批評
　　⑥クイズ…⑧まで

(3) 新一年生に石川台中学校を紹介する文章
　昭和47年度一年生の学年末に文集を。
　［注　全集第①巻にあり］

二
(1) 単元「卒業記念　石川台中学校図書館掲示版」の学習（案）
　［1］長期間にわたって、折あるごとに次のようなことを話す。
　　①・図書館掲示板のあり方。・理想の…。
　　・読書生活通信と掲示板との違い。など。
　［2］指導者による提案と説明。
　　①提案…
　［5］グループの編成…
　［8］考えるべきこと
　［9］グループの話し合い
　［15］展示
　［16］在校生へ贈る
(2) ［掲示板の内容］
　①このように話しはじめるであろう。
　②次のような内容にまとまるであろう。
　　◇私の読みたい本
　　◇本校読書家紹介
　　◇わが石川台の読書傾向など。

7　読書生活通信
[411〜421ペ]
（S.42創刊　書き下し）

(1) ○読書生活を豊かにしていくための一つとしての位置づけ。
　○昭和42年10月15日の創刊。
　・隔週発行、42年度は3ページ。その後は4ページだて。指導するためのてびき。
(2) 「読書生活通信」No1.（42.10.15）
　ア　○発刊のことば
　　一　ここで読書生活の指針をえてください。…
　　一　ここで読書の技術を学んでください。
　　一　ここで互いの読書生活を高めあってください…。
　イ　○読書ノート〈書き方、大意・筋・要点、この本から学んだこと、疑問・感想〉
　ウ　○指針　うい山ぶみより
　ク　○読書案内のページ
(3) 「読書生活通信Ⅱ−11」46.1.15（略）
(4) ○指導のためのてびき

第⑧巻　読書生活指導の実際（二）

Ⅰ　読書生活の指導について

1　読書指導について考える　[5～12ペ]
（記録をもとに書き下し　S.41～45年度）

(1) まえがき　読書は一般に教養・楽しみのためと考えられてきた。
　　　従って読書指導はよい本を与えることが多くなった。
　　　中学生にとって読書は、直接、学習の対象にされていなかった。このような読書指導を見直す。
　　　読書とは、読書指導とは何かを実践のなかで探った跡で、昭和41～45年度までの記録。

(2) ①読書指導は、読書案内だけではない。
　②本を探すところから読書の技術を身につけること。
　③読解指導のあとに続くものではない。
　⑥読書生活の指導にはいろいろ必要(1)読書生活記録　(2)「通信」(3)読書会など。

(3) 小さな工夫から
　一　読書の資料について
　　①単行本
　　②出版図書目録
　　④子どもの書いたものをプリントして。
　二　学習の実際に関して
　　①学習のてびき
　　②読む時間は、最小限の時間を授業時間でとる。
　　③個人指導
　　　指導者の方が多く話す。
　　④機会をとらえ、機会を作って、話をした。相手は個人のことも、数名のことも、クラス全員のことも。
　　　また、問いかけてくることも多かった。
　　　「漫画はどうしておかないんですか」
　　⑤本の紹介はいろいろの形で。
　　⑥求めて探させる。クイズなども―この図書室にある本をみて。
　　⑧学校の蔵書は、辞典以外は全部目を通した。辞典も特色、難易をとらえ、使い方の説明、注意の入れ方、文章のわかりやすさについて、くわしく見た。

2　帯単元「読書」の指導について
[13～30ペ]
（S.41年度～45年度）

(1) まえがき　昭和41年度内地留学生の月例研究会のテーマを「読書指導」に。日取りが一定しなかったので「帯単元」になった。
　①単元名は「読書」。目標や指導計画はほとんど同じ。種類は、八つになった。
　　一　読書について考える
　　二　本を探す
　　三　読書の技術…
　　六　読書生活の記録
　　八　読みを誘う
　　付　おりおりの読書指導。

(2) 目標と指導計画
　①〔目標〕〈昭和41年度―1年〉
　1　読書の楽しみを知らせ、読書の習慣を身につけさせる。
　2　読書の記録を残す習慣をつけ、読書生活を確立させる…
　〈昭和45年度―2年〉1　自己を開発し、自己を豊かにする読書、問題解決のため、問題発見のための読書。…を自覚させ、意欲を高める。2　読書する習慣を身につけさせる。…5　読書生活を確立させる。
　②〔指導計画〕〈昭和43年度〉を例に
　1　毎日少しずつでも読書し、読書日記をつけさせる。
　2　感想文はできたら書く、文章にまとめなくてもよい。
　3　「読書生活の記録」を作らせる。おもな内容…11項

(3) 単元「読書」五年間の歩み―題目一覧表

| 41年 | 5月 | 読書の楽しみ | 1年 | ①32ペ |

(4) 昭和41年度　単元「読書」(20時)指導のあらまし（1年）
　〇準備の時間
　1　読書に関する調査
　2　単元「読書」の計画、進め方のあらましについて。
　3　「読書日記」「私の読んだ本」「私の読みたい本」の書き方の説明

〈第1時〉五月十九日
1 「この本　読みませんか」本の紹介。（指導者）
〜
〈第20時〉まで。

Ⅱ　単元「読書」の指導の実際
[33〜184ペ]
（1・2・3年　1・2年　S.41〜45年度）

1　読書について考える
　○まえがき「読書の意義」「これからの読書」「読書のはたらき」等考え話し合った。Aは41〜43年度の記録、Bは45年2年生の記録、CDEは読書の意義・価値を改めて考えさせた記録。とくにCは問題発見のための読書の重要さを考えさせた学習。Dは批判的に読むための基礎力を。Eはいろいろな人の生活の場に本があり、その本が不思議なきっかけを作っていることに気づかせる学習。

　Aア　読書についての質問　　（1年　S.41.9）
　一　読書について考える態度を養う。
　二　資料とその準備
　(1)「読書についての私の質問」〈プリント〉
　　③漫画の本は頭を悪くするってほんとうですか。
　　④感想を書かなければ、かいがないでしょうか　など。
　○その他組ごとに「読書についての質問集」を作った。—（A）読書の意義（B）本の選び方（C）読書の方法…
　　資料(2)問題を考えるための読書—プリント：読み聞かせ。
　　A　読ませたもの…B　滑川道夫「漫画の読み方」C　大意を話して聞かせたもの、1坂田徳男「二十分読書法」反応大。…
　三　学習の実際
　[1]質問集を読む。（F組の質問集）
　　B(7)漫画は、どうして読んではいけないのでしょうか。
　[2]（上の）資料のBやCを聞いたりしながら、内容をチェックしたり、メモしたりする。
　[3]いくつかの問いを選んで、「紹介する」文章を書く。
　　〈生徒作品集から〉◎B の(7)について—滑川先生は、漫画は人間の機微をつく風刺のあるものだと…。読む条件は三つ
　◎Cの(26)について—先生にうかがってみました。坂田徳男という方の意見を紹介して下さいました。まとめると「毎日少しずつ欠かさず読む」ということになります。

　Aイ　読書計画　　　　　　　[47〜52ペ]
　　　　　　　　　　（S.41.9　1年　書き下し）
　一　目標　1読書計画をくるわせるものは何かを考えさせ、読書計画の立て方について理解を深める。2…
　二　資料とその準備について　資料(1)「夏休みの読書の反省と二学期の読書計画」
　三　学習の実際
　[1]「夏休みの読書日記から」発表
　[3]「計画」によって学んだこと発表
　[5]めいめいの読書計画を見直し、仕上げる。
　　A 読書の予定　読もうと思っている本。
　　B「読書生活の記録」のなかに感想文をまとめる（予定の）本

　Aウ　読書生活を考える　　　[53〜61ペ]
　　　　　　　　　　　　　（2年　S.42.11）
　一　目標　読むこと、書くことによって読書に対する態度を意欲的にする。
　二　資料とその準備　『私の読書遍歴』（黎明書房）から
　○「無名作家たちの恩寵」竹内好…
　○「蔵書第一号は立川文庫」高橋義孝　プリントにルビ・傍注をつけた。
　三　学習の実際
　[1]資料を読みながら、心に触れたところ、心ひかれたところにしるしをつけたりメモしたりした。
　[2]「私の読書遍歴」を読んで発表し合う。〈てびきプリント…2　そうですか、あなたもやっぱり…4　やっぱりそうですか…5　ほんとに、わたしもそうなんです。〈発表から〉…
　[3]「読書と私」の題で読書遍歴を書く。四人の作品をプリントして配布した。読書指導をめぐる書きものは、書くことの指導と違った方法で。一選んだ四編は最優秀ではない。条件は…②クラス全体に見られた傾向のもの。共鳴者が多い。…または、やや特異なもの。④

第⑧巻　読書生活指導の実際（二）

　　　　読書好きでない子どものもの。
　　〈生徒作品から〉
　　（条件②、③に当るもの。）各１

Aエ　読書について識見を高める　［62〜67ペ］
　　　　　　　　　　　　　（３年　S.43.5）
　一　目標
　　○読書についてのいろいろの考え方に触れて考える。
　二　資料について
　　(1)「読書について」天野貞祐（教養のための読書）
　　(2)「読書ぎらいの読書」梅棹忠夫（行動中心の生きた読書）
　　(3)「読書術」加藤周一（自分をよむ、自分を発見していく。）
　　(4)「私の読書生活」天野貞祐（自叙伝）
　三　学習の実際　資料を読んで、感じたことや考えたこと、とくに疑問・問題点を話し合いの形で発表した。―対話をしたり、話し合ったりした。指導者が指名されることもあった。
　　〈話し合いの記録から〉
　　(1)をめぐって取り出して確認したら、―良書を熟読せよ。…―考えながら、中断しながら、ゆっくり。
　　(2)をめぐって、天野さんの読書論の中になかった世界が開けているという気がしました。
　　　F　自分の問題を持ち、それを行動的に体験的に追求しながら読んだ…。…体験がどうやって理論になるか、そこのところをおもしろがっている。

Aオ　主体的に読む　　　　［68〜69ペ］
　　　　　　　　　　　　　（３年　S.43.6）
　一　目標　本を読んで批判する、その基礎力を養う。
　二　資料『私の読書法』（岩波新書）→下に例
　三　学習の実際
　　［1］二十編のどれからでも読む。
　　［2］読みながら、「これは教えられたと思うこと」…「これはどういうことだろうと思うこと」など心にとまったところを書きとめる。ページや行を数字で書く。時間をかけすぎないこと。
　　［3］メモのうち、人に、ここだけは読ませたい、たいへん教えられた…というメモを回覧した。
　　〔二の資料〕
　　　主観主義的読書法　清水幾太郎
　　　一月・一万ページ　杉浦明平
　　　読書のたのしみ　加藤周一
　　〔以下略〕

Aカ　どんな意見があるだろうか　［70〜72ペ］
　　　　　　　　　　　　　（３年　S.43.7）
　一　目標○本を読んで批判する、その基礎力を養う。
　二　資料とその準備について
　　資料(1)『私の読書法』より「一月一万ページ」杉浦明平「読書法というもの」宮沢俊義→あとに挙げる八つの考えや立場に触れるところの多い二編を。
　三　学習の実際
　　［1］この二編を読む。
　　［2］次の八つの考え、立場から○共鳴を感じるところ。○そうなのかと何か発見したところ。○これはどうなのだろうと疑問を感じるところ。
　　〈八つ〉
　　1　読書は、少年の間はかたよらないように広くということを考えなければないけない。
　　2　読書にはいろいろ目的があるのだ。それを頭において考えなければいけない。…
　　6　本は読みとおさなければいけないか。
　　8　話し合ったりして、意見の交換をする機会をつくることが大切である。
　　　　1をもって「一月一万ページ」を読んでみると、…
　　［3］八つのグループで話し合う。第１グループは１、と。担当の終ったあとは、自由に。
　　［4］グループの話し合いの実際をみんなで聞く。途中「第何グループ」と指名する。そのグループは…

Aキ　読書について考えを深める―読書論１
　　　　　　　　　　　　　　［73〜90ペ］
　　　　　　　　　　　　　（３年　S.43.11）
　一　目標
　　1　読書論に親しむ。
　　2　読書についてのいろいろの考えに触れ

64

Ⅱ　単元「読書」の指導の実際

　　　て考えを深め、確かにする。
　二　資料(1)読書について考える。意見五編プリント①「自分で選ぶ喜び」井上靖（読売）②読書週間に寄せて」臼井吉見（朝日）⑤「読書"論"と読書"技術"」紀田順一郎（週間読書人）
　　　［文章の内容、書きぶりが中三に適切。内容が変化に富んでいる。身近な話題が多い。］
　三　学習の実際
　　［1］まず読む。読みながらメモして、話し合いに備える。↔だれをどんな場合に発言に誘うか。くわしくとらえる。
　　［2］気楽で自由な話し合いをした。（三年生の11月）――中央に六人の席。（指導者と生徒5）指導者が話し出し。→…　そのことについて、考えたこと話したい人が、中央の席に行く。終れば、席を譲る。「○○さん」と呼び出すこともある。…終始、聞き手になっている人があっても気にしない。
　四　〈話し合いの記録から〉
　　1　をめぐって。「自分であがない読むよう勧めている」――井上靖氏は、…
　　2　をめぐって―「読書の害」はじめて聞いた。
　　5　をめぐって
　　○「分類整理しておく必要がある」…
　　○「読書の技術については…」―読書の考え方がしっかりしないと、読書の技術もしっかりしないということ―

Ａク　読書について考えを深める―読書論2＝生徒の希望による。　　［91〜102ぺ］
　　　　　　　　　　　　　　（3年　S.43.12）
　一　目標
　　○読書についてのさまざまな考え方に気づかせ、読書についての考えを深くする。
　二　資料
　　(1)　『わが読書』ヘンリー・ミラー著田中西二郎訳（みすず書房刊）1952　から
　三　学習の実際
　　［1］〈てびきプリント　学習はこのように〉
　　　1　指導者の朗読を聞く。
　　　2　聞きながらとらえておいたところについて、めいめいで考える。①今まで読んできた論とちがうところ。…
　　　4　意見を出し合い、話し合う。

　　［2］指導者による朗読。一ぺんにわからせようとした。
　　　①読みながら、まとまりに気づかせたり：「次は」とことばを加えたり、大意を述べて、朗読を省いたりした。
　　　③ま（間）をとった。大切なことばは繰り返したりした。
　　［3］朗読を聞きながらチェックしておいた所を考えた。…
　　［4］話し合いの準備。
　　　自分には、どこのところを取りあげて話したいことがある、着眼点Ａは白カード。Ｂは色カードに書かせた。…
　　［5］総合話し合いの会―「わが読書」を読む―を聞いた。
　〈話し合いの記録から〉
　　(1)　□―「純粋」に読者人らしい感じ。
　　(2)　□―協同読書という態度がでている。
　　(3)　「できるだけ少なく読みたまえ！」―はっとした。…（以下略）

１Ｂ　読書について考える(1)　　［103〜124ぺ］
　　　　　　　　　　　　　　（2年　S.45.11）
　一　目標
　　1　読書について、現在の自分の考えを、まとめさせる。
　　2　読書についての考えを、どのように育てていったらよいか、考えさせる。
　二　資料
　　(1)　全員が「読書について考える」を書く。三編→うち一編ずつをプリントし、小冊子を作成。
　　　［①私たちは読書によって…③読書の意義はこういうところにある。］
　　(2)　『知的生産の技術』梅棹忠夫（岩波新書）の六章。
　　(3)　『読書論』小泉信三の七章。
　三　学習の実際
　　［1］自分の考えを書く。三題。
　　［2］資料(2)(3)を読み、自分の考えと考え合わせる。共鳴する点、気づいたこと、疑問、自分の考えに触れてきたことを書き加えた。
　　［3］自分の文章に、何を加え、何を考えたかを発表する。
　　［4］考え、学び、考えを育てていくことを確かめ合う。
　四　〈生徒作品から〉

1 私たちは読書によって大きく成長していく。読書によって…私は一日一日変っていくようだ。
2 読むことと考えること。
　○…
　私たちは、読んでいるうちに、その内容を消化する。…また、…
3 読書の意義。
　読書の意義についての考えは、人それぞれに多少ともちがうと思う。私の考えとしては…

1 B　読書について考える(2)　　[107〜115ペ]
（2年　S.45.12）
一　目標
　○読書について、自分の考えを確める。
二　資料とその準備『君たちはどう読んでいるか』松尾弥太郎（少年新書）
　資料ア「本の二つの読みかたについて」目次—なんのために本を読むのか。…付本の歴史。
　資料イ「本を読みなさい！っていわないで」（岩波子どもの本…の目録）
　　「おとうさんは感想文書くの？」
三　学習の実際
[1]「十二　考える読書について」を読み考えたことを書いた。八編をプリントし小冊子を作った。
[2] てびきによって小冊子を読んだ。
　〈てびきプリント「考える読書について」を読む〉
　1　共鳴します。…
　3　そうだと思いますが、こういう問題は。
　6　ここはどういうことですか。
[3] 発表と話し合い。
[4]「本を読みなさい！っていわないで」を見ながら話し合い。
　〈てびきプリント「本を読みなさい！っていわないで」〉
　1　ここに自分のいつも思っていることが出ている。
　4　——という問題が扱われていない。
　　——という問題が残っている。
　　まだこういう問題もある。
　［付　この学習は、非常に興味をひき、自発的に読書についての意見文がたくさん提出された。］

1 B　読書生活について考える(3)　[116〜124ペ]
（2年　S.46.3）
一　目標　読書生活について改めて考えさせ、新しい発展のきっかけを得させる。
二　資料「読書生活の記録あとがき集」
三　学習の実際
[1] 前回の記録に、反省ふうのものが多かった。もっと読書と自分とのかかわり合い、考えなどをゆたかに書かせたい。てびきをヒントに書かせた。
　〈てびきプリント　あとがきに代えて〉
　1 本とわたし　2 本を読む私　4 本に語る、　6 本、本のない生活は、…　10 今、この一冊の本を閉じて、…　27 これがあの本で見た世界だな、
[2]「あとがきに代えて」のプリントを配ったあと、次のような工夫で、読み聞かせた。
　①まず、「これは普通ですが」といいながら静かに読む、「本を読む私」「読む」を強く読み、少し、間をあけて「私」を読む。次、「私の」ということですが、「読書の…世界」ここでゆっくり切る。
[3] それぞれの題で書く。全員の文集を作った。…下欄を設け思いついたことを書きとめやすくした。
　〈生徒作品から〉「本を手に」ぬきがき集から。
　○本よ…
　○本は泉かもしれない…
　○本は発射台だ、未知の世界に方向を向ける原点だ
[4]「本を手に」を読む。〈てびきプリント〉「本を手に」を読んで
　一　…のところ同感だ。…
　四　…のところ、もちろんそうだし、まだ、こういうこともあると思う。
[5]「本を手に」をめぐって、話し合いの会をひらいた。

1 Cア　問題発見のために読む—問題解決のための読書に対して—　[125〜138ペ]
（1年　S.44.12 / 45.2）
一　目標　読書が自分に新しい問題を発見させてくれることに気づかせ、読書によっ

Ⅱ　単元「読書」の指導の実際

　　て自分の心の世界が開けていくことを感
　　じさせる。
　二　資料とその準備について
　　資料(1)『日本人のこころ』岡田章夫（筑
　　摩書房）目次　一わたしたち日本
　　人　二島国日本、…あとがき
　　資料(2)「異人さんの目」朝日新聞昭和45
　　年1月1日　薄れる自然への愛：
　　通りいっぺんの会話、
　三　学習の実際
　［1］てびき「"日本人のこころ"を読む」を
　　通読して、だいたいの目のつけどころ
　　を知る。
　　〈てびきプリント「日本人のこころ」を
　　読む〉
　　1　これは問題だ、考えてみなければなら
　　　ない。…
　　6　そうだとすると…こういうことを考え
　　　なければならない。
　　8　ほんとうに、このとおりだ。どう考え
　　　ていったらいいか。
　　16　こういう本があったら読みたい。
　［2］「日本人のこころ」を読み、考えたいこ
　　と、問題などをとらえ、カードに書く。
　　〈てびきプリント『"日本人のこころ"を
　　読む』まとめ〉
　　○「日本人のこころ」の（　）ページに―
　　というところがあります。《書き抜く、
　　要点だけ書く》これについて、私は、
　　「これは問題だ、考えてみなければなら
　　ないと思っていましたが…
　　〈生徒作品から〉「日本人のこころ」を読
　　む
　　○日本のうらがわも見れば…

1Cイ　読みながら何か発見していく読書
　　　　　　　　　　　　　　　［139～141ペ］
　　　　　　　　　　　　　　　（1年　S.45.3）
　一　目標
　　○本を読んで考え、そこから何か発見して
　　いくことを経験させる。読書によって、
　　何かを生み出していく態度を養う。
　二　資料とその準備について
　　資料(1)『日本民話選』木下順二（岩波少
　　年文庫）　(2)――　(3)――
　　資料がやさしく、内容がおもしろいた
　　め、目標に集中できる。…ここから世界
　　の民話・伝説などに目を向け、読書をひ

　　ろげ、研究を深めることができる。（三
　　人一組で。）
　三　学習の実際
　［1］次のような内容で、指導者が講話をし
　　た。
　　○民話は、ことわざのように、その民族の
　　なかに、いつとなく生れて伝えられてき
　　たもの
　　○そのために…
　　○読みながら思いついたことは、すぐメモ
　　しておくこと。…二冊め、三冊めと読み
　　進むと、しぜん同じようなところ、違う
　　ところに気づくであろう。（例をあげ
　　た）…
　　○これをもとに、世界の民話・神話・伝説
　　と読みひろげていったら、大研究になる
　　と。
　　この学習は、二年後、（昭47年度）の
　　「単元国語学習発表会」のなかでプログ
　　ラムの一つに加えた。
　　［第②巻　297～317ページにあり］

1D　批判的に読む1　　　　　［142～152ペ］
　　　　　　　　　　　　　　　（3年　S.43.6）
　一　目標
　　○読んで批判する力、その基礎力を養
　　う。―中学生は、根拠の不確かなまま批
　　判的なことばを発する。→「批判的に読
　　むことの基礎になる態度・力をめあてに
　　する。
　二　資料とその準備
　　プリント資料(1)『福翁自伝』（岩波文
　　庫）から「江戸に行く」の章。…(9)『福
　　沢諭吉』河野謙二（現代新書）
　三　学習の実際
　　『福翁自伝』と同じ内容が資料(2)(3)(8)に
　　はどのように書かれているだろうか。…
　　読みえたことを話し合う。
　　〈話し合いの記録から〉
　　○諭吉が横浜で…というところがあります。『おはなし日本歴史』では、…『百
　　年史』には…
　　○自伝に…とある。そこを『百年史』で
　　は…
　　○諭吉が英語の勉強に取り組む…表現を比
　　べて…
　　［付　批判する力の基礎を養うという同じ
　　目標で、昭和43年7月、別の資料で学

67

1　D　批判的に読む2　　　　［153～158ペ］
　　　　　　　　　　　　　　（2年　S.46.1）
　一　目標
　　　○読み合わせ、読み比べる…態度に気づかせる。
　二　資料
　　　資料(1)「掘り出すなぞの都」塚原健二郎…　(2)…　(3)…
　三　学習の実際
　　［1］自伝を中心にして、物語として書かれている…と「掘り出すなぞの都」とを読む。てびきにより、気づきをメモする。
　　　〈てびきプリント　こんなふうに、自分で自分に話しかけたいところは―ヒント―〉
　　（A）「掘り出すなぞの都」を読みながら
　　　　　1　ここはもっとくわしく知りたい。…3　そうだろうか。…5　これはぜひ書くべきだったと思うこと。6　このことは自伝にはないが。
　　（B）「ぼくはトロイアを掘り出すよ」を読みながら。1　ここは、自伝のあのところを書いたのだな。…4　ここは、つけ加えられている。想像か。
　　［2］気づいたこと、見出したことを発表し合い、聞き合う。
　　〈学習記録から〉
　　　A「掘り出すなぞの都」を読んで。
　　　①八歳のクリスマス以前のことは書かれていない。だが、…
　　　⑤ミンナのことについて書かれていない…理解する上に手おちだと思う。…⑧
　　　B「ぼくはトロイアを掘り出すよ」を読んで。
　　　①クリスマスの夜の情景は、作者が想像で書いたものだろう。…
　　　⑪…自伝に見られるペーターの才能は省かれているようで少しもの足りない。
　　［3］〈てびきプリント　自伝の読み手としてのふたり〉―まとめのてびき―
　　　○自伝の読み手として考えると…（続けて書く）
　　　○次のところなどはものたりない。…

1　E　発展する読書　　　　　［159～170ペ］
　　　　　　　　　　　　　　（1年　S.44.10）
　一　目標
　　　○実験・実行・試作に発展する読書を経験を通して考える。
　二　資料
　　　資料(1)『父と母の歴史』鶴見和子（筑摩書房 S.44.改訂版）
　　　○再版のはしがき
　　　○目次　など…
　三　学習の実際
　　［2］プリント資料「父と母の歴史」を紹介。はしがきを読み、目次を見た。…
　　［4］「海に生きる人々」を読む。行間をあけてプリントしたてびき。
　　　〈てびきプリント「父と母の歴史」を読む私〉…
　　　5　――を調べたらどうかな。
　　　8　こんな本が読みたくなった。
　　　11　それでこういう書きかたをしたのだな。
　　［5］［4］の読む時間を二時間とったので、各時間のはじめに5分ずつ、父や母への聞き方、文章の書き方について指導した。…
　　　○聞き方・つごうを聞いてから。・おもしろそうに聞く。
　　　　☆年令は書く　☆どこにいたか　☆どんな勉強をしていたか。
　　　○文章の書き方　・わたしの○○の歴史とする。…
　　　○書く準備…
　　　㈡組み立てを考える、1　聞いた時の情景　2　母と戦争、①住所　③灯火管制…⑥
　　　㈢書き出しは、―
　　［6］「○○の歴史」を書く。全員の作品をプリントし…
　　［7］「私たちの○○の歴史集」を読み合う。
　　　〈生徒作品から〉私の母の歴史
　　　〈てびきプリント「私たちの父と母の歴史集」はしがきてびき〉
　　　〈生徒作品から〉「―」はしがき

1　F　本のはたらき　　　　　［171～184ペ］
　　　　　　　　　　　　　　（2年　S.45.9）
　一　目標　人の生活のなかで本がはたらきかけている実際を見て、本・読書に対する

Ⅱ　単元「読書」の指導の実際

認識を新たにし、読書への意欲を盛んにする。
二　資料とその準備について　次の中から、一節をプリントし配った。
　(1)　ア　「掘り出すなぞの都」塚原健二郎
　　　　イ　「月世界旅行」滑川道夫
　　　　ウ　「馬上の友」国木田独歩
　　　　エ　「非凡なる凡人」国木田独歩
　　　　カ　「マイケル・ファラデー」日下実男
　　　　コ　「うひ山ふみ」吉川幸次郎　など
　(2)　イ　「月世界旅行」滑川道夫　この結びのことばが、この単元の計画のきっかけになった。○「非凡なる…」
　　　　オ　「フランクリンと図書館」神田秀夫　近代図書館がどのようにして生まれてきたか―。
　　　　…
三　学習の実際
　[1]　資料を読み、てびき用紙にメモ（例
　[2]　本のはたらき方を分類する。
　[3]　てびきによって、まとめの文章の組立てをする。
　　　〈プリント　本がこんなはたらきをしている（大村はま）〉
　　まえおき
　　　一　本が、その人が生涯追っていけるような「あこがれ」「夢」をもたせている。
　　　三　本がその人の道を進むべき方向に転じさせている。…
　　　五　本が中心になって聞けてくる生活…「フランクリンと―」
　[4]　まとめの文章を書く。
　[5]　代表的な作品をプリントして配布、自習に任せた。
　　　〈生徒作品から〉
　　　「本のはたらき」
　　　・一冊の本が人生をかえたという場合。…二つめに読書自体が、人生を変えた場合が見られる。…

2　本を探す・選ぶ　　　　　［185ペ～194ペ］
　　　　　　　　　　　　　　（1年　S.44.5）
　○まえがき
　Aア　問題について、その解決に役立つ本を探し、役立つ部分をメモする。
　一　目標
　　1　問題について、その解決のために本を探す態度を養い、その方法を理解させる。
　　2　これが、その問題の解決に役立つ本であることを示す部分をメモする。
　二　資料とその準備について
　　・一つの問題について、…
　　・本校図書館で三・四十冊の関係図書のある問題
　　・題目は「人間の始まり」
　　○資料としては、次の三冊以下、百科事典の類を含めて四十冊余。
　　(1)　『人間の歴史』八杉龍一（少年少女最新科学全集3）
　　(2)　『サルはどうして人間になったか』井尻正二（少年少女科学名著全集10）など
　三　学習の実際
　　[1]　図書室で、「人間の始まり、とくに、サルとの関係」について、書かれている本を探す。内容をカードに。
　　[2]　資料三冊によって、カードの書き方を練習する。Aは最初に書いたもの。Bは学習によって書き直したもの。
　　[3]　めいめいの調べたことのカードを書き直す。プリント。
　　[4]　[3]のプリントを見ながら、反省したり、批評し合ったりする。
　　　〈話し合いの記録から〉
　　　―文章の気持ちよくまとまっているのは、―さん―さんのです。―○○さんのを推せんします。
　　　司会　書き表し方では？
　　　―見出しなどは、工夫した方が、…。―一行で書く。
　　　―最初の字を一字だけ出しておく。図書カードにあった。
　　　［後略］

2Aイ　目録を活用して本を選ぶ1
　　　　　　　　　　　　　　［195～201ペ］
　　　　　　　　　　　　　　（1年　S.45.1）
　一　目標
　　1　図書目録を利用する経験をさせ、図書目録に親しませる。
　　2　本を探し、選ぶ方法の一つを経験させ理解させる。
　　3　本を探し、選ぶことの大切さに気づかせる。

69

第⑧巻　読書生活指導の実際（二）

二　資料
　　資料(1)「少年少女のために」（岩波児童図書目録）「児童文学の道しるべ」（瀬田真二）の長文が巻頭に。堂々とした読みもの。
三　学習の実際
　①［1］板書　1本を選ぶこと―そこに「自分」がいる。―選ぶことのたいせつさ。―選ぶことのむずかしさ。―選ぶことの楽しさ。　2対象を決めて本を選んでみる。
　　　［2］〈てびきプリント　こんなことを考えて選ぼう〉によって、目録から三冊程度選ぶ。
　　　対象　○だれ―自分との関係　○何年生　○性質　○関心の傾向　○読書への態度　○読書暦　どんなものを読んでいたようか　○蔵書　どんな本を持っているようか
　　　［3］発表会を開く。聞き手のてびき配る。
　　　(1) 発表「私の選んだ本」
　　　○対象の紹介、…○選ぶまでの経過。選んだ理由。など
　　　(2) 聞き手からの質問や感想。
　②〈てびきプリント　聞き手のてびき〉
　　○いまお話を聞いていて…と思いました。
　　○三冊のなかでは、…「…」がいいと思います。
　　○ここにこういう本もありますが、どうですか。
　③〈発表会の記録から〉
　　Ａ私の対象は弟です。四年生です…本は、わりによく読んでいますが、…選んだ本は『ホビットの冒険』です。…次は、…三冊目は…
　　―とても、よく考えていて、よく選ばれていると思います。
　　―てびきの四つ目を見たら、言いたくなりました。この『…』は「…名作」と。

2 Ａウ　目録を活用して本を選ぶ2
　　　　　　　　　　　　　［202～207ペ］
　　　　　　　　　　　　　（2年　S.45.6）
一　目標
　1　図書目録になじませ、その利用に慣れさせる。

　3　間接に、各自の読書計画を立てる力を養う。
二　資料とその準備について
　　資料(1)「Ａ中学校からの手紙」―目標に合わせて作った教材。
　　代表の生徒から寄せられたという想定。
　　「…二年生は二人ですが、『日本民話選』…は借り切り　三年生は…の読書会をしました。…」と書き手の求めているものを読みとって、それに応じる態度経験をもたせたかった。
　　資料(2)「よい本のリスト」No.11.
三　学習の実際
　［1］Ａ中学校からの手紙を読み、次のことを考え、話し合う。
　　ア　どういう本が喜ばれているか。…
　　エ　もっと新しく加えた方がよいと思われる向きの本は。
　［2］目録を調べ、次に送るとよいと思われる本を探す。
　［3］めいめいの探した「これこそＡ中学校に」と思う本を発表し合う。
　　〈発表から〉
　　ア　―まず民話ですが、…なるべく子どものための再話でないものがいいと思います。
　　イ　―賛成です。…
　　エ　―歴史上の人物について興味をもっているという、…『千軒岳』と『天保の人びと』をと思います。…

2 Ｂ(1) 疑問・問題の解決を求めて本を選ぶ1
　　　　　　　　　　　　　［208～213ペ］
　　　　　　　　　　　　　（1年　S.42.1）
一　目録、疑問・問題の解決を求めて本を選ぶ手順の一つを知る。
二　資料とその準備　子どもたちが調べてみたいと思いそうな問題の参考となる本を学校図書館で探し、三種類以上ある問題を選んだ。問題は「詩について」
　①資料(1)『子どもの詩の教室　味わいかた　書きかた』滑川道夫…
　　資料(5)『詩の本』百田宗治　五冊それぞれ次の部分をプリントにした。
　②ア　書名・著者名・出版社名
　　イ　はしがき（はじめに、あとがき　いずれでも）
　　ウ　さらに、「詩について知りたいこと」

Ⅱ 単元「読書」の指導の実際

を自由に書かせ、分類してプリント
し、小冊子を作った。
〈プリント　詩について知りたいこと〉
㈠1　詩はいつごろ作られたか。…6…
㈡7　詩の目的はなんなのか─…11　詩は、どうして親しまれるか。13　よい詩とは、どういうものか。
㈣18　世界の有名な詩人は、何人くらいいるか。19
㈤20　宮沢賢治はいくつくらい有名な詩を作ったか。21　ハイネは、…
㈦34　詩を作るときの心がまえ…
三　学習の実際
［1］はしがきを読み、どの疑問はどの本で…と見当をつける。
［2］自分の「知りたいこと」について適当な本を選び、文章を書き、掲示する。
〈発表から〉33　詩のつくり方、詩の書き方、

2　B(2)　疑問・問題の解決を求めて本を選ぶ2
　　　　　　　　　　　　　　［214〜218ペ］
　　　　　　　　　　　　　　（1年　S.44.12）
一　目標
　○疑問・問題の解決を求めて本を選ぶ手順の一つを知る。
二　資料とその準備　・取り上げた問題は「ことばについて」　資料は次の4冊。
　資料(1)『日本の文学』（中学生の国語全書）山田俊雄著・西尾実監修。
　資料(2)『中学生のためのことばの教室』永野賢…
三　学習の実際
［1］各自に、ことばについての疑問・問題を出させる。分類してプリント。→まず、自分の出した問題を取り上げ、ついで興味のある問題についてできるだけ多く調べる。その手順として、次のメモ用紙を作って与えた。（略）
［2］メモに基づいて、話し合いをする。
　〈話し合いの記録から〉…

2　B(3)　目的によって適切な本を選ぶ
　　　　　　　　　　　　　　［219〜223ペ］
　　　　　　　　　　　　　　（2年　S.42.5）
一　目標
　1　ある問題の解決を求める目的をもって最も適した本を選ぶ態度を養い、方法

を理解させる。
　2　はしがき・目次の利用のしかたに慣れさせる。
　3　本の一節を読んで、その着眼点方法を…
二　資料とその準備　この年は、明治百年に当っていて、…作文のための資料として本を選ぶ学習をした。題目は、(1)近代日本はどのようにして生まれてきたか　(2)一般の人びとはその変化にどのように反応したか　次の4冊を取り上げ、それぞれのはじめのことば、目次、題目の(1)(2)の読みとれる部分をプリントした。
　ア　資料(1)『日本の歴史　近代日本へ』樋口清之　目次・民衆の時代から近代日本へ。
　イ　資料(2)『日本の歴史ジュニア版　明治・大正・昭和』高木卓・福田清人、目次・明治の日本・世界と日本。
　ウ　資料(3)『日本の歴史下』（新版中学生全集）児玉幸多、書き出しに「読者のために」の章。目次は一　開国、二　文明開化、三…
　エ　資料(4)『少年少女日本の歴史7　明治維新』田中彰、「はじめに」で全体のあらまし、目次はくわしい。中略したり紹介だけにしたりして6ページに。
三　学習の実際
［1］資料を読み、次の十の観点によって、特色をメモする。（略）
［2］全体を見渡して、どの本が…適切かを考える。
［3］意見を交換する。

2　B(4)　目的によって本を選ぶ　［224〜228ペ］
　　　　　　　　　　　　　　（1年　S.45.1）
一　目標
　1　利用する本を選ぶことのたいせつさを考えさせる。
　2　目的によって、それぞれ選択の基準を考える態度を養う。
二　資料とその準備
　資料(1)『人類はじめて月面に立つ』村野賢哉　偕成社
　資料(2)『月を歩いた二時間十五分』相島敏夫・餌取章男　ポプラ社
　資料(3)『宇宙旅行』謝世輝　偕成社

71

アポロ11号が初めて偉業を成しとげて半年、子どもたちを興奮させる話題であったので、テーマに。三冊それぞれ15冊を用意した。[クラス37名]

三　学習の実際

[1] 楽しみのために読むのか。その本で何か調べるのか。調べるにしても、その調べたことをどのように利用するためか。―目的によって本を選ぶ必要について話を聞く。

[2] プリントのA～Fは、それぞれの目的から判断して、三冊のうち、どの本を選ぶべきか考える。

〈プリント　アポロ11号が月に着陸したようすを読みたいのは〉

A…

F　私は、この月着陸という偉業のかげの力が知りたいのです。…「人ひとりのとうとさ」を確認したいのです。

〈てびきプリント　こんな点に目をつけて〉

1　書く態度がはっきりしている。
3　広い立場で…専門的である。…
7　写真の量、種類…
10　図解のわかりやすさ。…
14　索引があるか。
19　小見出しがついているか。
20　アポロ11号打ち上げのことだけがよく書かれているか。その前後、周辺も書かれているか。

3　読書の技術　　　　　　　　[229～244ペ]
（2年　S.42.6・7）

○まえがき　読書には特有の技術がある。重ね読んだり、著者の別の本をあわせ読む方法もある。Aは重ねよみ、ひろげていく実際。…Dは、いろいろな技術、読解の技術としては、普通教えられていないもの。
[Bは読みえたものを育てながら読む。Cは本をとらえ直す、本が呼びかけてくる]

3Aア　本で本を読む　ある本が理解できないとき、…読書の広がりによって、その本が理解されてくるのではないか。この事実と、その重要さに気づかせ、読書法の一つとして身につけさせようとした。

一　目標

1　よく理解できない本について、同じ人の本を重ね読んだり、別の人の同じような内容の本を並べて読む方法に気づかせ、その実際を経験させる。
2　百科辞典、人名辞典、その他、「本」を活用して読む意義に気づかせ、その実際を経験させる。
3　読書意欲を高める。

二　資料とその準備

資料(1)「読書について」（中村光夫『青春と知性』から）…
浦松佐美太郎『読書の愉しみ』第七～十講・十五講など

(1)は、①生徒にとってかなりむずかしく、それでいて、そのだいたいを読みとる程度のことはできる文章　②「徒然草十三段」が採り上げられ、その価値を表わすためにヨーロッパの古典が使われている。兼好の思想と重ねることによって…

(2)「科学者志望の少年」（中村光夫）について　同じ著者によって書かれ、内容に重なりをもつ。中心資料に重ねて理解を助ける。

(3)「書籍」（島崎藤村）について

(4)「徒然草」の「ひとりともしびの…」のところが取り上げてあり、(1)と同じ考えが、別の表現で述べられている。

さらにもう少し考えてみるために(5)を選んだ。

三　学習の実際　[6月に2時間、7月に2時間であった]

[1] 指導者の話「本で本を読むとは」○クリスチャンであった父の「聖書にて聖書を」聖書のわからない箇所に関係のある箇所が示してある。意味を解説するのでなく、読んでいるとわかってくる。

よく理解できない本…は　○同じ人の、同じようなことについて書いた本　○別の人の、同じようなことについて書いた本
と合わせて読むとよい。そのむずかしい本と　○重ねて読む　○並べて読むとよい。

[5] この考えが他の資料では、どこに出ているかを考え、グループで話し合い、

発表し合った。
・取り上げられたところ
○…　○…　○…
[7]「個別学習のてびき」を与え、学習を進めた。

3Aイ　本で本を読む―むずかしいものを読む
　　　　　　　　　　　　　　[245〜252ペ]
　　　　　　　　　　　　　　（2年　S.42.12）
○文章の要旨をとらえる力を生活的につけるための学習。要旨をとらえていることが必要になる生活の断面に合わせてこの力を養う。
一　目標　幾種かの本を重ねたり並べたりして、本のはたらきに気づかせる。
二　資料(1)「宇野重吉語り聞かせ」
　　資料(2)同書巻末　鳥越信。
　　資料(3)「子どもに聞かせる日本の民話」終りのことば　大川悦生
　　資料(4)『民話について』木下順二
　　資料(5)「民話の再話と再創造」益田勝実（「文学」岩波）
三　学習の実際
[1]「宇野重吉の語り聞かせ」ソノシートで民話を聞く。
[2] このような本に対して、資料を読み考える。
[3] 考えたことを、てびきによって整理する。―まとめるまでの読むことや考えることもてびき。
　〈てびきプリント〉（大川、木下、益田氏になり代って書く形）
　一　（大川悦生）(1)もともと民話というものは…　(2)、(4)さらに、ソノシートを聞いて　(5)…。
　二　（木下順二）…を拝見し、ソノシートも聞きました。…この語り聞かせにこめられているものは(1)…。…
　三　（益田勝実）…その再話にも(3)…力は必要なのです。
[4] それぞれ記入したところを口頭または掲示によって発表し合う。
　○〈発表から〉…
　　…
　　（私はこの本によって）本当の意味での民話は過去と現代との接点に立っている話と知り…。
　　…

先祖からのものを受けつぎ、現代の民衆と結びついた民話であり、世界の発見のためにも新しい力をもったものでなければならないのです。

3Bア　自分の読みを育てながら読む
　　　　　　　　　　　　　　[253〜263ペ]
　　　　　　　　　　　　　　（2年　S.45.5）
一　目標　書き手によって開かれながら、自分を育てながら読むことを学ばせる。
二　資料とその準備について
　資料(1)「サーカスの馬」安岡章太郎(2)「みつばちのことば」（桑原万寿太郎）…
　○(1)(2)が主教材、(3)(4)は自習用。○作品をあるところで止め、その先を子どもが書く。割付に工夫し、故意にあけて見ないかぎり、作品の先は見えない。作品A、B、Cのつづきを書く。
三　学習の実際
[1] 学習のあらましとねらい。指導者の話。次を予想して書くが、読んで得たものをふくらませてみる目的。読んだり書いたり発表しあったりして進めるが、どの場合も自分の読みを幅広く、豊かに、広げ育ててみるということ。
[2] 朗読（指導者）しながら、書いたり発表したりする。
　①「ぼくは、はっとして目を見はりました。あの馬が…」ここの朗読で十分盛り上げておかないと、次の「書く」が弱くなる。〈生徒作品から〉
　②「さて、作者はどう書いたのか。どうぞ。」
　　…
　⑧「作者はこんなふうに結びました。」
　⑨朗読
[3]「みつばちのことば」についても、同じように。
　①…ふだん考えないようなこと、見当のつかないこと、それを考えて胸をひろげよう
　④「さて、えさ場から帰ってきた、印のついたみつばちは、どうすると思いますか」…

3Bイ　読みえたものを育てながら読む
　　　　　　　　　　　　　　[264〜275ペ]
　　　　　　　　　　　　　　（2年　S.45.6）

一　目標
　読みえたものを自分で育てていくこと、自分なりに育てていくことを学ばせる。
二　資料とその準備
　資料(1)童話集「風の又三郎」他18編
　資料(2)「宮沢賢治の童話」(『宮沢賢治』国分一太郎　福村書店)
　・(2)のプリントに、下の欄も、行間も十分とって
三　学習の実際
　[1] 童話集「風の又三郎」を読む。
　[2] てびき「たとえばこんなふうに」を配り、読みながら、心に浮かんだことを、プリントの行間や下の欄に書く。
　　○〈てびきプリント〉
　(1)「だから、うんと長い作品がたくさんあります。」
　(2)「さんざん、くふうして書いたものではありません。」
　　…
　(6)「なんとなく大きくふしぎな世界をすきかってに書いていること」―「…」という作品なんか、そうだと思います。それに、次のようなところは、特にそう思います。…
　[3] 資料(2)を読んで…自由に話し合う会をする。
　　〈生徒作品から〉
　・〈よくわからなくてもおもしろいのがあります。〉
　・〈「貝の火」はそうも思いませんでした。…あのたまがなかなかこわれなさすぎるかな。でも…神さまは慈悲ぶかいところがでていると先生からききました。
　・〈ほんとに、ほんとにそうです。〉
　・「雪渡り」の書き出し―〈私の好きなところ〉〈ここと好一対の、よいところ〉↔「そのとき西の…」(「鹿踊りのはじまり」の冒頭)
　・「賢治がいまの時代に生きていたらどうだろうか」を考えてみるのもいいこと」(国分)→〈アンデルセンと並んだ作家になったろう…ときいたことが…〉
　・「文学を生活と切りはなさないものにし…文学の底に人間の美しさをえがいてくれた…」(国分)

3Ｃア　読んだ本をとらえ直す　[276～283ペ]
　　　　　　　　　　　　　　（1年　S.44.10）
一　目標
　前の読書をいろいろの面から新鮮にとらえ直すこと。
二　資料　資料(1)「よい本」No.47（伊勢丹刊）「夏の読書案内」特集号。一つのテーマを設け、テーマにつながる本を集めていくことの興味に気づかせる。―○山＝『月の輪グマ』椋鳩十、○山の動物の物語＝『なめとこ山のくま』○山へのあこがれ＝『エヴェレストをめざして』ハント　○『アンナプルナ登頂』エルゾーク（岩波書店）など」
三　学習の実際
　[1]「よい本」を読む。
　[2] めいめいで読んでおく「なめとこ山のくま」、『灰色グマ物語』シートン、「孤島の野犬」鳩十
　[3]「カガミジシ」(鳩十)の朗読を聞く。
　[4] 読んであった作品にある、「カガミジシ」に似た場面を発表しあう。
　[5]「よい本」の「船」「山」などのまとめかたにならって、「カガミジシ」「なめとこ山のくま」「灰色グマ物語」「孤島の野犬」の一まとまりの題目を考える。
　[6] [5]を発表しあう。――発表された題目、○動物と人間、○動物の知恵…○人間と動物の知恵と勇気…
　[7] [6]で発表された題目について話し合って、グループに分類した。①人間と動物／…／人間と動物ということを越えて…⑥運命／きずな、⑦崇高。分類の過程に自由に考えを述べあった。
　　〈指導記録メモから〉おもな発言から
　○"動物と人間"…の漠然とした感じであるが…
　○①の終りの三つは、①からはずした方がよくはないか。
　　…
　○「"生か死か"でなくて"生と死"じゃあないかと思う」…
　　…

3Ｃイ　本が呼びかけてくる　[284～290ペ]
　　　　　　　　　　　　　　（2年　S.45.9）
一　目標
　○読んでいるとき本が自分に呼びかけ・語

II　単元「読書」の指導の実際

りかけてくる実感をもたせ、読書への考えを新たにする。
二　資料「中等新国語二」から、・ラスコー洞窟の壁画・パールバック・野生のエルザ・チームワークについて・明るさの陰に・友情について・父の帽子
三　学習の実際
［1］談話　○本を読んだあと…それまで考えなかったことを考えていたりしないか。　○本は何かを呼びかけてくる、…
［2］「本が呼びかけてくる」というてびきを配った。まず、資料を読んでから、自分の思いついたことを自由に書いてよい。
〈てびきプリント〉
1　この本を読んで、何か、問題を発見したのではないか。…
4　たいへん知りたいことができたのではないか。…
6　どう発展すると思う？…
9　この本を読んで、なにか、やってみたいこと思いつかなかった？…
17　書いた人に聞きたいことは？それでもいい。
19　もっと書いておいてほしかったことがある？
20　次は、どんな本を読むか。
　　☆このほか自分で考えたのは0番に。
　　［N.M.はてびきを計37回使った。］
〈学習記録から〉
○ラスコー洞窟の壁画
・てびき17「書いた人へ」
・てびき9「こんなことがしてみたい」
・20「こんな本があったら」…
○野性のエルザ
・2「これが疑問」
・5「こんなことを考えはじめた」…
［3］提出されたものを文章別、てびき別に整理して、
［4］文章ごとに五・六人の発表グループを作り…
［5］発表、次のように進める。「一について発表します」「てびきのどれを使ったのが多かったかといいますと…」

3Dア　目次・索引の活用　　［291～294ペ］
　　　　　　　　　　　　　　（1年　S.41.12）
一　目標

1　読書技術として、目次や索引を利用する意義に気づかせる。
2　目次や索引の利用に慣れさせる。
3　目的に応じて、役に立つ、見やすいノートをとる力を養う。
二　資料
資料(1)「さくいん」（指導者による解説文）
資料(2)　次の二冊の目次と索引をプリント。
資料(3)　(2)のA・Bを使って探すことのできる問題を作成し、問題集として配った。
(1)　読書日記・読書ノート…どんなふうにちがうのでしょうか。…ちがう場面、どういうところがちがい、どういう特色があるのでしょうか。…(7)
三　学習の実際
［1］資料の説明をする。実習のなかで、どういうものかわかっていくので、短い説明にとどめた。
［2］問題(1)を、みんなで、ゆっくり探してみる。
［3］各自で練習。
［4］本や読書について、自分の知りたいことを、これらの本にあるか、どこにあるか、探してみる。

3Dイ　本以外のものの活用　　［295～296ペ］
　　　　　　　　　　　　　　（1年　S.44.5）
一　目標
○書物以外の読書に関する資料に関心をもたせ、それによって読書生活を充実させる態度と方法とを養う。
二　資料
○新聞（読書のページのある日の新聞）
○週刊朝日　○読書誌「図書」「本」ほか。　○図書新聞・週刊読書人　○「子どもの本」　○図書目録（各出版社約十種）
○本の帯　○各社の新刊案内
三　学習の実際
［1］資料を見る。どんなものがあるかを知る。「週間読書人」も、どんな内容どんな割付けになっているか、確めた。
［2］これらのものの入手の方法を説明し、読書誌と目録と注文のはがき（実物）を書いた。

3Dウ　想像から読みへ　　　［297〜301ペ］
　　　　　　　　　　　　　（1年　S.44.6）
　一　目標
　　○読む前に内容を想像し、ある想像・予想をもって読み進める一つの読み方を体験する。
　二　資料(1)『ダーウィン』三谷貞一郎訳・編から「子どものころ」
　三　学習の実際
　　［1］てびきによって、少年チャールズを想像した。プリントの上の段からひき出された想像を二段目に書く。(全部書かねばならぬのではない。)てびきプリント［表］少年チャールズ（上中段）はこんなことをしただろう。こんなことを考えただろう。こんな少年だったかな？→（上段）
　　　(1) 全体としては、どんな子だったろう。おとなしかったろうか。…こんなことをして、しかられたかもしれない。…
　　　(2) 友だちは多いほうだったろうか、…
　　　(3) こんなことをするのが好きだったろう。…そのころの少年は、…彼はどうだったろう。
　　　(4) …勉強ぶりは？こんなようすだったかも…。
　　　(5) 読書
　　　　本とチャールズ　チャールズと本
　　　(6) さあ、もっと、どんなことでも。
　　［2］資料を読み、次のようなことを下の段に書いた。
　　　　たとえばこんなことを―〈話しことばによるてびき〉
　　　　①ほら、やっぱりそうだ。…
　　　　④まったく意外！
　　［3］予想と近かったにつけ、まったく意外だったにつけ、興味深く思った、ところを話しあった。…一人が話し出すと、それに関連した話を出すというふうに、気楽な話し合いのひとときであった。
　　［4］「まず予想をもって、それから読む」ことについて感じたことを述べあった。
　　　　〈指導記録メモから〉
　　　　まず予想し、それから読むということは…
　　　　―読んでる、という気がした。（「主体的」ということばを教えた。）
　　　　…
　　　　―予想をおいて読むと、生き生きと読める。

3Dエ　いろいろな読み方を使いこなす
　　　　　　　　　　　　　　［302〜305ペ］
　　　　　　　　　　　　　（2年　S.45.4）
　一　目標
　　○いろいろな読み方を使いこなして読むことの意義と必要に気づかせる。
　二　資料
　　資料(1)プリント「いろいろな読み方を使いこなそう」
　　資料(2)プリント「いろいろな読み方」
　　資料(3)『私の読書法』（岩波新書）
　　A「読む前に、どんな読み方にしようかと考えよう。」「…してきたら、読み方を変えよう。」
　　B①くわしく、ていねいに読む。…③目次などを利用し、拾い読み。…⑥題だけよむ。⑩見出しをずうっとよむ。…⑮心に浮んだこと、考えたことをメモしながら読む。
　三　学習の実際
　　［1］資料(1)を、十分なま［間］をおいて読んだ。（指導者）
　　［2］「いろいろな読み方」を納得していく。まをおきながらよむ。
　　［3］「読んでノートをとることについての意見やノートのとり方についてのくふう」を学ぶ目的で『私の読書法』のいろいろの文章を読む。「いろいろの読み方」の番号を表（略）右のわくに書く。はじめ選んだ読み方が不適当で直すとき、斜線で消し、自分の考えの動きを残しておくようにする。
　　〈プリント　ノートをとることの意見やノートのとり方のくふう〉

3Dオ　どの段落をくわしく読んだらよいだろう　　　　　　　　　［306〜314ペ］
　　　　　　　　　　　　　（2年　S.45.10）
　一　目標
　　○本を生活の中で活用していくためには、目的に応じて本を選ばなければならぬ。次に選んだ本をどのように読むか。必要な箇所、重点的に読む箇所を速く見いだ

Ⅱ　単元「読書」の指導の実際

すことが大切。本時は実習によって、このことを深く考えさせ、その力を養おうとしている。
　二　資料とその準備
　　A資料(1)『エスペラントの父ザメンホフ』伊東三郎著。　プリントで１人工世界語の誕生①、５エスペラント語の完成⑯－⑰
　　B資料(2)プリント「どの段落をくわしく読んだらよいだろう」二十題　○一か所とは限らない。［注意］くわしく読むべきところがない場合もある。　○速く！
　　(1) ザメンホフが世界共通語を作った動機。…知りたい。
　　(2) ラザロの少年時代を知りたいと思います。
　　(3) どんな環境で育ったのでしょう。
　　(4) なぜ「父」と…
　　⑳　次のは、あるザメンホフの伝説の一つです。…──のところをもう少し、くわしく知りたいと思います。（40行）
　三　学習の実際
　　[1] 資料(1)は９枚、(2)は７枚。─20分ほど。目あて、方法の説明に10分。読む時間は15分であった。
　　[2] 二時間目は正味35分
　　[3] 三時間目、発表形式に備え、自分の選び方の根拠を考えたり、どれに重点をおくか考え、順位をつけた。持ち帰り可。
　　[4] 発表し、意見を交換した。発表は、…という答え方をさせた。質問、意見交換のうえ…。

３Ｄカ　解説は、作品を読む前に読むか、あとで読むか　　　　［315〜323ペ］
　　　　　　　　　　　　　（２年　S.45.11）
３　○この年、旺文社文庫の寄贈をうけた。各冊、長文の解説がついていた。子どもたちのなかから出てきた問題。
　一　目標
　　１　「解説の利用」に対して、自分としての意見をもたせる。
　　２　読書に関する問題に処する態度を身につけさせる。
　二　資料とその準備
　　A資料(1)『野菊の墓』伊藤左千夫、『生れ出づる悩み』有島武郎（ともにだれも読んでいない）
　　(2) 書きこみ式のてびき「解説は、…」
　　(3) 『人生論集五　読書論』亀井勝一郎から。
　　B〈てびきプリント「解説」は、作品を…〉作品についての解説は…先に読んでおいたらわかりやすいとも思われるし、それでは、解説にとらわれて自分らしい読みかたができなくなってしまうという意見もあって、それもそうだと思う。ところで…
　　○私は、「野菊の墓」は作品を先に、「生まれ出づる悩み」は解説を先に読んでみることにした。

　　○「野菊の墓」を読みながら─
　　○「野菊の墓」の解説を読みながら、─①…。②…③作品が読んであったからよかった、と思ったところ。④…
　　○「生まれ出づる悩み」の解説を読みながら─
　三　学習の実際
　　[1]「ところで今、私はこう考えている」に続けて自分の考えをていねいに書く。
　　[2] 資料(2)の４ページの三行を読み、『野菊…』にかかる。
　　[4] 読み終えたところまでで書く。
　　[5] 早い生徒にAの(3)を。
　　[6] ９ページを書く。作品を先にの意見、圧倒的に多い。

３Ｄキ　アンケートを読む　　　　［324〜332ペ］
　　　　　　　　　　　　　（２年　S.46.2）
　一　目標
　　１　アンケートを読むことを学ばせる。
　　２　いくつかのものを関連づけながら読むことを学ばせる。
　二　資料とその準備
　　A前年1970・12月の「図書」のアンケートを資料に、次のてびきで。１こういうことに気づいた。こういうことを発見した。５これは問題だ。…。
　　B資料(1)「読んだ本・聞いた話Ⅰ」[Ⅰは自分たち、Ⅱは父母を対象としたアンケート]
　　一　今まで読んだ本のなかで、とくに印象に残っている本、A中学校以前　B中学校入学以後

77

二 その本は、次のどれですか。・あなたの本、・借りた本・前からうちにあった本
三 小さいとき、どんなお話を聞きましたか。また、どなたから。
四 それらのお話や本が、自分のものの見方、考え方、また、自分のすることなどに影響を与えていると思いますか。
五 今読んでいる本。
［アンケートの答］
生徒A 一A『ナゾの大陸、ムー大陸』B『南極からの脱出』 二借りた本。
・生徒C 一A『理科なぜなぜ教室』『少公子』、B『どくとるマンボウ青春記』 二自分の本 三おとうさんとおかあさんの小さい時の話—おばあさんから。
C資料(2)「読んだ本・聞いた話Ⅱ」父母（祖父・母）「一、幼少年時代にどんな本をお読みになりましたか。とくに印象に残っている本についてお聞かせ下さい。二 三 四…［アンケートの答］
・生徒Aの父 一、立志伝 二 三 四…
生徒Aの祖母一「少女の友」
三 学習の実際
［1］アンケートをとり、まとめる。
［2］資料をよむ〈てびきプリント アンケートをよむ〉
一 Ⅰの一1 中学校以前、入学以後、どんな本が多いか。
三 Ⅰの三1 それぞれ、どういう答えが多いか。
六 Ⅱの六1 ○をつけられた本と子どもの印象に残っているという本との比較

3Dク いい問題をもらった ［333～348ペ］
（3年　S.46.5）
一 目標
1 書物以外の読書に関する資料に関心をもたせ、読書に関する記事を見つけては読むような生活のなかに読書をもっている人らしい生活を築く力を養う。
2 読んで問題を探し、発見する力を養う。
二 資料
資料(1)「よい本のリスト」伊勢丹
目次 (一)読書感想文について 滑川道夫 (四)日本の読書指導 倉沢栄吉 (七)児童図書についての願い 谷川澄雄 など

三 学習の実際
［1］資料を読み、読書に関する問題、考えるべき問題を拾う。
［2］拾った問題を次の四種に分けて提出。
1 この問題—これは自分で調べなければ。自分で考えたい…
4 この問題—これは、その筆者に、作者にききたい。きかせてほしい。
［3］問題集「いい問題をもらった」（26ページ）を作成。
〈生徒作品から　いい問題をもらった—…〉
ア 読書感想文について（原文）滑川道夫 問題2「しばられた読書をすると感想文まで型にはまる」とあるが…。
問題4自分の背丈に合った本を見つけるには？
イ 万葉集がなくても（原文）○「この人たちには…がなくてもけっこうしあわせなのだ」とは、どういう意味なのだろう。
ウ 日本の読書指導（原文）1．今の若い人は、マンガや新聞・雑誌の読み方を知らないとありますがどういうことなのか…。4．日本の読書指導は、どういうところが、どういうふうに遅れているか。…
［4］大切な問題について話し合ったり、質問したりした。
今回の目標は、問題発見にあったので…。話し合いのためには、別の資料を用意し、時間も予定しなければならない。

4 本の活用 ［349～355ペ］
（2年　S.42.7）
○まえがき 本を使って調べたり、研究したり、書いたりする本の活用→「私の生まれた日」の単元。

4A いろいろの本の活用
一 目標
○身辺の疑問、知りたいこと、考えたいことに出会うたびに本を求める態度を養う。
○およその目当をつけては、次々と本の旅を広げていく、そういう経験によって、本の世界に親しませる。
二 資料とその準備　子どもたちの話の断片、作文、題材、スピーチなど日々の生活でとらえた問題、話題を取り上げ、自

II　単元「読書」の指導の実際

然な生活の姿で問題文を作った。
〈プリント、どのグループが何を調べているのでしょう、どんな本を、どんなふうに使って調べたのでしょう〉
　1　「タイタニック号のようなこともあるからな」と話している人がありました。「…」とは？
　3　宮沢賢治の詩は「雨ニモマケズ」しか知りません。詩にはどんなのがあり、どんな特色があるのでしょう。
　5　「世界四聖」と言われて知りませんでした。「世界の四聖」とは…
・この問題は、この四倍ほどの数から、次の条件で選んだ。
(1)　調べる本が図書館に五・六冊はあること。…
(4)　発表の形式がおもしろく、工夫できそうであること。
　三　学習の実際
［1］調べてみたくなるように読んでは、「これは第何グループ」と。
［2］調べにかかる前に指導した。○どの辺の本を探すか。○見当のつかないときは、…○どのように探したか、いい資料にどう出会えたかも発表する。
［3］図書館じゅうに散らばって、調べた。そのあいだにヒントを出す、本を示す、…助力をした。…
　6番ピュリアッツ賞をはっきり説明すること…
　10番「みだれ髪」は当時、評判のドラマであった。与謝野晶子の生涯を劇化して、…歌も何首か紹介すること…
　なお全体としては、調べた過程を短くはっきりと話すのであるが、図書館の本は、その棚の前に立ち実際に棚から本を取りページを開くというふうに演出に工夫し…。
［4］発表会をひらく。「本はいろいろの疑問に答えてくれました。…」

4　B　本を使って　　　　　　　［356〜361ペ］
　　　　　　　　　　　　　　（2年　S.42.10）
　一　目標
　　○本を使って問題の解決をする態度を養う。
　二　資料とその準備
　　○この学年の大関心事は「環境」にあっ

た。公害でなく、家庭・友人・学校、土地がらを指して使われた。たびたび出ているので、…次の項目を抜き書きして配った。
　資料(1)児童百科事典から、「環境と人間」…
　資料(2)スタディ百科事典から「環境」
　資料(3)玉川百科から　これがまた、興味を呼んだ。それで、優れた仕事をした人たちはどんな環境でその少年時代を過したかを探って伝記を読む学習の計画になった。…46名全員、別の人の伝記をもった。
　三　学習の実際
［1］それぞれ、割り当てられた伝記を読む。
［2］てびきによって、発表の要項を作る。
〈生徒作品から　すぐれた足跡を残した人々は、その幼少時代をどんな環境に過ごしたか、―伝記を読む〉
　1エジソン　2北里柴三郎…　5内村鑑三…　46フランクリン

4　C　書くために読む　　　　　［362〜368ペ］
　　　　　　　　　　　　　　（2年　S.42.11）
○この年は東京百年記念祭の年。記念作文・論文の募集要項には(1)過去の事績に視点を向け東京百年の意義を論ずるもの。現在の当面している課題の解決方法、あるいは、期待するビジョンを述べるなど…。…応募のつもりはなかったが、視点をもって読むことを学び、書くために役立つ処理を工夫する。
　一　目標
　　1　書くために読む読書を理解させる。
　　2　書くために読む技術を養う。…
　二　資料(1)『東京を築いた人々』（磯村英一）第一章「東京を築いた代表者たち」
　　1「十人の代表を選ぶ」筆者は次のように、東京の「繁栄」や「文化」を伝えた人などから、玉川兄弟（水道のもとをつくった人）、勝海舟、…などを
　三　学習の実際
［1］学習のてびき〈プリント　題　次の百年のために…次の東京を築く人になろう。
　手順　1調べる　(1)その人がら　(2)その仕事…　2次の東京のために　(1)…
［2］資料を読む。目次・索引を含めて。

79

[3] 読みえたものをどのように処理しておいたら目的にかなうのか、グループで話し合う。プリントする、「こんなふうに処理する」案　第９グループ（表）
　　[4] 発表会をひらく
　　〈発表会の記録から〉Ｔ、…

　4 D　私の生まれた日　　　　　［369〜377ペ］
　　　　　　　　　　　　　　　　（2年　S.45.7）
　　一　目標
　　　1　目的を持っていろいろの本を活用すること。とくに、…人名事典、歴史事典…
　　　2　まる写しでなく、役に立つノートをとることを学ばせる。
　　二　資料とその準備
　　　資料⑴プリント「私の生まれた日には」
　　　・「日々の研究事典」を使い、生徒一人一人の生まれた日の出来事を調べて、指導者がプリントしたもの。…本校図書館の蔵書で調べられるか考えた。
　　　　［1　Aさん3／18、発明の日、葛飾北斎の死、アインシュタイン死、…　2　Ｉさん12／10ノーベル賞授賞式…］
　　三　学習の実際
　　　[1] 導入の部分（録音から）
　　　　Ｔ、Ｔさん、お誕生日、いつ？　5月21日。
　　　　Ｔ、まあ、すてきなことがあった日！（一同ざわつく）
　　　　…
　　　[2] めいめいで調べる。
　　　　始まる前から図書室にはいってきて、調べはじめていた。…指導者も大忙しであった。
　　　[3] 発表会をひらいた。司会は指導者。
　　　　じゅうぶん個人差に応ずる指導ができる。さらに読書指導として、広い範囲の本が活用できることもある。

　5　感想を育てる　　　　　　　　［379〜387ペ］
　　　　　　　　　　　　　（1年　S.41.6・7・10）
　　　　　　　　　　　　　　　　　S.42.1
　○まえがき・読むことによって動き出している、感想そのものを育てる試み。
　Ａ感想を育てる
　　一　目標
　　　○感想文のもととなる感想そのものを育てようとする試み。

　　二　学習の実際
　　　[1] めいめいの読んだ本、読んでいる本について五行の感想を書く。書けた生徒から順に（残り時間30分に）45人のてびきをつける。
　　　[2] 「てびき」は、生徒の書いたあとへもう一歩深まったり、もう少し別の方向へ目を転じたりできる文を書き継いだ。その文に生徒がまた書き継ぐ。
　　　[3] 全員のものをプリントした。ページの下三分の一をあけてある。てびきに続けて書いてみることを誘っている。
　〈生徒作品から　読んだ本・読んでいる本　五行感想集〉
　○41年6月—1年1学期
　　ア『世界のなぞ』—そういうことがわかってくるにつれて、ぼくの考えたことは—
　　ウ○『世界のこども』…感心しました。—それに働きかたも—
　○41年7月—1年1学期
　　ア『アフリカ横断』…がわかった—ダウがそんな役目をし、それがつづいていると思うと—
　　ウ『地図の話』（斎藤）…よくわかりました。一本によって、新しいことがわかり、新しい世界が開けてくるといいますが—
　○41年10月—1年2学期
　　ア『小泉八雲集』…と思いました。—こわくておもしろいところを一つ紹介しますと—
　　イ『四次元世界の神秘』…と思う。—空想するということは—
　○42年1月—1年3学期
　　ア『数学おもちゃ箱』…と思いました。—「おもちゃ箱」としたところに筆者の考えが出ているように思いますが、—

　5 B　読書感想文集を読み合って
　　　　　　　　　　　　　　　　［388〜391ペ］
　　　　　　　　　　　　　　　　（2年　S.43.3）
　　一　目標
　　　1　感想文集を読みながらほかの人の考えが自分を育てることを学ぶ。
　　　2　感想文集を読む目のつけ方を学び、感想文集から収穫することを学ぶ。
　　二　資料とその準備
　　　○第二学年全員の百五十字の感想文集。—

冊にまとめたもの。全部読まれることを目的とした。文集を学年のものにしておきたい思い。
　　ア　『しろばんば』…
　　イ　『ハンニバルの象つかい』…
　　ウ　『行動半径二百メートル』…
　　エ　『ぼくの村は戦場だった』…
　　オ　『オオカミに冬なし』…
　三　学習の実際
　[1]　次のような目のつけ方を参考にして、書けるだけ感想を寄せ合った。
　　◇目のつけ方参考
　　　ア　意外な発見―この本をこう読みますか。
　　　イ　―さんに教えられたこと。
　　　ウ　聞いてほしい私の意見。
　　　エ　予想と期待
　[2]　読書生活通信三月十五日号に、次のてびきを載せた。
　　全員の一五〇字の感想文集ができました。どういう勉強ができるでしょう。各自でできることは、
　　①よく読みましょう。それが始まり。
　　②自分と同じ本を、だれが読んでいますか。どんな感想が…比べてみなさい。…
　　⑥話し合いたい仲間が見つかったのではありませんか。この文集がそういう方向に発展するきっかになったら…。

5C　感想を幅広く育てる　　［392～397ペ］
　　　　　　　　　　　　　（1年　S.44.7）
　一　目標
　　読むことに伴って書くことを、より豊かな開発的なものにし、それによって、より意欲的な読書生活を開くこと。
　二　資料
　　資料(1)『自然と人間の物語・動物はうそをいわない――園長二十年の古賀忠道』猪野省三（集英社）。後の十種類の向きを実習できる一編。感想文に書くことがやや固まってきて、自分でも快くない状態を破る、本人の意識にないものをとらえさせる一編。
　三　学習の実際
　[1]　十のヒントを書き込んだ用紙。一枚に一冊、1から10のどれかを書く。
　　「　　　」を読んで

Ⅱ　単元「読書」の指導の実際

　　1　おたずねします。
　　2　私の発見…
　　4　私の実験・実行・試作…
　　10　呼び起こされた記憶。
　　［下の段に空所］
　各項について
　1　おたずねします―本を読んでいると、…それならこれは…と、その気でとらえようとすると聞きたいことがある。
　2　私の発見―この誘い方のほうが、「考えたこと…」というよりも感動がある。
　10　―感想が働きかけて、心のなかを豊かにしていく。
　　ここでの学習は、読書から得たものを育てみのらせ、自分で自分を育てていく、より意欲的な読書生活に進ませることにある。読書感想文のもと！

5D　資料によって感想を育てる
　　　　　　　　　　　　　［398～404ペ］
　　　　　　　　　　　　　（1年　S.41.10）
　一　目標
　　他の人の感想によって、自分の心の中を開拓し、考えを育てることを学ぶ。
　二　資料とその準備
　　資料(1)「貝の火」宮沢賢治
　　資料(2)てびき感想集。あいだに指導者が入って、まず十分に受けとり、それを十分に表現して、育て合う資料にした。
　三　学習の実際
　[1]　「貝の火」を読み聞かせる。
　[2]　感想を話し合う。…
　[4]　てびき感想集は、指導者が読んだ。一編ずつ、別々に書かれている印象になるようにした。…
　［メモ］
　1　明るく読む。好きなところとして抜き出している一節は、生き生きとさわやかに。
　2　静かに、ゆっくり、ひと言ひと言確かめるようによむ。点線のところは、十分、ま（間）をとる。…
　[5]　てびきによって書く。書かないところがあってもよい。
　〈生徒作品から　貝の火〉上段はてびき
　1　書きはじめのところ、…ホモイを登場

81

させる情景が好きです。「野原の草はきらきら光り、…」というところなど。―1（下）私もこの描写のしかたは大好きです…。
　　…⑼…
［注］指導者の書きこみ。「人間が弱いもので、まちがいをしやすいということを考え、人間のそういう弱いところ、…に対してあたたかい気持ちをもって、見守る作者を感じますね。」

6　読書生活の記録　　　　　［405～432ペ］
　　　　　　　　　（1年～3年　S.41.4～43.5）
○まえがき
　　従来の「読書記録」に対して「読書生活の記録」は、違った形・内容になってくるのは当然である。読書についての新しい考えが、読書生活の記録を生み出した。上手・下手ということはない。…以下の形にまとまったのは、1967（昭42）年10月。従来の、「読書ノート」に不満で、読書生活の指導に取り組んだ（1966）昭和41年4月、「読書日記」「私の読んだ本」「私の読みたい本」の三種類の用紙を作った。その後、一枚二枚と種類を加え、（1967）42年10月「読書生活の評価」を加えて、形を整えた。
◇昭和43（1968）年5月（3年1学期）進めてきた「読書生活の記録」をさらによいものにするため、この記録に加えるものとまとめ方についての意見を出させ、「読書生活の記録をこんなふうにしたい」という二段組み、6ページのプリントにまとめた。
　［加えるもの47項目、まとめ方9項目］
　　　　　　　　　　　　［406～407ペ参照］
　この後昭和53（1978）年に、さらにページを加えた。
A解説　　　　　　　　　　［412～432ペ］
○解説　昭和51年度2年生の記録「無限の味」をめぐって
⑴　表紙
⑵　表紙のことば
⑶　とびら
⑷　目次　まえ書き　一私の読書計画　二読書日記（4月～3月）　三読書ノート　四感想文①ひとすじの道…⑤人間の差別を考える　五読みたい本…　十一私の読書生活の評価　十二私の読書生活　読書と私　あと書き
⑸　まえがき
⑺　私の読書計画二〈読書マラソン〉
⑼　読書日記「ひとこと」について
⑾　感想文　一学期に一編書けるとよいが、一年に一編でも。④の「絵本と私」＝感想でないこのような文章も、「読書生活」の記録にふさわしいもの。
⑿　読みたい本
⒄　読書について考える。主な情報源。…
⒅　新しく覚えたことば、文脈とともに書きとめる。
⒆　私の読書生活の評価　月ごとの自己評価。○項目＝・読書の習慣　・時間　・内容（種類）…
⒇　私と読書　文章による読書生活の評価
(21)　あとがき
(22)　「読書生活の記録」整備のてびき、①～⑩
(23)　奥付

7　読書会　　　　　　　　［433～454ペ］
　　　　　　　　　　　　（2年　S.43.1・2）
○まえがき
　　読書生活がみのってくると、仲間に通じ合うものが生まれてくる。これが読書会の芽生え。読書生活の指導のなかに、そうした芽生えを育てる学習を加えておきたい。…
A読書会
一　目標
　1　読書会の形、進め方について理解を深める。
　2　読書会の意義を感じさせる。
二　資料
　　『あすなろ物語』井上靖（旺文社文庫）
三　学習の実際
　［1］種類について講話。
　　A　同じ本をその場で読む。考える。（本に親しむ）
　　B　同じ本を読む。決められた箇所を読んで話題を用意して集まる。（主体的）
　　C　テーマを決め、いろいろな本を分担して読む。（本格的な程度の高い読書会）今回は試みなかった。
　［2］『あすなろ物語』を読む。
　［3］Aの形の読書会
　［4］Bの形の読書会をひらく。
読書会―Aの形

(1) 最初の「深い深い雪の中で」の章の第一の切れ目を資料として、次のてびきを作った。
〈プリント　ある読書会—「あすなろ物語」を読む〉
○では始めます。まず一さんに読んでいただくことにします。…
57、この書き出し、…何かな？と思わせられる感じで…
(2) この時間は、続く第二回ということにして…。46名をA・B二つに分け、話し合いをしたり、聞き手に…。
読書会—Bの形
① 「鮎太をめぐる人々はどういう人で鮎太はどういう影響を受けたか」第9グループ鮎太をとりまく人々の性格。第10…。
② まず、一つのグループが話し合い、後半全体の話し合いに。
◇座席もくふうした。
中央に円卓をおき、…てびきのメモ（プリント）を配る。

8　読みを誘う　　　　　　　　[455〜463ペ]
（2年　S.46.2）
○まえがき
読書生活のなかの楽しみである。まず、問題を作る。「読書生活の記録」だけでは足りなくなって、よんだ本を読み返すようになったりもする。第一、第二ヒントと…知らず知らず価値の高い読書活動をしている。…クイズの問題は、楽しみのうちに開かれる読書生活がある。

8A「本のなぞなぞ」
一　目標
作る方に九分の目標と学習の意義を置いた。
1　読んだ本について思い返す機会をもたせる。
2　…
二　資料
資料(1)「よい本」（日本読書指導研究会）第52号「本のなぞなぞ9　中学生のもんだい」
(1) まず数字で。・明治以降、最も多く読まれているフランスの小説です。両方とも黒岩涙香の翻訳した、…。作品と主人公を。…(3) 全部で五部まである大作です。…少年の魂の成長の記録が作品の内容となっています。…

三　学習の実際
[1]「よい本」の例をみる。作り方を学ぶために見る。
[2] なぞなぞを作る。
〈生徒作品から　本のなぞなぞ集〉
○1　これほどやさしく科学の心を表わした本はなかろうと…
　2　クリスマスの夜語られたもので何日もつづく講演。
　3　マイケル＝ファラディの著書です。
○1　主人公はお医者さんで、動物と話をすることができます。
　2　全部で十二巻あります。
　3　日本のではありません。
[3] 本のなぞなぞを出し合い答え合う。
〈プリント　本のなぞなぞ—なぞをとく私　なぞを楽しむ私〉…（略）[自己評価]

8B　読んで作るクイズ　読みを誘うクイズ
[464〜471ペ]
（3年　S.43.12）
一　目標
○クイズを作るために読みに誘い、知らず知らず、次の読書に誘う。
○主目標は作成におく。
二　資料
資料(1)「よい本」第44号（昭43.10　日本読書指導研究会）
三　学習の実際
[1] ①「よい本」44号にある「ルナールの博物誌」によって、クイズを「この美しい文章を書いたのは、次のなかのどのかたでしょうか。」1 ファーブル　2 ルナール　3 シートン　4 ピアンキ　②同書によってもう一つ…
[2]「よい本」44号を読みながら、いろいろのクイズを作った。発展して、「よい本」を離れても作った。
〈生徒作品から〉（例一）
1　動物の生態をすみずみまでよく知っており、ストーリーを組み立てています。
2　「芸術作品には…が必要」と言っているくらいですから、その文章は、奥行きがあります。
3　大自然のなかの動物の姿を、新聞という形式でえがいたユニークな作品があります。

4 「森の新聞」の作者、ロシア人です。…
（例五）次の歌についての、私たちのグループの話し合いの記録です。再現しますから…
［3］作ったクイズを提出し合い、答え合った。

9　おりおりの指導　　　　　　［473～476ペ］
　　　　　　　　　　　　　　　（1年　S.41.5）
A読書に関する調査1
〈プリント　読書に関する調査〉
(1) 小学校のとき、時間割のなかに「読書」という時間がありましたか。
(2) 読書ノートを書いていましたか。…
(4) 読む本は、おもに、どこの、あるいはだれの本ですか。…
(7) どんな本が読みたいですか。
B読書に関する調査2
〈調査用紙〉
○今読んでいる本　自分の読書の興味・傾向は、この一年間にどのように変ってきたろうか。…この一年間にいく冊くらい読んだだろう、いろいろの本を合わせて。冊くらい。
○私はどんな時間に、どんな場所で、どのくらいの時間読むか。
　　読む本は、1　買ってもらう。　5　一般図書館から借りる　7　書店で立ち読みをする。
○本を買う場合、選ぶのは、だれか
○父母兄姉などから読書について指導されているか。
　　・―を読みなさい（　）…　・感想を聞かれる（　）
○自分の読書はどのめあてが多かったか。
　　1　楽しみのため　2　知識をえるため
　　5　学校の勉強のため。
○六年生の人に、すすめたい本
○こんな本があれば読みたい（書名でなく）

C本を紹介し合う㈠㈡㈢　　　［477～483ペ］
　　　　　　　　　　　㈠S.44.4
　　　　　　　（1年　㈡S.44.5
　　　　　　　　　　　㈢S.44.6）
Ⓐ○生徒の「私の読んだ本」、「今読んでいる本」「読みたい本」を調べては、全員のをプリントにし配っていた。そのほか、ほかに、読書生活通信や掲示も使った。

㈠グループで、めいめいが読んでいる本を紹介し、話し合う（1年＝昭44.4）
Ⓑ〈てびきプリント〉
1　司会、これから、このごろ読んだ本、読んでいる本を紹介し話し合いましょう。「Aさんから、どうぞ。…。」
7　司会　では、つづいてBさんどうぞ。
㈡「私の読んだ本」の紹介（昭44.5）
　［話し手のてびき］〈てびきプリント〉…
1　私のご紹介する本は、―です。この本のなかに私のたいへん好きな情景があるんですが、それは、…
19　この本のおかげで、読みたい本ができました。…
　［B聞き手のてびき］（A）今、紹介された本が読んであった場合、（C）…読んでなく、またそういう本のあることも知らなかった。今、…知ったという場合―によってそれぞれの用紙を使って、聞いたあとの心の中を整理する。
〈てびきプリント〉
(A) 書名［その本、読みました。］○そうそう、―のところ、そうだったと思う。…
(B) 書名［その本、読みませんでした。でも知っていました］…なぜ、読まなかったのだろう。いま、発表をきいて―と思う。
(C) 書名［その本、読みませんでした。…はじめて知りました］
㈢指導者の「　　」の紹介を聞いて、ひと言感想のてびき
〈てびきプリント〉○そういうのが読みたかったんです。○そういう深い意味があるんですか。

D夏休みの読書指導Ⅰ　　　　［484～486ペ］
　　　　　　　　　　　　　　（1年　S.41年度）
［1］指導者の講話　夏休みの読書計画
　　1　大きな本を選ぼう
　　2　毎日、欠かさずに
　　3　時間をきめて…
［2］めいめいの計画を提出する。全員の分をプリントして配布する。
［3］読書計画を発表し合う。
　　意見交換、案の立て直し用紙
○―さん、あなたの読書計画について、考えてみました。…

○—あなたや皆さんの計画の案がヒントになって、自分の計画が立ってきました。次のページを見てください。
　［ページの下の欄に　読書計画　氏名（タテのケイ線）］以下略

E 夏休みの読書指導 2　　　　［487～495ペ］
　　　　　　　　　　（1年　S.44年度）
［1］めいめいの計画をたてる参考に、1 どんな時間を当てるのか、書き方例を参照して、報告を書き、提出する。全員の分をプリント、配布した。授業として扱わない、この年7月全校を対象に、図書館名で、いわば推薦図書（103冊）の小冊子「みんなで本を読もう」を。
〈生徒報告から〉
［2］小冊子「夏休みの読書」を作った。
［3］目次の四、「この本を読んで」の部分をプリント、「読む心、伸びる心、ひろがる心」という題の小さい文集にした。
〈生徒作品から〉
「夏休みの読書　目次」「こういう本を読むんだ」「私の読んだ本」感想文、新しく覚えたことば…

F 夏休みの読書指導 3
　　　　　　　　　　（1年生　S.44年度）
夏休みの後、指導者への手紙風の報告。
〈プリント　報告　私の読んだ本〉
　1　私の読んだ本は、［書名　著者］です
　2　こういうところを覚えています。
　3　…
　12　作者は…こういう人がいるといいと思って書いていると思いました。
　16　こんなこと、ほんとうでしょうか。
　　　（　）のようなこと。

第9巻　ことばの指導の実際

I　ことばを豊かに

1　ことばを豊かに　　　　　　［5〜33ペ］
（「大村はまの国語教室」小学館　S.56.7）
- ア　場や状況に即したことばを。
- イ　ことばは人間を開いてみせる窓。
- ウ　独創的な個人文集のくふう。
- エ　生きたことばの学習を。
- オ　生活語から文化語への志向。
- カ　「自然に身につけてしまう」ことを理想に。

ア　大村教室では、場や状況に即したことばの指導が具体的になされてきた。
　①「深い思想」に基づき、語句・語彙（ことば）を生活に即して身につけさせていく。
　②ことばを表現語彙として磨きあげていく。
　③教材が教室から生徒とともに生産されていくと倉沢栄吉は指摘する。

○生徒たちはことばの勉強がたいへん好きと承った（野地潤家）
　（大村）「このことばこそ」でこういう展開をと言うと目を輝かせる。…
　・「驚く」は、「びっくりする」「ぎょっとする」「たまげる」「息を呑む」などたくさん。その場面にあてはまることばを考え一枚のプリントにした。担当の二人が一編の作文を書く。―「目を丸くする」と「目を見張った」を場面に合わせ細かく頭を働かせて考えていくときに、その人のことばの感覚が磨かれていく。…
（イ・ウ略）

エ　生きたことばの学習を
□「国語教室通信」は自学の書と倉沢発言。―「通信」を基にして、ことばを増やしたり、語感を豊かにしたり、磨いたり、語彙について考えたりしている。
○書くときに、そのときの子どもにこのことばを持たせたいと思うことばを使っていた。
○「通信」に「呼び合うことば」があった。―あれは、二年生からというつもり。…一つの字を中心に、ことばがいろんな意味で分類して載せてある。
・一つのことばの群れが頭に入ってくる。なまでことばがすらっと心に入るようにしたいという考えから試みた。
・ことばがたばになっているため注釈なしに、なまでわかっていくことばが増える。

オ　（野地）生活語を踏まえながら、それを文化へ高めていく気持をこめて、ふだん心をとめていらっしゃる。
○どういうことばの力を持った人にしなければならないかという目標が確立されていなければならない。

カ　○ことばをほんとうに使える人に―の発想のもとは、この文章が書けて、こういう気持が言い表せ…。深い読みに浸らせてしまうかにあった。

2　中学生と語彙　　　　　　［35〜49ペ］
（「言語生活」筑摩書房　S.33.4）

２　中学生と語彙
一　○調査の一部
［一］中学生は、どんなことばをどのくらい知っているだろうか。
(1)　①「ことばがわからない」という大部分は、漢字が読めないのである。
　　②〜〜〜のところは文脈がわからないため。
　　③「…」「…」が音読でわかったのは、不慣れのため、読みちがえていたのであろう。（以下略）
(2)　「明解国語辞典」の百語について、中学一年（学年末）に「よく知っていたことば」と「全然知らなかったことば」とを調べてみた。
　　①ＡＢＣの生徒が、よく知っていたことば。…
(3)　「しぼる」から「しめこ」までの百語について、中二修了後、百名のうち、
　　①90名以上がわかっている―36語
　　②20名以下がわかる11語。
［二］中学生にとっては、どんなことばがむずかしいだろうか。
　　①いちおうわかっていても実感として受けとれない。
　　④…
二
［一］語彙をゆたかにするために

①読みものによる指導。
②話による指導　内容を話したり、読んで聞かせたり。…
③知らせたいことばをふくめた文章を作る。
［二］語彙を正しく身につけさせるために
　　［一］のゆたかにすることは、正しく身につけたことばを多くすること。
①次の傍線部をあとにあることばを使って書きかえる。…
④文章を作って。

3　生徒の語彙を増やすために　［51〜57ペ］
（「国語通信」筑摩書房　S.27.4）

○まえがき。授業時間中のわずかな時間や補欠の時間に生徒の語彙を増していくための資料。
・とりあげることばは、簡単な言いかえのしにくい、深さ・広さ・ニュアンスをもつことばやなじみにくいもの。そのことばの生活場面を味わわせ、生きた生活の一片として身につけていく。

［話１］研究会のみやげ話
　○前年度の実際からホームルームの係の今年の決め方について
　　１…３　一つ一つの係の分担する仕事が何かを調べてから、きめ直したらいい。
　　４　去年はなんでも断る人があり、…８　係について、自分は、…だれはどれに合うかを考えて出す。…まとめて原案をつくって相談するとしては。
［取り扱いたいことば］それぞれの場を表すことばとしてのみこませていく—今年度。「不満を買う」「適材適所」「共鳴」「とらわれる」…
［話２］
①きのう、「諏訪湖」という写真集を…もとめて帰りました。
⑦…そのときわたしの御愛用のスケートは…。
⑧…
［取り扱いたいことば］話の中の場面を浮かべて、意味と使い方を会得させようとしている。
①以前、在職、在任、もとめる。
②ページを繰る。…
⑧思えば。年月。

4　どの教科書も読めるようにするために
　　　　　　　　　　［59〜99ペ］
　　　　（S.31.5　文海中「研究報告」）
一　研究の主題について…
二　研究の経過
［1］生徒の読めない、わからないには、いろいろの面があるが、まず、語彙の面だけを取り上げ、文脈その他は気のついたところを拾うことにした。また意味として一つの内容を示すことばは、一つの語彙として扱うことにした。
・英語科・音楽科を省き、全ての教科書に当たることとした。
［2］教科書が読めないというのは、どういうところか、どのことばかを調べた。
〈方法〉Ａ、Ｂ、Ｃを検討して、生徒が読めないところをおよそ知ることができた。ある尺度に客観性を少しもたせることができた。
［3］各教科書を読んで、生徒のわかりにくそうなことばをさがしてカードにとった。
［4］カードをＡＢＣ三種に分けた。
　Ａ　その科目において指導されるべきこと
ば。
　　④その科目で多く出ていることば—建立、加工、調節、毎（分）ナド。
　Ｂ　その文字・語彙を使わないで表し（教科書を改善し）問題を解消すべきことば。
　　①かなで
　　②言い換える。—図り、促す、…
　　③当用漢字外の漢字を使うまいとして読みにくくなっている。—反ぱつ。ぼく滅。
　　⑩全体がむずかしい感じになる—留意し、不用な、増大した　など。
　Ｃ　国語科において扱うべきことば。
［5］ＡＢＣ三種類のことばの扱いかたを研究した。
　Ａ　それぞれの科目の担当に依託する。
　Ｂ　提示によって指導する。
　Ｃ　国語科として指導法をくふうする。
　　Ｃの大要…
［6］学習の実際
①生徒の生活領域を考え適切な話題を選んだ。
　（A）生活の場所を家庭と学校と社会とに分けた。…
②国語科で扱うべきことばを上の話題で分けた。

③話題ごとに資料を作る。
　　○文章を作った。
④指導の実際　段階と種類とを次のように。なお、一話題、一時間として単元と関係なく、随時にはさんで扱う。(表　略)
三　話題別語彙と、その語彙をふくめた文章
四　授業の実際（一例）二年の教材「友だち」の場合

5　ことば—こんな意味が、こんな意味も

[101～111ペ]
（3年　S.46.5～6）

A　単元が生まれるまで
　「ことば」ということばには、いろいろの意味がある。用例を探してみよう。
B　学習の経過
　一　教科書を一冊の本として読む。
　　(1)「ことばのてびき」（指導者作成の）を使って読む。
　　(2)「ことば」ということばが使われていたら、カードに書く。
　二　「ことば」ということばが、どういう意味に使われているか。分類する。
　　(1)　ヒント。…
　　(3)　文章にまとめる。
　三　単元の名まえ。
　四　時間の予定（15時間）
　五　個人学習
　　〈発表資料から「"ことば"ということばがどのような意味に使われているか」〉
　　㋐はじめに
　　　一番苦心した所は、個人の分類から、グループの分類としてまとめる時。
　　　第一分類「言語」…
　　㋑言語19%　はなし13%　いい方10%
　　　文句47%　外国語9%　内容2%
　　㋒一　一つの意味を表わしているもの
　　　二　人の言ったこと
　　　四　総合的なことば
　　　六　七　八
　　㋓一　ある単語、熟語を表わすもの
　　　二　言語を表わす。
　　　　1　大きく総括
　　　　2　一種類を示す。
　　　三　声・文字で表現されたもの
　　　　1　話・文章など全体的なもの…
　　　四　書き方、はなし方を表わす
　　　五　成句中につかうもの

[付] この学習は、分類の出来上り、結果に重点をおかず一連の作業を大切にした。違いを感じ分け、…鋭く区別する。—そのあいだに、きたえられ、鋭くされていくことばの感覚を大切にしている。

6　広がることば　深まることば

[113～134ペ]
（1年　S.52.9）

A　1Bの授業について
(1) 語句の指導は短くたびたびあったほうがいい。
(2) 一つの囲いの中にはいることばの使われる場面、使い方の細かな違いに気づかせ、感覚を鋭くしたい。
(3) うれしい、喜ばしい気持をあらわすことばを考えた。…
(4) 取りあげたことばを使う適切な場面を考え文章を書いた。Aらんにことば、B…
(5) 一人10枚を標準に。
(6) 15の「顔をほころばす」が多いのは例にしたからか。
(7) 発表と討議は、グループに指名。
(10) 資料3はD組のもの。
B　1Eの授業について
(1)(2) やさしいようで広がりの大きい「…を楽しむ」を。⇔「釣りに行って楽しかった」と違う味。
(3)「…を楽しむ」の例を次々に出してみせ、そのうち、みんなも思いついてきた。資料4に一覧
C〈資料1　こんな場面に使ってみました。合うでしょうか…〉
　1　愉快…　2　心がおどる　4　満ち足りている…。
〈資料2　発表と討議—こんなふうに—〉
　1では、「心がおどる」を取りあげます。これについて…
〈資料3　討議で発表—こんなふうに話し合う—〉
〈資料4　「…を楽しむ」一覧〉
　1　読書　を楽しむ　4　スポーツ　12　登山　30　制作
〈資料5　てびきプリント「…を楽しむ」の意味を見つけ合う〉
　1　ひろし　読書をする、に比べてどんな意味があるだろう。5　つとむ　自分でえらんでいる。本でも、時間でも、読み方で

も。→7 ちから どこから読もうと、とびとびに読もうと自由。9 つとむ 速く読んだり、ゆっくり読んだり。13 研究でもない。
D　授業の実際―録音から

7　ことばを思い出す　捜す　見つける
　　　　　　　　　　　　　　　　［135～148ペ］
　　　　　　　　　　　　　　（1年　S.52.11）
A　まえがき　生徒のことばをふやしひろげるくふう。「観光案内：まえばし」は、写真の組み合せがおもしろく、中学一年生でいろいろなことばが拾えそう。一題目ごとに一グループが担当し、それぞれのページの写真から思い出せることは…
B　教材「まえばし」について。
○子どもたちのことばが悪いよりも貧弱になっている方が心配。「まえばし」には、組み合せや配列に工夫があった。一生活の厚み。生活の深さと広がりに発展させられるよう人が配してあった。
○〈てびきプリント　学習のてびき1～12〉
○〈てびきプリント　発表のくふう　ヒント〉1 みなさん…　2 たちまち15-16の名詞が…白鳥、水、湖、波、影、まえばし、紋章、デザイン…。また、広さ、青さ、静かさ、美しさ、風景、静寂、…　4 動詞は、白鳥が　浮かぶ　泳ぐ　遊ぶ　8 全体の気分は、まず、静か、静寂…　12 ぼくたちは、このページの、さまざまの・とりどりの花に目をつけて…
　①ばら「咲きほこる」が合う…
　②さくら…
○〈てびきプリント「思い出したことば・捜しだしたことば、見つけたことば」を分かち合う、学び合う会…〉
　1…　2 名詞を五つ…。　18 この碑の前に…詩人の気持ち、…　20 解説のなかに○○ということばが使われていることによって、…どういう感じがあらわれているでしょうか。

8　私たちの作ったことばあそび
　　　　　　　　　　　　　　　　　［149～162ペ］
　　　　　　　　　　　　　　（2年　S.51.10）
○文字で遊ぶ
　○次のを「へん」にしたり「つくり」にしたりする。

　阝　車　交　カ　口　欠　（馬場雄二作）

○部分120の組み合せで、当用漢字で300作れるそう。
○学習の実際
　◇「国語教室通信」V-46号　昭51.5.15で、ことばのゲームを紹介した。興味を引いた。
　◇1学期にゲームを組み入れていた。…
　◇7月、昭和28年（1953）作成の熟語作りゲームを作りかえて実施。2学期。まず「読書会」をした。次に…
　◇グループは希望を取り入れて。
　◇各グループは案を秘密にしている。
　◇ゲームを紹介する。
〈てびきプリント　ことばあそび　学習のてびき〉
作ってたのしく力の伸びることばあそび…
　一　考えをもつ　考えを出しあう。…
　　　こんな力を伸すには。
　二　作る
　三　みんなに紹介する。
　四　ことばあそびをする
　ヒント　1…4　うわさが…流れる。
〈生徒作品から　私たちの作ったことばあそび一覧〉
　1　作文クイズ…
　8　ことわざゲーム
　9　慣用句パズル
○第7グループ「ことわざクイズ」
　○対話場面―（雨降って…）
　○（下手の横好き）
　○「この前縁日で…」（安物買いの…）…（縁の下の…）14句
○話しことばかるた（第10グループ）
　い　いつもしゃべっているばか　いつもだまっているばか
　ろ　論をするより　説明せよ…

9　ことばの学習「切る」　　［163～169ペ］
　　　　　　　　　　　　　　（2年　S.52.3）
(1) ねらいは、一つのことばがいろいろな意味に広く使われているということ。
A　「切る」を思いついた。「ハンドルを切る」「たんかを切る」「十字を切る」「スイッチを切る」…など生徒の数ほど考えて一覧表にした。
　ア　この使い方を探すとき、辞書にまず当た

ることはよさそうでよくない。一つ一つ考えていって最後に辞書を見る。用例を書くとき、ヒントがらくに出せる。
　イ　辞書にあってもあまり使われない使い方は取り上げない。カードは一人一人「秘密」に渡す。
B　もらったカードのことばのぴったり使われる生活場面を考え、一つの文章を書く。「切る」を使わないで書いた問題文。「（例）…こんな大きなレコード店でも、日によってレコードがないことがある…」と。―文章がよく出来ていること　発表がうまく、問題の箇所で少し笑ったり…しないこと。
　〈プリント　いろいろに働いている「切る」〉
C　1　ハンドルを切る
　　2　カードを
　　7　みえを
　　8　たんかを
　　9　風を
　　33　切り口上
　　41　締め切る
D　〈生徒作品から〉
　○「こよみでは春ですが、まださむい日がつづきます。でも店先では…、そして先ごろある会社で…先取り…」（先頭を切る）
　○「読書会のときです。…弘くんが…と言い出しました。」（口を切る）

10　一つのことばがいろんな意味に使われている　　［171〜190ペ］
（S.52.5）
(1) 学習のてびきと後半は分類の実際［練習用］
A　〈てびきプリント　一つのことばが…―分類してみよう―〉
　1　練習
　2　グループで担当したことばの研究、話し合い、分類する。
　3　発表資料作成。分類のプリント
　4　学級全体の話し合い。
　　①グループの発表。
　　②その発表について、次のような発言をする。例［三つ］
　　　1　五月ごろに花を開く。
　　　3　得点が開く。
　　　12　門は毎朝7時に開きます。
B　授業の実際
　◇まず「てびき」の「開く」によって実習をした。
　　1　資料1は、切って類ごとに袋に。
　　2　資料2の話し合いのてびきで練習。
　　3　資料3によって…
　　7　担当のが終ったあと、できるだけ、他のことばを…。
C　〈資料1　カード〉
　A・Bと動かす作業のあいだにやりとりをする。
　○A1　村の人は、道で会うとあいさつする。…A4　そんなことを言われるとあいさつに困ってしまう。…A14。
D　〈資料2　てびきプリント　話し合いのてびき〉
　○進行係の仕事　1A（進行係）では、これから始めます。　2…　37　今日考えたことは―。残っている問題は―。次の進行係は○○さんです。終わります。
E　〈資料3　てびきプリント〉発表準備てびき〉
　○五ミリ方眼が書けるように。また、討議資料ゆえ、どんな順序で、どの位置にどのことが書いてあるか…。一目でわかり、どの人も役に立つように。
　　［ことば―あいさつ］発表例、質問例、意見例。
F　〈資料4〉ことばFあまい
　分類―どれも味について「あまい」と。…
　五　切れ味がわるい・ゆるいなどの意味。

11　国語の辞書　　［191〜204ペ］
(1) 応用力を育てるもの
　見・聞き、交わり、読む、生活のあらゆる面でことばがはいってくる。自分も使ってみてことばの数を増やしていく。
A　中学生のための辞書は、そのことばを基本的につかめるような解説のしてあるものが望ましい。たとえば「さわやか」について①気分がさっぱりする。③あざやかなようすに比べて、⑤すらすらとしていて気持ちのよいさま。
B　「いちがいに」について、…に比べ、「（こまかく見ないで）全体を見て、かんたんに、ひっくるめて」などがよくわからせる。さらに「あとに打ち消しのことばがくる」がぜひ必要になってくる。
(2) 辞書に親しむ
　一　先生から「からだの部分の名まえには、

いくとおりも意味のあることばが多い。」と聞いた。まず「目」は…。〈その方面には目がきく〉…〈人の目を恐れる〉…四「空」は〈天〉のほかに〈空もよう〉と天気の意味になったり、〈故郷の空〉と場所や方向…〈うわのそらで〉〈そらいびき〉…というように、やさしくない。

(3) 辞書で学ぶこどもたちの声(「小学漢和辞典」三省堂)[大村はま 書き下し]
ア「どの方面にも堪能で…」〈タンと読むのは誤りと〉 イ〈遊説〉 ウ〈老若〉 エ〈極彩色〉… ケ曲折―「…した山道」「いろいろな―を経て」 コ真鯉の真=もとからあるあたりまえのふつうの意。辞書に、まじりけなし 正確 を加えているのや、真清水があった。

12 語彙指導の試み　　[205～215ぺ]
(実践研究発表会　S.55.10)

A 呼び合うことば
(1) 語彙学習のめあてを読んでわかりこれからの生活に必要な語句とした。
(2) いろいろな意味がある漢字を含む語句を意味によって分類。これによってことばが束になってわかっていく

中央に |味| ミ あじ あじわう

一　美味　珍味…風味
二　正味　趣味…人間味
三　味読　吟味
四　味なこと
五　味をしめる

〈例1〉表の分類を見てわかる。やさしくくわしく言いかえてもわかることのむずかしいことばは、ひとつの生活場面を書いた文章を添える。
　○私は学校の図書館の窓べで、いつも草花を育てていた。草花を育てることは人の子を育てることと似たところがあったから［水をやり過ぎない；情味］

〈例2〉［越　エツ（オチ）（オツ）　こす　こえる］
［上欄 一 山越え 越冬 二 越権 僭越 三 卓越…］
［右と左に、四 （定員を）越える 五 申し越す］
［下のランに、六 （隣村へ）越す 七 越路 八 呉越同舟］

○A君のたよりから…越えて昭和五十年、…上越線に乗るのは…

〈例3〉［余　ヨ　あまる］
［上のランに、一a 余分 余剰 二 余白 余命］
［右・左のランに、一b 余力 余暇 三 余病 余儀（ない）］
［下の欄に、四 余技 余興 五 余話 余談 六 余韻 余情］
○学級日記余録から
・学級日誌―このめんどうなもの、日直という仕事をいとわしく思わせるもの、余分のもの―しかし、たまに、心と時間の余裕があると…。
・…Y君の司会ぶりは、余人の及ぶところでないってほめられたと…

12 語彙指導の試みB　　[216～227ぺ]
(実践研究発表会　S.56.11)

B 「指」をめぐって
(1) めいめいの学習を出し合うとき、話し合いのままを生かしたまとめ
(2) ○ちから―指のうたって、まだありそうだね。指の家族とかいうの、なかった？
○なお子―おや指がお父さん、人さし指がお母さんだった…それから…
○ひろし―ぼくは、あの「いならぶ子どもは指を折りつつ」っていう歌が好きだ。あれはなんていう歌。
○ひろし―人さし指のこと、食指ともいうでしょう。…
○なお子―中指、高指、高々指これはそのとおりね。
○ゆたか――ところで、指の部分の名前言える。…指先、指頭とも。指の腹、指の節、…「指頭消毒器」は、「指先」じゃないよ。…
(3) ○漢字二字の「指」の入った熟語を二つに分けて…1 指導　2 指揮　5 指示　8 指弾　9 指摘　12 指定　これだとさす意味とみちびく意味です。
○ちから―指弾。これがよくわからないのです。…
○なお子―校長先生のご指摘のとおり…指摘は「物」に対しては使わないようね。「事」とか「考え」のようね。
○ゆたか―指南というの…これは何かいわれがあった？

　　　　○つとむ―…道案内のために作った車だっ
　　　　　たね。…
　　　　○ひろし―仙人の木像でその手がいつも…
　　　　　その指南車を…
　(4)　○ゆたか―ぼくに一つ問題出さして…「有
　　　　　名」ということに関係したことば…屈指、
　　　　　指折り、五本の指に入る、…数が出てきた
　　　　　ので、「十指に余る」となると多いというこ
　　　　　と？…

12　語彙指導の試みC　　　［228～239ぺ］
　　　　　　　　　　　（実践研究発表会　S.57.11）
　　C　伏せ字「妙」
　(1)　意味をとらえているが、感じとして受けと
　　　れないことばがある。
　　　○「妙」というと「妙ちきりん」が浮かび
　　　　「自然の妙」に出会ったとき、神秘的なす
　　　　ばらしさをとらえることができない。
　(2)　背景
　　　○大正期。羽仁もと子氏が「新少女」を発刊
　　　　した。内容のなかに楽しい「かくし絵」の
　　　　ページがあった。…話はとび、安野光雅氏
　　　　の「もりのえほん」…そのなかに一枚の絵
　　　　に19種もの動物がかくされていた。
　(3)　「語彙指導」の工夫として、文章のなかに
　　　ことばをかくしてみようと思った。以下、
　　　各々の番号の文章にかくしたことばは、1
　　　言い得て妙　2　妙味・軽妙　3　当意即妙
　　　9　（自然の）　妙　10　珍妙
　　1　そう！そうですね…（安野さんの対談の
　　　　ことば）「一つの言葉を知る時に、一つ
　　　　の感性とペアで覚えていて、はじめて本
　　　　ものになる。」…このことばを得て…
　　2　個人文集
　　　○私の試みた「個人文集」はアイデア集で
　　　　はない。一つ一つ離れた「文章」ではな
　　　　く、書かれた文章を集めた文集ではな
　　　　く、はじめから一つの「文集」であ
　　　　る。…
　　9　雨天を予知するこうもり
　　　　生命の、限りなくゆきとどいて、限りな
　　　　く正確な仕組みには、おそれと驚きにおの
　　　　のく。（自然の「妙」）
　　10　チン（珍妙）…

II　ことばの指導の実際

1　単元　ほめことばの研究　［243～262ぺ］
　　　　　　　　　　　　　　（2年　S.49.3）
　(1)　この単元が生まれるまで
　　○ある日清掃後、人物評定の欄の話になった。
　　○先生、その何か書くところ、たいてい何も書
　　　かないって、ほんとうですか。―内申書の方
　　　はね。指導要録のほうは、書くんですか。―
　　　こっちは書くことになっているんです。―ぼ
　　　くなんか、いろんなこと、書かれてると思
　　　う。…そこはだいたいがほめことばになるん
　　　です。
　　○「自分のことをどういう人と言われたいか」
　　　ということになった。
　　○おもしろい人―おもしろい、なんて言われた
　　　いの？…ユーモアのある人、…○明るい人で
　　　す。○やさしい人です。―あら「やさしい
　　　人」は「気の弱い人」でしょう？
　　○この雑談から一つの学習ができそうな気持ち
　　　が湧いてきた。
　(2)　夏休みに、二学期の学習の準備として、ほ
　　　めることばを集めさせた。実際は、三学
　　　期、二月。
　(3)　学習準備
　一(1)　生徒の集めたことばの整理
　　　　①～④指導者も加えた。
　　(2)　集まったことばから六種類を取り上げた。
　　　　第一群　努力している。熱心だ…。
　　　　第六群　活発だ。機敏だ。
　　　○ほかにA　気品がある　E　気さく　その群
　　　　に属する数の多いものを六種とりあげた。
　二　グループの編成（男子・女子別。理解力・
　　　発言力）
　(4)　学習の経過
　一　〈学習記録から〉
　二　〈話し合いから〉―第四群から「明るい」
　　　が！―よくない意味になる例　なし。
　　　○ことばを調べたり、話し合ったり考えたり
　　　　する作業の間に、ことばに対する感覚がみ
　　　　がかれる。
　三　〈発表資料から　どんなことばがどのくら
　　　い支持されているか〉
　　　○図表［260～261ぺ］
　　　○女子　①上にランク―明るい　ほがらか…
　　　　　　　②下にランク―にぎやかだ
　　　　　　　③まん中に―陽気だ…快活だ…

○男子　①上にランク―明るい　ほがらか…
　　　　　　②下にランク―にぎやかだ…
　　　　　　③まん中にランク―愉快だ　おもしろい
　四　〈アンケートの集計表〉
　　ことば／順位

2　単元　日本語について考える
　　　　　　　　　　　　　　［263〜272ぺ］
　　　　　　　　　　　　　　（3年　S.50.3）
(1) 単元に入るまで
　　3年の3学期はしめくくり、ことばへの関心を深め、ことばへの識見を高めるねらい。
　ア　「日本語をさかのぼる」大野晋
　イ　「日本語のために」丸谷才一…
　キ　「ことばと文化」鈴木孝夫
　ク　時の話題：(朝日ジャーナル特集)
　ケ　「昭和のことば五十年」(「言語生活」)
(2) 学習の経過
　A　個人学習
　B　共通の観点、ノートの取り方、カードの使用の学習は積んでいる。
　　○「朝日ジャーナル」、「言語生活」のほかに紹介のできる程度に読みえた本。
　　　ア―15名　イ―2　ウ―10…キ―2
　C　話し合いの題目（提出）
　　①今、こういうことが問題になっている。
　　②どういうことを考えていかなければならないか。
　D　〈プリント　このことについて話し合いたい〉
　　1　公衆の場において日本語・話しことばの速さナド…
　　6　男女のことばの差がなくなること…
　　　　　　：
　　12　ことばの変化　未来に向かって日本語はどうあるべきか。
　　17　人に対することばづかい（敬語など）の昔と今…
　　　　　　：
　　20　日本語の特徴は…
　　　　　　：
　　30　日本語のあいまいさについて
　E　〈話し合いから　日本語について考える〉
　　　今、ことばについて、問題として考えなければならないこと。
　　○早口
　　○だれにでも「先生」と

　　○文語文の継承がない。
　　○語気を強めた〈…はァ〉〈…してェ〉の問題
　　○外国語の氾濫
　　○早期英語教育

3　単元　ことばとことばの生活について
　　　　　考える　　　　　　［273〜318ぺ］
　　　　　　　　　　　　（1年　S.52.11）
(1) あらまし　5月から「ことばとことばの生活」の投書を集めさせる。
　A　切り抜きを学校で用紙に貼る。9月まで223編。プリントは1ページ1編にし、読みがな、通し番号を。
　B　とらえ方、観点は五種類、11グループ。
　　ア　どういうことを取りあげた意見が、どのくらいあるかを調べるグループ。年齢・職業・地域・男女という点から考えるグループ。
　　イ　このほかに個人として考えること
　　ウ　・たいへん共感をおぼえた意見　・意外な感じをもった意見　・調べたり考えたりしてみようという意欲をもった意見。
　C　発表は、ある問題を男女、年齢といった観点から報告し合いたずねあう。
(2) 投書集めは、これからも続け、2年生では…3年生では…考えたい。
(3) 学習の経過
　A　〈てびきプリント　ことばとことばの生活について考える〉
　　一　全体として
　　(1) どういうことを取りあげた意見がどのくらいあるか。
　　二　年齢という観点から
　　　1　何歳の人が多いか。　2　どんな問題がどの世代から多く出ているか。取りあげる問題に世代の特色があるか。…8
　　三　職業1〜3…
　　六　全体として1〜3
　B　〈プリント　223編一覧〉
　　1　荒っぽい言葉づかいよそう　男　42　八王寺市　自由業M…。［表］
　C　〈てびきプリント　グループ間　意見交換のための資料作成のてびき〉
　D　〈発表資料から　全体的にみてどのような意見が…〉
　　第5グループ　一全体的な分類　1日常生

活の会話数92…
(4) 話し合いの実際［参考］（録音テープから）
　A　〈生徒作品から　ことばとことばの生活について考える　まとめ〉
　　○まえがき　一　全体の傾向…七　この学習から学んだこと(A)…(B)
　B　私たちの反応［国語委員提供の資料］
　　1　たいへん共感をおぼえた意見―数の多い順―。
　　3　調べたり考えたりしてみようという意欲をもった…。
　　○国語委員からの反省―。
　　○1の共感は多いけれど…2・3が少い。
　　○意見によって、男子と女子の特色があると気づいた。

4　単元　外来語の氾濫について考える
　　　　　　　　　　　　　　［319～366ペ］
　　　　　　　　　　　　　　（1年　S.53.11）
(1) 単元が生まれるまで
　A　この年（昭53）、生徒の取りあげてくることばの問題に外来語の問題が多かった。かねて考えていた読書によって自分が育っていく体験をこのテーマでできそうであった。
　B　一つの考えを自分なりにもつためには、まず、自分なりに考えること。そして、読むことによって、その考えを確かめ、正し、ゆたかにし、発展させていくことである。一つの考えを育てていくためには、講話を聞く、質問をする、話し合う、それらの間に、メモなどいろいろなものを書くのは、自然の成りゆきである。
　C　ことばへの関心を深め、識見をもたせるための中学生の学習として、興味からいっても、資料からいっても、程度から考えてもちょうどよい。
　D　この題材は、それぞれの読みえているもので、学習活動に参加できる個人差に応じうる。また、…
　　○9月28日家庭欄に投書の特集「わからぬカタカナ語」が出た。
　　○ことばへの関心を高め、材料の収集の用紙。
　　　ことばについて考える―質問と提案―
(2) 学習の実際

［1］学習の進め方。
［2］資料1を読み、外来語についての考えをしぼり、どんなことを考えるかさぐる。
　〈資料1プリント　わからぬ"カタカナ語"〉
　○わかりにくい―と女性から多かったのは化粧品。男性から多かったのは機器の類。
［3］外来語の氾濫について現在の自分の考えを書く。
［4］資料2から14まで、次々に読んでは、自分の考えを書いていく。
　○〈プリント　外来語の…資料一覧〉
　　1　わからぬ"カタカナ語"（投書）　2…
　　6　投書　7（社説）　8『日本の外来語』矢崎源九郎（岩波）　11「社会の中の日本語」（『日本語講座　第三巻』）　12『日本語と話しことば』（内村直也）　15 外来語の話　講話
［5］［4］の間に、資料15の講話「外来語の話」をはさむ。
　〈資料15　外来語の話―講話の資料―〉
　「外来語の問題」（石野博史『岩波講座　日本語3』）
　○「外来語」とは。
　　一　外来語の種類①②③
　　三　どれだけ理解されているか。外来語100語。
　　四　外来語の問題点1～6
　　五　まとめ
　　〈講話　外来語の話―外来語　問題と問題点〉
［6］A　使い方を問題にしたい語の提出。B　まとめた冊子。
　（資料B　この外来語の使い方をどう思うか。）
［7］話し合いの準備、考えをまとめる。
　(1) だれがどういう意見―1～28について、使ってよい。使いたくない。いずれでもないが意見がある―どの語を取り上げるかを決めるときにこの表はなくてはならない。
　(2) 発言のてびきプリント
［8］この間に、めいめいで小さな実態調査をし、短い報告をする。
　A　「一人一題目　私の報告」1～44
　C　〈発表資料　田園都市線車内の掲示・広告にはどんな外来語が使われているか（昭53.11.3　大村はま調べ）〉
　F　〈学校で、先生の使われる外来語にはど

んな…〉
　[9] 話し合い　プログラム
　　　一　報告　「明夫と良二」の中の外来語
　　　三　報告　先生の使われる外来語
　　〈報告〉一…
　　　三　学校で先生の使われる外来語　資料37ページを…私は…を調べてみました。思ったより少なくて、…外来語という感覚がしなくなっているものです。…

5　単元　もっといろいろなことばを
　　　　　　　　　　　　　　[367〜373ペ]
　　　　　　　　　　　　　（1年　S.53.11）
(1) ことばを生きた場面、生活のなかで身につける試み
　㈠心情を表すことば―指導者の話を聞いて
　㈡抽象的なことば―絵本を用い　物語の中で人生をみつめさせ、「この考え、この心を表すことばは」と呼びかけた。「天の笛」で「犠牲」「献身」を。出てきたたくさんのことばから話し合う価値のあることばを残し、話し合った。（ある組の例27）
　㈢慣用語句を身につけさせる。
　　[1]「学習慣用語句辞典」（三省堂）を各自で読む。
　　[2] 各グループの出題範囲を決める。
　　[3] 問題を作る。使われる場面…ちから「そうだね、<u>先の長いまだまだこれからというこの若いとき。</u>」〈春秋に富む〉
　　[4] [3]のように書き換えた対話を実演して、ほかのグループに、そこに使うとよい慣用語句を考えさせる。
　　〈てびきプリント　問題はこの範囲から、こんなふうに〉
　　　　3　ひろし　たなにあげる
　　　　5　つとむ　身を入れる
　　　　⋮
　　　10　ゆたか　火花を散らす

6　単元　表現くらべ　　　　[375〜417ペ]
　　　　　　　　　　　　　（1年　S.54.10）
(1) A　まえがき　新聞は、…読み比べていると取り上げ方、見方、表現についても学ぶことが多い。四つの新聞。扱うのは表現、それも語句を主に、と。
　　B ①昭和54年7月29日、大花火の写真と添えられたことば。コピーし、7枚を0号の角封筒に入れ、生徒の番号を押した。（1番の生徒は、どの組も、教材1を使う）
　　　②主な着眼点（指導者の予定）ア　花火大会　イ　空模様　ウ　人出…ク　打ち上げの様子　コ　花火を見る人々　ソ　写真撮映の位置　タ　その他
(2) 学習の実際〈学習日記から〉
　A〈てびきプリント　表現くらべ　学習のてびき〉
　　①七月二十九日の隅田川の花火、同じその夜の情景を報道する朝日・毎日・読売・東京、各紙の記事。
　　②短い時間の情景を、どんなことばを使って、どのように表現しているだろう。いろんな角度から比べてみよう。
　　　・一致して同じことばの使われているところもある。どんなことばか？まず、細かく読んで比較してみるところを見つける。次に、つっこんで考え、味わう。
　B　記入例〈テーマ　花火を見ている人の気持ち〉
　　①「酔う」「魅了」―よく似ていて、人々の様子がよくわかる。
　　　・「堪能は他紙とちがって…」
　　②○私たちのグループで取りあげたところ
　　　1　観客の様子…2…
　　③○みんなで話し合う表現くらべ
　　　テーマ　①たいへんな人出（繰り出す）
　　　　　　　②埋める
　C〈てびきプリント　話し合いは…〉
　D〈てびきプリント　表現くらべ　まとめのてびき〉
　　〈生徒作品から〉
　　　一　花火を見ている人の様子―見とれる、どよめき…
　　　1　にぎわったとゆったり…
　　　三　花火を見ている人の気持ち―酔う、興奮、歓声、うっとり…

7　このことばこそ　　　　　[419〜435ペ]
　　　　　　　　　　　　（1年　S.54.11 / 55.2）
(1) 語彙をゆたかにし、ことばの感覚を鋭くしようとするゲーム的な学習。
　一　ことわざ　グループで人数くらい取り上げる。そのことわざにぴったりの生活場面を考える。一人が一つ受けもって、寸劇や対話の形で原案を作り、グループで仕あげる。発表し他のグループが当てる。

○はじめに指導者が例を示した。
○質問には、生活場面をスケッチふうに話した。たくさんの問題ができ、「このことばこそ」の一冊ができた。
〈プリント〉
1　明日は明日の風が吹く
6　急がば…
7　言わぬが花
52　短気は損気
54　月にむら雲花に風
68　目の上のこぶ
二　作文
ア　例として指導者の話「わかる」→もっと適切な動詞をと誘った。
1　わかる　2　さとる…46　洞察　53　洞見　55　合点
「汲む」「気持を汲む」では、と話し合った。
イ　例によって、それぞれ生活の一こまを文章に書いた。→一グループずつ出題し、全員で提案し処理していく。
〈生徒作品から〉例1、例2
三　「驚く」そのことばがふさわしい場面を文章に。かなり骨が折れた。
ア　1　あいた口がふさがらぬ
2　あきれる
5　息をのむ
20　目を丸くする
イ　二人一組で一語句を担当。指導者が決めて渡した。
〈生徒作品から〉
例一　民話「三年寝太郎」より〈びっくらした〉
例二　星…〈目を見張りました〉
例三　…〈息をのむ〉

Ⅲ　おりおりのことば指導

A　ことば指導について　　　　　［439～455ペ］
①私の全体を貫いていることは、生活の中で。（日常生活の意ではない）…使っていけるようにということ。
○一つのことばが本当に身につき、使いこなせるように、学年に合わせ、その時に合わせて使う。［展覧会に寄せて］
②教科書は、内容や文章の程度等、別の目的で文章が選ばれている。はじめから、日本人として必要と考えて入れてあるのではない。
③国立国語研究所の発表物などで、指導者自身のことばに対する識見を練っていかねばならない。
ア　『感情表現辞典』は文芸作品から例がとられている。一考え方と似た実践例。「喜ぶ」気持でも「心を躍らす」「にこにこする」「歓喜」「わくわくする」は違う。30語句をあげ作文を書き、教え合う。
イ　「このことばこそ」は、場面の紹介文。この場面・気持を表す語を探すことで語感を練る。
エ　個人文集の中の「指」は、真中に「指」とあり、「指を見つめて」という作文四編を書く。
ク　隅田川の花火大会の記事は、（深刻にならなくて）よい。花火を見物している人の気持ち―酔う。うっとり。見とれる。興奮。楽しんだ。堪能した。魅了された―など挙ってきた。考え、話し合っていくあいだにことばの感覚が磨かれていく。

B　こんな言い方がある　　　　　［455～460ペ］
①すぐれた文学作品に使われていることばを味わわせる一つの試み
・味わいえたことや感動を、他の人にわかるように言い表わすことは、別の表現力が必要である。
②〈プリント　こんな言い方がある〉「杜子春」では、どんなことばで書かれているか。
・夕方（日暮れ）
・見ている（仰いでいる　ながめている）…
・たくさんの（おびただしい）…風に吹かれて音を立てている（　）…
・だます（　）…
・強い、美しい（けなげな）…など48語句。

C　一日一語日記
〈てびきプリント　夏休みの学習〉
①○一日に一語、新しいことばを取り上げて、意味や使い方を調べたり、作文を作ったりする。
［例　4／25／無器用／器用でないこと。手先でする業がまずいこと。（短文）頭はよいが無器用な人。…（備考）「ぶきっ

ちょう」ともいう。「無」は下のことばを打ち消す働きがある。「不・非・未」も同じ働きをする。〕
② 〈てびきプリント「一日一語日記」から、発表の準備〉
  1 どのことばを採るかは、相談して決める。
  4 辞書を写しただけではだめ。生活のなかで考える。
  5 対義語、類義語は、ぜひ調べなさい。
  11 現在の使われ方、新聞とか、よく見るものの中にあるか、あまり使われていないような気がするか。…自分たちの生活のなかではどうか。…
  16 発表資料は、メモ欄のあるようにプリントすること。
  17 これからそのことばを見つけたら例文が書けるようにプリントする。
③ 〈生徒作品より〉
  ○本業 ○見事

D 集める㈠㈡　　　　　[461〜471ペ]
　　　　　　　　　　（1年　S.50.1）
①A　二つの「集める」は同時に始めた。また、ほかの学習と平行して長期に。㈠は「迎える」「促す」の二語、全員で。㈡は、一人一語担当。○ことばはすべて教科書からとった。
　B　選ぶ条件として、㈠は、場面によって、そのことばがいろいろの意味になること。㈡はたやすく出会わないこと。特に探すのではなく、いろいろなものを読んでいるうちに、ふとあればカードにとる。友だちの例が見つかると知らせたり、カードをプレゼントしたりする。
② 集める㈠
[1] 採集　カード例
[2] 分類〈てびきプリント〉だいたいこんな手順で。
　「迎える」
　A　意味によって分ける。
　　1 自分でおよそ分けてみる…
　　3 分類する、細かく。
　　6 討議
　B　いろいろの目のつけ方で調べたり考えたりする。
　　例1 どういう動詞を受けているか。「促す」意味によって分ける。辞書としては、一つ。ただ…いろいろ段階がある。一納得させる分類はない。考えさせるものができればよい。
[3] 討議資料作成
〈てびきプリント　討議資料作成のてびき〉
　〈資料　例〉「迎える」Ⅰ　時間・時をⅡ1 だれかを受け入れる。2　3　4　5　Ⅲ　つれにくる。
[4] 討議①②③
③集める㈡
○AからE組の一番は、「えがく」を担当している。用例を求めている五人は、一種の交流をもつ。
〈プリント　だれが　どのことばの用例を集めているか〉
　1 えがく　2 ゆれる…　26 注ぐ…　32 のぞく…　40 構える
〈プリント　参考　こんなふうに書かれていることもある〉
　・えがく―画く・描く　おもむく―赴く・趣く　ゆるす―許す　よみがえる―蘇える・甦える　など表記について

E 大きい、小さい　　　[471〜477ペ]
　　　　　　　　　　（1年　S.52.3）
○これは一つの生活場面として、これをもとに一つの話をするたねである。
①まずAをプリントする。一つ一つこれを芯にした短い話を聞かせ、それぞれの意味を感じとらせる。
②次にB、プリントせず、いろいろな順序で、いきいきした生活の場面を描き出すように話す。そしてAのどれと同じ意味に使われているかを考えさせる。これはBを先に使っても同じ。
③〈プリント　この「大きい」の意味は〉
　A　大きい（形容詞）大きな（連体詞）
　　1 机は大きいほうがいいね。
　　2 もっと大きな望みをもってほしい。…11 大きな研究をなしとげた。
　B　1 大きなかばんを二つ持って、やってきた…。11 二十世紀の科学上の大きな発見は何か。

F ナンバー付きのことば
　―主要学習語句、身につけてほしい、心にとめてほしいことばのこと。

〈てびきプリント　ナンバー付きの語句の一覧表作成について〉
　　　1　カードがたくさんいるため、このプリントで。
　　　2　用例や注意、辞書で調べたことなどは卦紙に。…3　4　5　6…。
　　一覧表（例）
　　　1　概観　2　不要　25　ふまえる　30　だめを押す　51　率先

G　新しくおぼえたことば　　　［478～483ペ］
　　　　　　　　　　　　　　　　　（3年　S.43）
　①「読書生活の記録」に「新しく覚えたことば」のページがある。
　②次の〈生徒作品　新しく覚えたことば「てらう」〉は、そのページから生まれたもの。
　（作文）「てらう」は他動詞の五段活用で、文語の「てらふ」にあたります。また名詞には「てらい」があります。…この「衒」には、誇って人にみせびらかすという意味があり、よい意味のときには使わないようで、…衒に気持ちの気で「衒気」…「衒売」「衒学」…用法…などと使います。

H　問題を感じたことばづかい
　①あら探し的になることを避けたいので、問題にしたいことばづかいを持ち寄ることにしていた。
　②〈てびきプリント　問題を感じたことばづかい〉ぼくの取り上げた問題は、ラジオの放送を聞いていて、気になったことばづかいです。…
　　　1　古代、古くからのメソポタミアの文明は…
　　　2　このプレゼントはたくさんのみんなが待っている。ぼくは、…「くどい」のではないかと思いました。…その後、…やはり、これは強調ではないと思いました。…先生も、…このように考えてくると、…広い、一般的な言いかえ…と思いました。
　　　○文章にまとめてくるのではない。材料を集めるだけ。…略

I　ことばづかいとこころづかい
　　　　　　　　　　　　　　　［484～486ペ］
　　　　　　　　（国語教室通信　2年　S.51.4.18）
　⑴　テレビのことばについて考え合い勉強し合う番組の、ある日の題目です。…こころづかいのこまやかでないとき、ことばづかいを使いこなすことはできないと思います。…「こころづかい」を生かすための知恵がなければ、と思います。自分のまごころをことばで表現できるように、これは国語学習のねらいの一つです。

J　「言う」の一族（自習用プリント）
　〈プリント「言う」の類語〉
　一語一語、明瞭な、または、微妙な違いがある。それぞれのことばを、ふさわしい場面に使ってみなさい。わかるのから、何語でも。
　　1　話す　2　語る　3　告げる　4　述べる…
　　29　宣言する　30　ほめる
　「言う」の複合語も考えたり調べたりして書いてみよう。（例「言い出す」）

第10巻　国語教科書とともに

I　学習指導書から　　　[5〜313ペ]
　　　（出典「国語学習指導の研究」（1年　36）
　　　　　　　　　　　　　　（2・3年　S.37）

○まえがき

A　西尾実「国語―中学校用―」は、昭和31年（上下二巻）全六巻として発刊され、昭36年の改訂で一学年一冊となり、昭和46年まで使われた。「学習指導の研究」について、…指導書は、教師の工夫のじゃまをすると申し出た。西尾先生は、いろいろな案を載せて指導者の研究や工夫を助けるものであると言われた　と。

B　「国語学習指導の研究」は、「総説」と「各説」に分かれている。
　「総説」は、
　　一　なぜこの単元をおいたか。
　　二　学習指導の目標を何におくか。
　　三　学習指導をどう展開するか［留意点］
　　四　評価をどのようにするか　を記している
　「各説」は、
　　一　教材研究
　　　(1)　教材としての位置と意義
　　　(2)　主題と構成
　　　(3)　語句と文法
　　　(4)　鑑賞と批評
　　　(5)　作者と出典　を記してある。
　　二　学習活動
　　　「目標」「学習活動」「ことばの学習」
　　　(1)　目標　単元の中での位置から考えて、特にもっている目標
　　　(2)　学習活動　順序のほかに、次の点にくふうしてある。
　　　　○「学習の手引」の問いの形のものをどの活動によるか。
　　　　○各項、言語活動を先に一でまとめた。
　　　　○指導事項について評価の機会を示した。特に観察の必要なところは、目のつけ方を箇条書きにした。評価の実際を示した。
　　　　○指導事項によっては、評価の観点を箇条書きにした。
　　　(3)　ことばの学習
　　　　教科書の「ことばの問題」を取り上げる機会を示した。
　　三　設問の研究
　　　「学習の手引」「ことばの問題」で取り扱い上の問題点とその扱い方に役立つようにした。
　　四　練習とテスト　練習と、復習的・補充的な問題を、便宜のため付けた。
　　五　参考　特に指導に役立つような生徒作品例や指導記録、また、作品については研究を入れた。
［第10巻には、上記のうち、総説の㈡㈢㈣及び、各節の㈡を取り出している。］

一　年

［第10巻には、次の目次中の○印の単元の一部が採りあげられている。］

目　次
○一　あいさつ
　　㈠　一日のはじめに　　　　　　　山村暮鳥
　　㈡　ひとりの新入生
　　　◇あいさつ
　二　イランカラプテ　　　　　　　　金田一京助
　　　○段落をはっきりつかむこと
○三　詩の誕生
　　㈠　幼な子のことば
　　㈡　詩人の目　　　　　　　　　　丸山　薫
　　㈢　詩三編
　　　　トンネル　　　　　　　　　　〔生徒作品〕
　　　　ひきうす　　　　　　　　　　〔生徒作品〕
　　　　水　　　　　　　　　　　　　大関松三郎
○四　生活の記録
　　㈠　日記から　　　　　　　　　　〔生徒作品〕
　　㈡　キャベツとオート三輪　　　　〔生徒作品〕
　　　○語句と意味
　五　かめととかげの島　　　　　　　長谷川鉱平
　　　○文と文とのつながりを考える
○六　読書と辞典
　　㈠　読書のしかた　　　　　　　　清水幾太郎
　　㈡　辞書に親しむ
　七　蘭学事始　　　　　　　　　　　杉田玄白著
　　　　　　　　　　　　　　　　　　緒方富雄訳
○八　対話と問答
　　㈠　とんだまちがい　　　　　　　永野　賢
　　㈡　途上で

　　　　◇対話・問答のしかた
　　　　〇明確な表現のために
〇九　小説
　　　㈠　白　　　　　　　　　　芥川龍之介
　　　㈡　大うずまき　　　　　　ポー　原作
　　　　　　　　　　　　　　　　岩田欣三訳
　　　　◇「大うずまき」を読んで
一〇　通　信
　　　㈠　手紙
　　　㈡　はがきの書き方
　　　㈢　電報物語
　　　　◇話しことばと書きことば
〇一一　民話とことわざ
　　　㈠　山父の悟り　　　　　［徳島県昔話］
　　　㈡　聞き耳　　　　　　　［鹿児島県昔話］
　　　㈢　ことわざの話　　　　　　林　四郎
一二　人にはどれだけの土地がいるかトルストイ原作
〇一三　短歌と俳句
　　　㈠　口笛　　　　　　　子規・晶子・茂吉
　　　　　　　　　　　　　　牧水・白秋・啄木
　　　㈡　獅子舞　　　　　　秋桜子・子規・波郷
　　　　　　　　　　　　　　碧梧桐・虚子・蛇笏
　　　　　　　　　　　　　　誓子・草田男・楸邨
　　　　◇短歌と俳句について
〇一四　学校新聞
　　　㈠　新聞の文章　　　　　　　扇谷正造
　　　㈡　わたしたちの新聞
一五　劇
　　　㈠　海彦山彦　　　　　　　　山本有三
　　　　〇いろいろな表現の違いを考えて
　　　㈡　舞い込んだ手紙　　　　　永来重明
　付　録（略）
　　　　〇ことばの働き一覧表（口語）

一年　一　あいさつ

　一　資料について
　㈠　一日のはじめに（詩）　山村暮鳥
　　朝の新鮮な気分の通じあいとしての「おはよう」をうたった詩。…
　㈡　ひとりの新入生　西尾実
　　四月の朝の登校の途中、「わたし」が先生であることを知らないで、黙って追い越した新入生のわび方の純真さに打たれた「わたし」の感動を書いた文章。
　㈢　あいさつ　西尾実
　　あいさつの意味、あいさつによって開かれる明るい社会について書いた文章。
　㈣　イランカラプテ　金田一京助
　　イランカラプテ（アイヌの感動をこめたあいさつ語）が見知らぬアイヌ人の心を開いた体験が、感動的に書かれている文章。
　㈤　段落をはっきりつかむこと
　　「『文章』全体がどういうことを表わしているかをはっきりつかむためには、全体が、いくつのどのような段落からできているかを見分けることが必要である。」という考えから、「イランカラプテ」を例として、段落の考え方について解説した文章。

　二　学習指導の目標
　㈠社会生活への出発点、ことばの生活の土台を考えさせる。
　㈡あいさつの意義について、はっきりした考えを持たせる。
　㈢国語の学習について自覚を持たせ、学習に対する意欲を高める。

【指導事項】
（聞く・話す）（1）(2)…（略）
（読む）…
（書く）…
（ことば）…

　三　学習指導の展開
【A案】
　㈠「一日のはじめに」を朗読し合い、その感じや、好きなことばについて話し合う。
　㈡「ひとりの新入生」の中の新入生のことばが、どんな働きをしているか考えて、感想や反省を書く。
　㈢あいさつに関する経験や感想をもとにして、あいさつをめぐるいろいろな問題について考える。
　㈣「イランカラプテ」を読み、「イランカラプテ」というあいさつの働きと、その働きをさせたものについて考え、作者の感動を思う。
　㈤「段落をはっきりつかむこと」に書かれていることを、「イランカラプテ」の文章にあてはめて考える。
　㈥まとめとして、あいさつについての、今の自分の考え方を文章に書く。
【B案】
　㈠自分たちの言語生活—特に聞いたり話したりする言語生活には、どんな問題があるか、考えて、次のようなことを話し合ってみる。
　①…⑤

⑥自分たちのことばについて聞いた批判。
㈡いろいろあげられた問題を整理して、いくつかの研究題目にまとめる。そのなかで、今度の学習にとりあげる問題を、次のような条件できめる。
　①生徒の関心の多いもの。
　②『国語』の「あいさつ」が最も重い資料として生かされるもの。…⑤
㈢グループで問題を分担して研究する。
　○グループは、めいめいの研究したい題目によって分けてもよく、問題の難易、その問題を調べるための資料の難易を考えて分けてもよい。
　［留意事項　四項］
　○研究にかからせる前に、研究のための時間を示して、計画を立て、日程を作らせる。
　○発表の時間も決めておく。十分以内が適当であると思う。…
　【留意点】
(1)「おはよう」とか、「あいさつ」とかいうことについて、生徒たちは、普通、特別な関心を持っていない。したがって、導入には、とりわけほねがおれるが、新鮮な魅力を感じさせるところまで持っていくようにしなければならない。それに成功すれば、「中学生になって」とか、「新しい生活」とかいうような題目よりも、具体的に突っ込むことができ、中学へ進んで、一段大きくなったという誇りにこたえることができると思う。…
　〈例一〉…（略）
　〈例二〉…（略）
(3) 全体に、この単元は、あっさりと扱うのがよいと思う。（このようなことは、わかるかぎりのことは、案外早くわかってしまい、わからないことは、時間をかけてもわからないようである。）あまりに詳しく扱いすぎないように、目標に向かって、最短距離を選ぶという考えに立つのがよいようである。

四　評価
　あいさつの行なわれている実際の状態を細かく観察して、少しでも、「あいさつ」というものを意識し、心づかいをしてあいさつをするようになってきているか、とらえたい。…
　そのほか、「各説」の「学習活動」の実際の中に、その要点をしるした「観点」などを利用して、各指導事項がどのように指導できたかを考える。

五　学習活動（略）

三　詩の誕生

一　資料について
㈠幼な子のことば　　西尾　実
㈡詩人の目　　丸山　薫
㈢詩三編

二　学習指導の目標
㈠詩に親しみを持たせる。
㈡生活の中の詩の芽ばえに目を向けさせ、それを育てようとする気持を養う。
　【指導事項】
（聞く・話す）（1）…（2）…（略）
（読む）…
（書く）…
（ことば）…

三　学習指導の展開
　【A案】
㈠幼な子のことばを発表し合う。
㈡「幼な子のことば」の、三人の幼な子のことばを味わい、「詩は作られるよりも生まれるものだ。」ということばを中心に考える。
㈢「詩人の目」を読んで、詩の味わい方を学ぶ。
㈣「詩三編」を中心に、感じたことを話し合ったり、詩の味わいを文章にまとめたり、朗読し合ったりする。
　【B案】
　もし、資料や設備がじゅうぶんであり（図書館に詩集が相当あり、テープレコーダーがあり、テープがかなり自由に使える）、生徒に力がついており、ことに、グループ学習ができるようになっているような場合には、グループごとに、次のようなプログラムの発表会をするという学習が展開できよう。…（略）
㈠幼児のことばや、小学生・中学生の詩、わかりやすいおとなの詩をたくさん与える。
㈡次から次へと、ただ読ませていると、たぶん、次のようないろいろなことを言い出してくるか、し始めるかするであろう。
㈢それはさらに、次のような質問になって、指導者に向かってくるであろう。

㈣これらの疑問によって、グループになり、研究し合う。（教科書の資料をもとに、適当な資料を加えて。）一つの問題について、いくつかのグループになってもよい。

㈤発表し合う。

【留意点】

(1) 幼な子のことばは、少し前に話して、生徒に集めさせておくといい。その時、どういう場面でのことばであったかを、簡単に書いておかせる。また、わかりにくいほど変化している幼児語には、注をつける。たくさん集まった時は教室の壁にはらせ、何分か、回って見る時間を作り、好きなのを朗読させるようにすれば、いい導入になるであろう。

(2) 朗読会には、じゅうぶんな準備をしたい。詩を味わい、その味わいえたところを表現するために、…。朗読会そのものよりも、その前の用意のほうがほんとうに値うちのある学習になるのが当然である。自覚してこのほうに主力を注がせたい。

グループにして、互いに聞き合って、気のついたことを話し合わせるといい。

(4) 発表会の中で、録音しておくのは、次のような目的である。

　(ロ) 感想を大ぜい発表するC案などの場合は、時間節約のため。

　(ハ) 人前で、じゅうぶん話せるようになっていない生徒の感想を、じゅうぶん表現させたいため。…。

(7) 詩を作る生徒は、自然に出てくると思うが、全体を作らせるという方向にもっていきたくないと思う。

この単元の目標からいって、作ることを目あてにしていないからでもあるが、小学校での「短い文」「児童詩」という考えとは違って、中学校では、「詩」を、芸術としてはっきり考えていこうとしている。…。

(8) 「詩にしてみたいと思ったけしき」としてあるのを、詩の形で書いてくる者もあるであろう。また、詩を書いてきてもいいかと聞く者もあるであろう。もちろん、どちらもいいと思う。ただ、全生徒に注文する時は、この程度の言い方にしたいということである。

四　評価

㈠教室での一つ一つの学習への打ち込み方や、図書館で読まれる本の傾向を見守るほか、生徒の生活全体を不断に観察して、話題なり、自由な掲示物なりに、詩への目がどのくらい向けられているか見たい。

次のようなことが見られたり、話されたりすれば、この単元の学習は成功したと言ってよいであろう。

○図書館で、詩集が読まれる。
○紙片に、詩人の名を書いて、読み方を聞き、「この人、有名？」などと聞かれたりする。
○新聞から詩を切り抜いてきて見せ、ノートにはりつけたりする。…
○学級新聞に詩が載る。…
○「○○って、北原白秋の詩ね。」などという話が耳にはいる。
○「『山のあなたの空遠く』『山のあなたに空遠く』、どっち？」などと聞きにきたり、話し合ったりしている。
○「童謡って詩？」などと聞きにきたり、話し合ったりしている。
○落ちているいたずら書きでも、いたずらがリズムのあることばになっている。

㈡…味わいえて朗読には表現できないもの、文章として書きえて朗読としては表現できないものなどを考える。

㈢朗読のくふうをしたり、鑑賞して、話し合ったり書いたりする時、語感について、どのくらい着眼しているか。助動詞・動詞の添えている意味に注意しているか。どういう助詞・助動詞が注目され、また、注目されないか。句読点に目をつけて意味をとったりしているか。そして、そういう発言なり、文句なりが、どのくらいあるか。

五　学習活動（略）

四　生活の記録

一　資料について

㈠学習者の日記から（細目は略）
㈡キャベツとオート三輪
㈢語句と意味
㈣かめととかげの島　　長谷川鉱平
　科学者の記録。

二　学習指導の目標

㈠生活の記録を読んで、その生活を味わい、問題点を考え、生活の記録を読む意義を知らせて、進んで読む態度を養う。
㈡めいめいの生活の記録を、互いに読み合い、話し合うことの意義を悟らせて、進んで生活の記録を書くようにさせる。
㈢記録の生み出すもの、その発展を考えさせ、記録しようとする態度を養う。
【指導事項】（略）

三　学習指導の展開
【A案】…
【B案】…
【C案】徹底して書く案。
㈠今までの日記の中から抜き書きして来させる。掲示したり、プリントしたり、教科書の日記と合わせて資料にする。そこに出ている生活、書いた人の考え方、その他いろいろの問題点を取り上げて話し合う。
㈡「日記から発展した作品」と題した指導者の話を聞き、「キャベツとオート三輪」を読む。
【D案】…
【留意点】
 (1) 導入として、今までの日記を発表し合うが、続けて日記をつけている生徒は非常に少なくても、小学校で、休みのおりなどに必ず何度か書かされているであろう。また、毎年の初めに少し書いたりしたものなどもあろう。
 (5) 最も手近な記録として、学習記録を、ぜひよいものにしたい。

四　評価
…この学習によって生活とその考え方とに目をつけるようになったか、観察と、話すこと・書くことの内容によって評価したい。
この単元の目標は、読むこと以上に、書くことにあるので、まず、書くということを少しでも習慣づけることができたか、…

五　学習活動（略）

六　読書と辞典

一　資料について
㈠読書のしかた　　清水幾太郎
㈡辞書に親しむ
　　辞書への親しみを誘う文章。
㈢蘭学事始　杉田玄白著・緒方富雄訳
　　真理を求める心につながった人びとが、一冊の書を…

二　学習指導の目標
㈠読書の意義と役目に気づかせ、読書のしかたについて目を開かせる。
㈡読書生活の新しい第一歩を踏み出させる。
㈢辞書に親しみ、辞書を活用する習慣を養う。
【指導事項】（略）

三　学習指導の展開
【A案】…
【B案】…
【留意点】（略）

四　評価
㈠読む態度、辞典を利用する態度に、前と違った意気ごみなり、自発的なものが見られるかどうか、まず、…。具体的には（入学当初、よくあることであるが）、次のようなことばが少なくなっていけば。　○読めました。…
○どの字を引くんですか。
このような種類のことばが聞かれなくなって、進んで読み、進んで辞典を活用するようになってきているかどうか観察する。
㈡図書館の実状に注意する。また、図書館の利用、閲覧状態など。
㈢自由な話し合いの場にまじりながら、話題に注意する。読書の話題がどのくらい含まれるようになっているかを知る。

五　学習活動（略）

八　対話と問答

一　資料について
㈠とんだまちがい　　永野　賢
㈡途上で　　西尾　実
㈢対話・問答のしかた
㈣明確な表現のために

二　学習指導の目標
㈠対話や問答には、どういうむずかしさ、どういう問題があるかを理解させる。
㈡対話や問答をよくしていこうとする熱意を持

たせ、また、その方法を考えさせる。
㈢よい対話や問答ができるようにさせる。

三　学習指導の展開
【A案】…（略）
【B案】
導入のあと、すぐ自分たちで、実際に対話や問答をして、問題点をつかみ、その問題点を整理し、解決を求めるために、教科書の資料を主として他に多くの資料を求める、という進め方も、真に自然に、自分の問題として学習に当たらせることができていい。ただ、それには、くい違いの例も、その解決にヒントを与える資料も、豊かに用意されなければならない。（「実践記録」参照）
【留意点】
(1) 導入は、少し前から心がけさせて、「とんだまちがい」のような例を身辺から集めさせ…。指導者も話し、生徒のだれかれも話し、笑いのうちに、深い追求への姿勢を作ることができるであろう。
(2) 実際には、問答よりも、対話のほうがさせにくい。写真集（「岩波写真文庫」のようなもの）を与えると、話のきっかけが生まれやすい。
なお、取り上げるのに適当な話のきっかけ。
○わたしの楽しみ
○わたしの名まえの由来…
(3) 問答の問の形は、まず、次のようなのを取り上げたらよい。
　(イ)○○と○○と、似たところがあるのは、どういう点か。
　(ヌ)○○と○○との違いは、どこでわかるか。
(4) 問答は、ごく国語科らしいもの、一つの文章を詳しく読み取る、というようなことで試みるのがやりやすい。
(5) レコードを用いて、適当なところでレコードを止め、その場にいたと仮定しての発言を加えさせたりして進めるのも、中心からそれない、いい学習に導くことができる。

四　評価
㈠毎時間、いろいろな形で出てくる問答の実際について観察することが第一である。何よりもまず、事実、対話や問答がよくならなければならないので、教室だけでなく、実際の様子をよく観察したい。
その観点として、…

㈡話のくい違いなどの時、すぐ気づく生徒、なかなか気づかない生徒を、それぞれ観察する。
㈢評価表を作り、…
〈問答に関する評価項目の例〉…

五　学習活動（略）

九　小　説

一　資料について
㈠白　　芥川龍之介
㈡大うずまき　　エドガー＝アラン＝ポー原作・岩田欣三訳
㈢「大うずまき」を読んで
　読書ノートの一例

二　学習指導の目標
㈠作品を読んで、それぞれの情景や心情を味わったり、その中に人間の問題をとらえたりすることを、作者とともに体験させ、小説とその読み方について考えさせる。
㈡作品に読みひたる喜びを味わわせ、進んで読書しようとする態度を身につけさせる。
【指導事項】…

三　学習指導の展開
【A案】
㈠指導者の話「はじめて小説を読んだ時」を聞く。—（この「小説」は、「本格的な小説」という意味。少女小説や、単なる冒険小説を読んでいた少年少女が、ほんとうに、"人間"を扱った作品を読んで、一つの強い刺激を受けた、というような話。）
㈡白が黒い犬になり、また白い犬になった、その間に、どんなことがあったか、その行動をさせたものは何か、そこにどんな意味がこめられているかなどを考えて、主題に迫る。
㈢ほかに考えさせられた問題を出し合い、みんなで考える。
㈣感動したところや、書き表わし方のすぐれていると思ったところを話し合い、感想文を書く。
㈤「大うずまき」を読み、どうしてこんなことになったのか、どうして助かったのか、できごとの内容を確かめる。
㈥あとの「『大うずまき』を読んで」の中に、

疑問あるいは感想として書いていることについて話し合ったり、互いに問題と思われる点を出して話し合う。
(七)忘れられない場面について、感想を書き、朗読して、発表し合う。
(八)読書ノートの実際を見て、項目、それぞれの内容、書き方を調べ、「白」の読書ノートを書いてみる。
(九)感想文・読書ノート、その他、書いたものを文集にまとめ、みんなで読む。
【B案】…
【C案】
形式として、一見、単純であるが、個人個人にじっくり読み味わわせられる案である。また、あとにあげるようなプリントの手間をかけることができれば、個人差に応じやすくなる。…
【留意点】
(1) あらすじがわかることや、主題をとらえることはたいせつであるが、それは、あらすじを言わせること、書かせること、また、「主題は何か」という問いを出すということを表わすわけではない。ほんとうに目ざしていることに注意を集めていくようにしたい。
(3) 全体に、くどくならないように、特に注意したい。何か考えたいことがあとに残って、うちへ帰っても、しらずしらず、ひとりで本を開くというふうに向けられたらいいと思う。

四　評価
どのようなものを読むようになってくるか、注意して見たい。また、…。小説に関する話題がどのくらい出ているか、本格的な小説が少しでも読まれるようになったか。人間の生きていく問題、自分の生きていく問題と結びつけて、話し合われたり書かれたりするのはどのくらいか、をとらえるようにする。読書ノートを見たり、毎日の話し合いに注意してとらえる。また、…

五　学習活動

十　通　信

一　資料について
(一)手紙　　高藤武馬
(二)はがきの書き方
(三)電報物語　　高藤武馬
(四)話しことばと書きことば

二　学習指導の目標
(一)目的を考えて文章を書く態度を養う。
(二)気軽に通信しようとする態度を養い、また、それぞれの書き方について知識を持たせる。
(三)手紙・はがき・電報には、どういう問題や注意すべき点があるかに気づかせ、それらに対してどうしたらよいかを理解させる。
【指導事項】（略）

三　学習指導の展開
【A案】…（略）
【B案】
まず、手紙（はがき・電文）を書く経験を豊かにさせ、その中に問題点を発見させて、そのうえで学習にはいらせるほうが、学習に対して、よい姿勢を作らせることができることは当然である。ただ、…
(三)また、場面を設けてみるのもよい時がある。次の内容の手紙を、それぞれの相手にあてて書く。
(四)「字がへただから」「文章がへただから」といって、手紙を書くことを苦にしている友だちにあてて書く。そのほか、何か今、問題を持って苦しんでいる友だちがあれば、その人にあてて書く。
【C案】
生徒に力があり、また、手紙に関する本など、資料がある程度集めることができる場合の案。
(一)返事をもらうことができると思われる人にあてて、手紙を書いて出す。（二、三通。あて先は、小学校の時の先生、以前ともに学んだ友だち、親類の人たち、など。こちらから出した手紙も送り返してくれるように頼む。）…
【留意点】
(1) 生徒たちは、案外、手紙を書く経験をしていない。それでまず経験させないと、問題点をつかめないかもしれない。
(2) おもな目的は、気軽に、必要に応じて通信ができるように、実際に書けるようにすることで、…
(3) 実例の掲示を、じゅうぶんにしたい。形式面は、掲示で済ませたい。…
(4) ことばの面で、特に注意したいこと。

○敬語—特に、「いたす」「申す」の使い方。
○むやみに話しことばの調子で書かないこと。（例—「だわ」）
○方言は、特別の場合のほか、手紙文には使わないこと。
○「拝啓」「敬具」など、主として候文の中に使うことばを、むやみに使わないこと。

四　評価
㈠手紙が実際に、どのくらい書けるようになったかということの前に、基本的な態度として、目的を考え、相手をはっきり意識して書く態度ができているかどうかが重要である。したがって、書かれたものを評価する時、第一に、その手紙が、目的・相手にかなっているかどうかという点に目をつけたい。
㈡手紙は一対一のものであるから、相手に正しく真実を伝えることができればいいわけである。相手にだけしかわからないというところがあってもいい。それを、どの人にもわかるように書かせようとしての評は当たらないわけである。手紙というものの性質を考えた上で評価していきたい。

五　学習活動（略）

十一　民話とことわざ

一　資料について
㈠山父の悟り　　徳島県昔話
　民話の味わいに接しさせ、「昔の人の考え方の現われを見る」という、民話らしい読み方を経験させる資料。
㈡聞き耳　　鹿児島県昔話
　聞き耳の功徳を表した民話。
㈢ことわざの話　　林　四郎
　ことわざは、ことばによって表現された、民衆生活が生んだ知恵であるということを書いた文章。
㈣人にはどれだけの土地がいるか　トルストイ原作
　もう少し土地を得たい、もう少し　とわいてくる欲のために、生命を失ったパホームの話。
　前の二つの民話のなかに昔の人の考え方を見る学習の発展として、この物語のなかに、現代に通じる、自分たちの生活のなかにもある、人間を見いだすことを学ぶ資料。

二　学習指導の目標
㈠民話やことわざの性質を考えさせ、それらを読む意義を感じさせる。
㈡民話やことわざの読み方をわからせる。
㈢読書の範囲を広げる。

三　学習指導の展開
【B案】—世界の民話を豊富にそろえることができる場合。…
【C案】—資料豊富の場合。
㈠グループに分かれ、それぞれ、別の国を分担して、その国の民話を読む。日本を中心にして、日本の民話を取り上げ、他の国に、それと似た民話はないかを調べる。また、ある国を中心にして、日本にこれと似たのがあるかどうかを調べる。（「補充教材」参照）
㈡話し合って、他の国のと似た話と、他の国にはない話とを調べる。
㈢多くの国に似たようなところのある話から、共通の人間性のようなものを考え、その国だけの話や、似た話の、わずかな部分の違いの比較から、その国なり民族なりの特色を考える。
【D案】…
【留意点】
(1) 初めに、よく知っているものを取り上げ、生徒がただのお話として受け取った中から、かれらの気づいていない意味や考えを引き出して、民話としての新鮮な興味と緊張とを持たせて出発することもよい。たとえば、大国主命と白うさぎの話を取り上げてみる。その名まえと、その後の大国主命の運命とから、大国主命が民衆に敬愛されていたことに気づかせ、その敬愛されていた人柄と生活態度を、この話の中から読み取らせる。
(2) なるべく多く、読ませるようにしたい。
(3) 話の中に出ている人物や、考え方を話し合う時などに、事柄だけでなく、ことばや表現に注意させ、それを根拠にして意見を持つようにさせたい。たとえば、パホームという人間について考える時、「…と思います」と言ってよいような時に、「…と思いますので」とか、「…とか思いまして」とか、「…と思いますが」というようなことばづかいをしていることに、目をつけるように

させたい。

四　評価
…民話やことわざを、いろいろな国について比較して考えようとする場合、どういう点について目をつけるか、素材、表現のしかたとともに、その中に出ている考え方の傾向について、どのくらい、自分から目がつけられるかに注意して、民話やことわざの性質の理解の程度を見る。

五　学習活動⟵⟶31年度版　（略）

十三　短歌と俳句

一　資料について
㈠口笛
　　生徒の共感を呼ぶことのできそうな親しみやすい作品が、六歌人の作品から二首ずつ選ばれている。
㈡獅子舞
　　生徒の共感を呼ぶことのできそうな親しみやすい作品が、九俳人の作品から各一句ずつ選ばれている。
㈢短歌と俳句について
　　短歌や俳句がどのようにして作られるかを示しながら、自然に味わい方を導いて、本格的な鑑賞の態度に触れさせるように書かれた文章。

二　学習指導の目標
㈠古典文学への入門として、短歌や俳句に親しませる。
㈡日本文学の伝統に目を向けさせる。

三　学習指導の展開
【A案】〜【C案】（略）
【留意点】
(1) 生徒の日常の生活の中に、短歌や俳句が、ほとんどはいってきていないので、…学習係、文芸クラブの生徒に、近づきやすい短歌や俳句を捜して掲示させる。自校の、また、他校の生徒会誌などに載っているものを捜させたい。…
(2) わずかばかりの歌を読んで、それだけで、「子規の歌は…」というようなことを言うのは避けたい。
(3) 「短歌と俳句について」の文章が、少し程度が高いと思われる場合は、たとえば、次のような問いによってほぐしながら読ませたい。例として、「3」の初めを取り上げる。…（略）

四　評価
　まず学習態度を観察すること。特に、慣れないことばなどに対した時、重荷にするような気分になるか、珍しいものに向かう新鮮な興味が出ているか、注意して観察したい。特に、図書館などで、あまり顧みられていなかった歌集が、ただあけるだけでも見られるようになっているかどうか、観察する。…教科書外にも広く求めるようであれば、短歌・俳句に大いに親しみを持ったことになろう。また、…

五　学習活動（略）

十四　学校新聞

一　資料について
㈠新聞の文章　　扇谷正造
　　新聞の文章の特色とその書き方から新聞を理解させる文章。
㈡わたしたちの新聞
　　よい学校新聞の内容の実例を示し、それをもとにしての討議によって、学校新聞のあり方を考えさせる。新聞の作り方を中心においているのではなく、新聞のほんとうのあり方、活用のしかたを考えさせるところに重点をおいている。
　本文のまえがきには、…とあり、つづいて、第八号第一面の実物と、第一面から第四面までの内容が出ている。

二　学習指導の目標
㈢新聞への関心を高め、新聞に親しませる。

三　学習指導の展開
【A案】
㈠いろいろな新聞記事（同じことを材料にした、いくつかの記事）の掲示を見る。
㈡「新聞の文章」を読み、新聞の文章になくてはならない六つのことを知り、手もとにある新聞記事を、それに照らして見る。
㈢「いずみ新聞第八号」の目次や、載っている

だけの記事を読み、全体をとらえる。
㈣「『いずみ新聞』第八号を読んで」の話し合いを、記事と照らし合わせながら読み、問題点や、興味を持った点、学んだ点などについて話し合う。
㈤自分たちの学校新聞の最近号について話し合う。
㈥「いずみ新聞」の記事によって、文章の書き方を研究する。
㈦まとめとして、学校新聞というものの目的や特色を話し合い、それをふまえ、文章の研究を生かして、「『いずみ新聞』第八号を読んで」の意見を書く。

【B案】…
【C案】
㈠現在の学校新聞についての意見を、一人一題で書く。
㈡これをもとにして、B案のように進める。

【D案】
㈠新学期の初め、新しい一年生に、学校新聞を理解させ、心からの協力を誘うことを目あてに、特集の紹介版のような号を作ることにする。
㈡どういうことを、どういう形で入れたらよいか話し合い、教科書の資料をもとに、その他の資料を活用して、研究する。
㈢分担して、文章を書く。

【留意点】
(1) こういう機会に、学校の新聞を1号から展示したいものである。また、他校のも、できるだけ集めて展示したい。
(2) 文章を書く作業は多いが、その目的は、正しく活用できるように、ということにある。新聞の編集のしかたや、その技術の指導を目あてとするのではない。
(3) 『いずみ新聞』を、じゅうぶんに活用してほしい。現在、発行されている学校新聞の多くが、内容の種類に乏しい。どんな内容を、どんなふうに盛り込むことができるか、この実物を参考にして、じゅうぶん、考えさせてほしい。
(4) この座談会にならって、自分の学校の新聞を取り上げて、「『○○新聞』第○号を読んで」という話し合いの会を開くことはおもしろいと思う。

四 評価
学校新聞というもののあり方が、ほんとうに理解されたかどうか、その特殊な目的、特色がのみこめたかどうか、話し合いの間に出てくる一つ一つの意見の中に、観察する。ちょっとしたことばでも、学校新聞というものの無理解、ないしは誤解を思わせるふしがあったら、そこからまた耕さなければならないからである。
学校新聞の正しい活用のしかたは自然に理解されてくるが、それが、進んで活用しようとする態度にまで発展しているかどうか、そこまで理解が深まっているかどうか、に着眼したい。具体的に、学校新聞の記事の見方、文章の書き方について、正しい意見を持つようになっているかどうかを、話し合いと、書くことによってとらえたい。ことに、…。

二 年
〔○印の単元が第⑩巻に〕

目　次
○一　ことばを育てる
　㈠　もの言うこと　　　　　　　桑原武夫
　㈡　言いにくいことば
　㈢　声の表情　　　　　　　　　金田一春彦
○二　詩の鑑賞
　㈠　詩三編
　　　春の朝早く　　　　　　　　丸山　薫
　　　おこっている海　　　　　　百田宗治
　　　松　　　　　　　　　　　　永瀬清子
　㈡　現代詩を味わう　　　　　　村野四郎
　　　○活用のあることば
　三　作文の学習
　㈠　題材を集める　　　　　　〔生徒作品〕
　㈡　バス通学　　　　　　　　〔生徒作品〕
　四　野口さん　　　　　　　　〔生徒作品〕
　　　○修飾することば
　五　物　語
　㈠　少女の願い　　　　　　　〔更級日記〕
　㈡　扇の的　　　　　　　　　〔平家物語〕
○六　学校図書館
　㈠　図書の歴史　　　　　　　　庄司浅水
　㈡　すずめは害鳥か
　　　◇活動する学校図書館
　　　○文や段落をつなぐことば
　七　夜ごとの客　　　　　　　　和田　伝
○八　記録と報告
　㈠　稲の開花　　　　　　　　〔生徒作品〕
　　　　　　　　　　　　　　　来栖良夫評
　㈡　みつばちのことば　　　　桑原万寿太郎

　　　　◇記録と報告
　九　エベレストをめざして　　　　ハント
　　　　　　　　　　　　　　松方三郎訳
　　　　○文のしくみをはっきりとつかむために
　一〇　小　説
　　㈠　坊っちゃん　　　　　　　夏目漱石
　　　　○いろいろな意味を添えることば
　　㈡　なめとこ山のくま　　　　宮沢賢治
　一一　川柳と狂言
　　㈠　雨宿り　　　　　　　　〔川　柳〕
　　㈡　狐　塚　　　　　　　　〔狂　言〕
○一二　会話と討議
　　㈠　火ばちを囲んで　　〔生徒共同作品〕
　　　　◇方言と共通語
　　㈡　会　話
　　㈢　討議のしかた
　一三　随　筆
　　㈠　ひとり旅　　　　　　　古谷綱武
　　㈡　熱帯魚　　　　　　　　寺田寅彦
　　　　◇当用漢字の話
　一四　放　送
　　㈠　校内放送
　　㈡　放送の文章　　　　〔アナウンス読本〕
　　　　○ことばの成り立ち
　　㈢　朗読について　　　　　樫村治子
○一五　劇
　　㈠　霧　　　　　　　　　　小川信夫
　　　　◇劇の鑑賞　　　　　　榊原政常

一　ことばを育てる

　一　資料について
　㈠もの言うこと　　桑原武夫
　㈡言いにくいことば
　㈢声の表情　　金田一春彦

　二　学習指導の目標
　㈠話し聞くことばの生活に注意し、それをしっかりしたものにしようとする心構えや態度を身につけさせる。
　㈡日常の話し聞くことばの生活の中に、どんなに多くの人間的な、または社会的な問題があるかということに気づかせる。
　㈢日常の話し聞くことばの生活をよくするにはどうしたらよいかをわからせる。

　三　学習指導の展開
　　【B案】

㈠めいめい、自分の話しことばについて、どういう点を反省すべきかを考え、直さなくてはならない点を箇条書きにする。
　⑴どういう点について反省したらよいかを、「もの言うこと」以下三つの文章を読んで、「学習の手引」や「ことばの問題」を参照しながら調べる。グループで話し合う。
　⑵反省すべき項目をまとめる。
㈤レポートの中から、他の人にも役立つと思うところを抜き書きし合って、一冊にまとめる。
【C案】…（略）
【留意点】
⑴　この単元の目的は、日常の話し聞くことばの生活を向上させようとする態度を身につけさせることにある。したがって、日ごろの学校生活や家庭生活の具体的な場面をいきいきと思い浮かべながら学習させることがたいせつである。
⑵　学習に先立って、まず、かれらが日常のことばについて、…
⑶　率直にものを言えば損をしたり、言いそこなえば、すぐ嘲笑されたりするようなクラスのふんいきの中では、ことばは育てられない、ことばの問題は、ただちに人間や社会の問題につながっていることを深く自覚させたい。

　四　評価
　　学習に当たって…、話し合いということのたいせつさを、どのくらい自覚して積極的に求める態度ができているかを見たい。
　第二に、問題点をはっきりつかんだかどうか、ほんとうに話し合いに苦労していることの思われることばが、どのくらい語られるかをとらえる。
　第三に、たとえ小さくとも、あるいは、はっきりこの時、このことと指摘できなくても、話し合いをよりよくするためのくふうをしているかどうか、観察する。

　五　学習活動　略

二　詩の鑑賞

　一　資料について

㈠詩三編
㈡現代詩を味わう　　村野四郎
㈢活用のあることば
　いろいろの機会に触れてきたことばの活用を、まとめて考えるための文章。

二　学習指導の目標
㈠詩を読むことの楽しさを経験させる。
㈡詩を味わったり理解したりするには、どうしたらよいかをわからせる。
㈢味わいえたことを、文章に書いたり、また、朗読の上に生かしたりすることを学ばせる。

三　学習指導の展開
【A案】
㈠三編の詩を、めいめいで読んだり話し合ったりして、細かく味わう。
㈡「現代詩を味わう」によって、現代詩の味わい方、味わいえたところを解説する文章の書き方を学ぶ。
㈢三編の詩を、それぞれ分担して、解説の文章を書く。
㈣「活用のあることば」を読み、別の例を、三編の詩の中から取り入れて、この解説の文章を書き換えてみる。
【B案】
グループによって研究し、発表会を開く。…
【留意点】
(1) 導入として、中学生の作った詩を数多く読ませることもよい。クラスの壁にはって、自由に読ませる。ただ読ませるだけでなく、いろいろな条件を出して、それに導かれて、いろいろな面から、繰り返し読むようにする。たとえば、
　○静かな気分の感じられる詩は？
　○楽しそうな詩は？…と。
(2) 発表させる鑑賞文は、前に一度提出させる。グループごとに一まとめにして見て処理をすると、…
(3) せいいっぱいの発表を、おちついて聞くことにしたい。この場合の学習は、発表のあとの意見交換は適切でないと思われる。

四　評価
㈠学習の様子をよく観察して、「詩」に向かっている、めいめいの心の姿勢をとらえるようにしたい。詩を読むことを楽しんでいる気持が出ているかどうかが問題である。

㈡詩の味わい方、理解のしかたを、はっきり学び取ることができたのかどうかを知る。同様に、…

六　学校図書館

一　資料について
㈠図書の歴史　　庄司浅水
　図書が、何千年の昔から、さまざまな民族のさまざまな努力によって作り出されてきた跡を書いたスライド台本。
㈡すずめは害鳥か
　ある本を参考にするという場合に、目的を考えて、必要なことだけを役立てやすい形でノートするということを、はっきり考えさせるとともに、具体的にその実際を見せたもの。
㈢活動する学校図書館
㈣文や段落をつなぐことば
　文章を正しく読みとるための、一つの着眼点を示した文章。
㈤夜ごとの客　　和田　伝
　話し合いと実行によって、村人の誤解をとき、耕地整理に成功した高多久兵衛の苦難の物語。

二　学習指導の目標
㈠読書生活を向上させる。
㈡図書館に親しみ、図書館を活用する習慣を養う。
㈢図書館の利用のしかたを理解させる。
㈣図書の意義とその効用とを自覚させる。

三　学習指導の展開
【A案】
㈠「図書の歴史」を読み、図書の歴史が概観できるようにまとめる。
㈡昔の人の図書に対する考え方について話し合ったり、「印刷は文明の母」ということばの意味を考えたりする。…㈦まで
【B案】
　郷土のため尽くした人について調べることを目的にして、この教科書の資料を、その基礎的、練習的な学習資料として使って、次のように進めるのもよい。㈠…㈣まで
【C案】（略）
【D案】（略）

【留意点】
(1) 小学校の図書館教育の実際と、地域の図書館の状態を調べて、そのうえに立って指導を進めなければならない。
(2) 相当よく整った図書館のある場合は、どの学習も進めよいが、本などの少ない場合はＡ案でも困難がある。
　図書館が非常に貧弱な場合は、次のような方法で用意をすれば、だいたい、同じように学習を進めることができる。（略）

四　評価
　図書館利用の実際が、どのような変化を見せるか、…この単元の学習の効果の程度をよく表わす。ほんとうに、図書館に親しみ、図書を利用し、しかも図書の捜し方、ノートの取り方が身についているかどうかが、第一の評価である。…。

八　記録と報告

一　資料について
㈠稲の開花　生徒作品
㈡みつばちのことば　桑原万寿太郎
㈢記録と報告
㈣エベレストをめざして　ジョン＝ハント作・松方三郎訳
㈤文のしくみをはっきりとつかむために文のしくみについてまとめて考えた文章。

二　学習指導の目標
㈠記録・報告の性質と任務、その意義について理解させる。
㈡立場のわかり合っている三人以上の人々の間の、書きことばによる通じ合いの方法について、理解を深め、技能を高める。
㈢記録をもとに発展した読み物に接しさせる。

三　学習指導の展開
【Ａ案】
㈠①「稲の開花」を、記述と表と対照しながら読み、研究の動機・目的・内容・経過・結果をまとめる。
　②まとめ方・書き方についての疑問・問題点を話し合い、報告の文章の書き方について理解しえたことを、箇条書きにする。
㈡①「みつばちのことば」を読み、観察と実験の、順序と方法を表にしてみる。
　②そして、実験からどんな結果が得られたか、「みつばちのことば」とは、どういうことを言っていることばか、話し合う。
㈢㈣…略
【Ｂ案】
㈠まず、調査研究したいことを決める。個人でも、グループでもよい。一般には指導者からもいくつかの題目を出すという形がいいようである。…略

【留意点】
(1) 記録・報告は、ほんとうに自主的に、生徒が自分からやろうという姿勢ができていなくては、成功しにくい。導入には、できれば、指導者がメモ・記録をもとにしてまとめた「〇組の国語学習」という話を出発にするとよい。
　すぐ資料としてまにあわせられるのは、「題材を集める」（「三　作文の学習」参照）である。そしてその組には、どういう題材が多いか、どういう書き出しが多いか、ということなどを話す。それをまとめる時のメモを紹介したりする。これは、すぐまにあい、また、取材の指導にもなる。
(7) 「わたしたちの名まえには、どんな意味が表わされているか」について、必ずしも、そこに親の願いが出ているとはかぎらない。しかし、また、このような見方をしてもいい面もあるであろう。…

四　評価
　記録・報告は、各教科の中で、常に行なわれていることである。国語科の学習記録は、もちろんであるが、他の教科の面でも、この単元の学習の効果がどのように現われてくるか、その実際に当たって見たい。その教科担当の指導者にたずね、また、実際に書いたものを見せてもらったりして、くわしく見たい。その場合の、おもな観点をあげてみる。（以下略）

十二　会話と討議

一　資料について
㈠火ばちを囲んで
　生きた、よい会話の実例。
㈡方言と共通語
　会話や討議について考えていくとき、必ず出

てくる問題として取り上げ、考え方を述べている文章。
㈢会話
　会話の意義やしくみ、正しい会話のあり方を述べ、その努力や工夫の方向を示した文章。
㈣討議のしかた
　討議の意義やしくみ、正しい討議のあり方の方向を示した文章。

二　学習指導の目標
㈠会話や討議の意義を自覚させ、その生活や学習の方法を充実させていこうとするくふうや努力に向かわせる。
㈡会話や討議の機構の理解を深めさせ、それを効果的にするくふうや努力に向かわせる。
㈣めいめい、自分の話し合いのしかたの改善のための実行案を作る。クラスとしても、クラスの話し合いの改善のための実行案を作る。
【留意点】
(1) 会話や討議の意義や機構をわからせることは、目標であるけれども、実際に、会話をさせ、討議をさせる時間を長くしたい。書かれたものからの理解だけでなく、体験でわからせていくようにする。
(2) 生徒たちの会話や討議の実際の録音がとれたら、いちばんよい教材になる。
(4) 討議は、学習のための討議を主にしたい。会議での討議に力を入れすぎると、指導者が、じゅうぶんなねらいを見つめての指導がしにくくなる。その結果、案外、国語教室として得たもののないことが多い。
　その時の生徒に、じゅうぶん、意見を言わせるほどの魅力のある問題、そして、国語の時間ということと、指導者の指導できるということとを考え合わせて選ばなければならない。
　その適切な資料を選ぶ観点としては、①…⑥などがあげられる。
(5) …話し合いの場で、カードを渡すことなどにより、話す機会に気づかせる。
(6) グループの話し合い、学級の討議、会議での討議、いずれも、詳しく記録することを指導することがたいせつである。
(7) 「会話」の文章を、自分たちの実際経験を例として入れ換えたり加えたりして、書き直してみさせるとよい。たとえば、…

四　評価
　会話や討議は、いろいろな場で、これまでに、ずいぶん行なわれていたわけであるが、この単元の学習によって、意識してくふうし、批判し、よりよい話し合いができるために、どんな点を、どうくふうすればいいかを理解し、積極的、意識的にくふうするようになってほしいと思う。そういう意欲的な態度とくふうとがされてきたかどうかを、はっきり見たい。
　このほかに、特に、
○話の進行に適する発言であるかどうか。
○話の主題が正しく聞き取られているか。付加的に言われたことが中心的に受け取られていないか。

十五　劇

一　資料について
㈠霧　　小川信夫
㈡劇の鑑賞　　榊原政常
　劇の種類、観客、舞台、劇の意義などについて、わかりやすく解説した文章。

二　学習指導の目標
㈠脚本を味わわせる。
㈡劇とはどういうものか、また、どう味わったらいいかをわからせる。
㈢せりふから、人間の行動や性格をいきいきと想像させ、また、その主題を読み取らせる。

三　学習指導の展開
【A案】
㈣「劇の鑑賞」を読み、劇と映画の違いを話し合い、劇は、どういう態度で見るのがいちばんよいかを考える。
【B案】
放送劇として試みる。
【留意点】
(1) 劇を国語科の学習として、上演までもっていくことは、現在の学校の状況ではむりであると思う。…
　劇の鑑賞ということは、みんなのものにしたいが、ただ、劇の上演は、全部のものにならなくてもいいという考えからである。A案でも、人物の性格や生活を考えて、せりふを言ってみる学習があるが、その目的は味わうためであって、せりふそのものの

練習ではない。

四　評価

人物の性格や立場を話し合う時、その人物の言っている、どのことばを、どう受け取っているかに注意する。また、せりふを言うのを聞きながら、そのことばのひびきの中に、その人物の性格や、その場の気持などが、どう受け取られているかに注意する。

また、学習全体を通じ、単なる興味だけを追わず、人間の性格や行動を、ことばの一つ一つから、いきいきと想像する劇の読み方が、身についてきたかどうかを観察する。

三　年

（○印の単元が第⑩巻に）

目　次

○一　詩の理解
　　㈠　詩　三　編
　　　　草に寝て　　　　　　　立原道造
　　　　雁　　　　　　　　　　千家元麿
　　　　冬が来た　　　　　　　高村光太郎
　　㈡　詩はなんの役に立つか　ルーイス
　　　　　　　　　　　　　　　深瀬基寛訳
　　　　○感動を表わす言い方
○二　発表と報告
　　㈠　ぼくの意見　　　　　　〔生徒作品〕
　　㈡　造船所　　　　　　　　青木修二
　　　　○いろいろな判断や気持を表わす言い方
　　　　◇書く楽しみ　　　　　石森延男
　　三　オングル村一番地　　　立見辰雄
　　　　◇世界の協力
○四　わたしたちのことば
　　㈠　場面に合ったことばで　宇野義方
　　㈡　明快な文章　　　　　　大石初太郎
　　　　◇日本語の特色　　　　江湖山恒明
　　五　小　説
　　㈠　かえでの木　　　　　　伊藤整
　　㈡　安寿と厨子王　　　　　森鷗外
　　　　◇小説の読み方
　　六　新聞と世論
　　㈠　報道としての新聞　　　荒垣秀雄
　　㈡　世　論　　　　　　　　堀川直義
　　七　短歌と俳句
　　㈠　万葉集の歌
　　㈡　芭蕉の句
　　八　伝　記

　　㈠　アルベルト＝シュバイツェル　野村実
　　㈡　福翁自伝　　　　　　　福沢諭吉
　　九　中国の古典
　　㈠　漢　詩　　　　　　　　吉川幸次郎解説
　　㈡　孔子のことば　　　　　諸橋轍次解説
○一〇　外国の小説から
　　㈠　少年時代　　　　　　　ヘッセ
　　　　　　　　　　　　　　　高橋健二訳
　　　　○問いや命令を表わす言い方
　　㈡　最後の授業　　　　　　ドーデー
　　　　　　　　　　　　　　　桜田佐訳
○一一　評　論
　　㈠　公私の別　　　　　　　池田潔
　　㈡　「人間らしさ」ということ　岸田国士
　　　　◇評論の読み方　　　　唐木順三
　　一二　古文に親しむ
　　㈠　木登り　　　　　　　　〔徒然草〕
　　㈡　うつくしきもの　　　　〔枕草子〕
　　　　◇ことばの移り変わり　中田祝夫
　　一三　公衆との通じ合い
　　㈠　公衆との通じ合い
　　㈡　演説について　　　　　ヒルティー
　　　　　　　　　　　　　　　秋山英夫訳
　　一四　バトンを渡す音、受ける者　吉野源三郎
　　一五　劇
　　㈠　桃源にて　　　　　　　武者小路実篤
　　　　◇戯曲の読み方　　　　福田恒存

　　付　録（略）

一　詩の理解

一　資料について

㈠詩三編

㈡詩はなんの役に立つか　ルーイス・深瀬基寛訳

　　詩というものに対して、ひそかに持っている疑問、形にまではなっていないが、なんとなく心にある否定の気持を取り上げて、その考え方を述べた文章。

㈢感動を表わす言い方

　　詩などに多く出てくる感動を表わす言い方をまとめた文章。

二　学習指導の目標

㈠詩は、人間の生活において、どんな意義を持っているか、理解させる。

㈡詩が、感情生活の真実をとらえる、すぐれた方法であることをわからせる。

㈢生活の中に「詩」を持つ気持を養う。

㈣詩を鑑賞する力を養う。

三　学習指導の展開
【A案】
㈠「詩三編」を味わい、すぐれた表現について話し合ったり、感想を書いたりする。
㈡「詩はなんの役に立つか」を読み、その趣旨をとらえる。
㈢「詩はなんの役に立つか」で言っていることの実例を集めたり、この文章の趣旨と反対の考えを持っている人への文章を書いたりして、趣旨を、さらにはっきりとらえる。
【B案】
㈠次の三つの文章を書くことを軸にして学習を進める。
○(1)「詩とわたし」「詩と自分」というような題で、詩と自分との関係を書く。…
○(3)「詩によって育てられるもの」という題で書く。
㈡書いたものを発表し合い、話し合う。そして、できたら終わりに、ひとり一編ずつ、めいめい好きな詩のほか、次のような詩（略）を選んできて、朗読で発表し合う。
【留意点】
(1) 初めに、三つの詩をすなおに鑑賞し、次に、「詩はなんの役に立つか」を学び、ふたたび、「詩三編」にもどることが必要であろう。…
(2) 詩の一つ一つのことばについて、細かく味わうことはもちろん必要であるが、それが単なる「うまい言い方」としてだけ受け取られないようにさせたい。すなわち、…。
(3) 三つの詩を比較することはいいが、これだけの材料から、作者の個性とか傾向とか、いわば作家論のようなことにまで話を広げないようにしたい。
　　調子のほかに、次のようなことについて比較してみるのも適当であろう。…（略）
(6) 詩の学習は、理解にしても、鑑賞にしても、批判にしても、その程度は個人差によるところが大きいので、あまり高い程度は望まず、生徒の性格と力に応じた学習を精いっぱい与えることによって満足しなければならない。
(7)「ことばの問題」に取り出されているところをヒントにして、同じような目のつけ方で、次のような例を取り出させるとよい。
　　　　　　　　　　　（略）

四　評価
　詩が、人間の生活においてどんな意義を持っているか、つまり詩の値うちについて、めいめいがどういう理解を持ったかは、そのことに関して書かれる文章によって、ある程度まで評価することができよう。
　学習記録などの感想にも注意して、…。

五　学習活動（略）

二　発表と報告

一　資料について
㈠ぼくの意見　　東京都中央区文海中学校生徒
　社会的に視野を広げて問題をとらえて書いている、中学生の文章。
㈡造船所　　青木修二
㈢いろいろの判断や気持を表わす言い方
　発表や報告のなかで多く出会う、いろいろの判断や気持を表わす言い方についての知識をまとめて述べた文章。
㈣書く楽しみ　　石森延男
　「書く」ということについて、その意義・値打ち・必要性などについての考えを述べた文章。
㈤オングル村一番地　　立見辰雄
　昭和基地における観測隊の研究の計画と記録。隊員の生活を一般に報告する文章。
㈥世界の協力
　現在の学問は、世界の協力によって進められていることを述べた文章。

二　学習指導の目標
㈠発表や報告を書くことの意義をわからせる。
㈡進んで発表や報告を書く態度を身につけさせる。
㈢相手によくわかるように、意見や報告を書くには、どのようにしたらいいかをわからせ、意見や報告を発表する力を養う。

三　学習指導の展開
【A案】
㈠「ぼくの意見」を読み、どういう事実によって、どんな意見を、どんなふうに構成して書いているかを学び、めいめい、それぞれの意見を書き表わしてみる。
㈦「世界の協力」によって、「オングル村一番

地」の位置づけをしながら、こうした読み物を書くことの意義を考えてみる。
【B案】─徹底して書く案。…（略）
【C案】
　教材を読んだあと、作品といえるようなものは、各自、どれかの種類一編くらいとして、次のような、いろいろな基礎練習を多くしていく。
【留意点】
(1) この単元は、ぜひとも、生徒自身が積極的に書くということに結んでいくようにしたい。
(2) 意見を書かせる時、まず意見を持たせることがたいせつである。新鮮な意見を持たせることができれば、あとは、生徒自身が自分で書き続けるであろう。
(3) 学校生活はもちろん社会生活にも目を向けて、問題を取り上げ、いつも新鮮な問題を生徒の心に投げかけるために、個人、時には全体に、話したり、写真なり記事なりを掲示したりする。
(4) 書き始められない生徒には、自分の意見を書きやすい形で問いかけてみる。たとえば…
(6) 問題によっては、時々、乱暴な意見に出会うことがある。そういう場合は、いきなりその意見に対して、正面から指導者の意見を述べず、ことばの不適当なところを捜して、その、ことばの浮いているところや、ニュアンスの違いなど、一つ一つ指摘するのがよい。
(7) 見学の記録は、生徒の興味のあるところを選ばなければならない。他の学校の図書館などは、利用しやすい。

四　評価
　この単元では、いろいろなものを書いていくので、その作品の評価がたいせつである。「書く」ということに対する、各自の熱意や意気込みなどを、観察し、受け取っていくようにしたい。なお、作品の評価は、だいたい、次のような観点を中心にしてはどうであろうか。
○意見を発表している文章
(1) 意見がはっきりと受け取れる。
(2) その意見を持った根拠が、はっきり書かれている。…
○報告の文章
(1) 何を報告しているのか、内容がはっきりわかる。
(2) 事実と意見や感想とが、はっきり区別して表わされている。
(3) 事実に誤りがない。誤られやすい、あいまいな表現がない。
(4) 構成がよく考えられていて、内容が順序よく楽に受け取れる。…
(12) 読み手・相手を意識して、それに応ずるくふうがしてある。

五　学習活動（略）

四　わたしたちのことば

一　資料について
㈠場面に合ったことば　　永野　賢
　場面に合ったことばを使っていくには、どのようにしたらいいか、その実際について述べた文章。
㈡明快な文章　　大石初太郎
　文章を明快にするには、このようなことに気をつけたらよいと示している文章。
㈢日本語の特色　　江湖山恒明
　明快な文章を書くためには、日本語の特色を知っていることが役立つという考えで、日本語の特色を、英語と比較して解説した文章。

二　学習指導の目標
㈠ことばをわかりやすい明快なものにしようとする態度を身につけさせる。
㈡ことばを、場面に合うように使うにはどうしたらよいか、また、ことばを、明快な整然としたものにするにはどうしたらよいかをわからせる。
㈢ことばの場面や、ことばの論理性とは何かをわからせる。
㈣日本語の特色について考えさせる。

三　学習指導の展開
【A案】
㈠「場面に合ったことば」を読み、ことばは必ず、ある場面の中で使われることを、いろいろな例によって知り、めいめいの経験を話し合って、ことばと場面についての考えを深める。
㈤「日本語の特色」の内容を箇条書きにして、その内容をつかむ。別の例を使い、問答の形

式や箇条書きを利用して、「日本語と英語との違い」を書いてみる。
【B案】一実習に重点をおく案。
【留意点】
(1) 書いたり、話したりさせることで、実際に場面に合った、わかりやすい明快なことばを身につけさせるように指導したい。
(2) 日本語を明快なものにしていくために、日本語の特色を知っておくことがどんなにたいせつか、ということに指導の目標をおくようにしたい。たとえば、…
(3) この学習は、指導者と生徒と共同で、資料を作りながら学習を進める心構えが必要である。自分たちの話し合いや作文が、そのまま教材である。

四　評価
ことばへの自覚と関心が深まり、話すひと言にも意識が高まってきたら、何よりも、この単元の学習の成功を語るものといえよう。…
実際の話や文章によって評価することも、もちろんたいせつであるが、それ以上に、話や文章に対する着眼点の相違に注意したい。

五　学習活動

十　外国の小説から

一　資料について
㈠少年時代　ヘルマン＝ヘッセ・高橋健二訳
㈡問いや命令を表わす言い方
問いや命令を表わす、いろいろの言い方について、まとめて述べた文章。
㈢最後の授業　アルフォンス＝ドーデー・桜田佐訳

二　学習指導の目標

三　学習指導の展開
【A案】
㈠「少年時代」を読み、問題点を出し合って、話し合う。
㈡問題点について話し合ったことを文章にまとめたり、この作品を読んでの感想文を書いたりする。
㈥話し合いをまとめた文章や、感想・意見などの文章を発表し合う。

【B案】
できれば、ヘッセと、ドーデーの作品集を、文庫本ででも、一冊ずつ読ませたい。一週間、読みひたらせて、次の一週間を、発表と話し合いにする。一話し合いの内容と、進め方の計画をじゅうぶんにすれば、いかにも三年生らしい学習を展開することができよう。
【C案】
【D案】
【E案】
資料が少なく、また生徒の力もあまりなく、時間もかけられない場合は、次のような記入式の手引きが役立つであろう。…（略）
【留意点】
(1) 「読む」ことを、終始、第一の条件にしたい。話し合いも、書くことも、読みを助け、次の読みを誘うものであるようにくふうしたい。
(2) 特に、取り扱いがくどい感じにならないようにしたい。このような学習では、わかっていることでも、ことばにすることがむずかしいものである。…

四　評価
読書の種類や範囲に変化があるかどうか、学校図書館を中心に観察したい。作文の題材や話題などが、外国文学に触れてくる度合いに注意することも、この単元の学習の目標がどのくらい達せられたかを考える手がかりになろう。
話し合いの態度と内容、感想文などによって、すぐれた作品に読みひたる楽しさを経験したかどうか、ことに、人間の見方、社会の見方などが深まってきたことを自覚している生徒はどのくらいかを知ることができよう。…

十一　評　論

一　資料について
㈠公私の別　池田　潔
公私の別をはっきりさせているイギリス人について材料のとらえ方、生かし方も、そして、一般に通じる問題への発展のさせ方も明快な評論である。
㈡「人間らしさ」ということ　岸田国士
人間の人間らしく生きる生き方を考えた評論。
㈢評論の読み方

評論とはどんなものであるか、また、どのように読んだらよいか、についてまとめた文章。

二　学習指導の目標
㈠生活の中に問題を発見させ、生活への自覚を深くさせる。
㈡評論とはどういうものかを考えさせ、進んで評論を読む態度を養う。
㈢評論を読んで、ものの感じ方・考え方をみがく経験をさせ、評論の読み方をわからせる。

三　学習指導の展開
【A案】
㈠①「公私の別」を読み、その要旨を読み取る。
　②深く考えさせられた問題を話し合い、自分たちの生活や経験を、この「公私の別」のとらえ方・考え方でながめてみる。
㈡①「人間らしさということ」を読み、その要旨を読み取る。
　②身近な生活の中から、「人間らしさ」ということを考えさせられる事柄を発表し合い、どういう場合に、どういう行動が「人間らしい」かを考える。
㈢「評論の読み方」を読み、評論とはどういうものか、どう読むのがいいのかをまとめる。それに照らして、自分たちの評論の読み方を反省し、これからの目標を考える。
【B案】
　読ませる資料が多く用意でき（たとえば）、…また、プリントで、いくつかの評論が用意できる場合の案。…
【留意点】
(1) 発展して評論を多く読むように、学校図書館にあるものはもちろん、その他、なるべく広く、生徒が読むに適した評論集の書名を示すようにしたい。
(2) また、新聞の「声」などの投書欄、「もの申す」「ありがとう」など、一般の投書を取り上げて、その事情を明らかにしている欄、放送などから、「公私の別」や「『人間らしさ』ということ」の主旨に関連したものを見つけて集めさせることも、よい作業である。
(3) 指導者の説明によってでなく、文章そのものから受け取って行かせるように、文章そのものが繰り返し読まれるようにしむけた

い。
(4) 生徒にとってなじみの薄い、しかも、常に出てくる語句が多いので、主要語句の指導については、特に、使われる場面を示し、用例を多くするよう注意しなければならない。

四　評価
　読み物の傾向と、その読み方とに、まず注意したい。こういう面の評価に役立つためには、読書日記の指導がされていなければならない。それが習慣になっていると、そこに、よい評価の資料を得ることができる。

Ⅱ　教科書を一冊の本として

1　教科書を生かして使うために

［317～324ペ］
（「総合教育技術」　S.52.5）

（対談）
A　生徒が求めているもの（倉沢談）
(1) 教科書を本当に生かすとは。
(2) 一斉授業で1ページから進めることへの疑いにメスを。
(3) 「何が書いてあるか」より、なぜこの文章を読まねばならぬかから迫る。
　（大村）国語の教科書は、読んで言語活動を展開するなかで言葉の力がつく要素をもつ。
B　真の国語能力を
　○雑纂教科書を生かす19の具体例。…
　　教科書を一冊の本として活用する。…
　○指示しなくても生徒たちが繰り返し繰り返し読んで、今までの能力を超えた力を身につける。
　（倉沢）(1)外来語、語感、比喩、複合語、(2)センテンス・文論、(3)文章論：作品論
C　突っこんだ学習を
　教科書の書き出し文がどのようになっているかがわかってくると、作文のほうで説明がいらなくなった。
　○題がその文章とどういうつながりをもっているかを考えると…
　○図書利用についても
　事項索引を一年じゅう使って利用している。

第⑩巻　国語教科書とともに

2　本に親しむ　　　［325〜326ペ］
　　　　　　　　　（書き下し　1年）
1年
(1)「国語学習準備」の単元展開の一部。
　①一冊の本として体裁・表紙・目次、見返し・とびら・奥付などの名称を確めたり、「まえがき」・「凡例」の知識も。―国語学習記録や文集を仕上げる準備でもある。
　②書名・編者・出版社を確め、表紙も…であることを。
　③「この教科書で学習するために」を中心に、この教科書の全体の内容、使い方についても学習し、巻末の「文法」、付録の「漢字表」に見出しラベルを貼り、開きやすくした。
〔指導の実際については、第⑫巻参照〕

3　目次から内容を考える　　［327ペ］
　　　（出典「総合教育技術」改稿　S.52.5　2年）
(1) 新しい教科書を開いてみないでおくように指示。4月、新学期の始めに、目次から、この本の内容のあらましを予想する学習をした。
　①読書生活では、ごく普通のことであるが、なかなか、教材の用意ができず、指導の機会の得にくいものである。
〔注　目次の活用の学習は、第⑧巻に。第①巻の「Ⅲ単元学習の歩み」の、37「目次・索引の活用」38「目次・はしがきを利用して求める本を探す」73「疑問・問題の解釈を求めて本をえらぶ」の学習参照〕

4　読む速さを考える　　　［328ペ］
　　　（「総合教育技術」改稿　S.52.5　2年）
(1) 新しい教科書を見ないでおくように指示。新学期にいろいろの文章をそれぞれどのくらいの速さで読めるか、読む速度を計った。
(2) それぞれの文章について、平均何分で読むことが多いかまとめてみた。自分の読みの速度について、文章の種類ごとに調べたり、おそい場合、思い当たる原因はないか、考えた。
(3) このときには、1分ごとに黒板に書いた。教科書には、いろいろの種類の、いろいろな長さの文章があるので、いろいろな角度から考察できた。

5　朗読大会　　　　　　　　［329ペ］
　　　（「総合教育技術」改稿　S.52.5　1年）
(1) 教科書全体を読んで、自分の読む文章を選び朗読大会を開いた。
(2) ア　朗読の前、1分から1分半でどうしてその文章を取り上げたか、第二候補はどれであったかなど、これを読むと決めるまでの経過を話す。
　　イ　取り上げた文章もその一節を選んだ紹介をする。
(3) この二重の「選ぶ」ことのために教科書は広く掘り下げて読まれることになった。
(4) 偏りはしないかという心配が出そうであるか、思うほど文学好きでなかった。
(5) 教師自身も出場者の一人であった。

6　書き出し文の研究　　［330〜342ペ］
　　　　　　　　　（書き下し　3年）
(1) 教科書の文章全部の冒頭を、いくつかの視点で、分類を試みた。
　○分類するには、文章全体を読んで、その書き出し文が、文章としてどういう意義をもっている部分かをとらえなければならない。全体を、それもくわしく考えながら繰り返し読むことになった。
(2) 学習の実際〈てびきプリント「書き出しのはたらき」〉
　①題目の意味　その文章の主題・要旨を表わすのに、この書き出しは、…　書き出しでなければ果せない役割をどういうふうに果しているか
　②研究の内容
　　ア　全体の組み立て、そのなかでの位置
　　イ　どんなことから書き出しているか。
　　オ　どんな方向に向けているか
　③時間予定　準備1時間　調べ6時間　まとめ3時間　発表2時間
　④〈てびきプリント「書き出しのはたらきまとめのてびき」〉
　　一　文章の書き出しというものは
　　二　いろいろの種類がある。私の分類
　　三　各種類の説明
　　四　まとめ　学びえたこと、発見したこと、疑問・問題
(3)［参考　着眼点の例］
　　二　主題、要旨に、読み手を引きつけるために、…
　　四　○どういう場合どういう書き出しが効果

的である。　○書き出しの重要性
(4)〈生徒作品から、文章の始めの一節はどのようなはたらきをしているか〉
　①第一部　各文章について
　　　○呼びかけの形で…（以下　略）
　②第二部　まとめ
　1　まとめ―文章の種類から―
　一A　論説では
　　B　解説では…
　　C　まとめ―書き始め方から
　　一(1)主題・要旨が冒頭にきているもの。
　③第三部「感想」から。…

7　「中等新国語二」を読む―この視点から―　　　　　　　　[343～388ペ]
　　（「総合教育技術」S.52.5改稿、51年度　2年）
(1)まえがき　教科書をいろいろな視点から読み、ことばの力をゆたかに培いたい。
　○中等新国語二　目次［第⑩巻　344ペ］
(2)学習の実際〈てびきプリント「この視点から」〉
　一　資料「中等新国語二」
　二　視点のいろいろ
　　1　写真・さし絵・図表などに視点をおいて
　　2　固有名詞に視点をおいて
　　3　文章の冒頭と結びの関係に視点をおいて
　　　○書き出しと結びとの関係。分類。ジャンルによる特色があるか。
　　　○書き出し方結び方について気づき。
　　4　文末表現に視点をおいて…
　　11　少年のすがたに視点をおいて
　三　学習を進める
　　1　準備
　　2　計画
　　3　研究　まとめ　発表資料作成
　　4　資料を読みあい、質問を提出。
　　5　質問や意見について検討する。どう答えたらよいか討議する。
　　6　研究発表のしかたのくふう。準備、練習。
　　7　発表会
[1]準備
　(1)学習のあらまし、方法、順序など。
　(2)どの視点をとるか考える。
　(3)希望する視点をもとに、グループを編成

する。〈学習日記から―この学習によって、ぼくとその少年のすがたの比較などをしてみたい。〉
[5]発表資料を印刷し、グループごとに綴じて交換する。
[7]発表準備　このときに評価表を配る。―目標を示したことになり刺激になった。（表略）
　〈視点〉十一　少年の姿に視点をおいて
　　A　実行力のある…
　　B　思いやりのある・やさしい
　　G　生きることは…を考える少年…

8　単元　小さな研究―文章や話の題はどのようにつけられているか―
　　　　　　　　　　　　　[389～415ペ]
　　　　　　　（書き下し　1年　S.47.7）
(1)まえがき　この学級が興味をもっていた作文と関連するこの問題を追求することによって、…しようとした。教科書一冊全部の題のつけ方にあまり種類がなかったので、前半だけを使い、指導者の「談話」としてスピーチを加えた。[この学習までの二カ月近くに七話を聞かせ資料とした。]題を考えようとすれば…文章全体を…。
(2)学習の実際〈てびきプリント　小さな研究　談話や文章の題には、どんな種類があるか〉
　一　資料
　　談話1　気をつけること三つ　2「さん」と「くん」3　読書　4　米一粒　5　くぎの穴…17…
　二　研究の内容
　　1　資料を調べる　特色をメモ
　　2　いろいろの観点（目のつけ方）を考える。
　　3　いろいろの観点によって、分類する。
　三　進め方
　　1　この研究の内容を確かめる。
　　2　予定をしっかりと立てる。
　　7　説明し、報告を書く。
[1]てびきの三の1、学習の全体、何をどうすることか、どういう学習活動をするのかをはっきり知る。個人的に質問する。
[2]予定を立てる。個人学習であるから、自分の予定表をつくる。用紙はプリント
[3]それぞれの資料について、題がどのようについているか、考えたことをメモする。カードを使う。

カード例（別紙）（略）
なお新しく読む文章については、ことばのてびき（396ペ）を配り、自分で学習を進められるようにした。
［4］作ったカードを分類し、提出する。全員のをプリント、冊子に。〈プリント「―をどう分類してあるだろう」〉
　A(1) 文章全体に関連した広い面からとってある。
　　(2) 主張したいことを題にしている。
　　(3) 象徴的なもの
　　(4) 始めの疑問を題にしている。（フシダカバチの）
　　(5) 主人公の特徴を表わした題。（爪王）
　　(8) 目的地を題に（針路、西）
　B(1) 作者の意図があらわれている題。…
　　(3) 作者の気持ちがあらわれている題（爪王、フシダカバチの）
　　(6) 文章のクライマックスがあらわれている題（針路、西）
　C、D、Eの分類例
［5］話し合いの準備〈てびきプリント　友だちはどんな分類をしたろう（着眼点）〉
　(1) 次のてびきによって考える。
　　②これとこれを分けたのか。そういわれれば…
　　⑥これとこれをくくったのは、どうしてですか。
　　⑦そのほか。
　(2) 友だちの分類について、だれのことについて発言したい
［6］話し合い
　　てびきの⑤「ここ、自分とまったく同じ」の発言から。…
［7］研究の結果を説明し、報告する文章を書く。
　〈てびきプリント　談話や文章の題はどんなふうについているだろう（まとめのてびき）〉
　一　動機…
　二　資料
　三　方法　1　まず　2…3…
　五　反省
　六　これからの研究
〈生徒作品から〉（406ペ～）
　付　この学習の後、発展として、自習的に次の学習をした。
　　［1］「私の楽しみ」を主題としたてびき。

9　私の編集　　　　　　　　［417～443ペ］
　　　　　　　　　　　　　　（1年　S.51.2）
(1) まえがき　ある日の昼休み。「単元」ということばの意味が問題になった。私は「一つの主題をめぐって」とか「なにかの疑問を追求して」とか、それまでに学習した単元の誕生の話をした。単元を組織してみたいという生徒たちに可能な案として「私の編集」を考えた。
(2) 一　資料
　　二　学習の実際
　［1］学習の進め方をとらえる。
　〈てびきプリント「私の編集」てびき〉
　　1 「中等新国語一」を資料にして、ひとつの主題で、文章を集める。少なくとも三編
　　　主題の例　ひと言（叫び）、なみだ（涙）、心と心（ふれあい）、争い（たたかい）
　　2　目次を作る。入れる作品の順をよく考えて。
　　3　まえがきを書く。
　　6　書名を考える。
　　7　表紙のことばを書く。
　　8　奥付
　　9　とじる順序〔以上詳細な説明あり。〕
　［2］主題を探しながら読む、聞く。
　　〈プリント　「杜子春」朗読分担表〉
　［3］主題を決める。―取り上げられた主題。
　　争い　10名、戦い　6名、心と心　5名、涙　4名、喜び　3名、つぐない　2名。…
　［4］それぞれの主題で取り上げる作品を決め、プリントにした。
　　〈てびきプリント「私の編集」プリントのてびき〉
　［5］話し合いの準備
　　その主題を取りあげている生徒、また同じ主題で取り上げている作品はどれか一覧にする。
　〈学習記録から〉
　○メモ「爪王」をなぜ入れなかったか。「杜子春」を入れなかったわけ。
　［6］話し合い
　　話し合い、聞き合うことによって、めいめい考えを深め合う。〈話し合いの記録から〉

Ⅱ　教科書を一冊の本として

```
┌─────────────────────────────┐
│　　私の編集「喜び」　　　［438〜443ペ］│
│　「中等新国語１」によって　　　　　　│
│　　　　１年Ａ組（40）　　　　　　　　│
│　　　　　〇〇〇〇　　　　　　　　　　│
└─────────────────────────────┘
　１　自分の案について意図
　２　作品の取り上げかた。並べかた。
　┌───────────────────┐
　│　目次　　　　　　　　　　　│
　│　少年の日の思い出………３　　│
　│　杜子春……………………７　　│
　│　針路、西…………………11　 │
　│　爪王………………………15　 │
　│　赤毛のアン………………19　 │
　│　あとがき…………………23　 │
　└───────────────────┘
```

石森延男編　中等新国語一
目　次
　一　心をひらく
　　１　想像力を働かせて読む
　　　　この新鮮な気持ちを…石森　延男…一四
　　２　話題を選んで話し合う
　　　　班の話し合い……………………二四
　二　文学のおもしろさ
　　１　表現を味わって読む
　　　㈠詩を味わう……………………………三二
　　　　山頂から……………小野十三郎…三二
　　　　野のまつり…………新川　和江…三四
　　　　木琴…………………金井　直…三六
　　　　夜明け………………伊藤　整…三八
　　　㈡ひばりの子…………庄野　潤三…四〇
　　２　立場をはっきりさせて書く
　　　　「ひばりの子」を読んで………………五七
　　　［以下略］

10　「国語学習事項索引」作成　［445〜450ペ］
　　　　　　　　　（書き下し　S.51.4　２年）
(1) 本全体を読んで、「国語学習事項索引」を作
　成した。読むのは、黙読あり…読み手も、
　教師であったり、生徒であったり…項目を
　とるのも教師…生徒…さまざまであった。
　学習のてびきからも、かなり取り上げた。
　できた索引を学習記録の中にとじ込み、一
　年間、必要に応じて使って役立てた。たと
　えば感想を文章にまとめる場合には…
　○索引　ア　あらすじの書き方　90・105
　　　　　ケ　敬語の種類　　　　151　など

〈生徒作品より〉
国語学習事項索引
ア　あらすじの書き方　　　　　　　90・105
イ　生きることは何かという作品　　　　333
　　意見文のくみ立て方　　　　　294・296
　　──のくみ立ての評価　　　　　　　297
　　──の例　　　　　　　　　　　　　291
　　──を書くコツ　　　　　　　　　　299
　　──を書く時の手順　　　　　　　　295
　　いろいろな昆虫の生態について語りかける
　　　　　　　　　　　　　　　　　　332
　　（中　略）
ケ　敬語の種類　　　　　　　　　　　151
　　──を使う場合の注意　　　　　　　154
　　謙譲の敬語　　　　　　　　　　　153
　　（中　略）
ロ　論理的な文章の読み方　　　　　　132
ワ　和語　　　　　　　　　　　　　　147
ヰ
ヲ
ン

第11巻　国語教室の実際

I　国語教室をつくる

1　国語学習指導の記録から　［5〜60ペ］
（大下学園講演　S.31.12→『国語教室の実際』
共文社刊　S.45.12）

(1) はじめに
　教師の愛は、自分の技術をみがくこと。終戦直後中学校へ出て、予想以上の困難に出会った。その苦労の中から、いろんな技術が発見できた。
一　グループ指導〔やむにやまれずはじまった〕机や椅子はおろか、窓ガラスも床も黒板もない、教科書もノートもない教室。プリントなどもできない。
　ア　新聞・雑誌の切りぬきに、学習の手びきを書いた紙を渡した。教材が与えられ、学習の方法が手びきされると、子どもたちはぐうっと学習にはいっていった。
　イ　百の教材は作れないのでグループにするほかなかった。同じ目標に達するため、さまざまな教材によって、学習活動を考えると、多角的になり、聞く、話す、読む、書く各領域に広がった。
　ウ　〈学習活動のくふう〉力に応じて自然に興味がわいてくるような活動をくふう→学習態度ができてきた。
　エ　教員再教育指導者養成協議会（昭23.6.27〜）に出席し発表。単元学習であると。
　オ　〈なぜグループにするか〉人といっしょに何かをする意義を知らせたい。…。
　カ　〈話すことと聞くこと〉自分の話が人にわかるかわからないか自覚させたい。
　キ　〈書くことと読むこと〉書き手としてたくましい実力をもつためには、鍛え合うことがいる。
　ク　〈社会的な技術を練る〉実際に話し合いをして新しいものを生み出す体験をし、人と力を合わせていく力をもつために、進めねばならない。
　ケ　［グループ指導の段階］グループに分けるためには、基礎的なステップがある。
　　A　何か意見を聞くとき、隣の人が何と思っているかを聞いて、自分の意見といっしょにしたものを答えるようにする。
　　B　後ろを向いて三人とか四人とかでちょっとしたことをまとめられるようにする。
　　C　その次には、十分くらい何かまとまった仕事をさせる。今度は1時間、グループで。秋になり、つながった学習活動をグループで　となってくる。
　コ　［グループ指導のくふう］発言を聞くくせをつける。一つのグループで発言はひとりの約束で。…。
　　①〈グループ報告〉
　　　A　何をしたか。
　　　B　話し合いの様子が望ましい形であったか。
　　　C　どんな問題があって、どれが未解決か。三つのことを。
　　②〈時間の予定を立てて〉何分に何グループに行くと予定を立てて動く。…目標を考え、司会のしかたを練習するときは、次々と回す、話を進める目あてのときは慣れた人が話をすすめることがいい。
　　③〈発表について〉グループのあとがいつも発表会になると決っているものではない。
　　④〈ヒントを与える〉グループ学習の指導は、非常に精力のいる仕事。8つのグループを回って活動するためには、わずかな時間に大変くふうしたエッセンスを言わなければならない。…
二　学習指導のくふう
　①［学習活動の目あて］同じ「読む」にしても目的によって読ませ方も指導のしかたも違う。
　　ア　〈目あてを見つめる〉四つの言語活動を一時間のうちに同じ重さでやっていくのではない。
　　イ　〈なぜ散漫な授業になるか〉「一つの作業にいくつもの目標をもたないこと。一つの作業には一つの目標」と考える。
　②［力の弱い生徒の指導］…なり代って発言してみた。
　　ア　〈具体的に生徒のなかにはいって教え

る〉実際にその中にはいってやってみせると、どんなふうに発言するかがわかってじょうずになってくる。書くときも同じ。書き出し、途中、結びを書き与える。
　イ〈生きた指導者を必要とする場面〉国語の力が育てられる場面が広がっている。その教室のその場に自分がいなくてはという仕事をしたい。
　ウ〈宿題を課さない〉今、どういう指導が必要か。とらえておかねばならない。発展的な学習のヒントを出すことをすすめる。
③［筆不精を征伐する作文指導］
　ア〈作文の基礎練習〉週一回行う。字が早く書けるのも条件の一つ。多くて三分仕組んでいる。
　イ〈一学期に一つの作品〉ただし、書くことが一回ではない。作文の基礎力が一つ。学習記録。→毎時何か書いていること。
　ウ〈題材を集める〉作文を書く場合、まず書く内容をもたせる。「作文題材集め用紙」で、幾枚も書き集めるようにさせている。
　エ　処理─文章が書けるのを待つには赤い丸、そうでないときは青い丸をつけ、一つ選んで代表作品として書く。
　オ〈処理の方法〉書く手びき、見る手びきを作り、処理をしやすくする。書く前の手びきは、当然自分で直すべきところは直してあるように、…むだな努力がいらないように、その手びきのとおりやらせて出てくるようにしむける。
　カ　相互批評をするときにはその用紙、それからそれをまとめる用紙を作る。文章一編をめぐって、いろんな種類の文章を書いている。
④［評価について］
　ア〈どういう力をみるためか〉どういう目的で、どういう問題を出したか、また、その問題について検討されることが少ない。
　イ〈目あてをきめた試験を〉目あてに関心が向くようにする。選択肢にそれぞれ意味をもたせる。
　ウ〈問題・評価表のくふう〉評価の新しい技術＝これができると、どんな力があることになるのか、科学的に研究する。
⑤［語彙の指導］＝生活を拡げること。→
　ア〈生活の場面で教える〉教科書に出ていなくても、身につけさせていかなければならないことばがある。
　イ〈話によって生活を広げる〉教科書にある場面は一つ。お話ふうに一つのことばを中心に広がっている生活の場面を入れることが大切。
⑥ア〈国語科と人間形成〉国語科の負う面は大きい。
　イ〈聞くことのしつけ〉心から聞くことができない場合、「冷たい人」。
　ウ〈人と人の触れ合い〉話し合いのとき、聞くために聞く質問やミスをとがめるような質問は失礼。
　　　発表する人を、もり立てる気持、言い足りないところ、大切なことを落したり、割愛したときなど、上手に質問をすることで、お互いの人間の触れ合いを学ばせていける。
　エ〈ことばの端〉研究する友だちに対する尊敬と愛情がことばの端によく表れてくる。人間形成の場がある。研究発表の質問の場面などでつちかわないと、次の仕事をすること、また文学を味わう基礎力を培うこともできなくなる。
⑦［板書をたいせつに］黒板に書くことば、間隔、行の間に工夫をする。段落を切るときに役にたつ。話にはいつも題をつけておく。「注意」と、＝いつの間にか文章の題に関心をもたせる。授業にきまりがつく。
⑧［学習記録について］芦田先生が記録を大切にされた。
　ア〈学習記録のくふう〉話がわかったかどうか書いていてくれればよくわかってくる。わからないにしても、どこをどう違えているかがわかる。はじめは一冊のノートで、今のは作文帳が発展したものになっている。けい紙を使って、習字の作品も、原稿用紙に書いたものも、プリントもいっしょにとじこんでいくようにさせ、おしまいに編集という仕事をさせる。
　イ　学習の記録に、教師自身の話の不徹底さもどこにどういうつまずきがあった

かもわかる。書くことにしてもいろいろな種類のことを書く。ペンを執らない日はなく、筆無精にならない。
　　ウ　〈学習記録の処理〉調べる日を設けて、五項目で聞く。たとえば、日づけ、この前の話の要点、プリントの感想といったふうに。こういう地味な営みがなかったためにつくべき力がつかなかったのであろう。その子の国語のどういう力がどのように足りないか言えるように。
　⑨［指導計画と指導案］
　　ア　〈目標を見きわめて〉一つの目標にどういう活動があるかを考える。…。考えてみたものを並べて比べてみる。無意識にしないということ。
　　イ　〈綿密な計画を〉採りあげた学習活動を配列し、時間をはめてみる。これは何分で書かせると。そして、流れを決めたら、評価を考える。…。書いてみることに意義がある。計画に縛られ、しようと思ったことを遂行する。
　　ウ　〈教室で発見する新指導法〉自分として最もよい姿でいるとき、いい指導法は発見できる。
　⑩［優劣ということについて］
　　ア　〈あるグループの場合〉（めったにしないが）新聞の編集のとき、能力別グループを組んだことがある。三年生で心がとけ合っていたので。結果において、グループをみじめにしない自信と目算がなければそういうことはしてはいけない。
　　イ　〈優劣の問題を秘めないで〉いつの日にか自分の価値を知らざるを得ない故秘めなかった。侮る心がなかったら、問題は起らないのではないか。

2　国語教室の実際　　　　　［61〜91ペ］
　　　　　　（S.36.11　米子市における講演）
（1）［「読むこと」について］
　①〈目的をもって読むこと〉何かを求めて読む姿勢が作れるかどうかが大切。主体的な読み手、真の読書人にしたい。生徒の生活に即した問題を心に持って読むようにさせる。
　②〈子どもの目を輝かせる〉必要感がないのに要旨を聞き、段落を聞くやり方は、子どもを受動的にする。自ら求めて本を開く状態にさせれば、作品・文章そのものが迫力をもっている。
　③〈心の中の疑問を引き出す〉まず疑問を出させる。ただ出させたのでは、いいのが出ない。「この質問のなかで、あなたも聞きたいと思うものに丸をつけなさい。このほか質問があったら」と誘う。たとえば「漫画ばかり読んでいてはだめでしょうか」とか「読書の感想を書かなければ読んでもだめでしょうか」というのは、真剣な疑問。その質問を整理して、その答えを求めて読む。話を聞くときも疑問の解決を求めて耳を傾けるときほんとうによく聞ける。
　④〈一つの目あて、十の質問〉段落を扱うことは、段落を使う力がつくことが大切。要旨を取らせる場合、要旨が取れなければできない作業を考えることが大切。一つの目あてをねらいながら、発問の形と作業をいろいろ考えていきたい。
（2）［「聞くこと」「話すこと」について］
　①〈話し合いの指導〉させる人は多いが、指導する人は少ない。もち合わせの力で討議をしているに過ぎないのではないか。話し合いには基礎力がいる。4人目の人にまとめさせる。また、ふたりで相談して答えさせる基礎的な練習がいる。隣の人とちょっと話す機会を始終作る。それを広げて「ちょっと四人で相談してその結果を」といった形など、小さな話し合いの場面を作ってから話し合いの指導にはいる。
　②〈「聞く、話す」力と読解力〉即決を迫られて生き生きと頭を働かせる場面を抜かして頭の練れる時はない。読解にほんとうに役だつ「聞く、話す」の指導を展開したい。
　③〈話しことばと国の運命〉自分の心のとおりにものが言えない人が多勢いる、また、言うべきことを言わない人がたくさんいる社会にどうして民主国家が成立するか。
　④〈心に思想を熟させること〉話したいことが心の中に育っているように三時間くらい準備してはじめたい。個人差に応ずる行き届いた指導のできる時間をもち、はじめて開会をする。
　⑤〈発言の機会を与える〉カードで話し合いの機会を知らせる。よく使うカードは書いておく。その場で書いて渡す場合に

は、…。指導者自身が一生徒になって発言することもある。実演で示す。「今までの話し合いをまとめますと、論点は三つであったと思います」といったふうに。
  ⑥〈教師の自己評価〉自分が今、この教室にいなくてはと考えられるよう、自分が生きているようにしたい。
(3) [「書くこと」について]
  ①〈非能率的な「週一時間」〉書くことの力は、一か年に一単元とか二単元とかではできない。
  ②〈相手と目的をはっきり〉一つの意見を書く。クラスのみんなか、全校か、全国か、立場を決めて書く。必要に応じて。
  ③〈中学生の作文指導〉頭が速く回転するが字を書く速さは伸びないもどかしさを抱えている。
  ④〈基礎力の分析から〉「作品」をねらわず、「要点を明確に書く」「事実と意見を区別して書く」ための基礎力を練っていく。たとえば…など。それから、「この反対の人を説得する文章にするときどの段落にどういうことを添えるとよいか」とか「実例を一つ示して強調したいと思う。どの段落のあとに、その例を入れたらいいか」といった練習をさせる。
  ⑤〈思うように書けぬ子には〉一枚に一つずつ、題目について思いつくことを書かせる。「心がからっぽになるまで」と言って。―いらないと思うものをどんどん捨てて、これだけは書いてみようというカードを並べ、構成を考えて書き出すようにする。[そういう子は心と字とを直結する修練が足りない]
  ⑥〈指導者のよき一枚〉たいせつなことは、「よき一枚」を加えること。新しい目を開くカードを一枚二枚と加えるとよく運ぶ。[『中学作文』(第⑤巻)に実例]
  ⑦〈書き出しを手つだう〉何人かが書き出せないとき書き出し文だけを指導すると書けることがある。つっかえたときに曲りかどをちょっと言う。
  ⑧〈あるエピソード〉あるとき、全員でクラス雑誌を作った。一人いつになくしょんぼりしていた―書きだしをちょっと書いた。「ぼくは…」時間があと５分になった。「きょうは…」と結んだ。子どもとの合作は認められる。

3　生きた場にすること　　　　[93～145ペ]
　　　　　　　　(広島大学光葉会講演　S.37.11)
(1) 〈教室こそ指導法発見の場〉
  ①Aさんのまずかったところを直すと、次の人にそれができるというのでなければならない。ヒント・方法は偶然に発見できることがある。
  ②先日、図書館で、自由にと言ったところ、早く来て、能力別に座っていた。
(2) 〈研究は教師の資格〉背伸びしながら高いものを求める姿勢が欠くべからざるもの。
　一　学習指導計画の立て方
  ①細かい工夫された案のように運ばないことがある。それは、ほんとうに追求したくなる場面を作れないから。主体的な学習＝実の場の学習にしていく。
  ②[実例一　読書のしかた]自分でほんとうに求めて「読書のしかた」を知りたいと腰がたっていない。まず読書について疑問をとらえる。―こういう場合、問題を切り開いて見せなければならない、「漫画ばかり読むと頭が悪くなるってことはほんとうですか」「読書の感想文を書かないで読むだけではだめでしょうか」―ここにあげた疑問、あなたも疑問だったら○をつけなさい。…と。これがヒントになり、多くの質問が出てきた。プリントにし、次にいろいろの文章を刷り、自分の問題点に答えてくれるところをつかまえるようにした。その後、一つの疑問を選び、意見を紹介する形にする。これが読むことの指導のもとになる。また聞き方の失敗もそこでわかる。「そんなことを西尾(実)先生は、おっしゃっていない」と批判された生徒は、びっくりしてもう一遍よく読む。
  ③[実例二　詩]この単元も、求めて読ませるようにしたい。みんなで読み味わって発表会をする―そのプログラム―
  ④[実例三　生活の記録・手紙]めいめいの日記の抜き書きを掲示して、読み合うと姿勢が違ってくる。手紙も、先生が子どもに書くといい。子どもの返事の問題点を研究する。
  ⑤[実例四　民話]多くの国別の民話をそれぞれのグループで読んでいった。「鶴の恩返し」を発表すると「中国の民話にもある。しかし黄色い鶴だ。…ここだけ筋が違う」と発表し合う。あら筋がわかることは

大切だが、言わせることでなく、胸の中にもっていること。この民話の場面は、グループの人以外は、その話を知らないので、思わずいっしょうけんめいに聞く場面があって聞く力が伸びてくる。
　目的としている能力が養われている姿になるよう指導計画を練る。
⑥［実例五　伝記・その他］成功するやり方は、そのときのクラスの問題をとらえておき、その問題に対して伝記の中の人は、どんな意見をもち、どう行動するだろうかといった向け方がよい。
　そのときのクラスの問題が生（ナマ）でなければ、たとえば、友人から宿題を写させてほしいと言われた。そういうとき、この伝記の中に出てくる、この人がどういう態度をとるだろうか、と考えていく。―自分たちの生活の答えを求めて読む姿勢が生き生きさせる。
⑦小説文学も同じように！話し合いの単元も、…。つまり、教材をつくりながら学ぶ。
⑧〈子どもを見つめること〉
⑨〈指導案を作るとき筋を通す〉
⑩〈単元学習の重要性〉実の場面を作るには、子どもが先生の知らないこと、先生に自分から聞かなくてはならないことがあるようにしなければならない。
　二　グループ指導について
①〈グループ学習への積み上げ〉
　ア　隣やうしろの人と相談しまとめて返事する。根気よくそういう機会を作る。
　イ　「これについてAさんBさんCさんに答えてもらう」。
　ウ　Dさんにはまとめて言ってもらう。まとめること、違う意見を整理して発表することを覚えさせ、よい聞き手を育てる。―「りっぱなまとめ方だった。」と言うと、聞いていなかった人は今度はよく聞いていなくてはと思う。下地が作られていく。
②〈司会・進行のしかた、助言のしかた〉グループは、その時の学習によって分け、固定しない。いちばん先に言うことばを教える。順序、こういうふうにまとめると教えて、始めさせる。一定時間が経つと、「こういうふうにはしょってしまいなさい」と進め方そのものを指導しながら内容も進める。グループが失敗するのは、指導を忘れ、任せたようになるから。自分で例を示し、身をもって指導する。
　三　個別指導について
○よい方法はすべて個別指導。グループも個人をよく指導するためにある。
①［実例一　感想文を書く指導の場合］
「ヘッセの少年時代」と「最後の授業」
　ア　「この作品を読み終ってかわいそうでならなかったところは、と始めてそこを写す」。次に「くやしくなるところは」とお手あげの子を指導してみた。
　ウ　「こんな素直な子がこんなことをしてしまう悲劇に触れて書かないとつまらない」と。―こういうのは個別指導。その子の気づいていない見方を示す。
②［実例二　カードによる作文指導法］封筒にひとり分ずつ入れてある。26枚に減ったところで、最後の構成にもっていく練習をみんなでする。同じ方法で自分のに適用する。
　カードによる学習には、個別指導の機会が多くある。「ヘッセの少年時代」の感想を書くときも、その時間には、優劣を考えさせなかった。
③［実例三　最近のこと］見学者が遠くから来られ、討議の指導をとおっしゃった。授業後、「先生きょうのことは第二時にやることではありませんか」と…。批判力の芽がよく育ったと…うれしかった。そういう批判力とか、自分の言いたいことを言うことなどは、一斉授業からは育ってこない。個別指導というのは、人間の触れ合いと思う。

Ⅱ　教えるということ

1　教師の技術　　　　　　　［149〜168ペ］
　　　　　　　　　　　　　（大下学園講演　S.41.12）
○教師の教師たるところは、教える技術・方法をもっていること。
　一　くわしく書かせる
①「もう少し細かく詳しく」といわずに、お祭に行ったら、どういうお店が…。帰るとき何々先生にお会いしたら、これこれこういうことをおっしゃったと書けるように用紙の上の方へ書くのが教師。

二　読書の感想を育てる
　深く読ませたり、作品に深入りさせる。とくに優劣が、頭にないようにしたい。
①〈五行感想〉五行に限るのではないが書くことが重荷にならないように。文章の力を練磨する目的ではない。
②〈つなぎの言葉〉先生の赤い字があったために思わず深いことを考えたとか一歩進む状態にしたい。
　ア「ダウがそんな役目をし…と思うと」。
　イ「なかでも、一番かわいそうでならないところは」
　キ「お話（民話）の中に昔の人のものごとに対しての考えを想像してみると」
　コ「地図の話」→「本によって新しい世界が開けてくるといいますが」と書きたした。
　　　どういうことばが成功するか…
　　　　　　　　　　　　　　　　　［159ペ］
③〈教師の出番〉指導者の書いたことばによって書いた子どもが深くなっている。子どもの自由は大切だが、先生の導きに遠慮しなくてよい。
三　話し合いを成立させる
①〈内容をもたせる〉運動会のあとなど、どういう考えをもたせるか。…と話す。
②〈人間尊重〉軽くみられる人がいない教室を。そのため、いい発表をさせる機会をどう作るかくふうする。
四　感想文を書く力をねる
　感想文に感想を書く。その力を自分で得たように　生きていく力に。

2　教えるということ　　　［169〜206ペ］
　　　　　　　　　　　（富山県講演　S.45.8）
(1)　［長い教師生活のなかで］
①〈よき師よき友に恵まれて〉何べんか生まれ変わったように自己改革しながらきた。最初の10年は、すぐれた校長のもとにあった。
②〈信州の教育的風土のなかで〉赴任する時、安井哲先生が「十年間は生徒ですよ」と送り出して下さった。校長先生は「用が済んだら、早く帰って勉強しろ」と。すぐれた先輩にたいへん鍛えられた。
　子どもは再びその日を迎えない。教師たる自分は、失敗したら償いようがない。
(2)　［教師の資格］
①〈研究することは「先生」の資格〉
　研究から離れてしまった人は、生徒と同じ世界にいない人になっている。私は研究から離れないように毎月研究授業をしている。今のテーマは「読書指導」―自分のした仕事が生かされ、新しい建設に役だちますようにと試みている。
②〈二十代のアイディアをたいせつに〉
　のちに「創造的ないい仕事だ」と言われたことは、全部信州時代にひらめいたこと。書きとめてくふうする。
(3)　［教えない教師］
①〈「読んできましたか」という検査官〉
　本来の学習室である学校で「読んできましたか」という先生が多い。最初の「読み」をみていなかったらあとはどうして教えるのか。…最初に本をあけて、感動をもって読む第一読は、学校でなされるべき。自分の教わった先生のやり方を踏襲しない。私たちの教え子は未来をつくる人、常に「ほんとうに学ぶ」ことを教え、教師である自分を越えていける人に育てるべき。
②〈黙って書かせる批評家〉
　作文を家で書かせるのは「教えていない」こと。他の子が書けたけれど自分は書けない。→書き出しを少し書いて与える。つっかえているところへ行って、「その木はなんの木でしたか」とか「そこでなにを見たのですか」と書く。ところで手伝った文章は、その子の作品ではない、でもどこかへ発表するのではなく、ひとりで書けるようになるための指導法の一つである。
(4)　［無責任な教師］
①〈一生懸命に指導したのですけれど〉お宅のお子さん、おできになりません。教師として言うべきでない。うまくいかない責任は専門職という自分がとるべき。「優しく親切な」「あたたかい心」もあたりまえ。そうではなくて、世の中を生きぬく力を生徒につけなければならない。それが職業人としての教師の資格。
(5)　［ほんものの教師］
①教室にはいつも自分一人。子どもがどんなに喜んだ顔をしていても惑わされず、きびしく自己規制ができる人でなくてはならない。いつでもわが身を責め、子どもに確実な力をつけて、責任を全部自分にとってゆくことができる人こそ先生。

②〈子どもに乗り越えられる教師の喜び〉子どもは常に一人ひとりを見るべきで、束にして見るべきものでない。「グループ」も個人をよく生かすために編成するのであって、結局、個人を伸ばすことが中心である。じっと子どもを見ていると、子どもはほとんど全部教師よりすぐれていると思って間違いなしです。「この子は、自分を乗り越えて日本の建設をする人」と自覚し、教えながらそこにひらめいてくるその子の力を大事にしていきたい。

③「先生ほど楽しい仕事はない」という声を聞く。学校は、他の職業に比べ、お互いを許しやすく、甘えやすく、言いわけが過ぎる。

④〈教師の禁句〉「静かにしなさい！」こんなせりふはご法度にしたい。新制中学ができた1947年、焼け跡の、床もガラスも、紙も、鉛筆もないなかで、新聞・雑誌から百の教材を作ったところ食いつくように学習にはいった経験から、案が練ってあれば、仕事が自分に合っていればうまくいくと分った。

3　教師の仕事　　　　　　　[207～248ペ]
（天童市東村山講演　S.48.2）

(1) [教師志望の動機]

①〈理想は担任の先生〉私の憧れは、先生になることでした。女学校にはいり、たいへんすぐれた国語の先生につくことになった。垣内松三先生の理論、芦田恵之助先生の実践を大正の時期に身をもって実践していらした。生徒一人ひとりの答え、発言を合っている、いないということで処理されなかった。私はその川島治子先生のなさっていたことに似た形の授業で教師生活を出発した。たいへん就職難の時代に「スワコウジョニクルキアルカ｝ヘンマツ」という電報が来た。縁日の人ごみの中で「行く行く！」と叫んだのを今もおぼえている。

②〈動機はともあれ〉先生になった動機はともあれ、また、若いとか若くないとかいったことを越えて教育そのものをみつめ考えたい。

③〈「子ども好き」だけではダメ〉先生になる動機の中でいちばん多いのは、「子どもが好き」というもの。温かいけれど、子どもを一人で生きぬく人間に鍛えあげる職業人としてのきびしさ、自己を見つめる目に欠けることがある。

(2) [素人教師と玄人教師]

①〈「いい人」なんてあたりまえ〉未来の建設に役だつ人を育て上げようとしている人だけが教師。次の時代の建設に確実に役立っていることがはっきりと目に見えないから「いい人」が売り物にされるのではないか。取り出して、職業人としての意識を自覚していかないと甘さが出る。

②〈禁句「わかりましたか」〉私たちは子どもに好意を示されて過している。質問するときもよい答えが出てくることを期待している。反対のわかりませんということばが返ってきたりすることがあるとびっくりする。びっくりするということは甘さ。「わかりましたか」と聞くとき、自分への甘さがある。世間では、反対意見が出たら、まず、どうしてああいうことを言うのかなあ…と自分の方へ心を返す。自分の子どもができなかった場合に、教え方は…言わないことになっている。本当はおかしい。そうした教師の社会の甘さが気になる。それを克服しなければならない。

③〈専門職としての実力〉子どもをほんとうに幸せにする方法は、職業人としての技術、専門職としての実力をもつこと。自分の研究の成果、すぐれた指導の実力をみがき上げることをちゃんとやっておかないと、自己の生きがいが見つからないようになってしまう。

④〈真の愛情とは〉職業人として徹すること、それが教師として子どもへの愛情。子どもが一本立ちした時、どういうふうに一人で生きていけるか。一人で生きていく力を身につけられたら、それが幸せにしたこと。ほんとうに鍛えぬく実力が先生の技術だと思う。

(3) [職業人としての技術]

①〈素人でも言える指示する言い方〉書く力をつけたい。―「日記をつけてごらん。書きなれてうまくなるから」と―そういう指示する言い方は、素人でも言える。書く練習のためには、書き表わしたいことを心にもたせることが第一。

②〈専門職としての技術―書かせるくふう〉まず、子どもに聞かせる話、切る所を三か所考える。お話を途中で切ったら、心に浮

かんでいることを書く。―うちわの絵の話―書くことがわいてくる状態のなかで練習をすれば、生きいきとしたものをとらえながら、その心にわいてくるものを文字で写す作文の基本的な作業ができる。
③〈タネさがしの苦労〉子どもにすぐれた題材を捜させたければ、先生が生活のなかからユニークな観点で取材してみせるほかに方法がない。
④〈身をもって取材する〉「行事作文を書かせないで下さい」というのが府立第八高女の山本猛校長のことば。進んで書きたくなるようにする。
―修学旅行で得たお話〈おもしろい〉こと、三つ。
　ア　比叡山での法話。
　イ　奈良のお寺での説明。
　ウ　京都枯れ山水のお寺での話。一つの視点を得、自分の発見を書くことを指導した。独話による見本。耕し、指導して、着眼点を育て、ものの見方を深くするのは専門職でないとできない。
⑤〈教材の発見〉パトカーの運転手が個人タクシーをはじめたところ幅寄せ、割りこみで運転ができないと投書があった。菊池寛の「形」の槍中村が赤い陣羽織を貸し脇腹をさされてしまうところと通じる。「重ね読み」の教材がこのようにしてできてくる。
(4)［職業意識に徹する］
①〈職業人の目で見る〉生きた教材を身をもって捜す。それが教育への熱意。遠足に行ってもユニークな話題をとらえる努力をし、新聞を読んでも適切な題材を捜す。
②〈問い方を知らないマンネリ教師〉
「要点は何か」「構成は」と問う(トガ)。一つの方法だが、毎回同じでは、咎になるのではないか。文章を組み立てる時、頭の中はどのようにはたらくものか。学習記録の過程は、文章の構成と同じはたらきをしている。育てたい力の基本になる頭のはたらきをさせる仕事はないか、と考えていくとマンネリ化を防ぐことができる。
③〈一人で判断するようにしつける〉中学校は大人になる学校→指示・注意でなく、作業によってからだで理解させる。
(5)「読書生活の記録」の用紙
①前書きを書く紙、目次を書く白紙、読書を考える、読書ノート、…など18種をてびきを見ながら、一人で作業をすすめる。
②話し合い、討議を教えるのに自己が確立できていなくてはならない。
(6)〈研修によって技術をみがく〉子どもは、身のほどを忘れ伸びたいと思っている。それと同じ気持になり、教師としての技術をみがくことが大事。
(7)［教師の仕事の成果］
①〈仏様の指〉奥田正造先生の読書会の始まる前、「荷車がぬかるみから抜けない時、仏様が指で車に触れられた話」をされた。「生徒に慕われているのは、二流か三流」とおっしゃった。

4　中学校国語学習の出発　［249〜276ペ］
(広島大下学園講演　S.47.12)

(1)［教室で教えるということ］子どもには、ひとつの生活の場面として提出する。指示・命令をしないところに先生の仕事がある。
(2)［三つの話］四月の初めは、ふわふわして普通でない。この状態を一挙に締めたい。―「気をつけること三つ」という話を2分30秒で。1　人の話は黙って聞く。2　一遍で聞く。3　ことばで返事する。の三つ。
　○静まっている時には2を、騒いでいる時には1を先にし、テープコーダに入れながらストップウォッチで計り、練習した。その時は、ぐっと教室が締った。
(3)［学習記録をとじさせながら］グループ意識を育てたいと。「Aさん来て下さい」〈何名です〉と言う。「次、Bさん…」…グループに配る。その次に名まえを書かせる。位置と書き方を一ぺんで聞いて書く。30秒で五項目。書き直しできない。実に正確に書いた。―こんどは紙を5枚、条件づきでとじる。単純なことでも夢中になる時間を何秒か作った。ねらいは、一ぺんで聞く実習と気の散らない時間をもたせるところにあった。
(4)［学力につながることを］一ぺんで聞くことは国語の授業と直結している。二時目は、この前の話を、何気なく順序を変えて要点を話し、どれが一番先か、おしまいはどれだったか聞いて順序を決めた。（くり返すときは工夫がいる）
(5)［基本を教える］箇条書きで三行に書こ

う。一口移しで「一．かっこして一」黙って聞く。…三番目にはいと返事する。カギをつけた方がいいことば一「はい」につける。→箇条書きを覚える。書けなくて困らせるのでなく、教える。主体性・個性を失わせ、やる気をなくすことがないよう手を入れて進めるところに教師の技術がある。

(6) ［国語教室通信］
  ①その次（三時目）に「通信」を。どんな記事があるのか説明をした。
  ア 言語生活に関するニュース、考え、指針。
  イ 語彙を拡げる話。
  ウ 今週の文学。一
  エ 来週の予定—学習の内容と準備してくること。予定表と解説。
  ②「国語教室通信には、」と書き出しを言う。〔学習記録〕「国語教室通信には、四つ（五つ）の記事があります。」と。
  ③［教師の仕事］
  ア 今書いた文章に題をつける。「『国語教室通信』の内容」「事柄」「とは」等、みんなが罫紙に書き、どれかなあ？と思う。一自然に考えたり、書いたりする。
  イ 名まえを呼ぶ—返事—どう感じる・返事をして前へ出てくる。その時きれいに立つ。

(7) ［グループ学習］一人では、できない仕事をするから意義がある。教え合いではない。はっきりものを言ったり、熱心に言うことは、自己を確立した人だけしかできない。

(8) ［読書生活の記録］プリントに書いてある通り、キチっとそろえる。相談してはいけない。そのなかに、読書日記は多く書く人は自分で考えて入れる。基礎的なことが築かれていないと力がつかない。

(9) ［司会のてびき］台本のはじめは、「ではじめます。よろしくお願いします」一同「…」。司会者（A）が、きょう、発表会のプログラムをきめること。司会、開会・閉会のことばを言う人をきめるという台本になっている。

(10) ［忘れないように教える］張りつめた溌剌たる精神の時でないものは覚えない。「管理」の話をしてゆっくり書いてパッと消す。もう一ぺん書く。↔工夫して教える。

Ⅲ　ひとりひとりを育てる

1　ひとりひとりを育てる国語の授業
[279〜323ペ]
（広島大学光葉会講演　S.51.6）

(1) ［この時間にだれを指導するか］ひとりひとりを育てるのが教育。→最終チェックする時は、個人指導の機会がどこにあるか。〈誰と誰に何のことについて指導の機会をもつ〉予定がいる。進んでいる生徒がこの日に成長の喜びを実感していないのでは、いい先生にはいらない。

(2) ［ひとりに一冊ずつの教材で］テレビ「教える」に「子ども日本風土記」がでていた。子どもの目でとらえた現代史とパンフレットにある通り。いろいろな種類の文章がある。もっといいことは47冊ある。ひとりが一冊ずつ受けもっているので優劣の目で人を見ることがない。「あなたが発見しないと長野県が埋没する」と言うので懸命になる。聞かれたとき話がはずむ。

(3) ［材料の発見］
  ①この「風土記」は愛読書にはいっていた。パンフレットを見つけ、教材となった。偶然をうまくつかまえる。それには、始終、本屋へ行っていること。これがあればできるという学習活動が目に浮んだ。本が読んであり、パンフレットと合わせた時、一挙に教材になる。→大人が書いたものを利用して、すぐれたものを発見する力を育てる。
  ②［パンフレットは教材の宝のページ］
    ア 表紙「子どもの目でとらえた現代史」だという。「全国学校図書館協議会」…「子どもの本研究会」の推薦になっている。そこに基本図書、推薦・選定図書と類義語が並んでいる。ここに「完結」とある。これら漢語に対する識見はもたせていきたい。
    イ それから写真が載っていて末川（博）博士から坪田譲治さん、西尾（実）博士…の推薦文に見だしがつけられている。見だしに熱心な私の生徒は、ああこういうふうに見だしをつけるのか、と考える。
    ウ そして、たいせつな語句、ことばが使われている中学生に恰好の文章です。

エ　それから肩書きがいろいろあり作家…「文化人」にまとまった。
　　オ　国語として勉強になるのは、各新聞の評。291ぺ書評に「各紙で好評」「反省をせまる」などのことばが。
　　カ　編集趣旨は宝。箇条的に本の特色が述べられている。＝だいじな学習＝推薦文も。推薦した方の言っていることの中で、ほんとうにそうだというところを探す。
(4)〔指示をしないで能力をつける。〕「何が書いてありますか。要点を…」と聞くのでなく、「ここにこう書いてある」これは山本安英が言っていることにぴったりと進めていくとしぜんに要旨をとったり、要点を書くのと同じ作業をしている。指示をしないで力をつける。
(5)〔指導案・指導計画〕書いておいたほうが安全。
　①今回、自分が推薦するところに青いテープをはさんだ。
　②統計表が生きているという生徒がいた。パンフレットのどなたもおっしゃっていない。「今回は功績となった」反応の少し遅い生徒には、探すのをそれとなく手伝う。「こういうところがもう少しないかしら」と。
　③こういう場合には立っているのはいけない。上から見下しながら何か言うのはいい感じではない。私は椅子を持って移っていた。
(6)〔対話を指導する〕1年生のはじめのころ、カードを操作しているとき、座って「カードを見せて下さい」と言う。返事として「はい」が最低。そのあと…というように教える。方言の話とか、山本安英の話がでてきた。そういう時、発音とか「そして」が多いとか、…ちょっと直す。いつでもことばが先生から出るということは教師中心の授業。ちょっとヒントを出す→つぎつぎに言うのがインタビューのコツ。ちょっとしたお話をしたり、インタビューをしたり、あいさつをしたりすることは、国語教師としてほんとうにだいじなこと。
(7)〔教師としての話しことばの訓練〕読み書きをまちがえると失格と思っていらっしゃるでしょう。ところが話すことになると真剣な勉強がない。国語の先生の話は、話し方の手本であるべきです。勉強のはじめのころ、私は社説を読んで勉強した。あれは書きことばの見本のようなものでうんと読みにくい。それに読点が非常に少ない。新しいことがら、…。他に好きな文学も。基礎的な練習に役立った。練習は、欠かさないのがいい。
(8)〔生活的に学ばせる〕
　①能力をみつめているのが指導者。
　②目標を立て、目標に対しててびきの工夫をする。五月に児童向きの図書目録が出る。「岩波少年少女図書目録」も見て、読みたい本を探してごらんと言うのもいい。
　③生活的でなくてついた力は、工夫をしないと生活の中へ生きない。生活的に学ばせるとすんなり溶けて実になっていく。
　④目録の利用として、地方の中学校から来た手紙を一通創作した。その手紙に応えて岩波図書目録を使って送る本を考える。教科として今しているのに合わせて選ぼうというわけで、お金は5,000円。もう少し減らすとして、そういう本はないだろうかとか、先生に寄付してもらおうとか、そこらへんが中学生の興味をそそるところ。
(9)〔優劣のかなたに〕教室のなかで学習に打ちこんでいて、優劣などと思っているすきまがないようにしなければならない。
　①内村鑑三全集に「聞かれざる祈り」がある。「祈って祈って祈りぬきなさい。聞かれても聞かれなくてもいい世界が開かれるだろう」と。
　　全力をふるって、うちこんでやっていく。その中で優劣が気にならないところを目ざして工夫をしていく。…
(10)〔創作力を育てる㈠〕
　①ア　『ねずみくんのチョッキ』赤いチョッキにご満悦のネズミのところへあひるが来ました。「ちょっと着せてよ」あひるには大きい。そこへサルが来ました。…そこへ…。次のページ、ここは字がありません。のびきったチョッキをひきずって、ボロンボロン泣いて歩いて行くねずみくん。
　　イ　『りんごが食べたいねずみくん』は、ハッピーエンドで。…字のないところにことばを書こうと思った。…
　　ウ　この4月『また！ねずみくんのチョッキ』が出た。…（313ぺ）…今度は涙

じゃない。…
エ　担当していた文芸部の生徒が、『またまた！ねずみくんのチョッキ』を作ってきた。あるアイディアが下地にあって、それにのって、この子がこう作った。その子の創作にはならないが、創作の力そのものは練られていく。
②［創作力を育てる㈡］適切な書くところのある本は、たくさんはない。
ア　昨年、『白銀の馬』（富山房）を使った。絵だけで左の半ページは全部あいていて、お母さんが子どもと話を作りながら完成していくもの。作文の指導に有効に使うことができたらいい。
　こういう作文の時は、上手下手を忘れている。
⑾　［助け合いということ］いいことだけれど、子どもを知らない。「教えることによって伸びる」のはおとなのこと。…
⑿　［教科書を一冊の本としてよむ］いろんな観点でいっぺんに読んだ。さし絵・写真・図表がどんな意図でどんな効果が上っているか。もっとどういうのがほしいか。＝文章をくまなく読まねばできない。また、書き出しと結び、どんな少年がでているか、固有名詞だけ、片仮名表記だけ、複合語を拾うなどいろいろある。

2　国語教室の工夫　　　　［325～347ペ］
（広島大下学園講演　S.52.12）

(1)　［感動のもてる新しい教材で］
①新聞に私が「教科書を使わない」とありました。私くらい使う人はいないくらいです。まず全巻の索引が作ってあります。［第⑩巻］教科書を一冊の本として扱っているのです。生徒の実態から目標を決めて資料を選ぶとき、ひとりひとりの子どもに適したものをと考えると教科書では足りなくなる。適切な資料を加えるようになる。
②〈新しい教材で新しい感動をもって〉
教科書にないものを使うのが新しいということもない。私自身は、自分が興味のもてることを条件としている。
(2)　［語句指導］
①〈教材を探す〉教材は、年中、本能的に探している。資料の「まえばし」というパンフレットは、ことば（語彙・語句）を拡げるのにぴったりのものだった。［第⑨巻］
②〈まえばし〉このパンフレットは、たとえば春・夏・秋・冬の情景そのなかに、必ず「人」のある風景だった。花、桜、…それぞれの美しさだと、あでやかとかはなやかということばが浮ぶ。楚々たるとか清楚とかゆかしいとか、別の形容詞や形容動詞が出てくる。お祭もあり、お店の並んでいる所、自然の風景、その中に人の生活があった。そこから語彙を拡げることができる。
(3)　［過程を大切に］
①〈取材を手伝う〉作文を書くのに材料を探し、取材・構想・叙述・推敲とすすめる。それは作品を作る時の順序だが、その取材を手伝おうというのが私の考え。材料さえあればなんとか書ける。
②〈「旅の絵本」で〉名詞を拾うとしたら小学校の下の方の学年からいい。中学生でしたらいろいろの品詞を拾うとか、会話だけとか、動詞を拾い、その修飾語を考えるとかできる。ことしは作文に使った。
　「旅の絵本」を見ながら、展開してくるものを書いていく。いろんなことを想像しながら書く。→書く力が伸びる。
③〈過程を大切に〉練られた力が、たちまち人の目に留まるかもしれないし、ずっと先の方で花開くかもしれない。人はみな同じ速度で、同じ歩幅で歩くと思うのは人間に対する誤解である。
　このことをしている間に子どものなかで何が変化したか描いてみた方がよい。
④〈豊かな言葉を〉「まえばし」の授業の目的は、言葉を思いだし、知り、確かめ、発見し、ゆたかになっていくこと。ことばを探しただけで終っているクラスもある。グループで、内容・状態を表わす語を三語書く用紙を作った作業もある。あと始末で、仕事の生命が決まるのではない。
⑤〈今、この人の頭のなかは〉頭のなかにたくさんのことばが飛び交っていればいい。結果の方に目をつけていくと、おしまいが、くどく重くなってつまらなくなる。どこかのグループが発表をしている。それを聞いているだけでなく「それではこういうことはどうですか」と頭に浮かんでいるような発表なら価値ある発表といえる。
(4)　［てびき］
①〈出すべきところに手を出す〉
②〈「白い本」で意欲を高める〉今度の「旅

Ⅲ　ひとりひとりを育てる

の絵本」〔注上記(3)-②〕にこの本を仕あげに使ったらどうと渡した。
③〈リードする〉「広い、広い海。小さい波がたっている」「ギーギーと舟を漕ぐ音」「さざ波が立っている」「水平線が真っ直ぐで」とリードした。書いている最中、読んでいる最中にもっと援助した方がいい。
④〈まず試みる〉こういう教材を選んだ時に目算がなければできない。方法のおもしろさに引かれて取り掛ると途中でだめになったりする。まず、自分でやってみる。よかったてびきは、みな、私自身がやりたかったことばかり。
⑤〈「旅の絵本」のてびき〉「旅の絵本」には、ひとりの三角帽子のおじさんが最後までどこかへ出てくる。それをＡ「旅日記」にする。Ｂ「旅便り・その日、その日」これは手紙体。Ｃ幼い子に見せながら語る。Ｄ「人生断片・ここにある人生」Ｅ「ここにも人の生活がある」Ｆ「心から心へ・響き合う言葉」Ｇ「ここに人間がいる」で始まる詩。Ｈ「『ぼくは馬に乗って人生を探しに行った』という書き出しの創作」Ｉ「絵のなかのどの人になって書く」Ｊこれは「あとがき」につける「このページのこの人を通して、ここに出ていない人生を出す」…
⑥〈なんのためにどの能力を〉を考えててびきを作る。その時その時の学習に合わせ、子どもに合わせて作っていく。
(5)「話し合いはこんなふうに」というのを劇の台本のように作る。それを何回か読んでみて、こんな調子でやるのか、こんなことを話題にするのかと考えてから学習に入る。てびきとはそういうもの。

○教材を選ぶにしても、生徒を中心にするのは当然だが、自分がほんとうに知りたくて、ほんとうにおもしろくて、自分に力がつくのがいい単元。もち合わせの力で間に合わせた単元は子どもにとっても迫力がない。教師自身が成長している喜びを感じながら、その活力を子どもにわかちながら指導していきたい。

3　国語教室の小さな知恵　　[349〜374ペ]
（日本国語教育学会　S.55.8）

(1)「小さな」は、いろんな教室の（身近かな）断面にどういうふうに処するかといっ

た意味。対して「大きな」ということは、単元計画とか単元の形成途中のいろいろな問題とか知恵とかが含まれる。

(2) ［単元計画について］はじめに「大きい」ほうを。
①まず、個人差に応じうるかどうかがないと単元学習になりそうもない。
②教師の興味＝私自身が興味をもっていないものは単元になっていかない。
③またひとりひとりにかけがえのない位置を占めさせられないものはだめ。
④次に個々の対話の機会が得られない案は単元計画にならない。
⑤私自身がそのテーマに十分力があるか＝ひとつの話題にたくさんの考え方が自分にあるか。
⑥出てくることばが豊かであるか。
⑦全体の流れに抑揚があること。
⑧その単元で私自身に新たな成長の場面があるかが単元を推進させる。
⑨ちょっと運命的なところ、つまり、その人の努力にかかわらずというところがないと、暗くなったり、うまくいかないように思う。

(3) 〈「私の生まれた日」〉
①生徒の生まれた日、ここに運命的なものがある。生まれた日を調べて発表をする。これは個人差に応じうる。
②図書館での調べている力に応じて一要点をとる力に応じてヒントを出して、要点の一行だけを書き与える―
③対話の場も充分ある。
④生徒の興味は大いにある＝自己紹介の大切な資料にもなる。言葉―
⑤学習に適することば（いわゆる生活語でない）がいろいろでてくる。―7月31日だと、クラークが死んだ日、リストの亡くなった日、エジソンが蓄音機を発明した日、…この単元の指導の間に予期以上のことを知ることができた。

(4) ［国語教室の身近かな知恵］
①〈生活として教える〉まず、「こうさせたい」と思うことを自然にやっているというふうにし向けなければならない。…要点の取り方といって習って覚えたことは、いく

つも段階を経てそれを応用しないと生活力にはならない。
② 〈聞く力を培う〉学習の基本。聞くに足るだけの（傾聴に価する）話をして懸命に聞くくせがつかないと聞く力はつかない。始終いい話をして、知らない間に熱心に聞くくせがついてしまうように。
③ 〈へたな発表をさせない〉言葉専門の国語の時間には、しーんと聞きほれるようにしなければならない。そのあと感想を聞くとか。誰の話がよかったとか言うのは目標の混乱。…教師がついていて、へたな発表はさせないように努力すべき。今、発表をするところまで成長していないということ。「艱難汝を玉にする」は、玉になり得る人で、たいていの人には、手をうっていかなければならない。
④ 〈じょうずな発表のために〉発表前日に指導、原稿も見、話も聞く。それでは期待しますと送り出す。伸びようとする気持、よくやらせたい気持がうち合う。
⑤ 〈よく聞かせるくふう〉グループごとに話し手を替えていくのもよい。あるグループが一つの問題を話し合って、山のところまできたときに、別のグループに変える。話し合いをグループがうける。また問題が分れたり、きわどいところにきたときにパッと他のグループに変える。緊張感があってよい。
⑥ ［話す力を養う］
　ア　話す前にちょっと考えることをしつけないと話す力はつかない。先生に聞き返されることを恥とするように。
　イ　〈一度でわかる話を〉―
　ウ　〈注意をせずに中身を育てる〉「わかりましたか」が伸びる力を妨害する。指導するときの言葉が新鮮さを失ってはならない。
　エ　〈新鮮で聞きほれる話を〉話をじょうずにするためには、いい話を聞くのが一番。生徒のスピーチの間に巧みに入り、盛りあげる。話は話し方を話し方として教えたのでは伸びない。先生が話して聞かせるほかない。自分の体験、自分の生活から捉えた話、聞いた話でも自分の発見があれば耳を傾けさせる。
　オ　〈質問で話をひきだす〉生徒が大切なことを落としたような場合、その場で話させねば指導をしたことにはならない。うまく質問をすることによって落とした内容を話させるようにする。質問でひとつ階段をあがったようにする。
⑦ ［話し合う人を育てる］
　ア　〈話し合うことを胸にもって〉話し合いの前には、かけがえのない発言をさせるための努力をする。他の人と全く違った観点の話が出てくると、あの人があんな観方をしているのかと、お互いの価値をみつめ合えるようになる。そういう話す種をしっかりもったところで話し合いに入る。
　イ　〈話し合いの種〉一つの言葉をとったとする。その言葉について生活場面がよく出る例文―原稿用紙一枚くらい―をつくる。そういうのを全員が作って、適切かどうかを発表した。どんなふうに話し合っていくのか。→次のウへ
　ウ　〈話し合いのてびき〉台本にしたてびき。司会「では始めます。…」「私たちの担当は『たたずむ』です。似たような言葉の違いとか、どういう場合には使えないという注意などを…」（今日の話し合いのしかたを具体的実際的に知る）慣れてきたら自分の問題に入る。
　エ　〈子どものまずいことは指導の手落ち〉
　オ　〈身をもって教える〉うまくいかなくなると、通し番号の何番のところと聞いて、一緒に話に入る。いい発言をして盛りあげ自分で登るように手をひく。
⑧ ［先生であるために］
　ア　〈グループは生きもの〉グループは、個人個人を十分に伸ばすくふうのひとつ。そのときの仕事の分類によって、能力別にやっている。途中で変えることもあるし、一時間のためにグループを編成することも多い。単元ごとに変わるのは当然。四人の席、ＡＢＣＤに同じ種類の生徒をおいている。Ｄには、これから何時間の間に指導しなければならない共通点をもった生徒がいる。
　イ　〈おもしろい話は少人数に〉なるべく、個人に話す。
　ウ　〈プリントには題目を〉クラスごとに

違ったことをやっているので、順序が違う。「○○のてびき」と考えてつける。題のつけ方を指導する時間はもたなくてすむように。
エ 〈七つ道具〉複写紙―友だちと手紙や批評を交換したり、考えをとじこみたいときなど、うまくできるようになった。また、消せない字ゆえ、緊張してうまくゆく。
オ 〈使いたくないことば〉「わかりましたか」と聞かない。
カ 〈力そのものに目をつける〉その人が育ったときに、本当に力そのものがついていればよい。過程を尊ぶこともそういうこと。

　素直な子が、にこにこ楽しく勉強しているときが一番こわい。先生は、先生でないといけない。ほんとうに先生でありたい。

第12巻　国語学習記録の指導

I　学習記録指導の歩み

1　国語筆記帖について　　　　[5～25ペ]
　　　　　　　　　　　　　　　　　（「同志同行」S.13.5）

(1) ①国語学習記録の指導に踏み出したのは、昭和8年4月。「国語筆記帖について」書いたのは、昭13年5月の「同志同行」。
　②昭和7年秋、帖面の提出をさせ始めた。指導としては、考えたことをまとめ、一課の終りに感想を書くように話した。見ている間に、この指導の大切さが心に沁みてきた。
　③昭和8年の1年生に書くべきことを指示し、たびたび提出させ、批評もした。生徒の学習ぶりが、生き生きし、日々の授業が落着きをもってきた。翌9年と11年に1年を受持った。この間に、修行としての、また教授と訓練の一致の姿としての意義価値を悟り得た。…

(2) 一　国語帖の研究と指導のもとは、芦田先生の教式の「書く」ことの意義と効果による。生徒が…わかっていることを書き現わせる指導の確実な方法を求める心による。…書くことは、散り易い心を一にして知らず識らず人の心を導くものである。
　　二　収穫
　　　①学力に大きな進歩がある。深く確かに。
　　　②学習を大変親しいものにする。
　　　③力相応に励み、相応に伸びる。…
　　　④教師自ら、授業の結果を見ることが出来る。…
　　　⑦学力の調査も、本当にその生徒の生活と学習に根ざしているものを掴むことができる。
　　　⑧指導者と生徒との関係を親しく温かいものにする。
　　　⑨重荷過ないように必ず書くことと自由に書き得るところの二段に。
　　　⑩何回も提出させ適切な評を加えていくと、一度に書く者はなくなった。他人のを写す者もなくなった。

(3) ①1年入学時の「勉強の仕方」＝四事項16類。垣内松三「女子国文新編　第二版」
　②㈠［新しい課ごとに］予習(1)読み(2)その文に何が書いてあるか考えてみる。(3)読み。…(9)読み
　③㈡本習(1)導かれるままに…。
　④㈢復習(1)読み(2)教室で考えたことを書く。(4)課の終った時、「○○○を読んで」という感想を書く
　⑤㈣その他特に注意すること　朗読　文字
　⑥㈡の(2)が帖面の大部分。授業の終りに、今日書くべきことを指示した。題目と方向は定められている。帖面は1年の始めには一課毎に、二学期からは二ヶ月に一度提出させ注意し意義を掴ませていった。
　○昭12年秋の評点の項目は三種十二類。
　　㈠努力　1書くこと　2貼るもの　3予習始末。…
　　㈡学力　1文字の正確さ　(2)内容　(3)…
　　㈠の(2)のなかに朗読票がある。※
　　㈠の(1)は、「書くべきこと」が書いてあるかに対し、㈡の(2)は、内容が深く確実であるか否かの検討である。㈢は教授と訓練の一致という立場から重要。

※㈠の(2)

朗読票	題　頁　行より　頁　行まで
正確さ　漢字仮名	
発音	
声の大きさ	
早さ	
切り方	
（以下　略）	

　　［注㈠～㈢の各項目の意義・目的は第12巻16～20ぺに］
(4) 国語帖の指導は、底深き、力強き喜びに燃え得る仕事である。教授と訓練の一致とか、個性の指導とか、師弟の真剣な交りとかここに解決を見てゆく。

2　諏訪高女時代の学習記録から
　　　　　　　　　　　　　　　　　[27～49ペ]
　　　　　　　　　（S.12年度　2年生　小坂安都子）
(1) ［学習記録の実際］A.O.の記録

①本文［昭和12年5月26日の記録。「修善寺行」（吉田弦二郎）の五時間目］
　「修善寺行」
　A　一の声が…の中から流れて来る。
　B　水の上を掠めて飛んでいる。
　C　余韻を伝えて顫えている。
　D　椿の花のこぼれた門。
　E　庫裡の方へ消えて行った。
　F　闇の中に吸込まれてしまった。
　一（傍線）此れはよい書振りの処です。
　ア…くどくどと説明をつけるところです。…「流れて」の一語で説明以上によくわからせて書いてあります。こういうのこそ、結晶の力のあるのです。イ…・ウ・エ
　☒［感想］この文から、私は「美しい流」を感じた。此の「美しい」は、文句ではなしに心である。…何となくゆったりした文。…しんみりと書いてあるが決して淋しさを感じない文だ。…
　②ワークシート
　○一つの課が終ると、復習的なプリントを与えた。
　　例（昭12.12.14）自分のものと比べて気がついたことを書くことになっていた。
　A　「プリント」
　○「名器を毀つ」の答案より一、…二、…答案について…
　③感想「今日の朗読」
　○…
　〈一年を終ろうとして〉「…書くべきことを一度もさぼらなかったこと、今日やる事は…明日にうつさなかった事」自分の全力を尽くしてきた。
(2)　［学習記録に対する批評］二時間の話の記録
　　当時の学習記録の指導の目あて（昭12.11.18と22日）
　①批評を受ける態度。③嬉しい事　組に七、六人ずつお帳面が本当に自分のものになった人がいた。④書くこと…⑪感想　めためためためた（非常に）…は、そろそろやめて…。⑫日記　上欄は其の一時間の反省を書く。長くなくてもいいのです。…⑯貼り方　⑰次の感想は考えるのと　よいのとがあります。（各課二、三編ずつ載っている）。
　帖面の名のとおり、編集する、目次を作る、…形を整える仕事はなかった。

(3)　①（A.O.の「総反省」昭12.6.1）
　○気をつけたことが出来たかどうか。一…十。
　②…○私の殊に気をつけることは、一文字の美しさ、…。九．ノート反省毎、一課毎に進歩すること。十．熱心にする事。
(4)　①後の学習記録に近いのは、作文の時間の記録である。その時間の学習内容と感想（罫紙）作品（原稿用紙）、友だちの作品、その他学習資料（プリント）が時間を追って綴じてある。表紙をつけ、題がつけてある。
　②次の例は、…
　③次のは、昭和16年度の作文学習記録（山口恵美子　東京府立第八高女　1年）の目次の一部とあとがきである。
　○目次　第一時　四月九日─(1)ページ…
　○作文帖の終に（昭17年3月）…

3　学習記録の再出発　　　　［51～74ペ］
　　　（指導記録による書き下し　一、二、四）
　　　（三は「中学教育技術」小学館　S.29.5）

(1)　昭22.5.2新制中学校発足。教室に学習の雰囲気を作るものは書くこと。書けたものを大切にし、教材にもして、個々に話し合い親しむよすがにした。…書かせながら、教えなければならないことが噴き出てきて大多忙になった。…
(2)　①書かれたものは、そのまま学習の記録であった。綴じて、目次を、表紙を、とびらをつけ整えると、一種のうるおいのようなものが生まれた。
　②昭23.7.18付のI.I.の71ページの学習記録は、
　ア　表紙、見返し、とびら、目次、それにまえがき、あとがき、奥付と整い、学習の実際が出ている。学習のための資料も、プリントも、学習予定表、学習日記、反省表も、学習の成果である作品も入っている。
　イ　〈学習記録〉のあとがき、「一．前の感想［まえがき］を書いた時と今のこの文［あとがき］に対する感想。二．この課［「やさしいことばで」］を学んで「ことば」について…八．この課を学び終えて新しく持った疑問…。」
(3)　①昭24・1月から目黒区立第八中学校
　一単元ごとに一冊に綴じた。中とびらを入れたり、写真を貼ったりする生徒も出て…。

メモをもとに話し合いの記録などが入ってきた。また、「学んだこと」だけでなく、学んでいる生活が記録されるようになってきた。
(4)「新しい学習指導には新しい学習帳を」
国語では、学習帳そのものが国語の学習である。
① ［どんな形のものを使うか］
いわゆるノートでなく、とじ込み式のものに罫紙を入れて使う。学習活動の展開につれて原稿用紙、…ポスターもプリントも、評価表もそれぞれの位置に入れる。また…パンフレット、新聞記事なども…テストの問題・答案などもとじ入れられる。一単元ごとに一冊子にまとめる。目次、あとがき、奥付を書き、その単元にふさわしく装幀する。
② ［内容　どんなことを書かせるか］
　A　その単元にはいるときの心持―まえがき　学習への心構えや期待を―…。
　　　（例一　単元　研究発表　2年生）
　B　研究内容もたいせつであるが、自分の考え、研究内容を発表によって生かすことが…。私はこの単元でたくさんすることがある。第一に…第二に…
　C　第三に参考書の使い方とか研究記録について、…いろいろある。
　　　この時は研究について、「計画と記録」、発表について「話と文章」という項目で…。二時間後、別の角度から「計画と記録」について例話を多く用意して話し直した。…
③ （例二　単元　クラス雑誌）
　A　私には楽しんでできそうな単元だ。…批判する力を養いたい。…なんの雑誌を作ろうか。…編集会議についての望み…
　　　生徒たちが何を求めているか。どこに小さな誤解、理解されていないことがあるか。…
　B　単元の目標について、ときどき反省を記していけるように、上の半分に目標を、下の半分をいく段かに切っておき、している学習が目標から離れていないか書けるようにしておく。
　C　学習計画・日程
　D　日々の学習記録これが主体。学習しえたこと、指導者から受けた助言、感想、調べたこと、書き抜き、話の大要、面接の記録、いろいろな練習、その他、学習内容の記録や作品。
　　ア　聞くことに関して。⇒こまかい学習指導の手がかりを与えてくれる。
　　イ　話すことに関して。
　　ウ　読むことに関して。
　　エ　書くことに関して。
　E　次の七つの例は、いろいろな学習記録の一節である。
　　（例一）話し合いの時の座席の決めかたについて
　　（例五）古典について先生のお話（例六・七）［注　第③巻に］
(5) 学習帳の指導と処理
　①書く習慣をつける。→書くことがわからないということのないように　方法5つ。
　②いろいろなものがはいっている。
　③評価項目と票。
　　一　書くべきことが書かれているか。
　　二　内容イ、ロ豊かか。
　　三　表記。
　　四　整理のしかたと文字の書きかた。

組（　　）氏名		自己評価	
すべきことがしてあるか	1 学習日記 2 … 3 … 4 テストの始末		
内容	1 正しさ		
	2 豊かさ		

(6) 学習帳の効果
　(1) 気軽に書く習慣をつける。(7)マデ

態度	1 提出 2 すべきことが… 3		
能力・学力	4 5 6 7		
編集	10 11 あとがきの文章 12 目次の書き方		

4　さまざまな質問に答える。［75～103ペ］
（指導記録による書き下し）
(1) 問ア「ノートとちがうのですか。」答「ノートは、備忘録。」「学習記録」は、学習その

もので、考えるために書く。(創造に向っていくもの) → (略)
(2) 問イ「一ばんのねらいは」—書き慣れ筆不精をなくすこと。書く必要のある時に緊張せずに、書ける習慣は、その機会が多くないとできない。[書くことの基本に培う] 学習の力も努力も見てもらっているという安らぎがある。指導者としては、どんな力がどうなっているか、わかるのでどっしりと構えていられる。
(3) 問ウ「学習生活を書くとは」—アンケートの統計をとって、数字を処理して資料にしていくようすなどが書かれている。また、インタビューの聞き手になって準備していくプロセスなどが残されている。何を考え、どんなことをつけ加えているのかがわかる。
(4) 問エ「目次を作ることの意義や価値は」—何よりの総復習で、それも立体的にとらえ直すと思う。目次は重いものが重く見え…。学習の全体をいろんな観点で見直し、関係も発見したりして、創造的な復習になる。
(5) 問オ「書いておく必要がないことは」—「国語は、よく覚えていることも書く。書くことが学習だから、考えがないということを書くのが記録」と話していた。
(6) 問カ 授業時間だけで、普通の程度までやれるようにしていた。時間ごとに、書きながら考え、聞きながら書きというふうに残されていった。[実際 第12巻79~83ペ]
(7) 問キ「脱落させないためには？」—しそうなところでとめる。…軽い調子で書くためのヒントを出す。決して責めず根気よくしむけつづける。ヒントの雨が、おっくうな気持を払う。
(8) 問ク・ケ「生徒は書くことが楽しいか」—楽しくなくても、おっくうでも書くべきことが書ければそれでよい。生み出す力が心を引きつけ離れられないように。
(9) 問コ 「学習記録指導のこつは」—苦労をともにするという気持・姿勢、心の態度を持ちつづけること。具体的に、
　ア 始終、話題にする。ちょっと呼びとめては、…と話しかける。[実際に書かせるこつは] うまくヒントを出して、とにかく書き始めさせること。
　イ 指導者が一ばんの愛読者であることを感じさせること。一語、一行を取り上げて話題にする。ことに指導者自身が考えさせられたこと、反省させられたことなどは、小さいことでも話題にする。提出日の前などは、期待を積極的に表現する。
　ウ もの足りないところなんとかしたいところについて、簡単に×でもつける扱いにならないように。いたわりがいる。…
　エ 用紙には心を使う—量も多くなるようだ。変化のあるものも。カードに書くのも好き。五色のカードに書くときなどとりわけ。けい紙も、…
(10) 問サ どんな学習記録ができたかよりも、書きながらどんな力が伸びたかに目をつける。
　書いているあいだに、その人の内がわに育つものは大きい。
(11) 問シ 学習課程に沿ったといった一定の形は決まっていないのか。—…一年の初めは示しているが、一つ一つ学習が違うのであとは自由にしていた。学習につれてわかったこと、考えたこと、感じたことなどはもちろん、てびきを使いながら「考える間」のこと、考えを進めた跡、考えながら書いたメモ、カード、考え合う話し合いのようす、学習の結果、作品などもはいっている。
(12) 問ス 一単元一冊ですか。一学期一冊ですか。—はじめは一単元一冊でした。その方がいいと今も思っています。実際は、学期末にまとめることになった。
(13) 問セ 毎時間のように見るのか—この前のことをどう書いたか見せてという気持で、いく人かのを見る。骨の折れる書きつづけることをいたわる気持で。
(14) 問ソ たいへん時間がかかるのでは——ページ一ページ読むわけではない。まとめの文章なども、そのつど読み、評価してあるので新しく見るのはわずか。
(15) 問タ 成績に入りますか。—もちろん入ります。学習記録は貧しいということがないよう十分指導していた。
(16) 問チ 評価はどのように——年生の第一回はていねいに指導し、評価もするが、結果は渡さない。第二回めからは、文章で書くこともあるが、たいていは評価表による。
　[例1 第12巻92ページ (50.9月)]
　[例2] [例3] [一部例示]
(17) 問ツ 評価表の形は決っているのか—学年により、学習内容によりいろいろ。しか

し、評価の観点は共通のものが多い。指導者としては、…「ことばについての意見やことばの問題」など自主的な学習をひろげるよう指導したので。…

⒅ 問テ　自己評価は子どもによって、低くつけることは？―指導者の評価と一致するのをよいこととしていた。

⒆ 問ト　友だちのを写して出すことは？―欠席したときは写しておくよう指導していた。がそういうことにならなかった。

評価表　例１　　　　　　　　　　　昭50年９月

１年　組（　）		
目　　標		自己評価
１ 提出日に提出	50	
２ すべきことがしてある	5	
３ 内容（正しさ）	5	
４ 内容（ゆたかさ）	5	

評価表　例３　　　　　　　　　　　昭48.11

学　習　記　録　　２年　組（　）			
１ 提出		50	
２ 記　録	学習の跡	5	
３	その内容	5	
４	感じたこと考えたこと	5	
５	下の欄の活用	3	
６	見出し	3	
７ プリント資料		3	
８ 目　次	作り方（構成）	5	
	体　裁（表現）	2	
９ 表紙のことば		3	
10 あとがき		5	
11 表紙	内　容	1	
	体　裁	1	
17 通信の学習してあるか		0	
	内容	5	
18 スピーチの題の学習してあるか		0	
	内容	5	
19「一年生からの手紙についての個人研究」の学習してあるか		0	
	内容	5	

⒇ 問ナ　綴じにくいものは？―クリップテープを使って…清書・作品も。カードは角封筒に入れ、…。

㉑ 問ニ　バインダーは、出し入れの時はずれたりして不便。

㉒ 問ヌ　ひもは？通しにくくなると、とり換える。

㉓ 問ネ　表紙のラベルは―名前などを書くために貼る。配ってあるものは…―どれに何を書くか…こんな具合に…。

㉔ 問ノ　プリントには穴をあけて―そうです。

㉕ 問ハ　各グループの文具箱は一四人に一箱。１はさみ　２千枚通し…　９書写用ボールペン（４本）　10赤青鉛筆（４本）　11パッチ（穴の破れを直す）

㉖ 問ヒ　このほかにあるのは「読書生活の記録」…。

㉗ 問フ　厚くなり書きにくくないか。―ひもをゆるめて平らにして使う。書いてから綴じ入れる生徒もいる。まとまったプリント資料は、３号角封筒に入れて使っている。

㉘ 問ヘ　提出するとき清書するということは―ありません。…記録の中には、自分が読めればよいというところもある。人に見せ、読んでもらうものはきれいに書くよう心がけさせた。

Ⅱ　学習記録指導の実際

１　学習記録への出発　　　　［107～343ペ］
　　　　　　　　（指導記録による書き下し）

⑴ 学習記録は学習そのものとして書かれるので一定の型はない。新しい学年ごとに①学習者が違い…③国語教育研究の成果、ことに「書くこと」の教育の意見に育てられて変わってきた。この１（第一節）は、一年生最初のさまざまな実践例である。その指導の実際が第二節。第三節は、学習記録から開けてくる世界、記録が生み出してくる記録以上の世界である。

○一冊のノートでなく罫紙を二つ折りで（１年生は十ミリ、二年生からは八ミリ罫で）。
○昭和50年からはマルチシートで。

⑵ 例一　単元「あいさつ」　　（昭和39年４月）

① １年最初の学習記録は、何を・どう書いてよいか、かなりの成功感を味わいながら書く習慣を身につけさせること、そして基本的な方法に触れ、これから書いていくための基礎をおくことを目的にしている。

②新１年生の最初の単元「あいさつ」の第一時間目…綴じ上るまでの全体が110ページ～254ぺに示されている。（4/8～6/18・48時目）

A ［説明］1）一時間ごとの板書　2）その時間の学習記録　3）必要な説明　4）教室の実際

B ［資料］一教科書（西尾実編「国語一上」筑摩書房　昭和38年）「あいさつ」
［以下　略］

③昭39.4.8「あいさつ」

A　第1時目「板書」
一　自己紹介　目的１　２　注意１　２
二　先生の自己紹介　内容　感想
三　自己紹介には、どんなことを話したらよいか。…
四　私の自己紹介

指導の実際

［1］次のように話しかけながら板書する。…話しかけの間（マ）が適切でないと、ざわざわとした状態になりやすいようである。

B　学習記録(1)　4.8［S.K.］
一　自己紹介　目的１　２　注意１　２
二　先生の自己紹介
　　内容○横浜で生まれたから浜とつけた。○名まえの思い出。○趣味
　　感想　言う事がはっきりしていて、順序がそろっているので聞きやすい。私も…。
三　自己紹介には、どんなことを話したらよいか　○由来　○思い出　○趣味　○性質　○学科　○出生地　○たべもの　○その日のできごと、
　　［下の欄メモ　きょうの感想　次の予定１　２　…（略）］
四　私の自己紹介　私は八月…生まれの…と言います。…（略）

C　［参考　K.F.］一　注意　２あわてないで
二　○内容。名まえをかくのがむずかしかった思い出。オルガンをひくのがすきである。　○動作がはいっていたので、わかりやすかった。

［2］「一　自己紹介の目的」を話し合ったあと。
［3］板書の一の二「注意」、「次の時間の自己紹介でどういうことに気をつけようと思うか」を書く。
［4］指導者の三分間の自己紹介
［5］板書の三　八つの○の下に書く。…
［7］傍線をつけたことばが漢字で書けるようにする。
［学習記録はS.K.とK.F.のとを比べてみると、意味の違いがある。教師の話の受けとめ方か、書き表し方でずれてきたのか…］

④「あいさつ」2時間め（昭39.4.10）

A　［板書は第⑫巻132ぺに。学習記録は135ページに］
［1］（チャイム一分前、書取りの用紙配布）…［2］この前の時間のところ、…あけて出しておいて。今日は窓がわの、五列と六列。…［3］…［4］罫紙にこの時間の柱を書きましょう。

B　板書
一　書取りテスト
二　感想の発表
　1「先生の自己紹介」を聞いて
　2「きょうの感想」から
三　自己紹介
　1いちばん多かった内容（1行）
　2新しい内容（1行）
　3とくにじょうずだったのは、どんなところが
四　きょうの自己紹介（　）学んだこと。
　　［5］感想の発表は…。今度は自己紹介。男子女子の順…

⑤3時間め（4.11）…

⑥6時間め（4.15）〈板書〉
一　ノート調べ１…５
二　作文の本のしくみ
三　「一日のはじめに」を読む。
四　「一日のはじめに」を読んで
〈学習記録〉…

⑦7時間め（4.16）板書
一　朗読「一日のはじめに」
二　発表…を読んで
三　作者の心を動かしたもの（3行分）
四　好きなことば
五　「どこにかかるか」…

⑧9時間め（4.22）〈板書〉一　練習　二　朗読

1 正しさ	
2 声の大きさ	
3 速さ	
4 はっきりわかる	
5 感じが出ている	

⑨13時間め（4.27）
　一　作文の題材集めについて
　二　放送を聞く〈「山の天使ティス」スピリ作　感想
　〈題材集め用紙〉（167ペ）に
⑩14時間め（4.28）
　A　板書
　　三　「ひとりの新入生」を読む
　　四　「もしも自分がこの新入生だったら」
　　　　1友だちの意見を聞いて　2自分の意見
　B　〈学習記録〉〈題材集め用紙〉（169～170ペ）
⑪15時間め（4.30）
　A　板書
　　三　1「少年らしい誠意とそれにぴったりした行動」とは―
　　　　2「心を励まされるのです」とは―
　B　四どう違いますか。
⑫18時間め（5.4）
　A　板書
　　二　「あいさつ」を読む
　　三　「私のあいさつの経験」一二　三書き出し
　B　〈学習記録〉…
⑬20時間め（5.9）
　A　板書
　　二　あいさつかるた　1　進め方　2　司会のことば　3　作る
　B　〈学習記録〉
⑭23時間め（5.14）
　A　板書
　　一　放送を聞く「貧しき人々」ドストエフスキー　マカールとワルワーラ
　　二　かるたを仕上げる
　B　〈学習記録〉
⑮26時間め（5.19）
　A　板書
　　二　あいさつをしたくなければ（まごころさえあれば）しないで黙っていてもよいという考えの人に―作文　提出―
　B　三　ことばの意味と用法
⑯27時間め
　　一　発表　私の反対意見
　B〈学習記録〉
⑰31時間め（5.27）
　A　板書
　　一　練習　司会のことば(1)
　　二　話し合いをよくするために　1　司会者　2参加者
　○「進行について」
　　三　司会のことば(2)
⑱32時間め（5.28）
　A　板書
　　一　テストを活用するために　1　2　3
　　二　正答とその考え方
　　三　自分の反省を書く…
⑲34時間め（6.1）
　A　板書
　　一　発表はこんなふうに
　　二　発表の聞き方はこんなふうに　1　2　3
　　三　用意　四　発表
　B　〈学習記録〉
⑳35時間め（6.2）
〈学習記録〉一きょうの感想から　二発表（記録213～218ペ）
㉑36時間め（6.3）
　A　〈学習記録〉一きょう、特に気をつけよう　1メモ　2質問　二発表　司会Te
　メモ（前時に5まで）6…
　各グループから、よい用例文として推薦されたものをいつもプリントに。
　B　プリント〈ことばの意味と用法（短文例）〉1新鮮、2すがすがしい…8実現　［例は略］
㉒37時間め（6.4）
　A　〈学習記録〉
　　一　発表　この題で書きたい　・みんなの性質　・中間テスト　・手紙…
　　二　話を聞く「めあてを考えて書こう」
　　三　研究　そのめあてなら　・これを書く・これを省く
　　四
　B　☆きょうの感想　作文の題材を…それぞれ…個性的なものがよく表わされていた。先生のお話で、…［38～40時めあてを考えて文章を書こう。
㉓41時間め（6.10）
　A〈学習記録〉
　　一　「イランカラプテ」を読む。
　　二　「イランカラプテ」を紹介する文章を書く。…
㉔43時間め
　　一　放送を聞く、ディカニカ夜話より　五

月の夜ゴーゴリ（3行分）
二 「イランカラプテ」を紹介する文章を書く（つづき）。
㉕46時間め
〈学習記録〉
　一　談話
　　1 「イランカラプテ」を紹介する文章をよんで
　　　○しっかりと書けていた。
　　　○プリントをいかして使うこと。
　　2 「さんとくん」「くん」は学生ことばなので…
　二　ことばの意味と用法
　　きょうの感想
㉖47時間め
一学習記録のまとめ
　1まとめ方　2自分自分でまとめる
　［1］準備
　　1　学習記録をとじるために
　　2　作業(1)…(4)各自でカードを操作しながら目次を作る。
㉗48時間め
一学習記録のまとめ、「あとがき」「奥付」
　採点票による採点はせず、指導者によるひと言の感想（254ぺに例）

(3) 例二
①国語教室通信による指導
　○発刊の動機（昭40.1月）「…次の準備、持参するもの、読書生活の記録の自己評価をしておく日など、…。
　通信だけですませる。
②A　国語教室通信第1号から（昭41.4.9）
　学習記録の一部となる「通信」の性質・内容とその活用について知らせている。（7項目）
　B　第2号（4.16）から　今、次のものが、とじてあるはずです。…通信など、なくした人は、…あげます。
　C　第5号から　プリント全部ありますか。（1～19）…
　　　作文の題材　いく枚出してもいいのです。…
　D　第7号から（5.21）　○発表のあとしまつ、…
　　　読書日記、…この次はどうなるかなと筋を想像したりして書くのも。…
　E　第8号（5.28）
　ア　別プリント〈学習記録のまとめ〉…3 今度とじるのは、作文の前まで。…6 表紙には次のことが…。8 奥付には次のことを書きます。…。9 ページを打ちなさい。10 目次　はじから書くのではなく…。
　イ　今度は…点を書きませんが、採点項目は次のようになっています。
　　1　期日に提出　50、2　整理…。
　　9　表紙とびら　奥付　5
　ウ　あとがき　原稿用紙二枚以上…
F　国語教室通信第9号（昭41.6.4）から
　○学習記録の第一冊　提出日厳守…学習記録が一冊まとまって、第二単元になります。1片耳の大しか　2平頭もりの話　3宮澤賢治　4コンチキ号漂流記
G　第10号（6.11）から
　○二冊めの学習記録…反省を生かし、自分でくふうして…
　○二冊めの記録になってからのプリントは1…6
　○こんなことも書いてみよう。先生から話があったとき、その話の組み立て（順序）を…
　○ことばの使い方で、気のついたことは書きとめよう。道で、店で、テレビを見て、新聞を読んで、…
H　通信第11号（6.18）から
　○読書　読書日記つづけていますか。…
　○プリントのことばの手引きの勉強は、じゅうぶんですか。
I　通信第12号（6.25）から
　○比べて勉強しよう。…比べてみたら、その結果を書いておく。ほんのひと言でも、…
J　国語教室通信第13号から（7.2）
　○学習記録の提出　夏休みの準備に関するものは、今度提出の中に入れないことにします。…など前のとおりですが、プリントがはってありますから、ごらんなさい。…
　　今度から採点票を使います。…自分で評価した結果を書き入れることも忘れないように。低くつけることのないように。提出は、全クラス…です。ひとりのこらず、おくれずに…。

(4) 例三　単元「中学校国語学習の準備」
　①オリエンテーションに三日、自己紹介もその中で行われた。学習記録の用紙を綴じるなどからだを動かして、作業をする方向で始めた。
　②例三は、A　板書と生徒の学習記録。B　記録の説明の中の〔　〕は、学習記録としての指導の説明。C　※は、学習記録の指導によるメリット。
　③1時間め（昭47.4.8）
　　一　学習記録をとじる。
　　二　「国語教室通信」を見る。
　　　ア「気をつけること三つ」の話。
　　　イ　綴じ込み表紙に用紙を綴じ入れ、表紙を書き学習記録を書く準備。
　　　(1) 表紙、とじひも、白紙一枚、けい紙一枚、「国語教室通信第1号」を渡す。
　　　(2) 表紙に名まえを（サインペン使用）。五つの指示（276ペ）。
　　　(3) とじさせる。30秒の話をする。
　　　　　1　白紙の位置　2　3　4　5
　　　(4) 板書事項を書かせる。授業時数、月日。
　　　ウ　国語教室通信をざっと見る。
　④2時間め（4.13）
　　一　気をつけること三つ。
　　二　「国語教室通信」を読む。
　　　ア　1時間めの話、「気をつけること三つ」の要点を、箇条書きで書かせる。（聞き書き）
　　　イ　通信をいっしょに読む。
　　　(1) いくつの記事があるか。考えたことを文章に書かせた。書き出しは聞き書き。
　　　　〈「国語教室通信」には、（　）つの記事があります。次のとおりです。
　　　　　1…4・5〉
　　　(2) (1)で書いた文章に題をつけさせた。
　　　(3) みんなの題について短評〔短評を聞きながらメモすること。メモとはどの程度に書くことか〕
　⑤3時間め（4.14）
　　一　よい返事…三　みんなの題　まとめ
　　　（一）よい返事─「今の返事は、どんな感じか」〔学習記録例〕
　⑥4時間め（4.17）
　　一　よく聞いていきいきと話そう。1…5

　　二　書きたいことや話したいことを集めよう
　　三　読書日記
　　　（一）五人の生徒にインタビュー…
　　　（三）読み聞かせながら、読書日記の書き方を理解させた。
　　〔学習記録例〕
　⑦5、6時間め（4.19）
　　一　本を開こう
　　二　学習はこんなふうに
　　　1　「この新鮮な気持ちを」
　　　2　「ルナールのことば」
　　　3　発表会・発表会プログラム
　⑧7時間め（4.21）
　　一　書く「ほんとうにそうだなあ」
　　　※ルナールのことばは、…というような短い含蓄のあることばで九つ。それを読んで思ったことを書く。学習記録に一言、感想「書いているときの自分」を書く。
　⑨8・9時間め（4.24）
　　一　てびきのプリントに書きこむという形で。
　　（例）〔学習記録〕
　　一　話し合いの進め方。
　　二　「わたしの感じたこと、発見したこと」
　　三　暗唱
　　四　話し合い。─プログラムを決める。
　　あしたの国語
　　一　たしかめ…
　　二つの比較
　　　1…2　「次は○○さん」と「次は○○さんです。」
　⑩10時間め（4.25）
　　一　発表を聞いて　の書き方　1　メモ　2　手紙
　　二　発表会の準備・練習
　　　※「てびき」に傍線を。─この記録は、教師、生徒両方の評価の場を提供してくれる。
　⑪11時間め（4.26）
　　〈学習記録〉
　　一　発表会の準備　・標語　・順序　・くふうしたこと…　・拍手のしかた
　　二　練習　1　開会のことば　2　出入りの練習　すっと立つ、さっと出る　3　グループで仕上げの練習
　　評語○いきいきした発表会にもり上げよ

う…○しっかりと声に出していう発表会・注意…・くふう…・今日の感想…
⑫12時間め（4.28）
　一　発表会の前に「聞き手の私は」
　二　発表会第2　第7　第8グループ
　三　発表会のあと「だれに感想を寄せようか」
　　　―手紙の形にまとめる。
⑬13・14時間め（5.1）
　一　発表会第6・3・5・1・4　グループ―聞きながらのメモと各グループの一人にあてた手紙五通。また、文集二つ(1)…(2)「私の感じたこと、発見したこと」（例）…
⑭15・16時間め（5.9）
　一　発表会を聞いて
　二　手紙を見て
　三　手紙から…
〈学習記録〉（303ぺに例）
⑮17時間め（5.10）
　一　確かめる「あのことは書いたかな」
　二　お話「さんとくん」
　三　放送を聞く「気持よく　あいさつを」
　四　私の読みたい本
⑯18時間め（5.12）
　一　辞書を見る
　二　辞書で学ぶ
　　　どういうときに辞書を使っているか。
　三　辞書を選ぶ
⑰19時間め（5.17）
　一　お話「テストのついて」…
　　　　○テストの意味
　二　復習
　◇20時間め（5.20）出張のため、『やさしい漢字教室』によって自習。…
⑱22時間め（5.24）
　一　学習記録のまとめ
　　　手順はこのように。
　学習記録の内容の一覧表をプリント（313～315ぺ）「てびき」から。
　　○むやみに人にきくのはやめなさい。…
　　○人の世話をやかない。…
　　手順　1　全部そろえる。［プリント］「学習記録の内容によって…　2　目次を作る　3　あとがきを書く。　4　①表紙、とびら、奥付を書く。
⑲23時間め

学習記録をまとめる
　○目次を作る　○目次を考える…
　出された第一案…
⑳24時間め（5.29）
　一　テストの批評　単元名について
　　　次の学習の準備について。

(5) **例四　いろいろの工夫**
①わかりやすい作成のてびき
　ア　入学以来、学習記録を書かせながら…いちいち手を取らず、わかりやすいてびきによってまとめあげさせようとした。
　イ　〈プリント〉学習記録の作成　1順序…2表紙…3あとがき…9…
　　　（注3）プリント
　ウ　「学習記録のあとがき　てびき」
　　　一　こんなことを書く（内容）…
　　　二　書き出しの例　三結びのヒント…」
　　　（注4）表紙のことば　例「体験」
　　　（注6）今回は渡さないが、努力の要点を知らせるために採点票（昭和50年1年用）配布。（用紙　略）
②四つの欄、五つの色（S.52年　書き下し）
　ア　新1年の学習記録の形は、学年ごとに異なっていて、一度も同じであったことはなかった。
　イ　昭和52年には、四種類のらんを設けた。今までの「感想」の内容を充実させたいと思い…はっきりと意識にのぼっていなかった心の中がとらえ直されることもあろうと考えて。…〈4のらん〉配られた物、次の用意、持ってくる物。
　　○いろいろな観点で読んだことをカードにとるようなとき、五色のカードを用意する。
　ウ　4種類の欄のてびきによって、3時間めに1・2時間め学習の内容を書いた。
　エ　⑮時間め（5.9）、プリント「私の学習記録　私の学習を見直す」によって自己評価をした。
　　○これに合わせて、一つ一つ…確めなさい。…
　　　　2　2のらんにその日したことが…
　　　　：
　　　　16　国語教室通信の…ことば、学習がしてあるか」

145

オ ○〈学習記録〉⑯⑰（5.12）
　○今日の学習　一文章を書き進める。
　○質問して先生に聞き返されたら話し方がへたである。
　　文章を書く。1…　2…　3…
　○ふだん気づかないことでも文に書き出すとよくわかる
　○もらった物　・表紙　・色びょうし　・見返し、とびら、目次、奥付の紙一枚ずつ

③力が弱いと聞いて（昭和53年）
　書くことの内容やその説明、注意などを書き込んだてびきを作った。◇印は説明や注意。上の欄に「今日の学習」…「気をつけること三つ」「当番の仕事」と。中の欄には、「中学校は」という話の内容、「気をつけること三つ」を番号を打って短く書き、当番の仕事を、例のように書く。◇このてびきは、たいへん役に立った。
〈プリント〉
　学習の記録　てびき
　書きながら伸びていく私の記録
　確実に、今、ことばを書いている、ことばで考えている、ことばを使っている私の記録
(1) 4.10
上の欄4cm　[中の欄　略]　下の欄5cm

| 今日の学習　◇黒板には、先生が書くときも生徒が書くときもめいめいが書くときもある。　中学校は　◇先生の話の内容は、いつも書く。　◇見出しをつける。　気をつけること三つ　当番の仕事　（以下　略） | ◇配布されたものを書いておく。　◇小さな注意。　◇次の準備しておくこと持ってくるもの |

④　実際に書かせながら（昭和54年）
　一時間め、二時間めには、この記録にあるように、もっぱら準備的な作業をして三時間めに、一、二時間めの事実を思い返してみんなで相談しながら実習的に書いた。
　　（以下　略）

2　学習記録を育てる　　[345～381ぺ]
　　　　　　　　　　　　　（書き下し）
(1) 目次の作り方の指導
　○目次を作ることは、そのときどきの学習の総復習である。よい目次の条件として、
　　①同じ種類の記事が同じ種類に見える。
　　②重いものが重く見える。…
　　　指導者としては、どの学習を、だれがどのように受けとめているかをはっきりと見ることができ、そこに学習に対する態度や理解の力を読みとることができる。
(2)の1　次は、昭.47.6.7提出の学習記録の中から、目次五編を取り出して、目次の作り方について話し合った学習。この次の記録から、目次の作り方は急速に進歩した。
　A　—目次—
　　一　国語学習の前に[通信を読もう]…
　　五　今までの学習をふり返って
　　　あとがき
　B　目次
　　○発表会プログラム　○話し合い…
　C　目次
　　先生のお話　○友だちの話[発表会]…
　D　目次
　　○学習記録をまとめる（てびき）[国語教室通信…]
　　　—発表会—○…
　E　国語学習記録　雷鳥（一号）
　　〈1〉
　　特集1　国語発表会　一発表会前…
　　二…三…特集2…
　　◯指導記録から
　　このあとの主な話題…形の整っているのは…
(2)の2　中間指導のいろいろ　○書く習慣をつけ、書き慣れさせる実際指導は、一年の最初の一冊を仕上げるまで。その後は、…おりおりの指導の実際を。（一～八）に。
　一　第一冊のあとがきを全部プリントにし、…
　三　第二冊の提出に先立って評価表を配布。生徒は、どの項目についても直せるところを直す。評価表は、同じ学年であっても、提出のたびに項目も順序も形式も違っていた。次は、…

II　学習記録指導の実際

国語学習記録評価表（47.7）組（　）		
表　紙	内容	書くべきことが落ちなく書いてある。
	体裁	
とびら	内容	書くべきことが落ちなく書いてある
	体裁	
目　次	作り方	
	体裁	
記　録		入れるべきものが入れてある。書くべきことが書いてある。
		書き方の指示が生かされている。
あとがき		
表　記		
句読点（、や。）		
文字の書き方		

〈プリント〉
　学習記録の評価表について
　　1　表紙　内容
　　　・○と×でついています。
　　　・名まえがなくて、×になっている人がたくさんあります。名まえはあっても、番号がないと×になっています。
　　6　目次　体裁
　　　・見やすく、整って書けているかというところです。
　　　　くふうしてあるか、ていねいに書いてあるか、などについて考えました。
　　9　あとがき、表記、句読点、文字の書き方
　　　字の書き方は、「習字」の時間とはちがうので、たいへんじょうずでなくても、らんぼうでなく、でたらめでなく、書いてあればよいという考え方で見てあります。メモなどは、人に見せるためのものではありませんから、いそいでとにかく自分が利用できるように書いてあればよいというつもりです。

四　一年の最初の一単元の指導で、学習記録の位置、書きかた、まとめ…クラス全体としては…この例（昭47年度１年２学期始め）は丸岡秀子の「一すじの道」を「学習記録」におきかえてみた。「これを書かなくては、私の学習はなかったことになってしまう」。

五　個々に記録を見て、生気がないと感じたとき、いろいろの生徒のページをそのまま印刷し、「学習記録抜き書き」を作り、その解説を添えて配布した。

六　二年の第一学期［昭48.4］の初め、二年の国語学習全体の向上のために、八項目にした。その中の「学習記録」の項—
　1　〈プリント〉の下のらん　気がついたこと、感じたこと、考えたこと、疑問…。
　2　自主的な学習、国語の時間中以外の学習も、入れる。
　3　「話」のメモ、記録必ず。…内容のよくわかる記録。さらに、一をそのようにしているときの、自分のすがたのよくわかる記録。
　5　小見出しを、上のらん外に書いておく。

七　三年の四月（昭49）教室には、生き生きとした、緊張感があった。
　⑴　プリント「この今の気持ちを生かすには」による学習。
　⑵　プリント「一歩一歩を確かに㈠」を配る。
　⑶　今学期一時間めの記録を提出。…
　　　　⋮
　⑽　三時間め、四時間めの学習記録を提出する。
　⑿　プリント「学習記録を見て」（第二回）を配る。
　〈プリント〉
　　この今の気持ちを生かすには

　　さあ　しっかりやろう
　　本も読んで
　　記録もして

　　その日　その日

あれもして
これもして
ひとつ　ひとつ

きちんと
ゆたかに

　こういう今の気持ちをどのように生かし、実を結ばせていくか。
1　「勉強のしかた」を聞いた人がありました。
2　ことばの力は、急にはつかない―これはもうよく知っていると思います。…
3　ことばの力は、実際にやらなければつかないのです。…
　ことばの力は、なにか、自分の外からもってきてつける、というようなものでなく、人そのもの、なのです。ことばを育てるということは、「人」を育てるということ、ことばが育つということは、「人」が育つということなのです。
4　学習記録
○　あとがきがめだってよくなりました。「あとがき集」の学習は、たいへん効果的であったと思います。

3　学習記録のあとがき集によって学ぶ
[383～404ペ]
（S50.11　1年　書き下し）
○学習記録を使った発展的な学習事例。
(1)〈学習記録のあとがきは、(383～384ペ) のてびきによって書かれている。〉
あとがきによって学習についての理解を確かにし、学習の態度を確かにする学習である。
(2)［学習の実際］
①　資料「学習記録のあとがき」抄（5クラスから11編を共通教材に）
［1］資料を読み、自分はだれのどの部分について話せるか、話したいかについてメモさせた。
〈資料〉(2)ことばは、一音の違いで、相手に与える印象が違ってしまう。毎週「国語教室通信」を見ては、…この次からは…と思い…でも実際は、…。(3)とりわけ勉強になったのは、国語の楽しさを知ったことだ。…それに心の向け方も変ってきた。…今は、…。(8)今この記録をまとめ終えて思いだすことは、目次の書き方とさくいんのたいへんさです。…(11)…。
［2］［1］に指導者からの問題提起を加え、次のいろいろな形による話し合いの会の計画をたてた。
A　指導者の話　B　生徒の話（独話）　C　数人の生徒の話し合い　D　クラス全員の話し合い
A　〈講話「学習記録のねらい」〉
「…その中に、この学習記録はいつまでも自分の役に立つであろう…というあとがきがたいぶありました。
記録は、役に立つか立たぬかとつきつめないで書いたほうがいいと思います。…確実なのは、…身についた「書く力」だと思います。
D　〈話し合いの記録から〉
①《変わる成長する私たち》
②《「つくる」気持ち》
③《疑問に答える》
④《ことばの使い方の問題点》

Ⅲ　三年間の学習記録―目次によって見る
[407～549ペ]
（書き下し）
(1) 昭和47年4月入学、同50年3月卒業のM.Kの学習記録10冊。目次により内容のあらましが想像できる。目次全体については解説が付されている。
(2) 記録の例は、それぞれの学習に応じ、理解しやすいページを選んで掲げられている。
ア　ふたば　イ　ほんば　ウ　若木　エ　翼　オ　成果　カ　歩み　キ　出立　ク　栄光　ケ　旅立ち（前編・後編）
①「ふたば」　（昭47.6.3提出　一年　185ペ）
A　入学最初の単元。中学校の国語学習を進めるための国語学習能力に培う単元で、第12巻第Ⅱ章1の例三によったもの。
B　「何を書くのかわかっている、そして、あまり量が多くない」ということが、学習記録のこつの一つであることを確かめえた実践事例と書かれている。
C　出発時には、気持ちを持ちつづけさせ、よりすぐれたものにしていくこと

Ⅲ　三年間の学習記録―目次によって見る

　が、容易でない。しかし、…
②ほんば　　　（昭47.7.15提出、一年、154ペ）
　A　目次の作成について、生徒の目次５例を材料に。カードなどを使い、手ぎわよく分け、組み立てていた。
　B　あとがきを見ても、この目次の学習がたいへん役に立ったようである。
　C　評価表について、評価の着眼点や基準を示した。（第⑫巻第Ⅱ章363ペ）
　D　［あとがき］「…いちばん心に残っていることは、〈小さな研究〉です。…
③若木　　　（昭47.12.20　１年　497ペ）、別冊学級文集30ページ、別冊　古典の冒頭、名作の冒頭。
　A　・「『記録する』ということ」から始まって、充実したゆたかな学習。…
④翼　　　　（昭48.3.25　１年　84ペ）
　第１巻の「新一年生に石川台中学校を紹介する文集」の学習の記録。
　A　作品を作ることを主にしているので、てびき、思いつきのメモ、いろいろの文章の下書き、各グループの目次などで記録は最小限。作品は、グループ文集に盛られている。
　B　［学習記録から］㈠文集にとりかかる日の記録。㈡国語学習日記　○あとがき［443～447ページ］
⑤成果　　　（昭48.7.18　２年　376ペ）
　A　二年生最初の時間は４月10日。この日、「一段と高く目ざして」というプリントで学習のいろいろを考えさせている。
　B　「このことは確かに聞いた、よくわかっていた。あの時、ちょっと鉛筆を動かせば、自分もこのくらい書けた」という気持をもたせた。［目次450～451ペ］
　C　［学習記録から］
　　㈠スピーチのあった日
　　㈡発表会の直前の日々…
　　　「あとがき」
⑥歩み　　　（昭48.11.15　２年　262ペ）
　A　巻頭を「歩み」という詩、あとがきに題、「通信から考える」とつけ、「通信」のことばの問題に取り組んでいる。
　B　内容は、「新一年生に石川台中学校を紹介する」文集の礼状が、期待にそむく反応になったので、学習が努力で保たれている。
　C　［学習記録から］学習記録は、作文の基礎としての書くことそのことを指導する一つの場である。
　　㈠このスピーチにこの題を（２分間スピーチ）に題・気付いたこと、ひと言を書く。
　　㈡「一年生の手紙を読む　観点を求めて」
　　㈢一年生からの手紙の個人研究。発表原稿。
　　㈣発表前日、当日の記録。
　　㈤「通信から考える」の実際。
　D　［あとがき］大きな成果。
　［巻頭の詩　歩み］
⑦出立　　　　（昭49.3.13　二年 390ペ）
　表紙のことば「出立」（８行は493ぺに）
　A　［目次は494～495ペ］「私たちの生まれた一年間」（第①巻Ⅱ）「ほめことばの研究」（第⑨巻Ⅱ）「創作五つの夜」（第⑥巻Ⅰ）「意見文の学習」（第⑥巻Ⅱ－２）
　B　［学習記録から㈠㈡㈢㈣㈤　496～507ペ］あとがき（507～509ペ）＝確かな進歩が。［評価］（512ペ）
⑧栄光　　　（昭49.9.25　三年　546ペ）
　A　［目次は514～515ペ］
　　「もっとこんな本も」「明治大正昭和作文の歩み」（第④巻Ⅱ－２）
　B　［学習記録から］㈠㈡㈢㈣
　C　あとがき　　　　（528～530ペ）
　　「大論文と言われる　明治大正昭和作文の歩み」は約140枚。
　［註　「大村はま国語教室　資料編①」（1985.2.20　筑摩書房）に「栄光」の完全復刻版がある。］
⑨旅立ち　前編・後編（昭50.3.16　三年前編394ペ　後編418ペ）＝時系列でない。
　①A　［前編の目次533～534ペ、後編の目次544～545ぺに］
　　B　［学習記録から］
　　㈠「外国の人は、日本（日本人）をこのように見ている」の読書会準備
　　㈡読書会の記録。
　　㈢「ここはこれをふまえて書いている」勉強会。
　②後編

A　〔学習記録から〕ア「課題図書について考える」　指導者の話（546～547ペ）→受けとり方（の問題点・指導者の反省）
　　B　［あとがき］（前・後編を通して）
　　　イ「外国の人から見た日本・日本人」この研究は私たちの三年間の結晶である。…（548～549ペ）
☒〈大村　評価〉
　「ゆたかな実力と、すなおな誠実とが、このすばらしい記録を作りあげています。「外国の人は…」のレポートを手にしたとき書いたことばをくり返します。こんな学習記録を手にすることのできた私は、しあわせです。感動と感謝をもってこの終わりのページを閉じます。」

第13巻　国語学習のために

I　やさしい国語教室　　［5〜215ペ］

（「やさしい国語教室」毎日新聞社　S.41.3.15
　共文社　S.53.10.20）

□国語をどう学ぶか

ア　〈ことばの力〉
　・ことばの力は、「学習をする」、広く「生活をする」ための力になる。

イ　〈小倉遊亀先生と習字〉「字がじょうずになる方法…書くたびに、少しじょうずに書こうと…。」とおっしゃった。

ウ　ことばの学習はこれと同じ。話すことを苦にしてる人―まず、もう少しぴったりと言い表せることばはないかとことばを選ぶ、「意識して」発音でも、ことがらでも、気持ちでも、言い方にしようとする。

1　よく聞こう

　…ができる、ほかに大切なことは「よく聞ける力」と「よく話せる力」。

A　①［十人十色のあいさつ］「おはよう。」…「おうーすっ。」…同じあいさつのことばも言う人によってひびきがちがう。
　②［心を語るひびき］ひとのことばの中に、その人の心を悟ることのできる人がひととの深い交わりを築いていける。
　③［じょうずな話し方］自分の話していることばを、自分で聞きながら話す態度が努力のもと。
　④［アナウンサーの話］自分とそう違わないな→自分ととっても違うと感じるとき、レベルが上ったとき。
　⑤［美しい発音のもと］目の不自由な生徒が読み書きに点字を使うことのほかに…との質問に、その学校の先生は、「ことば一つ一つの発音が、歯切れのよくない話し声にならないようにすること」と。はっきりとものを考え、自分の考えをはっきりともつことが美しい発音のもと。

B　①［積極的に言う気構え］なにか意見を言わなければならぬときには必ず言ってみようとすること。
　②［"賛成"という発言から］次に、賛成する理由とか根拠をつけ加えて話す。

C　［四つのことば］〈小鳥の声（話し合い）〉の中で、「発起」「同志」「遊学」「啓発」〈Dさんのことば〉

D　［辞書に親しもう］気がるに引くくせをつけ、心や頭の一部分のように使おう。「そら」は、天のほか、…暗記ナド。

E　［たくさん読もう］よく読めるために、たくさん読むことは大切だが…体験しないとできない。

F　［読むものとは？］・何を読むか？―…こういういろいろなものを読みながら読む力は育つ。

G　［清水幾太郎のことば］『読書のしかた』―「わたしはおもしろそうな本をうんと読みます」

H　［一冊読み終わったら］「…本が好きになりはじめると、この本の次はあの本と…。調子が出て来たら、…そこでちょっと立ち止まって、考えてみる。そして、どこがよいかを書き留めておくことにしたい。」

I　［ノートに書きとめる］書くことを自分の毎日の生活の中に使っていく。「まとまらない考えをまとめるために書く」こともある。

J　［考えを深めること］読んで考えがまとまらなくても　とにかく心の中を文字にしてみる。…次の考えが引き出されてくる。書こうとすることがつかめてから、組み立てなどくふうして文章に書く。

K　［ふしぎに結論が出る］まとまらないとき、どんどん書いて「目に見えるもの」にしていく、まとめるために「書くこと」を使っていこう。→

L　「いつも書いている生活」→「豊かな題材をもって」いると、いきいきと書ける。

M　［題と内容と構想と］まず題を書きとめておく。次はあらまし（内容）を書いておく。その次に構成を書いてみる。一日に一題ずつ集めてみては…。

ア　［ことばの使い方］
　・敬語について　中学生を不安にする使い方は、ほんの少し。

A　自分のほうへ使うことば「おります」「い

たします」「まいります」「申します」「存じます」を相手のかたのほうへつけてしまう。…
B 『母と先生のあいだ』先生「田中さん、15日の編集委員会に出席なさいますかどうか、お伺いしてきてください。」おかあさんの返事を先生に伝えるときは、…
C 「あっ、先生来たっ」→「来たっの敬語を考えてみようよ。」自分たちのふだんのことばを取りあげて考え合うこと—

2 よい聞き手、よい話し手
A ［ぴったりした答え］聞かれたことに対して、多すぎない、また、足りないところのない答えをすることは、むずかしい。―読書クラブでの発表後―「その本は、この図書館にありますか」→…もっとだいじなことは…
B ［きちんと聞きとる］基本としては、○たずねられていることは何か。○どの程度か。を正しくつかんで、○内容がずれたり、○方向の違うことを言ったり、○言いたりなくてわからなかったり、○よぶんのことまで言ったり しないようにする。
C ［心のとおりに答える］なにかたずねられたとき、…「わかりません」とことばを使って言うことは、いいこと。さて、これを言うとき、ほんとうにわからないのでしょうか。→「発起」のよみを尋ねられ、①「ほっき」と読みます。…⑤「はっき、ほっき」で迷っているのですが、「ほっき」のほうだろうと思います。⑥…と思いますが、よくわかりません。
・「わかりません」「…です」の二種類で答えず自分のわかっている、または、わからない度合いの通りにことばにするように努力しよう。
D ［司会者となったら］「では、これから始めます。よろしくお願いします。」のあと、○何を○なぜ○目的は、○どんな順序で、を短く話す。
E ［明るく、いきいきと］
 ア 「なにかありましたら…」より、「どなたからでもどうぞ…」のほうが期待しているようでよい。
 イ 「Aさんの意見に関連したことで、考えている（おられる）ことを話して下さい。」と…②Aさんの意見をみんなで深めたり確かなものにする。③関連しないことはあとにしてもらう。
F ［話し出すことば］「いいえということばは言いにくいことばだと思います。…」「去年の一のことでした。」とことがらからも話し出せる。
 ［順よくメモする］○「こどもの日の由来」のように題目に話し出しのことばを書き添えておくと、ふとことばが出なくなって困ることをふせぐ。
G ［「けれど」と「ので」］使わないで話ができるとよい。一文を短く切ること。
 ［自分の話を反省］
H ［話題を豊かにする］〈三つの話〉。出題者からかな一字をもらい〈三つの字で、三つの話〉をする。
 ［すばらしい話し合い］新聞の利用について。一人は5つ→みんなで百近い利用方法が。＝話し合う値うち。
I ［話し合いと発言］ア…エわたしは、次のように考えてみました。
J ［考えをだいじに］、
K ［教えられる発言］、
L ［問題点はどこに］、
M ［何を話し合うのか］、
N ［司会者の気持ちで］、
O ［旅行のあとの文集］どういう編集にするか、だいたいの形を考えたいと…。文章の種類別にするのはどうでしょうか。…
P ［司会者の立場で］…○それぞれの考えを種類に分け…。○解決のかぎになる問題点をみつけて、みんなの前に出す。「では、順に並べるのと、作品の種類で並べるのとどちらがいいでしょうか。」
Q ［司会者のことば］
R ［「たいせつなひとり」に］話がとんだりはずれたりしてきたとき、話をもとにもどす「たいせつなひとり」になりましょう。―「進行について―」この発言を。
S ［気をつけたいこと］"批判"のつもりが―。"文句""揚げ足とり"にならぬよう。

3 読みを正しく
A ["みんな"と"たいてい"］「宿題みんなやった」、「たいていやった」は大きく違う。このようなのは「不注意」。たえず心がけないとたいへん<u>直しにくい</u>。

B　[小さな？読み取り違い]
　　・「Aさんはよく努力した」
　　・「Aさんはよく努力したと言えそうである」の違いは小さくない。
　C　[想像と事実の違い]「ノウサギが子どもたちの人気の的になるのは…によるもののようである」を「なになにだ。」と言ってしまうくせがある。
　D　[文末に"心を向けるくせ"を]喜んでいるように思われる。喜んでいるように思う。喜んでいるようだ。喜んでいる。喜んでいるのではないか。…──読むときだけでない。話しことばの勉強が基本。
　E　[詩・文章の味わい方]〈花のいのち　大木実〉の「朝あさ」に目がとまる。…「毎あさ咲いて」を比べてみる。アサという美しい音のくり返しも…
　F　[言い方の違い]空にはまだ星があった。…ほかの言い方と比べて味わうこと、──ことに、ひとりで、味わおうというとき、
　　○次の二つのところは、そのことばがそこにはいっていることで…「その短いあいだに」と…ふつうの言い方と比べてみる方法をとってみる。

ア　読書ノート
〈読書ノートを作ろう〉
①たいそうくわしい、細かい、一つの例（第⑬巻84ペ）。特別な型はない。友だちと協同の案にするのもよい。[例　略]
　a　読書の学習をしていくための例。…
　b　慣れないうちは、このように項目をたてらんを作っておくほうが自分の考えをとらえやすい。
　c　[ノートの日時]短い期間で読めた──どんな本は、どれくらいで読めるか、種類による違いもわかるし…
　d　[大意・筋・要点とは]○だいたいどんなことが　○どんな話か。　○たいせつなことだけ言うと─を書く。
　e　[学習に役立つ整理]本によっては、「大意・筋・要点」のところに大切な項目だけを書いておく
　f　[研究題目を見つける]『世界の子ども』のフランス編を読んだAさん、…○どこの国でもふつうの人の生活は、だいたい似ている。しかし、やっぱり、これは違うと思う点があるということ。
　g　「世界の子どもの実際生活」を自由研究に──・家ではどんな手伝いをしているか。・どんな遊びを・学校でどんなふうに学習しているか…などをまとめたいと書いている。さらに、おとなの人の「しかることば」が日本とはたいへん違うと
　h　[疑問を考えよう]──これはだれかと話し合ってみたい、先生にもきいてみたいといった問題を抜き出しておくといい。
　i　[感想は短い文章で]──Aさんは…Cさんは「この話は、実際あったことを書いたものだろうか」…Eさんは…疑問をとらえ、疑問をもつことが大切なので、解決してしまうことが目当てではない。
　j　["やってみた"発見]自分に問いかけてみることの大切さがわかったとYさん。
②a　[その日何を読んだか]「読書」生活だけを取り出して書く、○まず月・日・曜日　○読んだ本の名─何ページから何ページまでを　○考えたこと、感じたこと、疑問に思ったことを書く。[例]
　b　[知って、考えて]
　　・読み違えるもとになりやすい点
　　・文章の意味のとらえ方の浅くなるもとになりやすい点を知る。─注意するすがた、そのものが自分の読み方になるといい。
　c　[みんなもっている]
　d　[大きく受け取る]─「みんな」持っている。
　　ア　自分の興味のあること、…
　　イ　よくわかったところ…は、実際より大きく受けとりやすい。
　　○　文章は、書かれたままに　その調子も、色合いも、ひびきも細かく、読み取られることがいい。
　　○　ちょっとしたことを言うにも、真実を求め、正しくものを見、ものを考え、正しくことばを使うようにする。それが正しく読みとる基礎。
　e　[わかることは大きくなる]それに、いま一つ、…と書き継がれた文章。
　f　[正しく読み取る]
　　○　よくわからないところ、知らないことばが続けて出てくるところは、つい軽く通っていってしまいやすい。
　　○　自分のよく知っているところ、わかりやすいところは、大きく、ひろがって

心にとびこんで来やすい。不当に大きく受け取りやすい。
　③a　［読みの病気］文章を読むとき、自分の心のはば　考えの中にあてはめてしまうことがある。気がついて用心をする人は、このようなくせ、欠点から抜け出していける。
　　b　［読みの健康診断］
　　c　［"自分の考え"で失敗］書いた人の考えをそのまま読みとることができなくて自分の考えと入れかわってしまう—こういう病気がある。—
　　　　病気の軽い人は…に目をつけている。
　　d　［白い紙のような心で］…自分の知らなかった立場でのものの考え方に出会って、自分の考え方を自由にやわらかにしたいものです。

イ　ことばの組の名まえ
　①［固有名詞と作文］
　・ハイキングに行った作文—「そしてよい書き出しです。」…山の名、川の名、町の名などを入れると、文章全体がもっと生き生きとしてくるでしょう。それから…木の名がわかったら…
　②［普通名詞と固有名詞］名詞はみな大文字で書くかたも、英文のように書くかたもある。
　③［動詞をゆたかに］西尾実先生の文章では動詞がゆたかに使いこなされている。
　　○「なるほど」とうなずいたり
　　○「そうかな」と疑念をはさんだり
　　○「そんなはずはない」と否定したり
　　○「自分にはどうしてもこう考えられる」と主張したりと
　④［ことばの活用］「ない」「ます」「とき」をつけたり、「なにもつけないのも、つけ方の一つ」と言われたのを思い出して、なにもつけずに止めたりして遊びました。
　⑤［ことば集め］「空」へ形容詞をつける。3分でたくさんつけた人が勝ちとして—「青い空」「明るい空」…
　⑥［感動の言い方］感動詞を使って表すだけではない。
　⑦［正確な批評の内容］「〜のように」「から」、接続詞を少なく。

4　作文の仕方、考え方
(1)①［作文の「生きたたね」］
よくない種の場合、いくらよく世話をし、努力しても実らない。
　②［生きた題材とたね］
題材を決めたら、そのたねがいい「たね」かどうか、調べましょう。—生きているこころは生きたたねに出会うと書かずにいられなくなる—
　　　長く呼びかけ続けてくる題材は、よい題材・生きた題材。
　③［心の底の考えを出す］自分の心の深みに、じっと沈んでいる考えをとらえる。
　④［思いのままをカードに］ざら紙を切ったカードの1枚にまず題を。それをよく見えるとこにおいて、心に浮かんでくること、カードにどんどん書いていく。
　　・1枚に一つ。
　　・選ばないでどんどん書く。
　　・字はわかればよい。
　　・なにも出てこなくなるまで書く。
　⑤［カードをじゅうぶんに使って］書きまくったカードをえりわけ、いらないものを省く。そのあと、…
　⑥［目あてを考えて省こう］一つの組が区内の合同学芸会に行った。—感じたことをカードに書いてみた。—先生から、「来年の学芸会をもっとよいものにするための意見」として、カードをえりわけるようにとの注意が。
　⑦［カード21枚を見る］二つの種類に分けてみる。劇に関係したことと、見ている生徒に関係したことと。それに全体として感じたことの三種になる。—順序を…取りかえてみるとひびきが異なる。
　◎［自分の作文の歩み］［「地図」や「競争」の作文］を書いてみませんか。

(2) 学習記録
　①［筆まめになりましょう］
ちょっとした書きものを、めんどうがらず、気軽に書いてしまう「筆まめ」になれると決心しましょう。
　②［鳥山さんの旅行の条件］
どこへでも自由に。—条件は、毎日うちへ、はがきを出すこと—
　③［しじゅう書くこと］
筆ぶしょうにならない方法は一つ。
　④［書くことが学習］
ノートに、書かなくても忘れないと思うことでも書きましょう。わからないことで

I　やさしい国語教室

も、どういうことがわからないか書きましょう。
　書くことは、考える方法でもあります。
⑤［聞きながら書く］
　学習記録は…
　書くことによって国語の力を育て、みがき、発展させる。学習の方法としての書きもの…中の段に要点を、上の段に見出し…下の段にそうだと思ったこと、わかったこと、疑問になったことなど心に浮かんだことを書きとめましょう。…
⑥［熱心に書くごほうび］
　上にまとめ、下に、聞いている自分の心をとらえながら聞いていますと、いきいきとした心の態度になってくる。積極的、自主的、主体的に聞ける。
⑦［いつのまにか書いている］
　一つの問題を考える場合、心の中に、きれぎれの、考えの切れはしが浮んでくる。それを字にしていく。横に線を引いて、…だんだん下のらんに移っていく。その姿は、いつのまにか、考えが書きつけられて考えを進めている。「筆不精」を忘れている。
⑧［朗読をメモ］
　朗読を聞きながら、・しっかり練習してきている、・そこは切らないと…などと、ひょいひょいと心に出てくる。
　　聞けないほど書かない—
⑨［朗読を聞きながら］
　上のらんのメモをもう少しわしくして中のらんに書いてみよう。1　どういう疑問をもったか　2　どのように解決されたか　3　どのような理由・説明によるかを。これは文章で、話しかけるように。
⑩［考えるひまに鉛筆を］
　「書こうかな」と考えているひまに、まず書いてしまいましょう。もう一つ、下の広くとったらんに…自分の反省を落さないように。疑問には「？」のしるしをつけながら。先生の批評…心に響くでしょう。
⑪［力を育てるために］
　作品などを読むとき、うっとりして聞いた学習をしっとりと落ちつけて、あなたの学力にし、もう一歩進んだ発見をさそう力を育てるために、…
　〇内容について、話し合いについて、あなたの学んだことは。
⑫［"筆まめの敵"にご注意］

よくわかっていることでも、ぴったりしたことばが出てこないことがあります。わかっているからと、つい書かずじまいになったりします。…

5　漢字の読み書き
(1)［漢字の読み書き］ノートやカードに書いて勉強しているが、答案の始末については心をあまり配っていない。
①［「まる」がついた仲間でも］
　少し迷ったり、書いたら合っていたというのは、できなかった仲間に入れましょう。×のついたものは、どんな種類のものが多いか、考える。その一は、発音がよくないからではないか。
②［読み方と意味と］
　そんなことばは、ないというような違い方をしていないか。「外科のお医者さん」を「がい・か・い」と読んだりするくせは直しましょう。第三に、意味の似たほかのことばとそっくりおきかえたように使うこと。「環境がよい」を「きょうぐう」（境遇）と読んだりする。
③［たいせつなあと始末］
　自分のまちがいは、どんな種類か、自分はどんなくせがあるか、を考え、つぎの学習に役立てるあと始末を！
④［やっと書けた字では］
　さんざん迷ってえい！と書いておいたらよかったというような字は、できたことにならない仲間にしましょう。もう一つ。漢字は、「よしっ、覚えよう」と本気で思わないと、そして「しっかり正しく見る」のでないとなかなか身につかない。
⑤［勤に似た字］［文脈の中の漢字］["知"という漢字］—ことばのよしあしにすぐ気のつく鋭い心で使っていく。

6　自由研究
ア　［昔ばなしを調べよう］
(1) 日本の昔ばなし。「舌切り雀」…「一寸法師」…を資料。同じお話でも、それを聞いたり、読んだりする年令によって受けとり方が違ってくるもの。
(2) 研究の手順［「昔ばなし」について］
　①対象をきめる。上記のはなしのうち、「花咲か…」と「こぶとり」は筋の似たところがある。「かちかち山」と「さるかに」も

155

かたき討ちをするところが似ている。…〈どんな動物が出ている？〉雀。うさぎ；たぬき。…「さるかに」にさる、かに、はち。どれも身近で親しまれている。

「浦島」「こぶとり」、「一寸法師」「花咲か」になにか、ふしぎなところがある。美しい情景をもつのは「花咲か」に「浦島」。
②調査する範囲を考える。70歳以上、…大学生、…入学前。家族、親類、近所の人、友だちに紹介してもらった人など。
③［何をたずねるか がたいせつ］問いをたくさん―中学生にたずねる場合として―
A　文の切り方、ことばのはしばしまで工夫し、ことばの調子にまで注意がいる。雀が舌を切られたのは、のりを食べてしまったからというのです。
B　雀はほんとに…切られてもしかたがないでしょうか。
C　大きくて重いつづら、…おばあさんは、…。どうしても中がみたくて途中であけてしまいますが、おばあさんでなくても…。―このように自分の考えも出しながら相手の考えていることを聞き出す。
④［質問は整理しておく］―「かちかち山」たぬきをこらしめるため、うさぎはうそをつきますね。…〇けっきょく、うさぎのほうが賢かったということですね。…「こぶとり」「さるかに」「浦島」、「一寸」―あなたが打出の木づちをもらったら、何を出してもらいますか。
(3)［質問にはいるまえに］協力して下さるどの方には、どの程度にこの研究の目的を話すか。
①〈目的を話す〉1　これは夏休みの自由研究　2　その研究の目的と計画のあらまし　3　…5　…
②［幼い子にきくときは］〇短い文で、◎ようすのよくわかることばを足して、目に見えるように。◎ジェスチャーを入れる。
③［感想をだれにたずねる？］（具体例185~）
④［カードをもとに報告］
A　研究の動機
B　方法、資料
C　内容〈昔ばなしはどのように受け取られているか。〉

イ　聞き取る力を伸ばす

(1) ニュースを聞く。毎時の内容はそう変わりはない。八時のニュースをメモしておく。次に九時のを聞く。二回目のほうを先のメモを見ながら、比べながらきく。「ノートにわくを作る」―「〇時のニュースを聞いて」…「聞き落し、聞きまちがい」「誤りの原因」「わからないことば」20日くらい続けるといい。
［"呼びかけ日記"を］→「話し合い日記」
(2)［新聞＝"ニュース"で学習］「ニュース日記」
［疑問をたいせつに］「いまの言い方…」…と気づく。自分のことばの力をつけるためにも、日本のことばをよくしていくためにも。［ことばで気がつくこと］―「お紅茶」「紅茶」
△絵巻についての放送
「では、これから見ていこうと存じます」とアナ。…

ウ　正月のゲーム、年賀状の書き方
(1)［ことばのゲーム］
①「あいさつ　いろはかるた」・「いい天気ですね」声も明るく、はればれと―…作っていく。感謝のあいさつ「ありがとう」など。
②［中学すごろく］ふり出しは「入学」、上がりは「卒業式」。入学、まず、組編成、自己紹介、…4　調査、研究、実験、読書、…11　卒業式
このすごろくをことばの勉強になるようにする。→
〇朝礼のところでなにかの報告を。「卒業式」ではお別れのことばを話す。
③［ことば家族合わせ］―家族は、五枚。十家族くらいみんなに配り、「〇〇さん…をください」と家族をそろえる。この「家族」を「ことば家族」にする。
④［ことばのグループ］詩［一日のはじめに］の中の「朝あけ」に―朝がた　未明　あかつき　あけぼの　あさぼらけ　しののめ　あさまだき…などが出た。同じ意味のことばを一つのグループとしていくつか作る。…
(2)［年賀状の研究］小さな研究、でも方法や手順は本格的に。
①資料（の所在）を大切に。
〇男女別、一年令、職業、家の人との関

係、一今は、A男女別、B年令別で。
○各グループ（6つくらい）祝うことば「謹賀新年」「賀正」「賀春」
② ［年賀状と二つの表］
　A表
　B表
　［表　略］
　総数を加える。
○女の人の年賀状には「候文」が。─
○こんどは個性的な賀状をさがしてみる。
　　［"あらたまの"］［ことほぎ］
③ ［年賀状のいろいろ］
　昭和と書く人、19○○年と書く人、一月一日、元旦とどちらが多いか。ローマ字のものはどれくらいあるか。
④「どんな年賀状がよいか」
○ことばからいえば。
○字配り、体裁からいえば…
○縦書き、横書きどちらが多いか。

7　あとがき
・ことばはこうして勉強する。
・ほんとうの国語力をつけてほしい。
・ことばを育て、こどもを育てる。

II　続　やさしい国語教室　［219~355ぺ］
　　（『続　やさしい国語教室』共文社　S.52.11.7）

1　続　やさしい国語教室
ア　作文
①［作文の構成］○おかしなことば　構成案
　一　日常なんの気なしに使っていることばの例…2「そまつなものですが」…
　二　私の考え
　三　これらのことばを使わなかったらどうなるだろう
　　　…こんな構成で書いてみませんか
②［作文の題材］こんな作文は
　A「うさぎ」
　一、うさぎの出てくる昔ばなし　1　いなばの白うさぎ…………3　月のうさぎ
　二、昔話にうさぎはどのようにえがかれているか
　B「日本のこども」
　一　報道から─外国のこども　1　テレビに出てくる外国のこども─その生活、考え方　2　新聞記事のなかの…
　二　日本のこどもと比較してみる　1　性質　2　学習　3　考え方の面
　三　日本のこどもの学ばなければならない点
③［作文に手紙を添えて］まず自分の、なんという題の作文についての手紙かを。それから、どうしてこの題材で書くようになったか、そして、非常に書きたかった題材であるかどうか、動機があればそれも。たとえば…生徒会の役員選挙のときの演説を…よい演説に共通している点、…を調べてもいい。それから…作文の題材がいろいろなきっかけで選ばれる。それを先生への手紙に書く。
④［手紙で先生が理解］作文に添えた先生あての手紙には…
・自分がぜひ、読む人にわかってほしいと思っている気持ち、考えを。
⑤［教えられじょうず］先生への手紙に、次のことも─○情景をくわしく細かく…。○気持ちをそのまま言うことばを使わないようにくふうした。また、楽しい気分を出すために。○文の長さを短くし、調子を軽くしたり…事がらの前やあとを短くした─そのくふうしたことを書いて、指導がいただけるようにする。構成についても。
⑥［表現できたかどうか］ここは細かく書きすぎたのではないか、…線をひいておたずねするといい。それから、…をあげる。○特に、失敗したと思うところ…。○特に、つっかえつっかえ書いたところを知らせる。
⑦［不満なことば］その情景なり、場面なり又気持ちや考えなど、持ち合わせていたことばで書いてしまう。こういうことばを書いておく。
⑧「母のこぐボートが気持ちよさそうにすいすいと進んでいく。」「ほかのことばが思いつかないので、書いておきます」というしるしがついていました。作者としては、…
イ　使わないことば
①「なんともいえない」「ことばではあらわせない」…
②［"へんな"ことば］…「…こんなへんな考えが…」この気持ちを、くわしく、細かく、的確に表せるようにつとめては…。
③［生徒会長の"声明"］─少年とか、公の場に立たない人の意見の発表には使わない。
④［ことばの使い方］
　A　○…を「すこやか」と言います。心の健

康なことも「すこやかな精神」と使う…
　　B　["改訂"や"方向"]　〇改訂は部分的に直してよくする意味。でも何を直してよくするのか、…
　　C　〇「方向」と「方針」がはっきりしないのです。…
　　　「方向」は…「学級の運営をどのようにするか」といった精神的な面まで含んでいる。「方針」は…。
　ウ　相手に話す話題
　　自由時間の話題は、相手を考え、場を考えて選びましょう。
　　A　話題①映画に連れていってもらう。それも午前の早い時間に。日曜だが早起きをした。…②〜⑩
　　B　［相手を考えた話題］つりに夢中の英三さんの話したい気持を盛り上げた。そして「ぼくはねえ」と口を開いた。
　　C　［話題を"選ぶ"］お互いの交りの場にもち出す話題は相手の話を引き出せるような豊かな話題を。
　　D　［もう一枚のお皿］「ゆたかな話題の持ち主に」と考えるとき思い出すのは、田中米子先生…。
　エ　確実に知ったか
　　やさしいと思うことばでも生活と結びつけてとらえていないと確実に知っていないことがある。
　　①「参考」―生徒の作った「鳥類図譜」の説明に「…標本を参考にして」とあった。苦心談を聞くと、
　　A　標本によってだいたいを書き、それから実物を見て作った。B、C、D…といろいろ。あの文面はこの手順のどれをとるのがほんとうか。
　　②［"取り入れて"作った］前の説明は、「実物を見てかき、そのうえに、くわしく見たい部分を標本で見ながら作った」ということ。「見比べる」は…「参考にして」は使わないで「取り入れて」などがいい。…
　　③［作文の中の鳥］中学二年最後の作品として力をふるって書いた作文に、ほかのひとりが担当して感想を書いた。
　　　坂井さんが、冬枯れの林を散歩しているとき、耳にはいってきた鳥の声を書いている。その鳥がなんという鳥なのか、どんな鳴き声なのか…とNさんが。
　オ　詩を鑑賞する会（読書会）

　(1)　①プログラムを作る会で、
　　　A　〇「詩の味わい方」というお話をしていただく。
　　　B　〇「ある詩について」の感想の発表を、…C、D、E…
　　②顧問の〇〇先生＝わたしの経験から言うと、…自分で実際に味わうことによって、…感じ取る力を、だんだんと養っていくのが、いいと思う。
　(2)　［詩を鑑賞する会］プログラム（250〜252ペ、4人の案）
　(3)　［プログラムの失敗］自分の考えが話した人の考えとまじってしまい、自分の考えが話されていたように…＝違う考えは占める席がないようすになっている。
　(4)　［兄さんあての手紙］Sさんの兄さんあての手紙が、お手本になる。
　(5)　［読書会の日時や場所］箇条書き―これはよくわかる。［案内に略図を］添えるのでいいけれど、ことばで書くことが大切。
　カ(1)　［「作文旬間」の催し］＝このごろはどんな作文を書きましたか。…いい題材というものは、なかなかないものです。小さいときは、…今は、これ、と自分の心にひびいている何ものかがなければ、書く気にならないというのは、成長を示している。
　　①問題はこういう時期の過ごし方です。
　　　〇つまらない題材しかないからといって、書かないでいていいか。
　　　〇つまらなくない題材を得るために、努力しなくていいか。…
　　②［"じみな"作文の勉強］母から聞いた話。第一次世界大戦の時、フランス軍のジョフル元帥…の話。――「作品といえるものにはならない書くことの勉強」を。今、何と何が見えますか。その見えるものを…そのいくつかの形、色、感じをわかるように書きましょう。
　　③［作文に大切なこと］あたりまえのことを完全にやれるようにしましょう。
　　A　あなたの家の前はどんなところ、どんなふうになっていますか。…
　　B　あなたの小学校のときの先生をひとり、目に見えるように書いてください。…
　　C　「思い出す」こと―書いてみましょう。〈覚えている、思い出せる〉こ

れは作文にとって大切です。
(2) 今度は想像したことを
　A　あそこに中学生が、五・六人かたまって何か話し合っています。何を話しているのでしょう。…
(3) A　昔ばなしで書いてみるのも楽しいもの。「五歳の夏の桃太郎」などどうですか。幼い桃太郎…
　B　「子雀日記」はどうですか。舌を切られた子雀のその日からの日記です。
　C　「聞けなかった玉手箱」は、
(4) 説明する文章
　新しく入学してくる１年生に図書館の本の利用の仕方を説明する文章を書いてみましょう。
　A　貸し出しは、
　B　借りるときは…
　C　どんな時間に借りられる
　D　ひとりいく冊まで
　E　借りる期間は、何日間です。
などていねいに、しかもくどくならないように書きたい。文を短めに、つまり、句点がたびたび使われるように書きましょう。
○もう一つ、ある学校からの問い合わせ―貸し出し方を改善しようとして、参考のために一にこたえる文章を書きましょう。…
(5) ［文章から"ことば"を］いい作品のためには…部分部分の練習がいる。部分ですけれど基礎練習です。きょうは次の文章（267ペ１〜６）からひとつのことばを抜き出して別の文章にする。ここでこういう子がこんなことを言うだろうとことばが浮かんでくる。それをとらえて書くのです。―たとえば、…
(6) 次の作文（268ペ）の「親切も勇気がなくては生かせないと思います」という文は、その段落の中心です。これをその段落のいちばん始めに移したり、…
(7) 文章の書きかえ
　ある文章の一節を使って一つの文を二つか三つの文にしてみる。これがいい作文の練習になる。（270ペ　エベレスト登頂記を書きかえた例文）
(8) いろいろの形の文
　今度はことばの順を変えたつなぎ方をしてみる。（271　272ペ）
(9) 一つの文を二つに(8)の文を二つに、また(9)の文は？(3)の文の中の「が」を取って二つの文にするには…。
キ　学級文庫の利用
　Ｓさんの組では貸し出し方が問題になっている。自由にしようという意見と、一定の手続をしなければいけないという意見とがある。ふたりは、違う考えの人を説得したい。それぞれ書き出しをどのようにしますか。○学級文庫の第一の意義は、…いろいろな意見を（例276ペ）書き出してごらんなさい。
ク　ある立て札から
(1) この間電車の窓から外を見ていたところ「車さん通してね」とあった。…
　・「車さん通ります」のほうがいいかもしれません。…もし一つの文章にするとしたら…
(2) 「車さん」の問題点
　A　「車さん」と親しんでいるうちに…他にもまだ…けっきょく、「車さん…」は「車優先」の感じがする。ということになった。
　B　さてどんな手順にしたら、はやくてまちがいが少ないでしょう。
　C　①一つ一つの考えをカードに。②カードを内容の種類によって分ける。③一種類ずつひとまとめにして、どのまとまりを先にし、どのまとまりで結ぶか考える。
(3) ［文章の組み立て］
　A　立て札が話題になったこと。
　B　「通してやる」とか、「さあ、お通り」とか…受け取り方のいろいろを二番目に書く。
　C　「車さん」の「さん」・「車」を問題にしたりする考えをはさみ、
　D　こういう言い方がいいのではないかと改正案を、
　E　全体として「車優先」の感があるということを結びとする。
　F　そのあとに軽く、運転をする人の立て札についての感想をきいてみたい　など。
(4) また、第二案（280ペ）また、付録的にしたのを始めに軽く出し…。
ケ　テストの方法と学習の方法を区別する
　①要旨をとらえることはたいせつ―そういう能力を持つためには…発表し合うこともあり、ある問題を選び、…読み、要旨を述べ

合うこと、要旨を書いてみること、また、批評しあったりすることもある。このようにして増してきた「要旨をとる力」がどのくらいかを知るために一つの方法としてテストがある。
②［学習とテストと］学力・能力をどのようにつけるかというめあてと、計ることは違う。選ぶことに熱心で、要旨を書くことが少ないのは心配。
コ　十分に力を伸ばす
(1) テストの答案がもどってきたとき問題の一つ一つが国語の力の中の、どの力を見る問題であったかをくわしく聞き、どういう力があって、どういう力が足りないかを識ること。テストを生かすとともに、テストでは計ることのできない国語の力がたくさんあることも心にとめておきたい。
(2) ［実際に"する"こと］
①司会者の心得を知ってはいる。実際に司会をするとなかなかうまくいかないものです。
②要約をするとき、段落ごとの要点をとり、次に…と知っていても、実際にまとめることをしないと力は育たない。
③作文は書き方を覚えているだけでは書けない。「国語の勉強」も「実際に"する"こと」によって力がつく。「試みる」ことは「悟る」ことのはじめである［藤村］

2　「国語教室通信」から
(1) ［「行います」と「させていただきます」］「図書委員会を行います」・「司会をつとめさせていただきます」という言い方の合う場合、合う人はありましょう。でも、中学生にはあらたまりすぎてそぐいません。
(2) ［直したいことばづかい一つ］発表や話し合いの際、やめたいことばづかい。◇○○さんに発表してもらいます。◇…について○○さんから発表があります。としたい。
(3) ［ことばの力の育つということ］ラジオの学校放送のこと。昭和20年代は放送の内容を決めてその先生の話し方がどうであるかが問題になった。ところが30年代になっては、そういうことはなくなった。…ことばの力が育つということを深く考えさせられる。
(4) ［ことばの学習の民主化］アメリカでは、黒人が白人のことばを身につけようとしてきた　同時に白人は黒人のことばを学ぶようにしなければならないと考える人がでてきたということです。日本でも…東京の人も地方のことばを学ぶようにしたい。
(5) ［ことばの知識の奥にあるもの］「いちばん最初」「今の現状」「まだ未提出」などについて、強めとして認めようという意見を読んだ。ほかの人が使ったときはとがめないという態度でいきたい。
(6) ［ラガナさんの観察と学習］アルゼンチンから留学してきたラガナさんの話。まず日本人は、日本語のむずかしさを誇張しすぎると。ラガナさんは、日本語を学ぶために、文学を勉強したとのこと。そして文章に書くことを第一にしてきたそうです。
(7) ［ゆたかな表現力を］あるお医者さんの話このごろの若い人は自分のからだの調子のことがよく話せないということです。一つ一つ聞くと…若い人のことばの貧しくなっている事実は問題にし、考えていかなければならない。
(8) ［ふだんもあまりことばをくずさずに］ひところ、女子生徒がスチュワーデスにあこがれていました。そのために英語の勉強に力を入れていた人もありました。…。今は、日本語がきちんと話せるかどうかが第一の目標なのだそうです。親しい間柄だから荒いことばづかいでいいのだ、と言う人がいますが、ふだん使いなれないことばを急に使うとぎこちなくなったり、失敗をしたりしてしまうようです。少しあらたまった場合に自由に、らくに、じゅうぶんに…気持ちなどが言えなくては…。
(9) ［英国人とことば―ある断面から―］日本では、アナウンサーの、フランスでは俳優のことばを美しいと…。英国では、女王さまのことばを英国語と考えているそうです。このごろ若い人のことばが…
(10) ［「無言」ということばの問題］このごろ日本語の問題が話題にされています。きのう…「…より、社会全般に『声を出す』運動を起こすほうが先かもしれない。電車の中でクツを踏んでも無言。…このほうがよほど恐ろしい"乱れ"だろう。」と…
(11) ［喜ばれる座談会形式］学習記録の目次の作り方の参考に見た「言語生活」や生徒会誌「石川台」のように、活字になっている

座談会は日本特有のものだそうです。活字になった座談会は、…司会者のことばが「みだし」をつけたような役割をしていますし、中間のまとめをしていますし、次の話の方向づけもしますし、たいへんわかりやすいものになってくるわけです。

⑿ [心を伝えることば]「召しあがりますか」と言っても「食うか」と言っても表わしていることがらは同じという話が出たとき、ある詩人が、…と言われたという。敬語を簡素にしてそのぶんだけ、ゆたかなことばが使える努力が望まれている。

⒀ [ことば調べ]国立国語研究所の論文集から。
　◇同じもの、同じことをさしているのに、一方が旧式な感じを与えることば。—
　　A　カメラ（写真機）、…
　　B　外来語のほうが「洋風」なものをあらわす例、
　　　　一旅館（ホテル）、作法（マナー）…
　　C　外来語のほうが意味がせまくなることば
　　　　なまえ（ネーム）、ごはん（ライス）…
　　D　直すと修理では直す物が変わるという例も、
　　　　「おもちゃ、衣類、…」—「自転車、テレビ、…」

⒁ [「質問じょうず」に]夏休みの終りに近い頃、図書館員を困らせる質問。「郷土の歴史について」「交通について」—その調べたことから、どういうことを考えたいのか返事のしようがない。…

⒂ [ひとつのことばを失うことは]「おくゆかしい」と聞くことはありますか。「ゆかしい」ということばは、もとは、…—ことを表しました。そして、「おくゆかしい人」…「おくゆかしい」というような感じ方がなくなると、ことばも消えていくでしょう。…

⒃ [おはようさん]前の教材が「あいさつ」でした。あとで話し合ったことは、「ございます」をなくすと、ざつな感じで友だち用という気がする。あいだのことばがほしいということでした。「おはようさん」は、いいなと思っています。

⒄ [手紙を見直す]1960年ころクラス52人中、電話は5人くらい。そういう社会のなかでの手紙の位置は、重みがあった。…このところ、相手の生活のじゃまをせず、じっくり考えて、ことばをえらび文章もねることのできる点が見直されている。

⒅ [日本人のあいづち]ことばについて外国の人をまじえて話し合った記録のなかに、日本人は、たいへんあいづちを打つということがありました。さかんなあいづちのために、料金がアメリカ人どうしの場合に比べて、たいへん違うのだそうです。—適当なあいづちで相手が話しやすいようにしたいという気持の者には、「おやおや」ですね。

⒆ [ことばを守るフランス]一月七日の新聞に、フランスで商品の広告や説明書に外国語を使ってはならないという法律が公布されたと出ていました。—ことばは時代と、ともに変っていくものにちがいありません。しかし、まねごとの外国語がはんらんしている。本気で日本語のことを…。

⒇ [あずかって力ある]俳句の鑑賞のしかたに使われていて気になったと言ってきた人がいた。人の生活のなかでの人と人、人と事との…俳句の一句なり、組み立て方、ことばの順序の関係などで、その俳句をよいものにしているというような場合に使っては、おおげさで不つりあいでしょう。

㉑ [「すごく」をいやがる奥にあるもの]言語生活二月号の岩淵悦太郎・臼井吉見対談。「ことばは次から次へと移っていくもの…一定のところへ押しこめて動かさないなどと言わないけれど何でもかでも大げさに…「すごくおいしい：うれしい」と…ほんとにいやだ…」と。

㉒ [国会証言と聞くこと話すこと]ロッキード事件の内容についての意見はもちろんですが、その話し方、聞き方についても論じられています。その1　話すとき・聞くときの姿勢が—とくに聞いている人の乱れた姿勢が…からだの構えをくふうすべきであると。その2、要旨のわからない質問が多かった。…とのご意見。

㉓ [話しことばについて考えること]内村直也さんの最近の本に、…にもかかわらず、日本ではどうして話しことばが大切にされないのだろうか。—また、…そして…

㉔ [ことばづかいとこころづかい]テレビの番組のなかで、「相手の身になって」話し聞くことが話し合われていました。…それを

生かすためのまごころをことばで表せるように…。

(25) ［自国語を守る］フランスでむやみにフランス語以外のことばを使って広告したりすることが禁じられた話。今度はイギリスで…看板に「ハンバーガー」と書いてはいけない一女王さまのお使いになっている英語にはない品位をきずつけるというのです。…

(26) ［こんな文章を書きたい］中野重治氏は、…第一に正しい文章をと…。今度は、永井龍男氏のインタビュー記事を読みました。「自分の思考なり、感情なりを正確に相手に伝える正確さです。…」と。
　これを読んで「正しく」ということばの意味の深さを考えました。…

(27) ［敬語に対する意識の変化］「放送での敬語」について調査のお礼に「放送用語論」をいただきました。この本に「あげる」という尊敬語、「申す・いたす・まいる」などの謙譲語が「ていねい語」に変化してきていると書かれていました。三種の敬語を守ろうとする人と、敬語はていねい語と考える人と、今、半々くらいのようです。

(28) ［ひと言の値うち］北杜夫氏からおもしろいはがきをもらったひとがあります。最初に「いろいろに使える万能ハガキ」とあって、〈賀春／暑中、季節の変り目…〉と並び、「一層の御健勝をお祈りいたします」とあったそうです。その下に、蛙のマンガがあり、…このあとにほんの一言、すばらしい感想がついているのでした。そのすばらしい一言の書けない者は、やはりていねいに、いろいろ書くということですね。

(29) ［暑中見舞］
　形式的なだけのものは、やめなさい。必ず自分の生活のようすを添えなさい。表書き、はっきりと。先方の住所が右端に寄ってしまわないよう、よく考えて書きなさい。
　先生には「先生」と書きなさい。…自分の住所は略さずに。…鉛筆書きはもちろん、やめ。

(30) ［ことばの現実をみつめる］
　吉野弘さんの文章を読みました。「用を足す、すじの通ったことばだけが正しい日本語なのではなく、一見…の中に、真実味のあることがある」ことを考えてほしいということです。
　吉野さんの団地に、…という呼び声で修繕屋がくる。…現実のことばもみつめましょう。

(31) ［ことばが暴動を防ぐ］73年の夏にバンドンで暴動がありました。そのときは…に対する反感によるものでした。次は日本人にというらわさがとんでいました。時の須之部量三大使は、バンドンの日本人に、「ことばで交流しよう」と呼びかけました。…これがきっかけとなって、今では一万五千人が日本語の勉強をしているそうです。…日本語を通じて日本人の気持ちを知るにつけて反日的な感情もうすれてきたそうです。

(32) ［どちらの脳で聞くか］
　話しことばの中枢は頭の左にあると聞いたのは、だいぶ前の話です。…
　ことばとか計算など理性的な音は、どちらも左の脳がよく聞き取りますが、感情音になると日本人は左、欧米人は右。
　欧米人の場合は、理性的な音と情感的な音とが左右にはっきり分かれ、日本人では、はっきり分かれずまざっているということです。

(33) ［日本人の自然ととけあう気持ちは］
　日本人の脳は、理性的な音でも、情動的な音でも、たいていの音は、左の脳が受け取ります。角田忠信先生は、「なにもかも左の脳が受けもっているところに、日本人の心の特徴―理性と…がひとつにとけあった…」と言われる。自然と一つになった心をうたった詩歌は…この脳のでき方に秘密があったわけです。角田博士は、つづけて「日本人は…独自の考え方で、創造性を発揮すべきではないか」と強調される。

(34) ［生きている漢字に接してこそ］夏の「漢字の読み書き大会」で一位になった小学生・中学生が、どうして漢字の力をつけたのか話していました。毎日、練習したのかときかれて、二人ともしていない。ただ新聞はていねいに必ず読むと言っていました。新聞も一種類だけでなく、また広く読んでいるようでした。たくさんの文章をよむことによって漢字を身につけたということを興味深く思いました。ことばとして、文章の中、生活の中でこそ身につくのです。

(35) ［…あたりかな］
　サトウサンペイの「フジ三太郎」です。
　◇第一コマ　○シェークスピアは何がお好

き？三太郎「リア王」あたりかな。…
◇第四コマ　三太郎　一冊しかよんでいなくても「あたりかな」というと、たくさんよんでいるようにきこえます。
(36) [現代新聞の漢字] Ｂ５版527ページの本が刊行されました。資料にした新聞は…その中から二つ三つ。
◇広告とか固有名詞を除けば、当用漢字以外の漢字は1.5パーセント、…
◇漢字の使われ方がふえている。
(37) [歴史の道]…今度、文化庁の仕事として「奥の細道」に書かれている土地が今、どのようになっているか調べることになりました。…たくさん残されている、俳句、…これを手始めとして、全国各地に残っている古くからの街道を調べ「歴史の道」として保存する方針とのことです。イギリスにもドイツにも、ずっと前からそういう道があるそうです。
(38) [ひと言、返事を、ことばを！]
このごろの若い人がなにも言わないので診察に困ると訴えているお医者さんの話と同じようなことが投書らんに出ていました。献血の場面です。「血液型は」…うなずく。「今までに大きな病気は？」「…」首を横に振る。採血後、「…」献血手帳を渡してくださるかたが、「これをよく読んで下さい。」「…」「ごくろうさまでした。」「…」
この投書者は黙っていられなくてこの投書をしたようです。
わが石川台でも…清掃のとき…ひと言、返事を！
(39) [おたのしみに]
ある私立の中学校で、…ちょっと変った問題が出ました。…子どもたちに広く読まれ、話題になっている作品の一節かたずねています。…ところで皆さんの読書の幅はどうでしょうか。（いずれも新聞から）
◇寒の入り。「きっぱりと冬が来た…きりきりともみ込むような冬が来た」
◇日本海側に豪雨続く。しろがねのふすまの岡辺、日にとける気配もないきょうの立春。
(40) [ことばは生活の流れの中で] テストの範囲表が配られたとき［定期・コンパス］とあったので、「定期」とは何ですかとたずねたそうです。ほんとうに「定規」とわからなかったのか、誤りを指摘するねらいで…。

生活の流れの中で、わかるはずです。
(41) [山形の中学生の労作] 寒河江市の陵南中学校には方言民俗クラブがあります。…五十年度には、「なぞなぞ」を採集しました。…五十一年度は「わらべうた」を集め、「民俗豆本・わらべうたの巻」120ページとのことです。…このような仕事は、…
(42) [ほんとによいインタビューは] このあいだ、インタビューの学習をしました。いろいろ得たものも多かったと思います。…偶然ですが「言語生活」の三月号にインタビューの特集が出ました。さすがと思われるご意見が多く…次はその一つ　　うまくいったと錯覚を起していそうなことなので注意がかんじんだと思いました。
(43) [声に出して]…定期券ができると、その人の名を呼びます。返事がないので…なぜ「はい」「ごめんください」と言わないのだろうと思いました。この二つのことばが言われたら…と思いました。
(44) [心あたたまる話] 大正の終わりころ、茨城県の若柳小学校は、童謡学校として有名でした。…この学校の「蝙蝠文集」が今度復刻されたのです。この文集に童謡の載った人たちが…
(45) [いつもことばとともに] 新幹線の英語のアナウンスのあとには、必ずサンキュウがつきます。…ちょっとした「うるおい」を表しているのではないかなと思います。…
(46) [日本語にひかれる] 外国の人の話し合いから、一日本語により多く「中国的な伝統」が生きているから、中国語を目ざしながら、今は、日本語に打ちこんでいる、という人もいます。
(47) [ことばの数]『日本国語大辞典』には約45万出ているのですが、英語の代表的な辞書もだいたいそのくらいです。しかし、日本語はその場に応じて同じ内容のことをいろいろのことばで言うために…
考えてみると日本語でも似たようなことがありますね。たとえば「ハイ」という返事でも、いろいろの気持が表されましょう。
(48) [日本語は語い的にぜいたくなのか]
私たちは次のようなことばを使いわけていますね。
　来年と明年、去年と昨年、…あゆむと歩く、…速度とスピードと速さ、それぞれ…いろいろのことで使いわけます。これは、

ゆたかなのだという人とむだという人があります。雑誌を読むのに、五十パーセントわかるために560語、91パーセントわかるために12,000語、知らないといけないそうです。それが、英・仏・スペイン語ですと90パーセントを越すのに5,000語だそうです。なお日本語で…

(49) ［見学とメモ］見たことを忘れないためにメモをしておく。それはもちろんよいことですが…。せっかくその場へ行ったのですからよく見、よく聞く。全体を流れているものを受け取ることが第一。でもぱあっと感じた印象を書きとめておきたい。そのために…。

(50) ［書くこと、記録すること］学習記録も読書生活記録も自分を育てる方法を自分のために実行していくのです。記録してあるということは、それだけで価値を生むことなのです。進んでくふうした記録をしていってほしいと思います。特に読書生活の記録は、「読書人」として…書く活動が自分を育てることを確認してほしいと思います。…

(51) ［このことばを］私は、ひとに求められたとき、よく、こんなことばを書きます。…
　　ことばを育てることは
　　こころを育てること
　　ひとを育てること
　　教育そのものである。
これを言いかえてみますと、
　　ことばをみがくことは
　　こころをみがくこと
　そしてゆたかに使いこなして、もしことばに人間のような心があったら自分は役立っているなと感じさせることでしょう。

3　国語質問箱

(1) 「行く」（いく・ゆく）―「ゆく」が少し文章語的。古くは…しかしいちがいに決められない。

(2) 「お話しします」―動詞ですので送りがながいります。

(3) 「わたくし」「わたし」「あたし」―「わたくし」は本格。…

(4) 句読点―なかてん「・」、かっこ、かぎ、「？」「！」までさしていることがあるようですが―戦後…句読点のなかに入ったのでしょうか。

(5) 「人々」「人人」「人びと」―…印刷のとき「人びと」が生まれてきたのです。

(6) 「くらい」と「ぐらい」―江戸語として1・2・3…現代語では「くらい」が多くなっているようです。

(7) 「いまだかつて」「いまだかって」―かつて

(8) 「たとい」「たとえ」―歴史的には「たとい」が強かったようですが…。「たとえる」とか「たとえば」は違う語源のことばです。

(9) 「いちおう」「いちょう」―号令で「気をつけ」が「きょうつけ」となっているようなものです。

(10) 「やもういない」「やもうない」―「やむをえない」が正しい…「やもお」と発音しないで「やむを」と発音したい。

(11) 「ほほえむ」「ほおえむ」―「ほお」と「えむ」が一語になったときまっているわけではない。…

(12) 「生徒会々長」「タテ書キで」―一語と考えれば使える。ただし、…

(13) 「々」の読み方―「々」は符号で字ではない。「同の字点（どうのじてん）」があります。漢字につけて使う符号の「〻」は「二の字点」といいます。「あゝ」などの「ゝ」は「一つ点」、あと…。

(14) 「観賞」と「鑑賞」―「ながめて楽しむ」意味のときは「観賞」、…は「鑑賞」が当たる。対象で区別するよりも見る心、態度に…

(15) 「拡声機」と「拡声器」―〇信号機、写真機、…⇔補聴器、受話器…―こう見てくると「器」は単純な原理ではたらくもの、「機」は何段階かの手順が組み合わされてはたらきを起こすものといえそうです。しかし、どちらともいえないものは、…

(16) 「幕あき」か「幕あけ」か。「幕あき」がいいのです。

(17) 「いちだんらく」「ひとだんらく」―「一」のあとに漢字が音読みでつづくときは「一」も音で読みます。「訓よみ」の場合には「ひと」（つ）と読みます＝一休み…例外もあります。「一苦労」また、…「一声」

(18) 「しはす」か「しわす」か―古い時代には「しはす」。平安時代あたりからだんだん「しわす」になってきたということです。私も子どものころ「しはす」と…。

(19) 「ぴったし」と「…みたく」―「ぴったし」は流行語です。…

(20) 「歌わさせていただきます」―「歌わせ

⑵1 「宮沢賢治さん」―なれなれしく友だちのように扱った感じです。何もつけないのがためらわれるときは「―という人」としては…

⑵2 「お元気ですか」は失礼か―…ぜひ返事が必要な感じです。また、ほんとうに知りたいというのではないですから、「…のことと思います」がいいと思います。

⑵3 「遺言」（ゆいごん・いごん）―…法律の用語では「いごん」というのです。「ゆい」と読むのは、「遺言」のときだけです。

⑵4 「薄い水色」「淡い水色」―その場合は、まあ、同じです。ほかの場合は、…「興味」は「薄い」、「期待」は「淡い」で、「薄い」とは言いません。

⑵5 「月日」（がっぴ・つきひ）―日付を記入するときは「がっぴ」です。「つきひ」というのは長い時間ということで…

⑵6 「名前」―二種類に使われている。

⑵7 「一日」―ふつう、日が出てから夜暗くなるまでを…。「充実した一日を過ごした」など。

⑵8 「発起人」―古く「ほつ」と発音していたことばで、このごろ「はつ」と言われるようになったもの、両方使われているものなど。○発足、○発心、○発端、など古くは「ほつ」、今は「はつ」が一般的です。＝発熱。

⑵9 「心意気」―「よしっ！やろう」といったような物事に前向きに取り組もうとする心のもち方。ただの「心のもち方」よりも、…

⑶0 「寄せ集め」

⑶1 「コンコンと」（マンガのなかで）「懇々」という漢字の音です。

⑶2 「用が足らない」―まちがいではありません。だんだん減ってきているのです。現在は…
　　慣用句やそれに準ずる場合は「足ら」です。「一時間足らず」「舌足らず」など。…

⑶3 「…になります」（お店で）―「なる」はなにかのことをして、それが「成る」、できあがるという意味ですから、私も同じようにおかしいと感じたことがあります。

⑶4 「べつにいいと思います」―あとに打消しのことばがくるのです。

⑶5 学級日誌の文―敬語を使う人とそうでない人と――一種の公の記録ですから学習の内容だけを書けばいいのです。

⑶6 擬人法―修辞学のことばで、人間でないものを人間のように見立て、人間の気持ちや動作の表現に使うことです。

4　あとがき

(1) 『やさしい国語教室』（毎日新聞社　昭41.3.15→共文社　昭53.10.20）は、あの本にまとめられた十月のあと、翌年三月まで、毎日中学生新聞に書き続けておりました。それがそのままになっておりましたのを、今度こうして…。

(2) 「国語教室通信」は、私の国語教室の新聞です。週刊です。その第一ページの三分の二くらいの紙面に、そのときどきの「ことばとことばの生活」に関係したニュース・話題を取り上げて、紹介したり、考えたことを書いたりしています。…その中から…。少しやさしいのと、少しむずかしいことばのはいっているのとあります。それは、そのとき受けもっていた生徒が何年生であったかによるものです。…

「国語教室通信」には、質問らんもあります。生徒からいろいろなことを聞かれます。その中でクラスのみんなにも話しておきたいことをそこに載せるのです。…
　　　　　　共文社刊の「あとがき」　昭52.11.7

Ⅲ　国語教室おりおりの話

1　国語学習のために　　　［359〜463ペ］
　　（『国語教室おりおりの話』共文社　S.53.10.25）

ア　国語学習の「秘訣」はない。―…秘訣というのはだいたい平凡なことが多い。それからことばというのは、急によくなることができない。わたしはたいへん不器用で―溝上遊亀先生のところへ行きました。「字が…どうしたらじょうずになるでしょうか？」…ききました。先生は「…毎日書くたんびに〈少しじょうずに書こう〉と思って、毎日書いてたらいいでしょう。」とおっしゃいました。…年がたつにつれて、先生のおことばが身にしみるようになりました。勉強も…ことばづかいなどもいつも心がけていることが積もってくるのではないかと…。国語ができるということは、よ

　　　　く聞けて、よく話せて、よく読めて、よく書けることをいいます。その一つ一つについて話しておきたい…。
　イ　「聞くこと」の学習—ことばの響き—
　　　　聞くときには、人のことばの調子を聞くように気をつける。たとえば、返事…軽く言ったり、「ハーイ」と伸ばしたり、…人のことばの響きの中に、心を悟ることを心がけている人が、深い交わりを…。
　ウ　「話すこと」の学習—自覚的・反省的な話し方—
　　①自分の話していることばを聞きながら話すようにする。話す力がいちばんふえる。
　　②［話す場］だれにどういう所でものを言うかを忘れない。
　　③［積極的な発言態度］意見を言わなければならない場では、かならず言ってみようとするとたいへん違ってくる。
　エ　「読むこと」の学習—心のつながり—昔と今の、…いろんな人たちの心につながっていかなければいけない。一限りなく広い世界に、本を通して自分でつながって心をひらいていかなくてはならないから。
　オ　「書くこと」の学習—生活的な「書くこと」—…考えをまとめるために書く。考えがまとまらないときにもまとまらないまま書いていくとだんだんまとまってくる。別のことで、ずうっと書いているとこう考えるのがいいとか、自分はこういう気持ちだったとわかってくる。そういうふうに生活の中に使うことも書くことの力。
　カ　国語の力というもの—習ってこういうふうに役にたったとつながってこなくても重なり合ってことばの力になってくる。
　キ　ことばのゲーム
　　①伏せことば
　　　　リーダーが鬼を一人決めて、あとの人でことばを一つ決める。鬼は三人にきいてみる。当てられた人は、…どこかに入れて答える。
　　②三つの話
　　　　（審判がいて）出た題に十秒以内に話し始め『「地図」について三つの話』をする。
　ク　わたしの三つの話—大村先生に「サーカス」という題は不釣り合いと考えたらしいが、
　　　A　アメリカからのサーカス団の話。
　　　B　ソ連からのサーカス団の訓練模様。
　　　C　アナトール・フランスの作品の軽業師の話…をした。

2　ことばを学ぶ知恵
　○はじめに
　　　初めておとなとしての生活をしたので、長野県というと「故郷」のような感じがする。親しい先生からお頼まれしたとき、お話をすることをハイハイと承知してしまった。…お話の切れ目のところで足を直したり、体を動かしたりして聞いてください。
　ア　［国語の力をつけるには］こうやれば必ずという秘訣はない。ことばの力は、人間の心そのもの。急につけることはできない。
　　①〈まず聞くことを〉聞くことが始まりです。その人の聞いたちょうどの幅でお答えすることを心がける。あるとき、『レ・ミゼラブル』を読んだと…「そう、図書館にあったかしら？」と私はききました。その返事は、「うちに世界文学全集があり、…」
　　　その場面と相手に合わせながら的確に答えようと心がけていることがたいせつなことです。
　　②〈はっきりしたことば、はっきりした考え〉—「そう思います」なのか「そうです」なのかわからない言い方は頭を悪くする。わかっている、だいたいわかっている、迷っていることをはっきりさせると歯切れもよくなる。
　　③〈心の中を字にする〉
　　　A　これを書こうというためだけに書くのではない。"考えるため"にも書く。わかるために書く。なにか見つけるために書く。手を活動させ、心の中を字にする。
　　　B　何を書いたらいいかわからないとき、そのわからないことを書きつけていくと、道が開けてくる。からだの一部を動かすことは、その人のいのちをゆさぶるのではないか。
　　④〈ことばに気をつけて〉
　　　A　私のクラスでは、ことば集めをしている。その中の一つに「この時はどう言えばよかったかな」というのがある。この間、プリントを一枚なくして…
　　　B　もう一つ、ものの名まえを、はっきり言うようにする。
　イ　［一冊の本のはたらき］
　　①〈生涯の夢をひらいた本〉

1969年、アポロ11号を造り、打ち上げたのはドイツ人のブラウン博士、デビュース博士でした。ソ連もまもなく成功しましたが、その中心はツィオルコフスキーでした。ところで、ブラウン博士とソ連のツィオルコフスキーとが少年時代に同じベルヌの『月世界旅行』を読んでいるのです。一冊の本のしたこと、そのはたらきに驚きます。

②〈本に呼びかけられて〉―
A ―ハインリヒ・シュリーマンの話―8歳のクリスマスに絵本をプレゼントされ、…トロヤの遺跡を掘り出させたのはその本。
B 国木田独歩『馬上の友』―国之助は「ぼく」からいろいろの本を借りて読む。…地球を一周しようと夢を持つ。ぼくは海軍の軍人になって、再会し、ふたりの馬乗りがふたりの船乗りになっていたと笑い合う。『二十四の瞳』の壺井栄は、40歳過ぎに佐多稲子から、『風の中の子供』（坪田譲治）を貸してもらい自分でも書こうという気持になった。
③〈これからの時代を生きる読書〉本は人の生活の中にはまっていて、その人にはたらきかける。また、その本を読んで…自分を築いていく。
　　一冊の本のはたらきと、どのようにして一冊の本を生かしていったかを考えていく。

3　国語教室おりおりの話

Ⅰ (1) ["おとなになる" 学校]
　「聞いている」ことが人に通じるようにする。…一度で聞くことは、おとなになる学校の第一歩。
(2) ［親友］
①よい友だちをもちたい。考えてみたいことは、友だちがいなくても自分を失わない、ひとりでもやるべきことはやりぬける人、そういう人でないとほんとうの友だちを得ることもむずかしい。
②「助け合う」というが「合う」ということは、同格に力を出し合うこと。
　ひとりで立てる人だけ、他の人と手をつなぐ資格がある。
(3) ［辞書の選び方］自分で意味のわかっていることばを引いてみる。もう一つの方法は、きいたり、習ったりしたけれど、胸にスカッとするほどまではわからないことばを引きくらべてみる。たとえば「つつましい」など。漢和辞書では、意味、分類…。国語辞典では、用例…。
(4) ［好きな本の発見］
①好きな本、読みたい本を読むのは常識。
②どのくらいの範囲から選んでいる？ふと出会った…近くにあったものでは？
③―少年の日に"好き"と手にしている本にこだわらない。
④触れたことのない種類の本の世界に関心をもつ。…。
(5) ［読書日記］―ひとこと欄・読みたい本のページ―
①本を読むことと感想を書くことは別のことで、それぞれ値うちのあること。どうして「ひとこと」欄が？…書いておかないと…
　その宝ものをなくさないようにしたい。浮かんだものは書きとめる。
②次は"読みたいな"と思っている本をそこに書いておく。読みたい本が胸に少しでもある人は、考える世界、文化、そういう世界に近い。
(6) ［文集の名まえ］女学校の時の文集の名は「土」。よくあるのでは、「道」「小道」「竹」「草原」も。ある時「この中にない名まえになさい」と言いました。動詞などでつけてみてはとヒント。―そのときその学年の文集の名まえは「とどろき」になった。「はばたき」、…みなさんのグループの文集の名まえは、ひと工夫して、その経過を一つの作文にまとめてみては。
(7) ［学習記録のねらい］―
①この学習記録は、いつまでも自分の役に立つであろう。…という意味のあとがきがかなりありました。わたしは、…もう一ぺんあけて勉強することがなくても、学習記録の値うちは減らない。このことが役に立ち…とはっきり見えることは、ほんものには少ないのではないかと思います。
②学習記録を書きながら育った力―書く力、考える力、まとめる力…―それは、あなたの身についた力として、別の値うちとして生涯の持ちものです。

　　　　私は…筆まめであることをねらった。じょうずでなくても、何かの折にふと書いているというふうになることができたら幸せだと思う。
　　　　書くことによって自分の身につくものがある。書くことによって自分が育つからです。

(8) ［怪我の功名］誕生日にきれいな花束をいただいて、水を入れるのを忘れた。翌朝しおれた花にたっぷり水を―…花屋さんに話した。―花は切りたての時は茎に水がある…一晩水がもらえないと…
　　失敗がかえっていいことになることを「怪我の功名」という。

(9) ［我田引水］時実利彦先生の『頭脳』をひいて「頭のよくなる話」をした。そして「頭をよくするのは読書と作文」と言ったら、みんながアハハと笑って、「我田引水」だという。

(10) ［"表す"ことの大切さ］
①みなさんは中身；学力についてふやそうと努力するけれども、表すことに不熱心なようだ。今、よく聞いていて、それを体で表している。そのように態度で表すべきです。
　　テストは限られた方法の中で自分のもっているものを出すこと。表すことに不熱心ではうまくいかない。…。
②表現の学習には、自分の持っているものをことばにして表そうとする大もとがある。…こう書けばいい、こう言えばいい…そういうことだけでは、ほんとうの表現の力にはならない。
　　表すことに対する熱意、表すことの価値を考えてほしい。

(11) ［はかることとふやすこと］勉強のこととなると、「はかること」と「ふやすこと」をいっしょにしてしまう人がある。学力をつけるには、それぞれのやり方がある。どういう力がどのくらいどちらのほうへ伸びたかな、そういうことを知るためにテストがある。テストをした結果をもとにして、新しいくふうした学習がそこから発展してくるから学力がついたとなってくるのではないか。

(12) ［頭は一つ］入学試験のことは、（わたしは実力をつける責任者ですので）自分の職業をかけてそのことを心配している。選択肢が四つあってどれか一つを選ぶのがある。…その時の頭の状態は、話し合いの時の姿に似ている。…似たような意見、ズレている意見…その中から根拠をもって選ぶ、そのように頭が練られていたら、処理する力は同じ。
　　力はどのようにして鍛えられるのか。形の上だけを比べて、一見離れているように思われが、頭は一つです。

(13) ［左手を出しなさい］ある書家の方が、左手にけがをされた。その先生は「書くのは右手だけれど左手がどんな働きをしていたものか、…考えた」と…左手はほんとうは、右手を生かしているんです。

Ⅱ (1) ［「さん」と「くん」］人を呼ぶとき"さん"と呼ぶのが"標準"です。男子は気楽な場面で、遠慮のいる人のいない時"くん"と使っていい。国語の時間にみんなの前に出て発表するとか、話し合いをするときはできるだけ"さん"を使うということにしましょう。［ミスターの訳が"くん"ミセス・ミス・ミズの訳が"さん"と言う人は、勉強の足りない考え方です…。ことばの移り変わりに対しては、最後からついていきたい。

(2) ［「かわいそう」「ごくろうさま」］
目上の方に向かっては、「お気の毒」、「お骨折りでした」が適切。

(3) ［「しゃべる」「がんばる」］
むかしは「おしゃべり」と言われたら大変恥だった。「がんばる」は、むりむり通そうとする強情をはる意味で、母から「女の子はとくにがんばってはいけない」とさとされた。それが今は…ことばは移り変るものです。

(4) ［敬語の話］
①［おります］一次は「おっしゃられる」。→自分は階段の真ん中にいる。先生を一段上へ上げることば「おっしゃる」「召し上る」…自分が一段下がることにすると「いたします」「申します」…
②まちがえるのは自分を下げるほう。「おります」は下ることばですのに…謙譲というより「ていねい語」に使っている。
③「行きます」とていねい語をつけて敬意を表しているという考え、意見が多くなった。そこへ尊敬の「れ」を入れて、

「おられます」とていねいすぎない敬語の一種になった。「申されます」もよく問題になる…

④ 次に「おっしゃられる」は、敬語の使いすぎで…「おっしゃいます」がいい。

⑤ その次の「おいただきになった」は、違っているということではない。…（賞などを）「受ける」こと「もらう」をていねいに言ったのです。ただ、言いにくいので「いただかれた」というふうに使ったほうがいい。

このごろは「賞をおとりになり…」とアナウンサーが言っている。「お受けになる」などがいいのではないか。

(5) ［立候補者の演説］書記に立候補したK.K.さんは、きょう記録の価値を話した。「よい記録は、自然に反省を生み、次の発展をうむ」と。—記録は、書くときにはどういう値うちがあるとわかっていることもあるし、わかっていないこともある。…きょうのKさんは、あるべき姿を話しながらそれを自覚した自分のやりぬく力を信じていたと思う。

きょうは会計に立候補したYさんの演説が、きのうのKさんに引っぱられるようないい演説だった…お金がどのように使われているかをみれば、この生徒会が何に力を入れているかわかると話した。会全体の動きを発見した人の新鮮な喜び、意気ごみが感じられて、いかにも人の心を引きつけるものがあった。

(6) ［グループでの話し合い］—「話し合い」には、好きとか好きでないという人もある。聞いているのが好き、書くほうがいいと思っていても、心の中を話しにする勉強は必要でしょう。

こんどの話し合いは、発表会の相談でしょう。黙っていてはいけない会なのです。中学校は"おとなになる"学校ですから、黙ってニコニコというわけにはいかないのです。

きょうの司会のかた、「では始めます。よろしくお願いします。」って始めましょう。

(7) ［今、何をしているところですか？］

「今、何をしているところですか？」には思い出があります。

その年、一年生の教室で「何をしていますか？」って聞きました。どのグループへ行ってもスラッと言わないのです。わたしはふと気がつきました。このことばは、今やっていることをやめなければいけないときによく使われていると。そして、ためしてみました。「はい、あの…」とスラッと出てきました。ことばの微妙さにおどろきました。

(8) ［"ふだんのことば"をみがく］—相手、場面に深い関係があります。グループで話し合うときのことばづかいについてくだけた言い方でいいのではと質問した人があります。わたしはことばづかいに気をつかわなくて自由に使っていいと思います。—しかし、こういうお話があります。ある劇場で練習中、荒いことばで、気づいたことを批評していました。そこへ大先輩の俳優がきて、ふたりはしかられました。『さあ、今は大事なときだからといって急にたいせつに使おうと、簡単に自分を取りかえることはできないものだ。…特別に言おうとしなくても出てくる、そういう状態になっているのでなければ自分の本心を語ることはできないのではないか』と。

ある程度のことばがふだんのことばになるようにしていきたい。

(9) ［しかられじょうず］—目上のかた、指導者からお教えいただく場合、ほんとうのおことばがいただける人になっていかなくてはならない。—何か作品を見ていただくとき「精いっぱいやった」を強調しすぎると批評がしにくくなる。それに続いて「わたしなりに」も気になる。それから、「いそがしい」も。…と自分をかばうのはおかしい。言いわけがすぎることは、自分を育てることばをいただく場合に不似合になる。

その根本を流れる謙虚な心、自分に対して厳しい心をみつめたい。

⑽ ［ことばを使うには知恵とこころで］土曜日のことです、わたしが「あした持ってくるものは」と話していたのです。ある生徒が、「あしたは日曜です」って言ったのです。わたしがまちがえていたことははっきりしています。けれども…けんめいに聞いていた気持ちがこわれてしまったのです。「腰を折る」と…

また、ある時、「持ってくるもの、コンパス、三角定規…」とプリントに書いた数学の先生のところに…「定規」の間違いだとはっきりわかっているのなら、きくのはやめなさい。

　ことばは、知恵を使って、それから情もこめて、使わなければいけないと思います。

Ⅲ (1) ［スピーカーズ・コーナー（ロンドン）］ハイドパークの片隅に日曜の午後だけ自由に話せるコーナーがある。出かけてみると、…何語でも、どこの人でも言いたいだけのことを心から話す。そういうコーナーを…わが石川台中学校にも…ほんとうの意味の明るさ、みんなの気持の生かしあえる場所があったらと思いました。

(2) ［窓べを飾る（スイス）］ヨーロッパでの旅で…その中の一つに出窓を飾る花の美しさがある。ことにスイスで。…
華道【という趣味・芸術】を発達させてきた日本人…。目のつけどころが違っていることに気がつきました。

(3) ［すりへった鍵盤　巨大なイヤホーン（ボン）］…ベートーベンの生まれた家は小さな博物館になっていました。生まれた部屋は…下の部屋のピアノの…その隣りの部屋に行きました。そこに並んでいたイヤホーンを一つ一つ見ながら、胸いっぱいに考えて、しばらく部屋を出ることができませんでした。

(4) ［国際会議トーキョーのスカーフ（ウィーン）］先おととしウィーンで「国際読書学会」がありました。開会前のロビーで、日本の友だちだけで話をしないでわざと外国の皆さんの中にまじっていました。そのとき女のかたが声をかけてきました。「どちらからですか？」…「これがトーキョーのですよ。」と言って、頭にかぶっていたスカーフを取ったのです。そして、…「このケースの中に、雨用のと、…とても便利にしております。」とおっしゃったのです。
　わたしは、気軽にサッと話し出してくるかたの態度に教えられたのです。

(5) ［夜には夜の美しさを（パリ）］…花の都パリ、いかにも夜も昼間と同じような明るさと思うでしょう。ところが、パリの夜は…夜には、別の美しさを願っているように思えるのです。たとえばセーヌ川、橋の電気が…ですから、水に映ったとき…。また噴水など、…わたしは、昼とまがうように明るくしている日本の美しさ・明るさと、夜だなあと思わせるようにあかりを使っているパリとを比べて…気がしました。

(6) ［森繁さんの話］お話をするのに、いちがいに、用意のない話はいけないと言えないと思います。けれどもこんなことがありました。作文の会（1948年発足）に、森繁久弥さんの講演（1955年）がありました。そこへ「いま旅から帰ってきたものですから…」そして、「なんにも考えてこないで…おこがましいこと…」と話しはじめられました。…あとからあとからわき出るようなたいへんおもしろい肩の凝らない、しかし、心にしみるいいお話でした。
　終って、「何か、おききしたいことがありましたら…」…「ほんとうに、なんにも考えておかないでも、わき出るように話せる…何か秘訣があったら…」そのとき、…森繁さんが瞬間キリッとした顔になられました。…「…ほんとうは、うーんと用意をしてきました、…なんにもなかったと言いましたが、それも私の案でした。」会場はシーンとしました。
　わたしは、…気軽に聞いてもらうには、何倍も苦心がいることを知りました。…。

(7) ［新聞のコレクション─羽島知之さん］昭和二十年代、担当していました学年に羽島知之（はじまともゆき）さんという生徒がいました。その人は、わたしが困ってしまうくらい─紙がじゅうぶんでない時でしたから─新聞の発刊に熱心でした。…
　知之さんは、会社に勤めるようになり、中学時代に興味をもった新聞を集めたのです。そのコレクションは、今では、日本で一番であり、資料としてはたいへん貴重なものになったのです。…今では新聞の歴史を見たいと思う人は、…
　わたしは羽島さんのしたこの仕事を思うとき集めておく、記録しておく、保存

しておくということの値うちを考えるのです。…
［氏は日本新聞博物館（2000年横浜に創立）へ十万点以上の新聞を提供した］

(8)［クギの話］アメリカの大統領ワシントンの、小さい時のお話です。そうとうないたずらだったことは、有名な桜の木でわかりますね。…お父さんは、キッチンの柱のところにワシントンを呼びました。そして、「これから悪いことをしたらこの柱に、この太いクギを打ち込む。そのかわり、よいことをしたら、クギを一本ぬく。」と言いました。…

やがて、ワシントンもだんだん考えるようになりました。やさしい心を見せる…たびに、お父さんは黙ってクギをぬきました…。ある日とうとうクギはみんなぬけました。お父さんは、ワシントンを呼んで…「このクギの穴は元通りにすることはできない。」…ワシントンは、それを聞いて…

ワシントンのそれからの長い生涯、心の底に、ぬけばいいのではない。クギを打ちこんではならない。この考えがあったといいます。

(9)［心に残っていることば］
○まだ先生になりたてのころでした。それは短い文章でしたが―神様は花にすべての色を許されたけれども、緑だけはお許しにならなかった。…というお話なのです。今は技術が発達して…。『葉っぱだけに許された緑』
○ファーブルは、…「麦は人間の生活を支えている主食、…だからほかの花のようにおしゃれをしているひまがないんだ。…」味わい深いことば。

(10)［梅の花］梅の花は、…。まだ刺すような寒さの残る早春に花を開きます。…
ところで梅というは、…自分の木の花粉は実を結ばせないのだそうです。…
人の世にも、実を結ばないもの、実を結ばなくとも咲くだけで値うちのあるもの、そういうものもあるのではないか…。

(11)［菖蒲］わたしには菖蒲にまつわって、…一つは…もう一つは、母の思い出です。…母を案内してあやめの、菖蒲の池のまわりを巡りました。…
わたしは菖蒲が好きです。…今も菖蒲が咲くと…。

(12)［ヒヤシンス］ヒヤシンスの根が出ました。…ずうっと暗いところに置いていたのでこれだけ根が出て…ヒヤシンスは寒さに泣かせるときれいな花が咲くのです。そんなことを考えていると…。

(13)［蛙と赤とんぼ］若い教師として、信州に勤めていたときのことです。初夏でした。そのころ、遅くまで残って学習記録を見ていました。…諏訪の町をとりまくひろおい田んぼ。そこからいっせいに蛙の声がわきあがっていたのです。しばらく蛙の声を聞いているうちに…。
○秋の日です。その日は運動会、…ダンスの音楽を担当する自分をうれしく思っていたのです。…第三部、どうしたことでしたか、わたしは音楽を間違えてしまったのです。…
終っても…ずうっと…そこに赤とんぼの乱舞―しばらく立ちつくしていました。

4　あとがき

この本は、全部、ある日、ある時間の、中学生へのお話です。お話の録音を文字にしたものです。はじめの二つ［Ⅰ・Ⅱ］は、講演という形でした。広島市や長野県…。あとの「国語教室おりおりの話」は、いろいろな目的で話したものです。…わたくしの話し方の反省とくふうのために、授業時間に教室の片隅にテープ・レコーダーをまわしておくのが習慣になっていました。このような本になることがあろうとは思ってもいませんでした。

…お話のなかには、ある事を説明している話、…ふつうの授業での話のほか、聞き書き、要旨を聞き取る、聞きながらメモをとるなどの練習のための話、聞いた話を再現してみるための話といろいろあります。

スピーチの学習をするとき、実例としていくつかの話を聞かせたもの、作文の題材をさがすヒントのため、また、題材そのものを提供している話もあります。教科書一冊全部を使って、文章や話の題のつけ方にはどんな種類があるか、その題のついている文章との関係で考える学習を展開したときには、…。補充教材のつもりでいくつかの話をしたこともあります。ものの考え方を深めようとしたり、もっとたくさんのことばを身につけさせようとしたりして話したのもあります。話の程度も、一年生への話で

171

あったり、三年生への話であったりするので、少しやさしいのと、少しむずかしいのとまじっています。

　話を聞くつもりで読んでください。

　　　　　　　　　　　昭和五十三年九月

第14巻　ことばの力を伸ばす

I　やさしい文章教室

1　こんなところからふみだそう

[1～176ペ]
（出典『やさしい文章教室』共文社　S.43.9）

(1) [えんぴつさん　こんにちは]
わかっただけで書いておかないと、手が「書くこと」を覚えないようです。…その次に、なにが「そうか、そうか」なのか、書いてみる。…じょうず、へたを気にしない。とにかく書くことが、「書くこと」の勉強の始まりです。…
まず、ノートの表紙…中心らしい線のところに題を書きましょう。「私の作文学習記録…」と。調子を変えて、「えんぴつさん…」…。
第一ページは「とびら」に。
次のページには一。新しい学年を迎えた気持ちを書いておこう。…いちばんの敵は、書くのをやめてしまうことです。…
こんどは、すらすら書いた人に…。今の「うれしい気持ち」をぴったり表わすことばをさがしながら、ことばを書き並べてみましょう。さあ…。

(2) [このポスターに引かれる] 新しい学年が始まって…。―〈キタレ!!野球部へ〉…読書部…〈「この時の少年の気持は…〉
読書部、エレクトニクス部のように「楽しいようす、実際のすがた」を書いて、しぜんに楽しそうだと思わせるように…。
書き写しながら「こういういいかたではどうかな」と、ほかのことばが浮かんだら横に書いておきましょう。

(3) [身のまわりのことを書く] あなたは、今どこで、どんなふうに、この新聞をひろげていますか。それを書いてみましょう。
…この一週間、ずっと何かしている場合を取り上げて、その時のようす、見たこと、聞こえたものなどをとらえてことばにしてみましょう。○朝、…島崎藤村は、「雲」を毎日書いてけいこにしたようです。みなさんも、あなたの「日記　窓の下」…を書いてみませんか。

(4) [思い出して書く　想像して書く] 卒業式の式場は、どんなふうに飾られていましたか。…一つ二つ書いていますと、…次が思い出せてくるものです。…まず紅白の幕が…
この「思い出す」力は練習しますと、増してくるものなのです。…
もう一つ練習したいこと…「想像して書く」ことです。一少し離れたところに、五・六人の中学生が…話し合っています。…あなたも次のような文章から想像したようすも書いてみましょう。…

(5) [いろいろなことを書こう]「四月の文集」として…。こんな題は、「新しい友だち」…初めて顔を合わせたのは…実際のことがらを書くといいのです。
二つめに「私の楽しみ」は…と書き始めないで…。結びに「こんなとき、私は、しみじみ楽しいと思う」…と結ぶとすると…。
三つめ、…「子どもの日の新聞から」切り抜いてスクラップブックにはり、…学校にもって行って…「…自分たちの問題を考える日でも…」と主張を書いてみませんか。

(6) [さて　この紙は？]

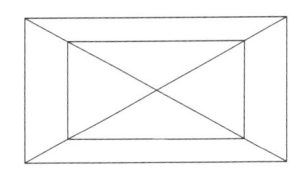

ある日、こんなふうにプリントした紙を持って…たちまち、質問攻めに会いました。…さて使い方です。弟のことを書こうとしています。まん中の小さい三角形に○きかんぼうの弟、○ひょうきんな弟、○やさしい弟…とぐるりといろいろな面から…。
「遠足」のことを書くのでしたら…
この紙は、また、取材のかたよりを防いでくれます。…
また、…というように材料をさがしますと…。
[註　教育心理学者・波多野完治は、「文章の構造を図にすると⊠になることは…わたしには啓示でした。…対句構造、弁

証法、みなこの構図から出て来てよいわけです。」(『22年目の返信』102～103ペ小学館)と記している。]
(7) [どう書き出すか] この間の放課後…話しているうちに、文章の書き出し「…もう少し、ずばりと中心にはいって書き出すことを覚えるといいのだけれど。」と言いました。それが、反響を呼んで…自分なら、こんなふうに書き出してみたいと…。明夫さんがこんなのを持ってきました。
(8) [三十五人の三十五の書き出し]「健康」という題の作文の書き出しのいろいろです。⑲までが男子、そのあとが女子生徒のものとのことです。
　①健康、このことばからどんな感じを受け取りますか。
　④「健康」…あまり口に出さない。弱いぼくは気がひけるからだ。
　⑦最近、ぼくは病気にあまりかからなくなった。
　ア　まず多いのが、小さい時からの自分を思い出しているもの
　③　12　18　21　34　35
　キ　健康生活の実際から書き出しているのは
　②　15　26
(9) [気持ちが通じない] ふさ江さんが、「中学生時代」という作文を持って相談に来ました。「作文の動機は…」「わたしたちは、こんな考え、望み、悩みをもち、友だちと話しています」と書いて、わかってもらったり、考えてもらったりしようと思った。ところが…わたしの気づいたことは、…ということが、長く、力がはいっている。呼びかけは伝わったが、気持ちが通じないのは、ここが筋書きのようになっているからであろうということ。…
(10) [四枚のカード] 五月の文集…明夫さんにぜひ考えを述べた文章をとすすめましたら、「ぼくも入れたいのですが…まとめて書くと、すぐ書くことがなくなってしまって困ってしまうのです」と言うのです。書こうとする意見はあるとのことですので…
　まず、四枚のカード…にＡＢＣＤと符号をつけました。Ｄカードに「要旨―意見を簡単に書くのです。」Ａカードに、Ｄに書いた…考えをもたせた事実。今度は、Ｂカードにかと似たことをいろいろ思い出して書く。もう一枚Ｃカード、これには、Ｄと反対のことを、姿勢を変えて、書くのです。
　○これを並べてみながら、どんな順序で書くか、内容をほねにして、文章を書く。
　もし、ＡＢＣＤの順に書けばふつうの書き方ですね。しかし、Ｄからも書けるでしょう。カードを動かして構成のくふうを。数学的には、24とおりの組み合わせがあるのです。

2　豊かなことば　正しい表現
(1) ["正確に書く"とは]
　―作文「あだ名」の書き出し。
　さて、この人のは、…自分のあだ名は言われてもさしつかえのないほうのあだ名の例なのです。そうしますともっとていねいに、細かく心持ちを書かなければ効果のある前おきになりません。それから…。
(2) [ことばをさがす] 辞書は、意味だけでなく、どんなように使うかも教えてくれることが多い。逆に、自分で何か表わしたいとき、それを表わすことばは、簡単に辞書で引けません。それで「なんともいえない気持ち」と書きたくなってしまうのです。
　○「小さな親切運動」…明夫さんは書き換えたがっています。…「ささやかな」はどうですか。「ささやかな」は、あとにいいことのつづいてくることがわかっていることば…
　○「ただ得るのでなく、戦って〴〵わがものにした」を表わすことばはないでしょうか。務さんの質問です。「相撲界の最高位をわがものにした。」を短いひと言にしたいというのです。「かちえた」がいいでしょう。「えた」は…。
　「こういう内容は、どういうことばで表わせるのかな」という目のつけ方で勉強することが大切です。
(3) [ぴったりした表現] 自分の作文のなかのぴったりしたことばの思いつかなかったところを出しあって、ことばを考えています。今、かよ子さんの作文―「どんどんどんどん」水を飲んだについて考えました。みんなが思いついたのを黒板に書きました。…では、本人はどうなのでしょうか。…「わたしは、やっぱり、…」
(4) [このことばのほうが] 図書室で茂子さんがひろ子さんから問題にされた…「見つめている」について辞書から答えが得られず、

考えこんでいるところでした。…は、現代文に合いません。…がいい。

(5) ［同じことばが何回も］三行の間に、「よく」が三回ありました。みんなで直してみることになりました。…「よく」の意味をそれぞれくわしく考えてみるといい」とヒントを出してみました。→…。次の「よく」は［ていねいに見て…］。三番目は…

(6) ［"麦秋"と"小春びより"］─明夫さんたちが六月の文集をとじました。ふさ江さんのは「麦秋」でした。…「秋」という字がついていて秋ではない。「春」という字があって春じゃあない「小春びより」ということばがあったわね。…
文集の内容を見せてもらいましょう。…はじめに「あれ、そういう意味ですか」という題の文章がありますね。…(1)遊学…(2)小春びより─ふさ江さんは、へんだなと思ったのだそうです。「山の方には、もう雪がきたというのに、きょうは小春びよりを…。」紹介したい作文が、たくさんありますが、構想だけ少しのせておきます。
○「わたしの誕生をめぐって」
一　わたしの生まれたときのようす…
三　わたしの性質と結びつけて考えたこと…
○「タイムマシンで江戸時代へ」
一　タイムマシン中で…
二　江戸時代の　1　商業、工業　…2　文化…　4　乗りもの
三　空想のねうち

(7) ［なんともいえない］
①魚つりの好きな務さんの書いた「青い空、澄んだ雲、なんともいえない美しさだった。」─もうひと努力して「なんとかいって」みたらどうでしょう。…。
②幸子さんの文章にも、…とあります。
④典子さんが写真の整理をしていました。…「わたしは思わず息をのみました。」…「これをみたときの気持ちは、ことばでは書き表わしにくい。」などといって逃げ出してはつまりませんね。

(8) ［おおまかなことば］
ようすでも気持ちでも、ついおおまかなことばでまにあわせてしまっていることが多いものです。…勇三さんの文章の一節に「…へんな気持ちだった。」と。的確に伝えるためにみんなで考えてみました。…○身のちぢむ…作者としては…と言いました。こんどは、正恵さんが、生徒会の役員選挙に立候補した経験から得た文章を出しました。「…この選挙戦でりっぱなものを…」みんなは、「持たなかった勇気」としました。

(9) ［動詞を使いこなす］わたしは、このあいだ友だちの説明のことば、特に、動詞の使い方に感心しました。「詩は感動の表現であって、理屈を述べたり、説明を加えたりするものではありません」と。ここは「理屈を言ったり」「説明をしたり」と書いてしまいがちなものです。…「わかる」とか「もつ」も、どこへでも使えそうなことばです。同じ文章に…というところもあります。西尾実先生の読書について書かれた文章の一節の、「…著者のことばを読んで『なるほど』とうなずいたり、『そうかな』と疑念をはさんだり、または、『そんなはずはない』と否定したり、『自分にはどうしてもこう考えられる』と主張したりしながら読みすすめていくところは…」の『　』のあとは、どうかすると、「思う」という一つのことばで、まに合わせてしまうところです。先生はなんと豊かに、適切に動詞を使っていらっしゃることでしょう。

(10) ［数字の魅力］Sさんの「二日の旅」という作文の一節です。「…視界は二メートル…こんな道を四十分、バスは…このダムは…。そして四七六〇万立方メートル、…年間八万キロワットが…」…数字によって受け取る感じが違ってくるでしょう。Sさんは、このダムを作った人間の力を思って心を打たれ、…数字を入れることを考えたのだそうです。ところで、「それでは…」と言いたいところはありませんか。…どうして…のところにはいっていないのか。…ということでした。ところで…。それから…。

(11) ［ことばをそろえる］
信子さんは、「助詞の〈か〉がどのように使われているか」を研究しました。
A一　なぜ、この研究をするようになったか、
　二　どんな…
　五　どんな結果になったか　といった項目を立ててありました。…それを直したのがこれですと言って見せてくれました…。…
B一　研究　動機？
　二　材料
　三　方法

四　どんなふうに進めてきたか
　　五　結果
　Aの五をどんな結果が得られたかにした後、四をほかの項目とそろえると…「経過」ですね。
　一は、「動機」ということばを思いだしたので…ということでした。「きっかけ」ですから…。そして、二は資料のほうがいいと言い添えました。

⑿ [作文学習日記]　毎日書く。
　①予定―予定を名詞どめで。「園芸当番、八時、登校」と。学習の予定のほうは、動詞をつけるようにしましょう。「うちわの絵のデザインをする。」と書く。
　②予定に対して、したことを書く。そして必ず感想を。…自分の心のなかをさぐって、そのまま表わす。疑問、問題点を別に書きとめておく。
　③きょうの天気を文章で書いてみる。
　⑤新聞の地方版のトップ記事を、友だちに知らせることにしましょう。「５Ｗ１Ｈ」の使いどこです。
　⑥新聞の投書らんを使って、意見、考えたことを書く。
　⑦は、ことばの写真です。一日の生活のなかの一場面を、ことばで書き表わしてみるのです。説明するのではなくて、目の前に浮かぶように書いてみましょう。
　⑧これは、ある人の写真をことばでとるのです。人がら、気持ちが受けとれるように…。
　⑨知っていることばを少しでもふやすように積極的に。…書きとめましょう。その前後の部分を、そのことばがどのように使われているかわかるように書きましょう。
　⑩おしまいに、その日の感想を書いて終わりです。

⒀ [作文遊び]
　まず「かきくけこのお話」。まず「か」―「かに」のお話です。―かには…啄木の…。
　次に、「カンナ」の青い芽…
　次は…「かあさん」…
　「きつねのお話」
　そして「く」　クレーン、雲
　「こ」は「国際語のお話、〈ザメンホフの〉」…
　こんなふうに「あいうえお」のお話でも、「まみむめも」のお話でも…。
　くるめていうときは「あかさたなのお話」

はどうでしょう。五、六人いっしょでしたら、豊かに、さまざまな生活が語られるでしょう。

⒁ [意識して目をとめる]　小学校五年生の夏休みに、毎日の食事の記録を書かせられました。ノートの一ページを一日分として、六段に分けて横線を入れ、…一、三、五段は広く…。右のはしを細くとって朝食、六時半、お十時、九時半などと…。そのうちに、わたしは、なれてきました。…意識するようになったのです。…。
　そして、情景でも、場面でも、ふんいきでも、人の表情、ことばでも…
　認識すること、これが文章の始め、「考える」ということの始めです。
　夏休みも半ばを過ぎるころからは、この記録にすっかり慣れました。…いつのまにか名まえを覚えました。…。
　そのうちに…「食べた物」から、その日の生活が浮かび出てくるような日がありました。
　このような記録でも…。まして「学習・実験・観察、そして読書の記録などは…」
　そのような記録は、そのなかにいのちがあるのではないかと思います。

⒂ [心のなかを字で書く]
　作文というのは、書こうということがありませんと、書いてみられません。わたしがこれからお話をします、ひと休みするところで、そのとき心のなかに浮かんでいることを書いてごらんなさい。二回切りますから、三つの短い文章ができるわけです。
　題は「人のいのちを知る花」
　「わたしのなくなった姉は、人並みはずれて花が好きでした。…重態の時でも、朝など…」ここでひと切り。
　「ある年の冬…「この花はね、不思議な花！…」と言って…。ここでひと切り。…
　「その翌年、君子らんは…わたしたちは、…」
　○心に浮かんでいるものをとらえて書きましょう。

３　こんなところを　くふうしよう
⑴ [めあてを決めて]
　よし子さんの「生け花クラブ」の要点です。
　①母や父にすすめられたから。
　②迷ったが庭球部にはいった。

③母は…
④一か月たった。
⑤池内さんからすすめられた。…
⑭先生の評がある。
　次のような事情でしたら、何番のことを中心に書くようになるでしょう。（A）学校新聞で、クラブにはいった動機とか事情を特集をする—その場合、①②③⑤⑥をしんに。
　（B）新聞にクラブ紹介を書く—⑦⑨⑭に、
　（C）新聞にそれぞれのクラブの楽しみを書くとき、—⑨⑩⑪⑫⑬が中心になりそう。
　なんとなく書きだしたのでは、豊かに書けているようでも…。
　めあてを見つめないで書きますと、豊かな表現力も生きないということです。

(2) [読書の感想を書くことと、紹介を書くこと]
　A　このあいだ、読書感想文をたくさん読んでいらっしゃる方が、「どうして生徒は、…こうあらすじを長く書くのでしょうね。…」と。わたしは、…と思いました。こうしたらどうかなと思うこと…。一つは、わき出た感想を書きとめておいたらよかったのにと…。もう一つは…。…「紹介」でない「感想」を書くのだという構えをもって書くことです。
　B　次のことについて書いてみませんか。ユニバーシアードのとき、日本の水泳チームがアメリカにやぶれました。解説のかたが…
　それを書く場合のめあては、
　○いっしょに考えてもらう
　○考えを言ってもらう
　○批判してもらう
　○自分の考えをわかってもらい、同じ考えをもってもらう。
　こういうめあてを一つ一つ区別してとらえ、頭において書きたいものです。
(3) [心にひびかない文章] とし子さんが、保母さんになりたいという気持ちを書いてきました。長い間に、その気持は、だんだん育ってきて、希望になってきたようです。…さぞいい文章になったと思いませんか。ところが、その文章が友だちの心にひびかないようなのです。たとえば…と質問します。…要旨をはっきりさせること、…頼られている保母さんを浮き出させるように書いてこそ意味が出てくるでしょう。…もう

一つ別の視点で話が続きました。
(4) [明るい笑い]「一回一円」恵子さんの作文の題です。—「一回一円とは、おこり賃だ。泣き賃は五円。」…「…そして」…「現在たまっているお金は、一円玉…合計六十一円…そしてこのお金には…」
　ちょっとした文章でしたけれど、むだが少なく、内容と文体が合っていました。文章の調子を受け取り、味わうことは、文章を書く勉強をたしかなものにします。
(5) [静かな驚き] 秀明さんの「小さなまき貝」がたいへんいいと意見が一致しました。ところが、…どんな点がいいと言えないのですと…「も（藻）でいっぱいのなかに貝を見つけました。その貝が…たまごをたくさん生みました。…すると食料不足のため、どんどん死んで…」
　こういうふうに繰り返されるのをながめているうちに、作者は…これが生命の循環だなと気づくのです。また…。
　秀明さんの文章は、短い文と長い文とがうまくまじっています。…作者の気持ちは、文章の調子にありありと出てくるものです。
(6) 力 [もう一歩つっこんで] 倫子さんがお使いで病院へ行き、そこで経験したことを作文に書きました。「…少し行くと車いす…」倫子さんは…自分の親切を受け入れてもらえなかった経験をしたわけです。…
　ここでわたしも「同情され、親切にされて、喜ぶ人と…あるのでは…」と…「あの人は、ひとりで歩く練習をしていたのかもしれない。そして…よけいなおせっかいだったのかもしれない。…」
　ここまで書いてこそ、この作文を書いたかいがあると言いました。それから…。
(7) [どこかもの足りない]
　修二さんが双眼鏡を買ってもらったそうです。…まず、こんなふうに書いています。「それは…」務さんが「ぼく、もの足りないなあ。」と、口を切りました。…みんなは、…いろいろ聞きました。そして書いてみました。さあ、どれが作者の気に入るでしょう。○…○よほどすばしこく動かさないと…杉の木がある…鳥は？…鳥は？…いる、いる！…。○…○…○…
(8) [真実が書き表わせるということ]
　大きいところも、ちょっとしたところも、問題のある作文をもってきましたよ。

…保さんは、生徒会役員選挙に立候補し当選はしなかったのですが、作文に書いたのです。「ぼくは…。

さて、…演説です。…第一日めは、あがってしまって…四日め、この日は、…教えていただいてあったので…

豊子さんの応援演説は…千づさんが書き直した文—「ぼくのいいところだけを言っているような気がしました」保さんは、うれしそうな顔をしました。…

もう一か所、先生に言われたところ　わかりました。

○真実に近づける。…

○書き足りない。そこを書かなければ読む人にわからない。

—自分の抱負を三つ、はっきりと、力強く話したことをぜひ書くべきでしたと…。

(9) [きめのこまかい表現に]

ある時新聞にこんなことが出ました。—若い女のひとが…ころがり落ちました。…人の群れのなかから…かかえ起こし…人ごみの中へ…——この記事を静夫さんが持ってきたのです。みんなはと言いました。誠さんが…ぼくもその見ているひとりになると思うというのです。…。そこで、次の問題は、なぜ、そのいいと思っていることができないのかと…

このことに取材して、健二さんが作文を書いてきました。「…たくさんの人の前で自分から進んで何かやると…おせっかいやき…という気持ちや恥ずかしいという気持ちがあって…せまい気持ちは捨てて、広い心をもたなければならないでしょう…」

直司さんが…。こんな経験、…表わしたことばを見ると「きめがあらい」のです。…書くときに、も少し執念深く、自分の気に入ったことばをさがすといいのにと思います。…それから、話し合うときなどに、ひとのことばをよく耳にとめるようにしますと…あなたのことばを豊かにします。…「広い心」というところも…

(10) [浮きあがった文章とは]にいさんから「文章を書くと、ずいぶん、なまいきなんだなあ」と言われたといって、ひろ子さんはしおれています。「流行とは」という題で…。こういうところは、べつに「なまいき」ということではないでしょう。だんだん読んでいきますと、…。どこからその考えが出ているのか、はっきり書けていない一節がありました。「昔よりはでになっている」という「昔というのは、いつごろですか」「何で調べましたか」…もっと、ア事実をおさえて　イ自分がとらえていることを　ウ自分のとらえたとおりに書く。

(11) [より正確に] いく代さんの「"ありがとう"というひと言」が話のたねになっていました。

…互いに、よい気分になれるのでは…」この「よい気分」が問題になっているのです。—いろいろのことばのなかから、いく代さんの選んだのは、「あたたかな」でした。

次に、信夫さんが持ってきた…多くの中学生が…答えるだろう。しかし…」自分の学校のみんなに呼びかける文章に…はおかしいというので…「たいてい」だけでいいでしょう。それから、どういう資料でそう書いているのかがわかりますと文章がしっかりして、おちついてきます。

(12) [ほんとうに書きたかったことは] 敏一さんのサボテン好きは、相当なもののようでした。その敏一さんが…「…ぼくがサボテンを集めたきっかけは、…だが」ゆみ子さんが、「だが」は、あとにはいるのではないの…。でも敏一さんはそのように直したくないようです。…わたしは、いろいろきいてみました。「今は二十三種類集まった。水は…。冬は…その温室を作るのも…」こんなことでした。二つの反対の気持をつないでいるわけで「だが」でいいのです。しかし…作者は…をみつめ直し、自分の真実が書き表わせるように直さなければならないということです。

(13) [とる・削る・省く] 私が教えていただいていた川島治子先生はよく、「文章を直すことを…。皆さんの作文は、だいたい"削"でよくなりますね」と言われました。きょうは恵子さんの作文を…わたしは省きたいところを（　）に入れていきました。どんな文章をどんなに省いたのか、見せましょう。「遠慮追放」…どうですか。恵子さんが朗読しました。「こうすると、文章の始めと終わりがあいさつのことばになりますね。…」わたしは、教えたり、さとしたりする文章でも、ことばの表面に、それが出てきていると、あまり気持よく読んでもら

えないことを話しました。そして…。
⑭ [こんなところでつかえたら] 筆が進まなくなってしまったとき、そこを切り開く例をいろいろ出してみましょう…。
①世界のなぞ
世界には、いろいろなぞのあることがわかった。エジプトの…など…。世界には一次のように書きつづけたらどうですか。「そういうことがわかってくるにつれて、ぼくの考えたことは…」
②三匹荒野を行く
三匹とは…。ラブラドール犬の苦労は…—［向きを変えて］「それでも、その生活にたえさせるものは何か、なぜ、たえられるのか…」
③しろばんば
いなかの楽しい遊びのようすや、その地方の特色も出ていて…—「気持ちの細かく書かれているところなんか…」
④悪魔の発明
この本を読んで…作者ベルヌのすぐれた想像力だ。この本は…—「発明の前に、悪魔の、とつけた気持を考えると…」とつづけると、もう一面の。
⑨秘密の花園
この物語の主人公の少女は…わたしたちもまわりの環境に…「わたし自身の環境と、性質とを思い比べてみると…」

4　より確かに　より豊かに
(1) [いろいろの日記] 大みそかです。来年こそは、日記をと…。わたしのいう日記は、作文の勉強のために毎日少しずつ書いていくくふうです。
その一「一日一語日記」一日に一語ずつ…
その二「一日一題　題材日記」新聞・テレビを見て…組み立てを書いておく。
その三「百字の意見　三六五日」
その四「しりとり日記」もし元日に「おぞうに」という題で書きましたら、二日には「に」をとって「日記」、三日には、…。
その五「話しかけ日記」だれかに話しかけ、その人の話してくれたことを書くのです。…何と話しかけたのか、その相手は、どんな関係の人かということを書き添えておきましょう。
その六「きょうは何の日、日記」これは「日々の研究事典」のような本がありませんと、少しやりにくいのですが…
その七「写生日記」写真をとるつもりで生活の一場面を書くのです。…
○いく種類か、組み合わせてみるのもいいですね。日曜はどれ、月曜はどれというふうに…
(2) [文章の書きくらべ]…と…と、文章の書きくらべをしました。「わあっという声があがった。」で結ぶように、書いたのだそうです。
1　修一・哲夫組「彼は、月へ初めて到着して、そして帰って来た…静かにドアが…」
2　あき江・豊子組「きょうは待ちに待った同窓会…ガラリと戸をあけると、わあっという声があがりました。」
9　あき江・豊子組「身体測定…十一センチ伸びた。…」
(3) [作文クイズ]
ア　放課後、校内を…クイズを一つ作ったのでためしてみたいというのです。…次の学習（「ことばの生活」について）の五人の構想プリントを渡してあったのです。クイズは、この五編の書き出しを集め、それぞれ、どの書き出しがどの作文のものかというのです。一構想は
①ことば　一　流行語の種類　二　どこに出ているか、なぜはやったか…
②ことば　一　祖先がつくりだしたことば、私の…気持ち
③あそびことば　一　中学生のあそびことば…　四…覚悟
④話を聞く　一　…反省　二　たいせつさ
⑤会議　一　後悔　三　会議のしかたについて、クラスへの要望
〈書き出し〉
A　いつかこんなことがあった。兄もぼくも…
B　「おはよう」「こんにちは」と、とび出してゆくことば。
D　ふだん、なんとなく使っていることばを気をつけて…
E　会議—クラスでも…
イ　「さあ、今度はこっちから出しますよ。わたしのは結びです…」
ここに三つあります。A…ほしいのである。B…であろう。C…たいものである。
—Bは①よ。Aの「ほしいのである」はほかの人にそう希望すること。Cの「…たい

のである」は、自分の希望では？そうするとAは⑤、Cは④「ご名答。」

◇さて、あとの二つは、どんな結びになりそうでしょうか。「義務である」「必要である」と、そこに出ていることばをそのまま使わない言い方―漢字の熟語でない言い方では？…なければならない。…べきである。

全体を書いてみなければ、このどちらの種類がいいか、決まりませんね。

(4) [書きつぎ] 作文の練習をするといって集まっています。修一さんたちの決めた題は「現代っ子・現代の子」で、八人ですので、原稿用紙を7枚ずつ配りました。自分のと合わせて8種類の書き出し文を手にするわけです。

練習は…同じ内容をはっきりさせ、強めるために、文を加えようというのです。書き加えるときに

①たとえば、現に、実際、と受けて、例をあげていってもいいですね。

②とりわけ、わけても、特に、ということばでつづけて…

③「いいかえれば」と別のことばで書く。

④つまり、要するに、けっきょく、と受けて書きつぐ。

⑤すなわち…

⑥そして、それから、そうして、また、あわせて、同時に、それに、そのうえ、しかも、で書きついでみると、…

①から⑥までのことばが、（　）のなかにはいっているような気持ちでいいのです。

みんなの書いてきた文章を読んでみますと、だいたい「現代っ子」というほうは、…。「現代の子」のほうは…。そして真に「現代の子」になろうということを書いています。ところで八人の書き出し文は、ぼくたちを現代っ子といわないでほしい。…。

一つ書きついだ例を見せましょう。「要するに、全体として…」…

(5) [そうとれますか] 題は『わたしと弟』です。「わたしのうちは、きょうだいふたりです。」これを…取り違えをして、…と質問する人が出ました。…「取り違えるほうがおかしい」…とも。

書き始めで、だいぶとまってしまいました。弟は今、小学三年生で…末っ子なので…」「末っ子というのは、…」「わがままが多い」いう言い方もへんだという意見が出ました…。

(6) [調べて書く] 少し大きな題材に取り組んで書いてみたいと言いだした二年生がありました。気がついたことを…というのです。

①まず、修一さん、

A 「少年よ、大志をいだけ」だそうです。「一として…昔の少年は…三として…調べてみたことを書きます。終りに、二のような一般的に言われていることと、三のことを考え合わせて自分の考えを書きます。」、三は、アンケートの結果に、自分の考え、―もっと大きい夢をと書きたい…。

B 話を聞いて、一は、結びを書くときに引合いに出す程度にしたほうがいいのではないかと言いました。そして…。

②次の鈴子さんは「小さな研究〈私たちの演説〉」という題です。「大きく考えて、六つの点を取り上げました。まず、内容です。それから、話の組立てかたのいろいろ。四番目は結びかた。五番目に応援演説の共通点、種類の違い。最後に、よい演説に共通している点を書くのです。」早くこの研究が読みたい興味をそそられる思いでした。

「…研究ですから、どんな方法で研究したかをはじめに書きなさい」と言いました。

(7) [こんなところに目をつけて] 学校放送で、幸田文さんが露伴について語ったなかに…この影響を受けたのか、一般によくないと思われていることのよさを発見したような作文がいく編か提出されました。

良子さんが、欲ばりは、不幸のもとになる、…「しかし」とひっくり返して、ねばり強く、最後までやりとげる力のエネルギーのもとであると結んでいるのです。

…正恵さんが「良子さんの『欲ばりとは』を読んで」という作文を書いてきました。

良子さんの「…もっと大きな心で欲ばりをみつめたいと思います。…」

それに対して、正恵さんは、きびしい意見を、しかし自分の案を添えて書いています。終わりに私の構想を添えます。

一　自分の考え、（例）　1　　2　…

二　一般の考え方　1日本人　2…

三　実例　1…2…

四　結び　1　2根性、根気について…　3

大きな心で欲ばりを
　正恵さんは、三、一、二、四と書くのもいいといっています。

(8) ［段落を切って書く］安二さんの「珍しいクラゲ」という珍しい題の作文を見せてもらいました。ある新聞の記事をとりあげて、…「そのなかでもマミズクラゲは…」と、段落が切れていず、行が変わらないで…ひとつながりです。
　わたしは、○段落を切るということは読みやすいようにという心づかいからだけではないこと。…○書きながら…文章を筋の通った明確なものにする…と話しました。…
　さらに、引用するときは、「　」をつけたり、わくで囲んだり、はっきりさせなければなりません。また参考にした場合は明記する。この精神をはっきりもって…とわたしは話しました。

(9) ［思いがけない内容］光一さんの「田んぼの生きもの」にどんなことが書いてあるかと思いますか…。○…生態…。○見て、感じたことを…
　光一さんは、保護が必要だという意見を書いたのです。…途中で、あき江さんから「…意見を書いたものではないんではありませんか…」意見を書いたといっても、その部分は短いだけでなく軽いですね。…
　それについて添え書きがあるのです…こんなに楽しみのいっぱいある田んぼだから、なくさないようにと訴えるつもりだったというのです。
　くふうし過ぎて成功しなかった例でしょうか。「題のつけ方も…やり直しですね。」

(10) ［組み立てと表現］あき江さんが健三さんの作文について…文章の構成でも表現についても具体的に考えたことをまとめてきました。
　健三さんの作文「日本人の公衆道徳について思う」を読んで―こういう題材についてわたしたち中学生は取り組むべきであると思います。…Hさんの組立ては、一　このごろの経験…四　私の主張と分けてあります。わたしは…一　日本の国民性―ある外国人が言ったこと。三　このごろの経験、四　私の意見　としてはどうかと思うのです。
　次に、例の書き方…わからせるだけでなく、感情に訴えなければならない場合です。たとえば、こんなふうにしたらどうでしょうか。「太陽が真上から…荷物をもつ手は…ぼくは思わずとまって…くつの裏を見た。荷物を母にもってもらって、くつをぬぎ…二十分、ようやくとれた。…」
　それから、…時や所をはっきり書いたほうが真実感が出、迫力が出ると思います。
　あき江さんは、なお…適切な意見を書いていました。

(11) ［労作を］春休みですね。労作を試みませんか。題材を「春に拾う」「春を拾う」―どちらがいいでしょう。内容はまず、「春だなぁ」と感じたことを集めてみましょう。自然のけしき…など。
　小さいノートとか、カードを持って取材に…。情景なり、事がらを書きとめておきましょう。耳も鋭くして、…帰ったら新聞を開いて「春」をみつけましょう。
　たくさん集まりましたら、見直しましょう。そして材料を選びましょう。…
　○もう一つ書きましょう。今度は、考えたこと、意見・主張を書きましょう。…「クラスに望む」…まず、…それをくわしく思い出して考え…これからのクラスをどのようにしていったらよいか。また、新学年のクラスの生活に対して、いくつかの考えがまとまってくると思います。
　○さて、書くときは、具体的に、実際の生活を描き出し、「それはいい」…と思わせる文章にしたい。…そこで、何を望むか…がいい材料になります。…材料を選んだら、組み立てを見直しましょう。
　実際のことをだんだん積み上げていって、…あなたの考え、望みを述べるのです。読んだ人は…と思います。
　この二つの作文、どちらも、材料をととのえるのにも、書く準備にも、書くのにもたっぷり時間が必要です。それこそ…労作と思います。

5　あとがき
　わたしは、長いあいだ、少年少女の皆さんと文章を書く勉強をしてきました。…「作文なんか、きらい」という人たちも、ほんとうは、書けるように…そういう願いがとげられますように手助けをしたいと思いました。
　皆さんは、…たいせつな注意を受けて、…

いかにもうまく書けそうになるのですが、いよいよ書くときは、やっぱり、困ってしまうようです。
　ここに皆さんのようなかたの文章があって、それをもとに勉強しますと、…自分の文章のなかに生かせるようですね。
　この本は、…そうそうそうだなどと、いっしょに考えながら…その足あとのようなものです。
　この「やさしい文章教室」は、「毎日中学生新聞」に載っていましたときは、「みんなの文章読本」という名まえでした。「みんな」というのは…

Ⅱ　やさしい漢字教室

1　漢字を使いこなそう　　　［179〜371ペ］
　　（出典『やさしい漢字教室』毎日新聞社　S.44.6
　　　共文社　S.56.11　筑摩書房　1983.11.30）
　「使いこなすこと」―そのとき、その場、その文のすじのなかで、…漢字を的確に使って書いていくことは、むずかしいことです。
　使いこなすには、書けるだけでなく、…使ったことばがわからなくてはなりません。
　「営」が書けても「公営」ということばを知らなかったら、…。また「あの農場をやっている人は」をまとまった熟語で書こうとしたとき「経営」ということばを知らなかったら一字一字は知っていても…。
　「周」と「週」が区別されていないと、…。漢字は、ことばとして勉強しないと使いこなせません。
　ここでは、生活のどんな場面なのか、…どんな気持を表すためにそのことばが使われているのか、いろいろの熟語の出てくる作文が…。…ですから…。文章に書かれた生活、考え、気持…を表わしていることばだな、…と納得して書き進めてください。
　もう一つ、各回の終りのほうに「ことばを考えて書いてみましょう」というところがあります。それは、「ことばを捜す」場合です。
　…あらわすことばをまず考え、それからさらにそれを漢字を使って書く勉強にも力を入れて下さい。
　漢字は表意文字で、同じ音だからといってどれでも使うというわけにはいきません。…観察・歓迎・感想…こういう点についても勉強し

てください。
　漢字を書いていると「、」（テン）があったかなかったか、ここはまがった、まがらなかったとか迷うことがありましょう。…みんな通じ合いのための約束ですから、守らなくては…文字の用がたりません。…。

2　意味に気をつけよう
(1)　［二つの意味が一つの字で］
　○「わたしが詩に対してキョウミをもつようになったのは、…
　　「興」の字にはコウ、キョウ二つの音が…。意味も「盛んになる・する」の向きと、「喜ぶ」「楽しむ」という向きの意味とあって、前者は、だいたい「コウ」と読んでいるとき、後者は「キョウ」と読んでいるときです。
　　「輿」という字があります。コシ（昔の乗りものの一種）。もう一つ、いま「与」と書いている字がもと「與」でした。
　○いろいろの字と組んで意味を変えていく「興」の字、ことばの意味を考えながら書きましょう。
　　A　久しぶりに来てみて、まったく驚きました。すっかりフッコウしましたね。…
　○今度は、ことばも考えて書きましょう。みんな興の字を含んでいます。
　　(1) Aさんのおどり、じょうずですね。"会をおもしろくするためのかくし芸"では、もったいないですね。
　　(5) 平家物語は、平家が"はなばなしく栄え、はかなくほろびた"、その歴史をえがいた物語です。
　　(1) 余興　(5)興亡
(2)　［似ているのは形だけ］
　○〈A氏の旧居を尋ねて〉「A氏が、エイジュウする気持ちで、ここのジュウニンとなったのは…（永住、住人、住宅、往来）
　○住　ジュウ　訓　す・む、す・まう。「往」オウ。「注」チュウ・そそぐ
　　次のような区別は。…「移転」でなく、「移住」を使うのはどれですか。一例。
　　・「住人」と「住民」は。「住民」は、国家社会を形づくる人、…それに対して…
　○もう少し書きましょう。
　　(1)「アイヌ」というところにチュウがついていて、…

(4)「チュウモンは何冊ですか」「十二冊です。もうハッチュウしていいですか」
　○今度は、ことばも考えて書いてみましょう。
　　(1) 水のなかを"じっと見ていた"修一さんは、「あ、いた！」と大きな声を出した。
　　(4) …熱がたいへん高いので、"先生においで願いとうございます。
　　(1) 注視・注目　(4) 往診
(3)「「熱」と「暑」」修二さんの作文に「情勢のままに動かされては…。」とあり、私は…賛成しました。すると「ぼくジョウネツのつもりでした」と言いだしました。
　○熱　ネツ　訓　あつ・い。気候の「暑い」は「寒い」に対することばですね。
　ショチュウ見舞い。弟の務ったら、おじさんの工場がデンネツキを作っていると聞いて、「じゃあ、アツいだろうなあ。」ですって。務は、…畳の上でネツエンしてみせます。…耳にはいらないくらいのネッチュウぶりです…。
　○もう少し書いてみましょう。
　　(1) いろいろの消毒法があるが、ネッキ消毒は簡単で有効である。
　　(4) 食物のネツリョウをはかるときは、ふつう1000カロリーを単にカロリーという。
　○今度は、ことばも考えて書くことにしましょう。
　　(1) 防火に関する弁論大会で、各校の代表者は、…"力強く、熱心に話しました"。聞き手のほうも"いっしょうけんめい、さかんな"声援をおくっていました。なかには…
　　(3) 中国へ行ってみたいというのは、長い間、"心から、強く、望んで"いたことですから、今度の発表を彼はどんなにか喜んでいるでしょう。
　　(1) 熱弁、熱烈　(3)熱望
(4)［音読みと訓読み］〈読書クラブ合宿の報告〉午前中はリンドク会、前半はドクショロンを、後半は、ヘッセの「シャリンの下」、以下文学作品をリンドクしました。午後は、…。
　○論　ロン　訓　なし。一字だけで動詞として使いますので、訓があるような感じになりますね。
　へんが車になりますと、「りん」で「わ」という訓のある字になります。まるいもの、めぐる、かわるがわると関係した意味に使われます。花一輪二輪と…。「論」は、意見を述べるにしても言い争うにしても、批評・批判するにしても、述べる、話す、言う意味です。
　○もう少し書いてみましょう。
　　(1) この辺は、もともと、土質は…毎年変えて作るリンサクという方法を…。
　　(9) …リンテンキですぐ印刷できます。
　○こんどはことばも考えて書きましょう。
　　(1) ご意見はよくわかりましたが、その"ご意見のもとになるところ"をお示しくださいませんか。
　　(3) ご意見を述べられるかたは、"議論の中心となる点"を明らかにして、なるべく簡単にお願いします。
　　(1) 論拠　(3)論点…。
(5)［書いたら読んでみよう］〈バンノウ選手〉
　務さんのような人をバンノウ選手というのでしょう。…務さんは、タイドなどもきびきびしています。積極的というか、ノウドウテキというか、なんでもどんどんやります。ぼくは、…。
　○能　ノウ　訓　なし　何かできる意味で、「能力」「才能」「知能」「本能」そして「放射能」などとふだんの生活のなかに、…。「学習態度」のようなところに「熊度」などと書きやすいのです。それから「能」と書くところへ「態」を使ってしまうことは少ないようですが「態」を使うべきところに「能」と書いてしまうことがあるようです。
　○もっと書いてみましょう。
　　(2) ほんとうにノウリョクのあるものは、やたらに表わさないものだ、ことわざにも「ノウあるたかは…」とある。
　　(7) このところ委員会のキノウがにぶっている感じです。
　○こんどはことばも考えて書きましょう。
　　(1) "なんにでもきく"薬というのは、ほんとうはなんにもきかないということでしょう。
　　(2) …
　　(1) 万能薬
(6)［熟語の多い「特」］意味を考えながら、形を確めながら書きましょう。
　○ことしの文化祭で日ごろきたえたトクギを

じゅうぶん生かして、トクショクある活躍をしたのは、…。
「まんがへのごショウタイ」という額を見ながらはいっていきますとクラブ員のジロンどおり、書いてみたくなるしくみになっています。…次室には、…。「特・持・待」を使って…
○特　トク　訓　なし　ほかの漢字と結びついて熟語になることは「特」がいちばん多いが、訓はない。
「特技」「特色」「持論」は書けましたか。
○もう少し書いてみましょう。
　(1) 当店トクセイの…です。幼いときこのようかんの三大トクチョウは、とよく聞かされました。
　(3) お顔のトクチョウと…
　［(1)「特製」の…(1)の「トクチョウ」は「すぐれたところ、長所ですから「特長」。(3)は「ほかの人とくらべてめだつところ、特色ということで「特徴」］
(7) ［形は似ているが意味が違う］〈ショクバの花〉けさ、ニュース班の人が中学校を卒業してすぐショクギョウについた人のうち、たくさんの少年が三か月とか六か月とかでリショクしたり、テンショクしたりしてしまう…という報告をした。これがきっかけになって、きょうは、ショクギョウとか、シュウショクについて…
○職　ショク　訓　なし　織や識とは書き分けないと困ります。織にはシキという音があります。「織」には「ショク」と読む場合の熟語は少なく、…。「識」は音が「シキ」で「知識・常識」などよく使われます。
○もう少し書いてみましょう。
　(1) どの室にも「ショクム規定」が掲げてあります。
　(3) ほん物とまがい物と、シキベツする力はチシキからだけでは得られない。
(8) ［形が同じだったり、音が同じだったり］文を読みながら書きましょう。
　①寒くもなし、暑くもなく、よいキセツになりました。
　⑥この小さな川がウキにはあふれて、人々を悩ますのである。
○季　キ　訓　なし「委」と書き違えないように。「期」ともまぎれて使いまちがいをすることがあります。

少し書いてみましょう。
　(1) きょうは、全校イイン会です。
　(4) 処理は、だれかにイニンすることにします。
○次のは、どう書きますか。
①そういうからだの弱い子どものための施設を建てるなら、まず、キコウのよい土地をさがさなければいけないでしょう。
②キコウのよいときを選んで旅行をしたいと思います。
①は、その土地の長い間の気温や天候の平均したいたいのようす。②は時候や季節と同じ意味です。
○［ハイキングへの案内］キセツ風もやんで、いいキコウになりました。…ことしはヨキしたとおり、…。
○次の“　”のところを漢字二字の熟語で書いてみましょう。
②「では、月刊ですか」「いえ、まだ月刊まではできなくて、"一年に四回の発行"です。②は季刊。
(9) ［はっきりよく見て］〈美しいみどり〉シンリョクの五月です。…ずっと前のことですが、「シンリョク」という随筆を読んだことがあります。…文章でした。そのなかに、神様は、花に、すべての色をゆるしたが、…葉の色のミドリだけは、ゆるされなかったと書いてあったのが、忘れられません。…。
○緑　リョク　ロク　訓　みどり　「録」とか「縁」と書いてしまうことがある。録は、書き記すことも書き記したもののことも指しています。また代わる方法で記す、録音、録画というふうにも使われます。会議録、議事録、図書室には図書目録…。
○「禄高」という字が目にはいっていて、リョクインやキロクなどを書くとき、うっかりしめすへんが頭に出てきてしまったりすると、困ります。
(1) 東京百年の記念事業の一つとして、大リョクチタイができるそうです。これで…楽しいミドリの散歩道、リョクインを持つ都会に…。
(2) ここ数年、もっと木を植えようという運動が…。国土リョッカ運動は、青いはねで知られている。…
(5) かの地の開発とリョッカの実際を報告し、必要なトウロクをすませました。
(10) ［まちがいやすい「例」と「列」］〈新入生を

Ⅱ　やさしい漢字教室

待ちつつ〉ぼくたちの学校では、新入生を迎えるために、いろいろなくふうをしあっています。毎年のレイで、…。読書クラブでは、ことばのゲームを。…Ａ、Ｂ二組に分かれ、二レツになって…まず、一つの漢字を出します。Ａの人が熟語を言い、…そのことばのヨウレイ、そのことばのレイブンをすぐに言うこと…。今レツという字が出されたとします。「大名ギョウレツ」の「ぎょうれつ」、「卒業式に…」の「さんれつ」と言うのです。も一つあります。いろいろな場面を表わすことば（漢字）を書くのです。
　（Ａ）卒業の記念アルバムの写真など、…「いや、やはり〝ずっとやってきたこと〟ですし、毎年のとおりにしてはどうでしょう」
　（Ｂ）第三金曜日に〝いつも〟会議を開くことに決めています。…
　（Ｆ）まであり。
○例　レイ　訓　たと・える　たと・えば　到と倒とがよくまちがえるように列とまちがいやすい。
○もう少し書いてみましょう。
①辞書を買ったら、使う前に、まず、「はじめのほうに出ているその辞書を使うのに知っておかないと困るような字やことばの並べ方とか、使ってある符号などの説明、注意」のところをよく読みなさい。
③これは希望事項を「思いつくままに、どんどん並べあげたもの」です。
　　〔①は凡例と書けましたか。　③は列挙〕

3　やさしいけれど気をつけよう
(1)〔日月火…一周すると一週間〕〈がっかりしたゴールデンウィーク〉前から、シュウカン天気予報を聞いて、雨が降りそうだと知っていましたが、つごうのいい判断をして。…シュウユウケンも買い、旅館のシュウ旋も頼み、ことに…しました。
○周　シュウ　訓　まわ・り　めぐりという意味にも使いますが、読むことはしない。「まわり」「かこみ」の意味の「周囲」には使います。「周囲に気がねをする」は…「めぐる」「まわる」の意味にも使います。ひとまわりしてもとにもどる動きかたですね。それに「周」には「広くゆきわたる」という意味もあるので「周航」といっ

たりします。「周知」、「用意周到」というい方もあります。
○もう少し書いてみましょう。
(1)ぼくの家では、マイシュウ、シュウマツに家族会議を開くが、これが話すことに慣れ、話し合うことをシュウカン化していくのに役立っている。…
○次のようなときは、よく意味を考えて、書き分けましょう。
(1)五月五日から子どもの読書シュウカンなので、いろいろのシュウカンシが子どもの本の紹介をしています。
(3)この秋は、盛大な十シュウ年記念売出しをやりたいと思っている。一シュウカンか十日くらい品目を決めて…。
(2)〔「てき」は「てき」でも〕〈クラス遠足〉ハイキングに好テキの季節になりました。遠足の話が持ちあがりました。カイテキな一日にするためには、…。まずいろいろな係を決めました。テキザイテキショ主義で、…希望もいれながら決めました。
○適　テキ　訓　なし　いろいろの意味をもっている字ですが、今は、「あう」「あてはまる」という意味に使われていることがほとんどです。「適当」「適度」「適切」というように。ほかに「たのしむ」という意味もあり、「快適」とか「好適」と。「悠々自適」は…。
　「適量」を「摘量」と書いたりします。それに「しずく」の「滴」もあります。…そのうえ、形は似ていませんが、「的確」「適確」「的中」「適中」と同じように使ってあることばもあります。
○さあ、もっと書きましょう。
①きょうの修一さんの発言、じつにテキセツな批評であった。…テキレイによるテキヒョウであったと思う。テキドのユーモアもあって、…。
○今度は、ことばも考えて書く
①生徒会規則の第三条は、こんどの場合に〝あてはめて使う〟ことができるでしょうか。
②文章の要点を〝正しく、確かに、ぴたり〟ととらえることはむずかしいのです。…。
⑥議長には、やっぱり正恵さんが〝いい〟と思います。
　　〔①適用　②的確　⑥適任〕

185

(3) ［へんをつけるか　つけないか］〈手紙〉毎年のことながら、梅雨のころは、ケンコウを保つのに、ほねがおれることです。ますますごケンショウでしょうか。やはり「ケンゼンな精神はケンゼンな身体に宿る」のだなと思います。…
　○健　ケン　訓　すこ・やか
　○書きわけてみましょう
　①社員募集—身体キョウケンな者
　④今は、もちろん封ケン時代とは違います。討論も盛んでいいのです。けれども…ケンセツ的な意見を出し合いたいと思います。
　　［健忘症の健は、「すこやか」の意味ではなく、「よくよく」「ひどく」の意味です。］
　○今度はことばも考えて〝 〟のところにあてはまることばを考えて書いてみましょう。
　①今度、大病をして、はじめて〝じょうぶなこと〟のありがたさを知りました。
　②このごろ〝おからだの調子〟はいかがですか。
　⑨からだもじょうぶだからでしょうが、〝あの人は、ものの考え方とか、好みとかが明るい〟ですね。

(4) ［ちょっと考えて書けば］〈学級カイギ〉きょうのギダイは、…でした。提案した保健委員の人たちは、かんたんに「シュウギ一決」ということになる計算だったようです。ところが…ギリでやっても、互いの友情を育てることにもならない…改めてキョウギすることになりました。
　○議　ギ　訓　なし「議する」と使いますので、訓があるように見えます。
　　「会議」という意味があるので、議案・議席…という一連のことばがあります。
　　「義」は「正しい」とか「意味」をおもな意味としていますので、ずいぶん違うわけです。
　◇第一講義室には、暗幕装置がしてあり…。
　○もっと書きましょう。
　②コッカイギジドウの横を通りながら、ここで日本の国の歩みについてロンギされ、ケツギされるのだなと話し合った。ミンシュシュギの殿堂ということばが…。
　④きのうの総会で感じたこと―ギチョウは、もう少しギダイを整理しておいてほしいと思います。…

(5) ［かんむりは同じだが］〈エイ誉を求めない田中さんのコウエイ〉昭和二十三年秋、田中さんはここに小さな工場を建てました。それから、田中さんはエイエイと努力してきました。そして今、…この工場は、田中さんの個人の力でケイエイしています。単なるエイリを目的にせず、…。
　○営　エイ　訓　いとな・む―この「いとなむ」が出てこない人があるようです。「する」―くだけて「やる」とよく言っていますね。
　○もっと書いてみましょう。
　①はる子さんは、英語のスピーチ、ナンバーワンのエイ冠を得られました。毎日、夕方おそくまで、校庭のすみで…。あのクロウもなつかしいものになったことでしょう。
　②ちょっとした修理でも、エイ繕係に届けてください。
　○今度は、ことばも考えて書くのです。
　①あの農場を〝やっている人〟は、まだ若いのでしょう。
　③〝県なり町なりでやっている〟施設といいますと、どこにありますか。
　⑤〝見えを張りたがるところ〟があって、それがあの子のよくないところです。

(6) ［こんなにいろいろの意味が］
　(1) きのうは、このカン内では、交通事故は一件もなかった。
　(2) 土カンを鉄カンに換える工事は、あと一か月で終る予定です。
　(5) 記録は書記が保カンしていてください。
　(6) 試験カンのなかでは、培養できたが、実用化には遠い。
　○管　カン　訓　くだ
　　もともと「竹のくだ」の意味。そして、まるくて、中がからのものは、血管であろうと笛であろうと、「管」が使われたわけです。管のもう一つの意味は、「仕事として受け持つ」とか「指図する」「つかさどる」―今は「管理する」の意味に使われることばがある。これが「官」と結びついて書き誤るということになりやすいのです。それに音が同じで、「気管支炎」；「試験管内の実験」というときの管と、「入試のときの試験官」といったふうに書き違えるのです。
　　そのうえ姓などに「菅」があります。「すげ」「すが」両方に読み、「菅原道真」…。
　○次の文を書きましょう。

①この学区には、カンリツの学校があり、その方へ受験する人もあります。A校は今度県へイカンされました…
③平安時代からカン弦の遊びといって…。
④カンリン払い下げを希望されるかたは、ショカンの機関に申し出てください。
(7)[「低」と「底」]〈学級の反省会〉まず出たことは、全体がテイチョウであるということ。次々にテイキアツが通って気温がヒクく、しのぎよかったのに、なんか盛り上らず、サイテイセンをようやく通っているようなものである。読書の向きなども…こういう状態のテイリュウをなしているものは何なのか。それをつきとめて、…務さんが、「…このように…。このテイメイ状態からぬけ出そう」と話しかけました。
○低 テイ 訓 ひく・い―土地・空・声・ねだんなどいろいろを表します。ですからいろいろの熟語ができるのです。そのうえ「テイ」という音の漢字は、定・丁・停・庭・底・提・廷・抵・邸とかたくさんあるのです。意味を考えていても迷ってしまうのが「底」です。
◇[低調、低気圧、最低線…]
「抵」も似ていますが、抵抗のほか、ふつうありません。
○もう少し書いてみましょう。
①牛乳は、今はテイオン殺菌がしてあります。
④今度の事業については、一口の金額をテイガクにしたこともよかったし、また利子のテイリツは前例がないくらいだ。
⑧この温室では、比較的テイオンを好む植物を栽培しているのですが、つねにテイオンを保つことがむずかしいのです。
　(4) 低額、低率　(8)低温、定温を保つ
(8)[どこがどう違うか、はっきりつかんで]〈卒業生からのたより〉先生お元気のことと思います。お会いして、ツもるお話をしたいと…。　もう少しよいセイセキがとれるつもりでしたのに…。…私たちの学習態度には、問題がサンセキしています。…
○積 セキ 訓 つ・む つ・もる
「績」とよく書き違える字です。績は、音のセキだけで訓はありません。「つむ、つもる」というときは、迷わず「積」を使うことです。ほかに蹟があります。
糸へんのほうは、業績のように何かつくり上げること、し上げた、すばらしい仕事というような意味ですが、もう一つ、かいこのまゆとか、綿や麻から糸を引き出す―「つむぐ」という意味もあるのです。このほうがもとになっている意味です。…
○もう少し書いてみましょう。
①サイダイセキ載リョウまでつみこんで、さあ出発というとき雨が降り出した。…
⑦この会は、小さな善行をツンでいくことを約束し合って努力しています。会の名は「ふたばセキゼン会」といいます。このごろ町の人にも、そのジッセキを認められるようになりました。
○ことばも考えて書くことにしましょう。
①なにしろ、仕事が"山のようにたまって"しまっているので、今度の旅行はやめることにする。
②大きなたるですね。一つのたるに"どのくらいの分量がはいる"のですか。
(9)[何回も書いたことのある字だが]
〈沖縄の豆記者に聞く（昭和43年）〉
○今度来られた一番の目的は何ですか。
◇いろいろの人にお会いして、みんながどんなに本土フッキを望んでいるかを伝えるということです。
○五年ほど前に行ったきりなんですが、もうすっかりフッコウしたでしょうね。
◇はい、守礼の門もフクゲンされましたし、…
○復 フク 訓 なし 書くとなると、「複数」とか「複合語」、また「空腹」などよく見る字がある。それに「復」のもつ「もとにもどる」「前にしたことをもう一度する」…という意味が「複」の「もう一度する」とまぎらわしいのでしょう。「復」のほうは、「もと」があって二度なのです。
○もっと書いてみましょう。
②とんぼの目は、小さな目がたくさん集まって一つの目のようになっている、フクガンなのだそうだ。
③フクセイが非常によくできていて、ほんものとの見さかいがつかない。
④法隆寺のフクゲンは、…
⑨時間も少ないことですから、お話のチョウフク（ジュウフク）は避けるべきですね。
○ことばを考えて書くことにしましょう。
①休学していたとも子さんがよくなって、十一月から"また学校にくる"そうです。

③各学年でいっせいに実行したいので、あまり"こみいった"しくみでは、むずかしいと思います。
⑽［見なれていながら書くとなると］〈よく売れる、好かれる店にするために〉きょうは、価格ヒョウジの誤りや…ショウヒョウが正しくついているか調べた。そのあと、…終りにヒョウゴを作ることになった。
○標　ヒョウ　訓　なし　「目じるし」「めあて」「しるし」の意味。また「よく見える」「しめす」などの意味があります。「票」は、小さな書き付ける用紙。
本文のなかの「価格標示」を「表示」と書きませんでしたか。「意志表示」というように内にあるものを外から見てわかるように表すことです。…門につける名札は「標札」ですが「表札」も使われます。
○もっと書いてみましょう。
③そのかどにリテイヒョウが立ててあり、…
⑤せみのヒョウホンを見て、その種類の多さに驚いた。
⑦美術展見学会　ヒョウキの件につき、…。三時に会議室に集まってください。［文書のきまり文句です。「表記」とまちがえないように。］
○今度はことばも考えて書いてみましょう。
③それでは、"投票によってきめた"結果を申しあげます。［票決］
⑾［同じ音でも］〈ショウメイガカリとして〉この二日間、学校の文化祭だった。ことしからはショウタイジョウを出すことになり、出身小学校の先生方もおマネきしたので、…。ぼくたちの組でも劇を出し、ぼくはショウメイガカリをした。場面が、…水面にザンショウを見せるショウメイにほねがおれた。…をサンショウしたりした。…
○照　ショウ　訓　て・る、て・らす　下の、、、、（よつてん）のない昭は、「昭和」と使うほか、ちょっとありません。「照」のほうは、…いろいろなことばがあるのです。「照」は知っているのに、「照らし合わせる」というような〈あれこれ見てしらべる〉意味のときは思いつかないことがあるようです。
「招」は「おまねき」などというと書けなくなる字のようです。「沼」もそうです。
○もっと書いてみましょう。
⑵作り方を書いたところをサンショウしなさい。
⑶文のショウオウの誤りは、…
⑺いい人なのだが、短気なところが、おうおう不幸をマネくことになる。
○次はことばを考えて書いてみましょう。
⑴たしか、三十五年の発刊であったと思いますが、総合目録をも"調べてみて"ください。
⑿［「象」と「像」］〈散歩〉久しぶりに散歩に出かけた。このお寺は九体のブツゾウが安置されている。大きいので立たれたお姿と思いやすいが、ザゾウである。小学生のとき、遠足でここへ来たが、そのときのインショウは、…。偶ゾウ崇拝であるという人もあるけれど、…ただのケイショウ（かたち）ではないと思う。…
○像　ゾウ　訓　なし　「象」はゾウともショウとも読みます。
○もっと書いてみましょう。
①ものの形をもとにして作られた字—たとえば"川の"ような字—をショウケイ文字といいます。
⑥エイゾウ文化とひと口にいっても、いろいろの種類があります。…
○ことばも考えて—
①前におあいしたことがありますが、どうも"はっきりした感じが残っていない"のです。
③その像というのは、"立っているの、すわっているの"、どちらですか。
⒀［部分の区別を確かに］〈発表とコウエン会の準備〉
ぼくの学校では、毎年二月に、生徒会主催で発表会とコウエン会が開かれる。コウシの交渉など、…まず日時、…場所は、本校コウドウ。生徒発表の内容は、一「文章のコウセイ」三「からだのコウゾウ」模型を使っての一年生の説明。ほかに、…。午後のコウエン会、コウシは、先生にお願いできそうである。演題は「日本語の特色」で、主として、日本語のコウゾウの特色について…。
○講　コウ　訓　なし　つくりのほう…少し違うという状態になってしまいやすい字です。「構」との区別もはっきりさせておかないと…。…言べんのほうは、「説明する、話をする」意味です。木へんのほうは、…「組み立てる」という意味です。こ

のほかに、「購」があり、…。

○もう少し書いてみましょう。

①人形劇に使う動物の人形づくりのコウシュウ会に行きましたら、基礎として、それぞれの動物のからだのコウゾウの特色から勉強しているのに驚きました。コウギを聞きながら感心しました。

⑭［右へいったり左へいったり］〈感動〉「もうすぐだな、入学シケンも。…シンケンにならざるを得ないだろうな。」…シンケン過ぎれば、キケン人物だからな。」そのあとで、おじはこんな話をした。「小さいとき、…タンケンごっこというのをよくやってね。…『この神社の神さまは、とてもレイケンあらたかなんだってさ。』…」

○検 険 験 倹 剣 みんなケン。訓は険のケワシイ 剣のツルギ あとは訓がありません。

ほんものの剣を持ったときのように本気になることを「真剣」というのです。「冒険」「検約」。「けわしい」は危険の「険」。「たんけん」は「探検」「探険」の二つ「探検」のほうが本来の意味です。

○もっと書いてみましょう。

①文章を書いたら読み直し、計算をしたらケンザン、ぜひ

③ジッケンはうまくいかなかったし、ケンテイは通らないし、…ついケンアクな空気になってしまうことが多い。…

⑥視力ケンサで近視であることがわかったのですね。めがねを使うことは、専門家にケンガンしてもらってからにしなさい。

⑮［確かめながら書く］インタビュー記録〈名菓はこうして生まれる〉アナ「このたびは受賞、おめでとうございます。」…アナ「一等をとるような…こつは何でしょうか」K「材料のセイセンが第一です。この菓子も…米についてセイツし、その米をセイハクする。その度合がむずかしいのです。特別のセイマイ機械を使って、セイミツに測りながら…」

○精 セイ ショウ 訓 なし もともとお米などをついて、ぬかをとり、白くすることですが、米でなくても、…念入りに手を加えたもの、すぐれたものとなり、結局、もののはたらきの中心、不思議な力を持つものと意味が深まり、心とか、心を打ちこむとかの意味にまでなったのです。「青」を「責」のようにしないように…。

績とか積に「責」があるのでふと思い違いたり、…請を書いてしまうことがあるようです。

「ショウ」という音もありますが、「精進」「精霊」など特別な場合だけです。

○もっと書いてみましょう。

⑶セイミツな計画をたてたうえで、このシンセイショを出しているのです。

○今度はことばも考えて書く。

①日本のとけいは、"一つ一つの細工が細かく、いかにもゆきとどいてよくできている"という評判です。

④あの人の仕事ぶりは、いかにも"いきいきとしていて人までぐんぐん引っぱっていくようなところがあります。"

⑯［音も同じ形もよく似ているが］〈初めての経験〉…父が…大阪にシュッチョウすることになり、ぼくは、チョウバに座って、るすを守ることになったのです。…ぼくは、一日じゅうキンチョウしていました。少しコチョウしていいますと…。人の出入りはもちろん、すべてチョウボにつけておくのですが、…。種類によって、ダイチョウに書き分けなければなりません…。

○張 チョウ 訓 は・る この字が上についた熟語はほとんどありません。下につく熟語には、主張…緊張などたくさんあります。まちがって書きやすい漢字に「帳」があります。書きまちがえると、たいへん困るわけです。「帳」のほうは「幕」のこともいい、「はりめぐらす」というような意味もあります。…帳場などもかこいがあったからでしょう。しかし、図書台帳、貯金通帳などは置き換えられませんね。

○もっと書いてみましょう。

①…ぼくはよくミハリをさせられた。そして、チョウホンニンの信夫はつかまったことがなかった。

⑤かれは調子にのって、ずいぶんコチョウして話すことがあるから、話半分にかげんして…。

○ことばも考えて熟語を書きましょう。

①この道路は二年ほどまえにここまで広げたのですが、…この春からふたたび"広くする"工事が始まります。

⑰［似た字の多い「墓」］〈ボサン〉春分の日、秋分の日には、家族でおハカマイリをする

のがわたしの家の習慣です。昨年なくなった祖母のボヒができたので、…。となりのボショでは、黒白のマクが張られ…古いボセキのそばに、新しいボヒョウが立てかけてありました。…
○墓 ボ 訓 はか ふだんそれほど使う字ではありませんが使ったときにまちがうと目だつ字です。墓の「土」を「日」にすると「楽しく暮らす」に、「力」になると「原稿募集」の「募」に、「巾」になると「幕」に「㣺」になると「友を慕う」の「慕」になります。
もう一つの「基」音はキ、訓は「もとい」とか「もとづく」です。上が草かんむりのように見え、まちがいやすいのです。
○もう少し書いてみましょう。
①マクがあくと、情景は江戸の町。バクマツの貧しい町人のくらしを思わせる。
③沖縄のキチのあり方がどのようになるか。それが問題である。
○今度は、ことばも考えて書きましょう。
①春の行楽シーズンの"始まる"のも、あとひと月。
④ただ耳で覚えてひくのではなく、指の運び方など"もとになる"練習が必要だと思う。

⒅ [「観」はよく見ること] ○観 カン 訓なし なんとなく見ているのではなくて、「意識的」に見る意味。「遠くから見る」という意味で「観月」、そう遠くからでなくて出て行って見る「観梅」「観桜」も。「心の目で見る」ことにも使います。「人生観」と。「先入観」は、…。主観、客観などは「的」をつけて使っています。観察、観測のように上についたり、外観、世界観のように下についたりしてたくさんの熟語をつくっています。
○「野球場で」A氏が、子どもさんを連れて、一カンキャクとして見ていました。「きょうは…」と自分のカンソクを話しています。…Aチームの長所を説明し、見るべきカンテンを示していました。…
・〈すばらしい記録〉このような確実なカンサツ、カンソクは、キャッカン的な見方を育てるのに役立つと思います。
○今度はことばを考えて、書いてみることにしましょう。
(2) 熱帯魚のあざやかな色の美しさ、自分ひとりで"ながめ楽しんでいる"のがもったいなくなりました。
○次の中学生たちの発言をどう思いますか。
A "観戦"というのは、字からみて…野球の試合を見るのに、おおげさでないかと思います。B でも、…。Dさんは、なかなかいいことを言っていますね。

⒆ [「勧」と「歓」と] 〈新入生かんげい会〉生徒会の主催で新一年生のカンゲイ会をすることになりました。第一部は、まず三年と二年とから、新しい一年生の協力をススめて呼びかけます。次は、各クラブの特色を話します。第二部は遠足です。いりまじって多摩川べりを歩きます。そのあいだに、しぜんにコウカンが行われ…。
○勧 カン 訓 すす・める 進めるは前のほうへ行かせること、はかどらせること、内容をよくすることですね。「勧める」は、勧められて、この図書館に来た。海より山をお勧めします。のように。
○歓 カン 訓 なし よろこびたのしむ意味です。試合に勝ったときなど、わあっと「歓呼（かんこ）」します。また、訪問したときなど「歓待された」といいます。
○今度は、…。①カンギョウ銀行というのは、産業を盛んにするためにという趣旨でつくられた。
③彼の渡米をススめた私が、カンソウかいのススめ役をすることになった。
⑤大使も、きょうは珍しくゆっくりして、…楽しそうにカンダンされた。
○次の文を（　）のなかのことばを使って書き換えるのですが、どちらを使ったらよいでしょうか。
①あしたは一日、ゆっくり休むよう、すすめてください。（勧告、勧誘）
③久しぶりにA先生をお訪ねしたら、いろいろもてなされて恐縮した。（歓迎・歓待・歓談）

4　ちょっとしたところをはっきりさせて

(1) [よぶんな一画にご用心] 〈クラブ訪問〉学期末のテスト、シケンもすんで、…。工作クラブのB班がむりだと言われた電気機関車に取り組み、何回もココロミては失敗し、シコウ錯誤を重ねながら、そのシウンテンに成功したことは、みんなに大きな刺激を与えたようです。…人形劇のクラブで

は、スライドのシシャカイをするということでした。
○試　シ　訓　こころ・みる　ため・す
「試みる」のほうが少し改まったことばづかいでしょう。
○今度はことばも考えて書いてみましょう。
①新作の…ができましたので、…左記のように（　）会を催します。
②文章による審査のあと、その合格者に対して、実際に会って（　）を行ないます。
⑤この作家のものは、今まで、ほとんど日本の舞台にのぼせられたものはありませんので、試みというか、まったくの（　）のつもりでやってみたいと思います。
⑦これは夏の練習計画です。…いちおう立案してみたのです。ほんの（　）ですが、見てくださいますか。

(2) ［点ひとつで］こんどは、点を打つか打たないかということが中心になっています。
◇理学ハクシＫシは、学生時代から、ネムリとか、夢とかについてケンキュウし、その方面のチョショが多い。今年度の学会賞のコウホシャになっている。きょうのユーモアのある話しかたが、また、みんなを喜ばせおおいに好評をハクした。…［さあ、迷ったのは、どの字ですか。まず、博士、博学、博識（好評を）博した。テンがいりますね。「Ｋ氏」の「氏」に点を打たないように。専攻、専門は点なしです。専心、専念など。圧迫、血圧、圧倒、電圧にも。
○もう少し書いてみましょう。
①今度のかぜは、デンセン性が強いそうですが製造センモンの会社が少ないので困りますね。
③電車のドアの自動開閉には、アッ搾空気を使っているのでしょう。
④生徒会長コウホシャとして、務さんこそ適当だと思います。彼は、…
⑥そこでケンキュウにセンシンできたことは、しあわせでした。
○終わりに楽しみをひとつ。点を一つつけるだけで別の意味になる漢字は？
　　［答えは「九」→丸。「大」に点を一つつけると太陽、太古、太いや犬。「王」に点を一つつけると「玉」。「水」に点をつけると氷河、氷山。］

(3) ［左二つ、右一つ］〈ブンカサイ〉あしたは、学校のブンカサイ。きょうは、そのゼンヤサイというわけです。近くのＡ神社でも、アキマツリで、町には、ごサイレイと書いたちょうちんがさげられ、…
○祭　サイ　訓　まつ・る　これにこざとへんのついた「際」もサイ。訓は「きわ」です。この「祭」にうかんむりをつけると「察」サツ、訓はありません。どれも「左二つ、右一つ」です。
○もっと書いてみましょう。
①うちの店では、日曜とシュクサイジツには、必ず店員を休ませます。サッシのいい人だといわれるのは、…。
②第二次世界大戦のあと、コクサイ平和と安全を守るために、コクサイレンゴウが…。
⑨ゲイジュツサイ参加作品として制作されたものだけにカンサツの細かさだけでなく、その結果のコウサツのしかたがすぐれている。

(4) ［見なれた字にはひかれやすい］〈ギャッキョウに勝った祖父〉母の話によりますと、曽祖父が明治維新とともに没落して、一夜のうちにどん底の生活になってしまったのだそうです。祖父は、その急なキョウグウの変化に負けず立ち上がりました。…。帰国して…カメラなどのレンズはもちろん、ソウガンキョウ、ボウエンキョウ、顕微キョウのためのレンズを作る工場を作りました。ロウキョウを迎え、ひとり無我のキョウチを楽しんだそうです。
○境　キョウ　訓　さかい　この字を使って、逆境、老境、書いたでしょうね。
「境」も「鏡」もつくりのほうを意に書いてしまいやすいのです。（「憶」「記憶」などをたびたび見ているので）
○さあよく考えて書いてみましょう。
①ジュンキョウとはいえないキョウグウに負けないどころか、それを生かして努力し、めざましいシンキョウを見せている。
②お寺のケイダイをぬけてしばらく行くと、…
③「そこで、おとうさんは剣を抜いて…」父の思い出話はいよいよカキョウにはいる。
○ことばを考えて書く。
②この学校は、…車の往来も少なく、教育の"場所としてはいいところです。"

(5) ［「ころもへん」と「しめすへん」］はる子さんは年賀状で「おやっ？」と思いました。
◇初日の出、見ましたか。（信子）

第14巻　ことばの力を伸ばす

◇つつしんで新年のお祝詞を申しあげます。
　　（良二）
◇初まいりで伊勢に来ています。（正彦）
○「初」はころもへん、「祝」はしめすへん。
○次の文をどうぞ
①島崎藤村が書いた「ショガクシャのために」という一編は、ショホの人の心理をとらえて書かれています。
②前に会ったといっても…今度がショタイメンのようなものです。
③日曜とシュクサイジツは休業です。
⑦この劇は、…本邦ショエンである。
⑧いろいろ理由もあろうが、…ショシを貫かなくては…。
⑬早春、ショカ、ショシュウ、一つの季節が移るときは、どの季節のときでも味わいが深い。
⑭五つのとき、ハツ舞台をふんで以来、…
(6) [へんになったり、つくりになったり]〈絵画展にて〉会場にはいるとまず大小二つのチキュウギをかいた絵、何かを語りかけられたような気がした。…先生は「この画家は、ずっとジュンキョウにあった人だね。温和とかオンジュンとかいうことばが当たるかな。そういうよさがある。」と言われた。「じつはね…」「ある学期末、漢字のゲームをしていた。漢字が一字出されては、その音とクンを書く…。そのうち〈峠〉と出た。『とうげ』みんなはクンを書いた。『音』はと考えていると、先生が『これは、日本で作った国字だもの、漢音があるわけない』…『先生、漢字のオンクンを書くって言ったでしょう。』…私たちは、その上にはられた「校クン、姿勢、努力、ジュウジュン」などなどを想像して、時代の教室のふんいきを味わった。
○迷わずに書けるでしょうか。
①父の転任で、…ぼくは、環境にジュンノウするのがはやかったので…。
③水栽培は楽しみなものであるが、キュウコンの選び方がたいせつである。
④今度の遠足は、文字通り足で歩くのですから、もし雨天なら、ジュンエンとします。
⑤あしたは避難クンレンですが、キュウゴ班だけは、…
○どんな熟語で表わせるでしょう。
②第一条から"だんだん"ご相談してまいりたいと思いますが、まず"困っている方に対してどうするか、その方々をお助けする"活動についてご相談いただきますか。
(7) [まげるか、まげないか] なんでもないことに迷うことがある。[四、西、酒は「儿」、票や要は「Ⅱ」というように]
〈がんばれ！演劇クラブ〉私たちの演劇クラブは、二つに分かれ、それぞれ見てもらい、トウヒョウしてもらうことになった。ハイヤクは、最もジュウヨウであるから…。モクヒョウは、いい劇になること、それ以上にひとりひとりの成長にあるのだから。…その人のシンカが発揮されるようにしなければならない。[まず投票、配役、]
○次は、ことばも考えて。どんなことばが使えますか。
①おじは、古いかけ軸をみて、「これはりっぱなものだ。"今のねだんにしたら"…と言った。
②この学校の試験を受けたいのですが、"願書を出す日、入学試験の日など必要なことを書いてあるもの"をください。
⑥風紀委員会では、前週の反省や今週の注意をプリントして、毎月用の朝各クラスの"みんなにくばって"います。
(8) [余分の「ノ」]〈見学〉社会科クラブでは、きのうノウギョウ大学のテンランカイを見に行きました。それぞれのテンジは、…。かべ一面に、ノウソンの自然がかかれていました。それを背景に…しかし、ノウハンキの苦労は、昔のままです。
ノウギョウのハッテンに尽くした人々というテンジ室もありました。貧しいコサクノウから、トクノウカとして表彰される…。
○農　ノウ　訓　なし
　展　テン　訓　なし　両方とも「艹」のように書きやすいのです。
○もう少し書いてみましょう。
②…この新年はモチュウであり、出かけませんでした。
④私たちのクラブでは、去年…という研究をしましたが、それがハッテンして…が適正化されることになりました。
○ことばを考えて書きましょう。短く言ってみましょう。
①田植え、刈り入れというような"農家の特別に忙しい時期"には、小・中学校は、休みます。
(9) [あとで「たてかく」が通るから]

〈私たちの一年間〉
◇古川さんを美化委員長に、川久保さんを風紀委員長に推して、ふたりともトウセンした。
◇ホウケンテキとは、について大ロンソウを展開したあの日。
◇文化祭のとき、弁論大会で一位だった。題は「現代若者のキュウム」であった。[当選の当、迷いませんでしたか。封建的の建の二画目。競争、諸君、「⇒」と出ています。救急の急は出ていません。当、急、雪は出ていない。「君」「伊」は、たてかくに近いからでしょう。]
○もっと書いてみましょう。
②ぼくたちのクラスでは、「テキトウにやる」ということがきらいだ。だから、何かをやるときには、話し合う。はげしいロンソウになることもある。ジゼンに話し合い、納得して取りかかったら力を合わせてやるというのが、組のフブンリツになっている。…さらに、…。

5　知っているのにふと迷う
(1) [考えて、考え過ぎずに]〈クラスのモットー〉ぼくたちのクラスでは、キョウリョクをかかげました。みんなで力をあわせてやる、…。Aさんは組の新聞の意見のところに「妥キョウでなく、話し合っているうちにキョウツウの理解ができて、…。」と書いています。またBさんは…。Cさんは…とキョウチョウしています。
　○協　キョウ　訓　なし
　　「共同」「協同」それぞれの熟語を見ますと違いがよくわかりましょう。「共同」は、ふたり以上の人がいっしょにするという意味に重点を…合わせるのは当然。
　○この勉強べやは弟とキョウドウです。ふたりで使うのではありますが、ひとりになりたいときは、カーテンを引きます。ふたりでキョウギして、…うまくキョウテイし、…お城にしています。
　○次のようなときは、どうでしょうか。
　　今度、…町で、費用の一部を補助してくれることになりました。次のポスターの□には、なんということばがはいるでしょう。

△△町会主催　○○市□運動会
五月三日(日)　△△グランド
　　ふるってご参加ください。

(2) [かりたのか、かしたのか]〈図書委員会から〉
◇図書の定期整理のときになりました。本をカリているかたは、…。
◇今返すことができないかたは、カリ換えを…。
◇本のまたガしはやめてください。…
◇なるべく早くカシ出しをしたいと思いますので、…。
○貸　タイ　訓　か・す　この字は、形のうえから「貨物」の「貨」、「資格」の「資」、「家賃」の「賃」とまちがいそうになりますし、意味のうえから「借」とまちがいやすい字です。
○次のを書いてみましょう。
①図書委員会の調査では、本は、やはり、学校図書館でカリて読む場合がいちばん多いようである。次は数はずっと開くが、友だちどうしでのカシあい、カリあいである。カシ本屋を利用する人はあまりない。…
⑦「カス」とか「カリる」とか、いいますと、なんか品物のような気がしますが、そのほかに、抽象的というか、精神的というか、そういう内容を表わすのにも使います。「手をカス」「知恵をカリる」など…。
(3) [「制」と「製」]〈中学〉戦後ガクセイが改められて、いわゆる六・三・三セイが実施されました。新しい中学では、生徒会が発達し、互いの生活の向上のために、キセイを設け、セイゲンを設けています。トウセイには注意しなければなりません。「定め」「きまり」の意味で、「制」が使われていますし、自制、制圧、制裁、統制は「おさえる」「とめる」「支配する」というような意味で使われています。
○制　セイ　訓　なし　この字には「つくる」意味もあって、「制作」ということばがあるのですが、芸術作品をつくることです。物品をつくるのには「家具製造」のように「製」を使います。
○〈おじさんの慰問〉わたしはきょう、秋の美術展に出品するといって、セイサクに励んでいるおじのところへ、テセイのアイス

クリームを持って行った。…
○もっと書いてみましょう。
⑨友だちの発表中におしゃべりをしてセイシされた。
⑪このお菓子の箱には八月十日チョウセイと書いてあります。
○今度はことばも考えて、どんな熟語が使えるでしょう。
①なにしろ"時間が決まっていて、そのなかでやらなければならない"
②も少し"自分で自分をおさえること"ができなければ。

(4) [はっきり考えて書こう]〈シチフクジン焼き〉わたしのうちはお菓子屋です。うちの自慢のお菓子は「シチフクジン」という焼きものです。恵比寿さま・大黒さまと、いちいち味がちがうのです。なかでも「フク禄ジュ」の味は、…。父は町の組合のフクカイチョウをしています。またフク祉シセツの役員もしています。…
○副 フク 訓 なし [「刂（りっとう）」の終りをきちんと書きましょう]、副会長の「そう」「そえる」がもとの意味ですが「たすける」「つけ加える」「うつし」「ひかえ」の意味にも使います。
○もう少し書きましょう。
②しおからい物で、ご飯ばかりたくさん食べないように、フクショクブツについて、もっとくふうしないといけない。
④「ハインリヒ＝シュリーマンの生涯」というのと、「夢を掘り出した人」とどちらを主にして、どちらをフクダイにしたらいいでしょう。
○今度は、ことばを考えて。どんな熟語が使えるでしょう。
①この本は、得がたいものだから、"もう一冊同じもの"を作っておいたほうがよい。
③この会社では、社内に…を設け、社員の"楽しみと利益"を増すための施設に力を注いでいる。

(5) [迷ったらよく考えて]〈立春式の催し〉ぼくたちの学校では、立春の日に…生徒会の委員会で相談したケッカ…。
話し合いは難航しました。…ようやく、次のようなプログラムでケッチャクしました。
　一開会のことば
　一お祝いのことば
　一詩の朗読…お話…合唱
　一「ぼくのケツイ、わたしのケッシン…
第二部として、バレーボール大会も考えました。が、時間的にむりで「やめ」というケツダンをしなければならなくなりました。
○もう少し書いてみましょう。
①私たちの町に、少年△△団がケッセイされました。
③先々の予定がありますので、少々の雨でしたらケッコウするというケツロンになりました。

(6) [なにげなく書かないように]〈敬老の日〉父は、いつも、おじいさんに、うちへ来て、ロウゴをのんびり…と言うのですが、「まだまだ」と言って、…それに、…。おみやげは何にしようかとカンガえたのですが、やはり、…小さい弟に、「フロウ長寿のお薬を」と言って差し上げさせることになりました。弟は…。
○老 ロウ 訓 お・いる ふ・ける 「年をとる」のほか、「経験を積んでいる」…「物事をよく知っている」の意味もある。
○もっと書いてみましょう。
②どんな作物をどのくらい作るか、それはロウレンな農夫でも過去の経験をサンコウにし、ジュッコウするものである。
④ラジオやテレビのおかげで、…ほんとうの方言は、村のコロウからでなくては聞かれなくなった。
○ことばを考えて
◇"こんなこと、くどくど言わなくてもいい、よけいな世話やきをする"と笑われるでしょうが、つい言いたくなって…。

(7) [どっちが長かったかしら]〈進路調査の用紙のまえで〉「すると信夫さんはミライの名医ね。」「今はまだ、ゆめの程度さ。まったくのミチ数だよ。」「昭一さんは、やっぱりミテイ」「うん…」「どうしてもミカイの原野にミレンがあるのでしょう？」
○上のほうが短い「未」は、〈ミ〉という音しかありません。末はマツ、訓　すえ・おわり［未来、未知、未定、未開、未練］。
○もっと書いてみましょう。
①病気はミゼンに防ぐことがたいせつです。ミジュクなくだものなど食べないように。
④作文の提出キゲンが、センシュウマツでしたので、ミカンセイのまま出しました。終りに、「ミテイ稿」と書いておきました。
○ことばを考えて書いてみましょう。

①「少年文学」は、"まだ刊行されていません。"
⑤学級費を"まだ納めていない人"は、明日、お願いします。

6　使いなれないことばのなかで
(1) ［一つの字から］〈成功のかげに〉父のあとを継いで、この牧場のケイエイ者になってから、もう二十年になります。その前…近代的なケイエイ法に落ちつくまでには、さまざまなケイカがありました。…兄にケイリ部を担当してもらいました。
○経　ケイ　キョウ　訓　へ・る　この訓を「える」と読み誤ることがあるようです。「読経（ドキョウ）」に対して声を出さないで熟読することを「看経（カンキン）」といいます。どちらも特別の読みかたです。「お経」でなくキョウと読む例に、ふすまやびょうぶなどを仕立てたりする人のことを「経師屋キョウジヤ」といいます。
◇［径ケイは、細い道、小道の意味もあり、「まっすぐ」という意味もあります。］ほかに「さしわたし」の意味で、直径、半径と使います。
○もっと書いてみましょう。
②この天文台はトウケイ何度にありますか。
③どのくらい時間がケイカしたものか、気がついたときは夜であった。
⑤旅行のケイケンダンがみんなの人気をさらい…
○次はことばも考えて書きましょう。
①この飛行機は、北極を"通って"パリへ行きます。
④会議が"どんなふうに進行したか"をお話しします。
○次はことばを入れる。①入手の（　）を話しなさい。②Aさんは、不自由なく育ったせいか、（　）観念に乏しい。…
(2) ［ことばの意味を考えて］〈新委員長〉かれは、この春、シュウボウをになって委員長になった。…朝も早く来て、各教室をまわることは、今はシュウチのことで、みんな感心している。きょうは、かれに協力しようという提案があり、たちまち、シュウギ一決、実行案を立てる係まで決定した。「衆知」には「周知」ということばもあります。この文章の場合はどちらも…。
○衆　シュウ　シュ　訓　なし　シュと読む場合は、あまりありません。仏教のほうで、「衆生（シュジョウ）」といいます。村の衆、若い衆、子ども衆という使い方があります。それぞれ、その多くの人をていねいにいう使い方です。そして「若い衆」などは「シュ」と読むのが普通です。
○もっと書きましょう。
②参議院とシュウギインとは隣り合っています。…
⑤会の内容についてみんなのシュウチを集めて計画を立てよう。
○ことばを考えて書きましょう。
①かれのほうが正しいということは、"多くの人の一致した見方"です。
④"すべての命あるもの"を救う。これが釈迦の願いであった。
(3) ［聞きなれたことばだが］〈林間学校〉十人の先生がたにインソツされて、この野辺山に来た。…トウソツリョクのないぼくなどが世話係を引き受けるのはケイソツだったかなと思ったくらいである。ソツギョウセイがソッチョクに注意してくれて、ノウリツよく仕事を進めることができる。…
○率　ソツ　リツ　訓　ひき・いる
リツと読むのは、ものごとの割り合いをいうとき。「ソツ」と読む場合に「卒」とまちがいそうになるのです。「率」に「率然（ソツゼン）」ということばがあり、「あわただしい・急に」という意味があり、一方「卒」にも、「にわかに・だしぬけに」という意味があって「卒然」ということばがある。それに「ソッチョク」などは、「卒直」と書かれることもあります。が、まだまだ「率直」が優勢です。これと同じような気持ちで「率先」を「卒先」と書くのはまちがい。
○気をつけて書いてみましょう。
①近所の子どもたちをヒキイて出かけた。ところが子どもたちの家への連絡がじゅうぶんでなかったので、心配をかけることになってしまい、ケイソツなふるまいを責められた。ぼくはソッチョクにおわびするよりなかった。…
⑨エンシュウリツを答えようとしたとき、急に…ソットウしてしまった。
○今度は、ことばを考えて書きましょう。
②"おせじはぬきにして、ありのまま、思ったとおり"話したら、かえってよくわかっ

④町をきれいにする運動、大賛成と、父は"みんなの先に立って"働いています。

(4) [「領土」から「大統領」まで]〈平和〉むかしむかし、カルノとサノンという二つの国がありました。この二国は、…始終争っていました。そこで両方のリョウシュが相談して、それぞれの国のリョウイキ・リョウカイを決めました。それからは、…平和になりました。

○領　リョウ　訓　なし　領土・領分・領域は、自分が支配する意味を出しているでしょう。「領主」は、その領地の持ち主のこと。このほかに「要領」「本領」のように、おもなところ、中心となるところという意味もあります。[預と書き違えることがありますので注意]

○もっと書いてみましょう。
②それぞれの国にいるリョウジは、居留民の保護だけでなく、貿易を進めることにも努力します。
③きょう、任地に着いたばかりで、記者に聞かれても、フトクヨウリョウな返事しかできなかった。

○今度はことばも考えてみましょう。どんな熟語を使うことができますか。
①この文章は、いつも考えていたことをとり上げたもので、材料も豊かでしたので、わたしの"わたしらしいところ"を表わすことができたと思います。

○次の（　）のなかに入れることばを考えましょう。
①Aさんは、なんでも物事の処理のしかたがうまいのですがその（　）のよさがきらわれるもとになっています。
③その地方は、もともとフランスが支配していたところですから、旧フランス（　）というべきです。

(5) [川島先生の思い出] なにしろ、風がわりな、おもしろい先生だった。「これからひとつナンモンを出す。できた者から外へ出てよし。」と言い出される。みんながナンショクをしめしていても…「なあに算数のナンモンなんてのは、ナンモンじゃない。世の中には、ナンギはつきものじゃ。ニュウガクナン、シュウショクナン。」
先生のお得意の話に、航海中、あらしにあい…自分は船とともに沈むという「ナンパセン」というのがあった。

○難　ナン　訓　かた・い　むずか・しい
難色をしめす＝「それはむずかしそう、むりだと思う」という顔をして、しぶっていることですよ。この「難」の字のへんとつくりをまちがえて反対に書いてしまったのをよく見ます。「難破船」こういう「難」は「わざわい」の意味です。「難を避ける（避難）」というときも同じに使われていましょう。
この避難と「非難」とを区別して使わないといけません。「無難」は、積極的に「いい」とか「特色がある」とかいうこともない　というところです。

○もっと書いてみましょう。
①むずかしい事態…このナンキョクを打開するために、あなたに立っていただきたいのです。
③こんなにも食い違いのある二つの団体の意見に、共通点を見つけて解決に導くことは、まず、シナンのわざでしょう。
⑥災害対策は、バンナンを排してやっておかなければならない。

○今度はことばも考えて書きましょう。
①こんな機会はめったに得られないと思いますので"いろいろの困難、さしつかえはありますが、それをむりに思いきってどうしても"参加しようと思います。

(6) [字画をはっきり]〈ぼくの父〉きょう、先生が「ぼくの父は…自分に対して非常にゲンカクだった。ゲントウの一月に生まれたから、きびしい性格になったと言っていた。父は、…うそということばを口にすることも、ゲンに戒めた。…時間もやかましかった。時間ゲンシュ、遅刻ゲンキン、…。父は、武士らしいところがあった。…いかにもイゲンがあった。ふだんキンゲンな父がたまにお酒を飲むとおもしろいことを…。

○厳　ゲン　ゴン　訓　おごそ・か　きび・しい
[「ゴン」は特別で「荘厳」だけです。]
きびしいということは、人に対する態度だけでなく、気候のきびしさ（厳冬）もあります。「厳父」はきびしい父、ほかに、ただ父だけの意味で、うやま（敬）う気持を表すかざりのようになっている場合があります。

○もっと書いてみましょう。

①一か月かかって一万編を超えた作品からゲンセンした結果、次の方々が入選ときまった。
③材料をゲンセンし、ゲンジュウな管理のもとに造られ、そのうえ、ゲンミツな検査を通った製品である。
④やがて荘重な雅楽の音が静けさを破った。ソウゴンの気が迫るようであった。
〇ことばを考えて書いてみましょう。
①承知のうえで、何回も同じ違反を繰り返す人は、もっと"きびしく罰す"べきだと思う。
②提出日は"必ず守る"こと。
(7) [訓読みを使いこなそう]〈卒業を前に思い出すこと〉下級生のみなさん、お別れにノゾみ、この「わたしたちの新聞」の片すみを借りて思い出のいくつかをつづってみたいと思います。
　まず合同遠足会。…休んだ旅館は谷にノゾんだ静かなへやで、…「このクラブに何をノゾむか」など話し合われました。先生はまず、手本をよく見て「リンショ」するようにと言われました。…夏のリンキオウヘンゲームなんてどんなゲームかと思いました。
〇臨　リン　訓　のぞ・む
　もとになっている意味は、高いところから低いところに対することです。それが高い建物から下を見おろすとか、がけの上から下を見るとかいう場合だけでなく、…。→そのうちに、お客さま、おいでくださるかたへの敬語の一種になったようです。→そのうち、…消えて、「その場にあたる」意味にもなり、「お手本に当って」そのとおり書くことにも使われ、いろいろな熟語になって使われています。
〇次の" "のところにはどんな熟語が使えますか。
①働く青少年を励ます会には文部大臣も"ご出席くださる"ということです。
③おばあちゃんの子どものころは、絵をかくといったらみんな"手本を見てそのとおり書く"ので、写生画なんてかいたことがなかった。

7　あとがき
　漢字を使いこなせるようになるのには、いろいろの面の勉強があり、勉強のしかたもさまざまあります。
　この本は、漢字を使って…ものを書くという面からの勉強を目あてにしています。それも、漢字の学習が一通り終った中学生が知らないわけでもないのに、ちょっと迷ったり、書きまちがえたりしやすい漢字を取り上げています。…だいたい覚えている漢字を確かめたり、使いこなすための勉強といえるでしょう。
　一つの漢字を取り上げると、その漢字をふくむことばをたくさん、使う立場で拾い、そのことばの入った作文を勉強の材料にしてあります。漢字はこうして、ことばとして、文章の一部として勉強するとよく身につくのです。

第15巻　ことばの勉強会

I　みんなの国語研究会　［5〜183ペ］
（『みんなの国語研究会』毎日新聞社　S.46.7）
（　　　　　　　　　　　共文社　S.56.10）

1　開会のことば
◇ぼくたちの研究室ができて1年…。いくつもの研究がまとまりましたので発表したい…。小さな研究ばかりですし、結果は、専門的にはたいした価値のあるものにはなっていないと思います。「結果」を第一の目あてにしないで、過程をだいじにし、自分の題目で研究する。…張り切った気持ちは、だいじにしたいと思います。

2　意見の文章の書き出しの研究
(1) 先ごろ、学年全体で意見の文章を書きました。この文章がふたりの研究の資料です。
(2) ①…心をひかれた文章の書き出しの一文をカードに取ってみたということです。
　　ア（動物愛護）…
　　イ（ことばづかいについて）
　②〈ふたりの話し合い〉ぼくたちの研究には、まず、書き出しの文の"長さ"を調べてみないか。選んだ23編の平均は何字くらいかね。
　③それができたら、どんな品詞で書き出しているか調べないか。…
　④それから、"文の形"を調べたい。主語が最初に出ているとか、省略されているとか。…
　⑤それから、どんな内容から書き出しているかがだいじだと思う。…
　⑥題との関係も考えなければならないと思う。…
　⑦できたら、書き出しと結びとの関係とか、文章全体の組み立てとの関係なども調べたいね。
　⑧もっと書き出し文に当ってみよう。…。

3　何を、どんな順序に話す
(1) 秋の生徒会選挙演説を材料にした研究。研究の目的は、自分自身の話し方をよくするため。演説を聞きながら、気づいたことをメモし、全体として話そのものをつかむこと、雰囲気、聞き手の反応などに力を注いだということです。
(2) 立候補者と応援演説とに分け、まず"内容"を調べた。次に組み立て、それから特色、よい演説の共通点をつかもうとした。
　①内容は、自分の抱負。
　②組み立て―
　　ア　例
　　イ　組み立てを分類すると五種類になる。
　　　A　抱負を述べる。…
　③話し出し（録音を聞き直し、分類した）
　　A　私の抱負を…
　　J　みんなの力で発展させる生徒会。みんなが一つになって少しずつ盛りあげていく生徒会、
　　白石さんの研究のあとの感想は、「ほんとうに個性的なものというと、ない。…」というものでした。
○私は、「話し出しは…」と申しました。この注意は、自己紹介のときなどの場合にも…とつけ加えました。

4　「か」は、こう使われている
（『片耳の大鹿』椋鳩十）
(1) 助詞によって、そういろいろな意味に使われないものと、さまざまな意味を添えて微妙にはたらいているものとがあることに山本さんたちは気づきました。福島さんが読みかけている『片耳の大鹿』で試みることにした。A「に」は種類が多く、手始めにはむずかしい。B「な」は、…。C「の」はやさしすぎる。そこでD「か」をとりあげる。カード二十枚あまり。
(2) 分類の仕方を「な」によって試みる。6枚。A「さあ、こっちにきな。」次にB「もう声をたてるなよ。」このBがAと同じ意味に使われているかな？と考える。三枚目…。
(3) 「A次郎吉さんは、なにかさけびながら、谷を…」「B『おじさん、歩きまわるだけで、シカにぶっつかるものですか』…意見を出し合い…並べる。話し合いは…いきます。

5 「も」は、こう使われている
（「夏草冬涛」井上靖を例に）
(1) Yさんのグループは、「か」の後、「と」「など」の研究をした。こんどは「も」。
　①S「A三島と沼津の間には、電車もあり、電車で通学する者もあれば自転車で通う者もあった。」対になっている「も」ね。
　⑤「A′三島と沼津の間には、電車もあり…」強め、加える、という人もありましたが、Sさんは、例をあげている…はっきり言わないところにやわらかさがあると…。

6 新聞に見られることわざ
(1) 新聞の短評欄
　ア 「…事情を知った県が、くさいものにはフタとばかり…」
　イ 「こんな手合いにつける薬をときかれたら…」
(2) A K、S、Iさんなど六人は、新聞の短評欄を切り抜いて、日付をつけ、紙にはっていました。それを一枚一枚読みあげては、どこかにことわざが使われているように思ったら、みんなで考えるというふうに進めていました。この勉強は時間がかかったそうです。ことわざと格言、古典の引用、故事成語などのみわけ　区別ができずに、…
　B ことわざの取り入れ方がいろいろあることに気がつき、白い紙に、そのとり入れ方、使い方で気がついたことをメモしてきました。
　　①「ウ　月にむら雲、花に風のことわざどおり、花見もしないうちに、はや落花。春はあえなく過ぎてしまった感じがする。」
　C 一か月間の短評欄のことわざのとり入れ方を、実際の生活に結びつけて考えるようにしました。①…④
　〇 ［とり入れ方は三種類］［短いなかにたくさんのことを言おうとする短評、たくさんの人の心のなかに呼びかけたい短い文にことわざを使うことは効果的である。］

7 ことわざを調べる
(1) 民衆から生まれ、民衆によって伝えられてきたことわざに興味をもったグループが、
　①どんなことわざがあるか　それぞれのことわざの意味、表現のうえでの特色を調べ、種類分けをした。
　　A　内容からは、1　人生の教訓を述べたもの　2　ユーモアのあるもの　3　人間の弱点を突いたもの…
　　B　形のうえからは、1　七五調のもの　2　同じ音や似た音を重ねて、対句のようになっているもの…
　　A1　ウ　油断大敵
　　A2　エ　泣き面に蜂
　　A3　ク　燈台もと暗し
　　B1　セ　暑さ寒さも彼岸まで
　　B2　ツ　沈む瀬あれば浮かぶ瀬あり
　　B3　テ　善は急げ
　　B4　ニ　のれんに腕押し
　②"矛盾しているように思われることわざ"があるとの発言がでる。一矛盾ではなくて、そのどちらもが真実であるということ。〈好きこそもののじょうずなれ　へたの横好き〉…
　③本を使って調べるだけでなく、自分たちの生活を資料にしてみなさいと。［助言］
　〇四人の話
　　2　この前お祭で150円の万年筆を売っていた。あることわざを思い出し、買わなかった。…買った友だちが今日…。

8 あいさつのことば
(1) グループのアトラクションは、
　①「あいさついろはがるた」の札をとったら、声に出して言うことでした。「ひーび」の札をとったときに「おだいじに」と言う。
　　い　"いいお天気ですね"と明るくあいさつ、気持ちも晴れる
　　ろ　論議の前に、あいさつひと事
　　は　はっきり声に出して、"おはよう""おはよう"
　②あいさつのことばとして集めたのは、まず朝のあいさつ　〇おはようございます　〇おはよう…朝のあいさつは、案外種類がないという発表でした。発表のしかたは、たいそう工夫してありました。一元気のいい、明るい〈おはようございます〉、元気がよすぎて、荒く、そまつに聞える〈おはようございます〉…口先だけで、…などいろいろ
　③以下、どのあいさつのことばも、話しこと

ばとして発表され、充実したいきいきとした発表でした。発表の一部。
〈感謝〉ありがとうございます。(どうも)ありがとう…
〈何かひと仕事がすんだとき〉ごくろうさま(でした)…。おつかれさま(でした)

9　文体の観察
◇「文体の観察」という一章を読んでから、みんなの目が開いた。文体は文語体・口語体、です・ます体、だ体、である体などのほかに、その人らしい表現、その人らしい文章の姿をさしている。一つの文の長さ、文のつづけ方、文末表現、どんなことば・語句が多いか、…色を示すことばの多い、少ない、文体について研究を始めたグループが急にふえた。

①作文　Sさんの「日本語をたいせつに」とIさんの「外国語にひかれる日本人」
　　［書き出し］
　　A　文の長さ(Sさん、4文、Iさん13文)
　　B　長くなっている理由　…。
　　C　文末表現(二人とも変化に富んでいる)

②動物のことば
　　ア　「ミツバチの言葉」(桑原万寿太郎　岩波書店)
　　イ　「魚の言葉」(末広恭雄　岩波書店)
　　　A　わかりやすい文章の秘密を知りたい。
　　　B　研究。それぞれの文章のはじめから。アは657字分、イは、687字分を取り出した。(1)段落は、…(2)それぞれの段落の文の数(3)文節の数［略］漢字の数は、19％　イは16％。少し使い慣れないことばの数、特別な使い方のことばを調べ考えるとよいと助言。

③小川未明と宮沢賢治の文体研究グループ
　　A　(1)　ア「赤いろうそくと人魚」(『小川未明童話集』新潮文庫)　イ「虔十公園林」(『風の又三郎』岩波文庫)
　　　　　代表作で、同じくらいの字数でひとかたまりになっているところを捜した。イには会話がはいっている。アは1478字　イは1489字。
　　　(2)　未明の作品は、だいたいおだやかで、やわらかな調子がある。賢治の作品に、変化があるということ。
　　B　(1)　段落について、アは11　イは18。その段落がいくつの文でできているか。
　　　(2)　未明のは、(計27)賢治のは、(計36)［一段一文が多い］アのほうは、平均2.4の文　イは平均2.0。
　　　(3)　一文の長さ［例示　略］平均すると未明の一文が13文節、賢治は11文節で短い。未明の長い文は52文節。賢治のほうは31。未明の52文節あるところは、どうなっている。…賢治の第十段落は、たいそう短い文が重なっている。…表を見ていると、…(略)
　　　(4)　こういう特色は、それぞれの作者の書き出し文に何らかの形であらわれているのではないか調べてみよう。一使っている文庫本に、未明のものには25編、賢治のものには19編の童話が載っており、…
　　　(5)　形容動詞は、未明に多く、副詞は、賢治にぐっと多く使われていた。
　　　(6)　これから素材の面、一つ一つの文の組み立て、長い文短い文の組み合せなど調べていこうと思っています。

10　よい文章の特徴
①A　コンクール入選作品集を手に、B「書き出し文と結び文との関係」を調べたいと言ってきました。
　私はB′「書き出し文」の研究を一つ、「どう結んでいるか」を一つ、むずかしそうだったら「組み立て」を考えるなかにしぜんに含まれてくると言いました。全部で45編のうち、生活文以外は数編ということでした。

②書き出し文　ア　第一の種類、ぱっと書き出し、自分の動作なり気持を書く形が18編。次は、イ　全体的に、前おき的に書いて、だんだんくわしくしていく書き方は少ない。

③結び方
　ひと言感想なり、思ったとおりを書いて終っている結びが多い。その結果　始めと終りがしっくりと合っている。

11　かたかなはこう使われている
①A　材料　三つの新聞の地方版のトップ記事
　B　使われている外国語をカードに。
　当然使うところとわざわざ使うことではないと思うものとに分けていった。擬声語・擬態語のほかにいろいろかたかなが使われている。
　もう少し資料をひろげてと助言。

②1か月分でカード155枚〈例〉△ズバリ交通の便利さ　△タクシー代がバカにならぬ　△ゼニ、カネは無理しても…
「先生のことば『これからの日本の文章表記を考えなければならない世代』である私たちとして、小さな研究ですが、一つの実態をとらえてみたことに意味があると思います。
③A　当用漢字にない漢字を使わなければならないことば、
　　△全体がマヒする…
　C　当用漢字でも書けるが目だたせるために使っている。
　　△百年の計、カネ次第…
　D　ひらがなで書いていいところを目だたせる。
　　△ズブぬれになりながら…
　H　一種特別なおかしさ・こっけいな感じが出ているもの。
　　△先生はシャチホコ張って
　K　複合語の一部に外国語があると、全体が一つの名詞に。
　　△某キモノ・メーカー　△ノッポ・ビル
［意見］
　ア　ことばを変えないで書き表わし方だけを変えようとするムリが見られる。　イ
　ウ
　　○作家、評論家、科学者の文章はどうか調べてみたい。

12　ものの名のつけ方と生活習慣

①A沢田允茂『少年少女のための論理学』に、B「ものに、どのような名まえをつけてよぶかは、わたしたちの生活や態度に関係しています。日本の漁夫たちは、ボラを…とよぶが英語では、マリットという名しかない。これは、よく食べるという生活習慣からきている。
②英語に関係するし、生活習慣となると社会科的で幅の広い研究になると興味をもった。やってみたら、英語、日本語、両方の力をもっとつけ、豊かにし、ことば以上の考える力がなければならないと気づいた。
　△「指」の呼び方、手の方…足の指は、…生活との関係がみられる。
③A　祖母は、「小川の小女（こじょ）と呼ばれていた。"個人"がじゅうぶん認められていない呼び方。
　B　"いす"の呼び方…
　C　"くつ"…
　D　食事…一回一回特別なことばがある。
　F　日本人は、昔から"月"を愛してきた。
　G　雨の多いわが国では、…"さみだれ""しぐれ"など。英語では、…
○こうした日常のことばのなかに、生活とか習慣とかがしぜんにあらわれている。

13　問題を感じたことばづかい

(1)①A　Kさんは、使い方に疑問を感じたことばを記録していた。
　B　どんなときどんな場面で使われたことばか、Bカードの下のところには、自分たちの考えたことが書いてありました。
②イ　仲よしの友だちとおしゃべり…ほめるようなことを言われ、「いやだ、いじわる！」「知らない！」と言ったりする。
　オ　ラジオの放送を聞いていて
　　①古代、古くからのメソポタミアの文明は…
　　②このプレゼントは、たくさんのみんなが待っている…
　　はじめは、くどいと感じたが、…①は言いかえてわかりやすくしたのだろうと思った。②のほうも、くどいと思ったのですが、…

14　民話の研究

①民話の研究をしている文子さんは、ひとりでに「だれかに話したくなる」のが民話という発見をした。民話を知ることは、その民族の根本を知ることになる↔「互いに知り、理解しあうことは平和につながる」と思った。
②世界の民話を調べ、気がついたことを発表する。実演も入れて発表。
　A　ノルウェーの「太陽の東、月の西」お城や旅など美しい空想のなかで、…するところが北ヨーロッパの民話の特色。
　B　南ヨーロッパの民話…は全体に明るい。明るく、こっけい、ロマンテック、同時に、現実的。どの話もハッピーエンドで幸福になる。その幸福がたいていお金持ちになること。
　［古代ローマ文明はギリシャの文明と比べると、新しさはなかった。そのかわり、現実的・実際的で…哲学だけに打ち

こまず、（みんなの生活を整え…するための）法律をつくりあげた。その方向が民話のなかに出てきている。それから、中世という時代は、長い間生活が貧しかったので、…が考えられる。〕

15　日本・中国・朝鮮の民話
　(1)　A　ア　『日本民話選』（木下順二）、イ『錦の中の仙女』（伊藤貴磨訳）、『ネギをうえた人』（金素雲編）岩波少年文庫、
　　　B　着眼点ア　（第一グループ）話の筋の似ているところ　①日本と中国　②日本と朝鮮　③中国と朝鮮　④日本と中国と朝鮮
　　　　▽「かぐや姫」と「天人女房」（中国）、「シカと木こり」（朝鮮）、…
　　　　▽中国では親子関係の話が多い、日本では、…
　　　　▽日本では昔、人はサルに似ていると、朝鮮では、ウシに似ているといわれている。
　　　　▽地下におりるとき、中国でも朝鮮でも"なわ"と"すず"が出てくる。
　　　　イ　（第二グループ）①出てくる植物、②動物、③道具、品物、④服装、風俗習慣、⑤不思議な力をもつものの名まえ〔鬼〕
　　　　ウ　（第三グループ）①（どんな性格のもち主が）よい人とされているか。②どんな人が幸福をつかんでいるか。③　①②から、それぞれの国のものの考え方、人の見方、幸福とは何か。〔日本では、気だてがやさしい、働き者が目だつ〕〔幸福をつかんでいる人では、中国、朝鮮とも、やさしい、困っている人を助ける人が多い。ことに…〕
　　　　エ　（第四グループ）①喜ばれ祝われていること②悲しまれ、嘆かれていること⑤尊ばれていること、…

16　世界児童文学の主人公たち
　(1)　①"人の性格"についての話が『若草物語』の原作の題が「Little Women」というのは、感じが違うという話に移った。この四人の少女ほか、ベス、ジョー、トム・ソーヤ、レミ、ハイジ、セドリック、アンなど作品の中の子どもの名は、世界に通じる名まえになっている。日本には、親しまれている人がいないようだ。
　　　②雅章くんが、「世界の子どもに親しまれている人がどんな性格で、どんな生活をしていて、どんなときに、どんな考え方をするか、考えてみると共通するところが見つかるかもしれない。…と提案した。むりという気がした。
　　　③川辺さんの『ハイジ』についての発表。「ハイジ」は…日本では野上弥生子によって紹介され、後に「アルプスの山の少女」という題になっていることも多い。不幸な境遇…のなかで、…美しい心の背景にアルプスの山の自然が…こちらをながめていたり、…自分のまわりから不幸や悲しみ、怒りをぬぐい、やわらぎをつくり続けているので、世界中の子どもに愛されるのであろう。
　(2)　グループの人たちの調べている子どもたちは
　　　1）「若草物語」の四人の姉妹。なかでもジョー
　　　2）「トム・ソーヤの冒険」のトム・ソーヤ
　　　3）「家なき子」のレミ
　　　11）「ヴィーチャと学校友だち」のヴィーチャ・マレーエフ

17　年賀のことば
　(1)　①　A　酒井さんの年賀状（15枚　父宛85枚）の調査
　　　　B　タテ書きヨコ書き。
　　　　C　多かったのは　ア「あけましておめでとうございます」が33枚。うち9枚は「明けまして」と漢字。書き方は、…イ「新年…」が6枚、ウ　終りを「存じます」としたのも1枚、…エ「つつしんで新年のお祝詞を申しあげます」が20枚。エ′「新年」の代りに…。オ「お祝詞」のところは「およろこび」が半分で「お喜び」2、「お慶び」2、「およろこび」6、…
　　　　二行に書いたもの12枚、三行に…。
　　　　カ　賀正…迎春…という二字のものが16枚。「賀正」が7枚、「迎春」4「寿春」は1枚。あとは2枚ずつ。
　　　　キ「謹賀新年」…は14枚。ク　毛筆

　　　　　で書いたのは、2枚
　　　D　勉強の目的は、いろいろなことばで書いてある年賀状のことば調べ。
　　　E　私は資料をもっと広くし、できたら何年かつづけて調べたら、おもしろいことが発見できるでしょう。また、男女、職業、年齢を考えたりすれば、…とも言いました。
　　　○目のつけ方を変えて"好ましい年賀状"を選び出し、その特色を…

18　名まえによく使われている音
　(1) A　母が私の名まえの漢字の意味と音が好きだったと聞いたことがある。
　　　B　学年の氏名一覧表を資料に、ローマ字、さらに頭文字でどの字から始まるかを調べた。男子100、女子70を100として換算。
　　　ア　　　　A　H　K　M　Y
　　　　　男　　4　14　16　13　19
　　　　　女　　4　11　13　20　22
　　　　　計　　8　25　29　33　41
　　　イ　Yが41で全体の5分の1にあたる。男子はYositaka、Yutakaなど女子ではYuriko、Yukie…。YukiやYosiには、いろいろな漢字があり普通に漢字で書かれているときには、そんなに多いとは気づかなかった。
　　　ウ　二位は、33のM。つづいては、K、H、Sとなる。
　　　エ　少ないほうは、この表に出てきていない。
　　　オ　ここに出ているのではIが一つでItirōです。…
　　　キ　男子と女子と比べてみるとその差の大きいものと、大差ないものとがある。差の大きいもののなかで、男子に多いのはT、女子に多いのはMです。Tという音は、響きが強い。Mはやわらかい感じ。
　　　ケ　男子の名まえはYとKで35パーセント、それにSとH、MとTとを加えると87パーセントです。男子の名まえは、頭文字でいうと6字のなかにほとんど含まれてしまう。
　　　コ　女子のほうもYとMで42パーセント、KとH。あとN、Sの6字をとると84パーセントもはいってしまう。

　　　○感じのいい音、人に好かれる音を考える一つの手がかりになる。

19　あした・あす・明日の使い分け
　(1) 動機〈生活から拾った問題〉
　　ア　「じゃ、またあした…」と別れるときにあいさつをした。隆くんが「『じゃ、また明日』とも言うかなあ」と言いだした。"明日"と言うなら、"では"とくずさない形で言いはしないか。また、"お会いします"とか"お願いします"とか、述語がつくのではないかということになった。
　　イ　ぼくたちの作った問題
　　　A　1　じゃまた（あした、あす、明日）
　　　　　2　（では、じゃ）また明日お会いいたします。
　　　C　2　○○先生　では（あした、あす、明日）よろしくお願いいたします。
　　　D　1　あしたでちょうど（1年だ。1年よ。1年です。1年になります。）
　(2) ［アンケート］してみました。いくつでも○とした。
　　ウ　Aの1では"あした"と"あす"Aの2では"じゃ"とは言わない。Cの2はだいたい"明日"と言うが、…Dの1・2はみんなどれも使う。3では、"です""ます"で結ぶということ。
　　エ　つまり、"明日・みょうにち"はやや改まった言い方になる。
　　　こうした関係は、"きょう、今日・こんにち、本日・ほんじつ"、"きのう、昨日・さくじつ"、…などについてもあるのではないかと思われる。
　　オ　なおこの"あした"、"あす""明日"が、"未来"の意味に使われているときがある。
　　　○あしたの日本のために
　　　○日本産業のあしたのために
　　　　こういう使い方は"明日"が改まった場合というのではなく、日常会話でないという意味でみな改まった感じである。

20　読書についてのアンケート
　(1) 読書についてのアンケートの報告。Aはクラスの友だち、Bは、クラスの友だちのおとうさん、おかあさんを対象にしたもの。［『図書』（1970・12月号岩波書店）を参考に］

(2) 〈アンケートA〉
　一　今までに読んだ本のなかで、特に印象に残っている本
　　①中学校に入学前　②入学後
　二　その本は、次のどれですか。
　三　小さいとき、どんなお話を聞きましたか。[どなたから]
　五　今、読んでいる本
〈アンケートB〉
　一　幼少年時代に、どんな本をお読みになりましたか。特に印象に残っている本についてお教え下さい。
　二　その本は…。
　三　幼年期にどんなお話をお聞きになりましたか。また、どなたから。
　四　それらのお話や本が、その後の道に、どのような影響をもったとお考えになりますか。
(3) アンケートAから
　一　イ『星の王子さま』『お休みなさいフランシス』、…『ももいろのキリン』
　二　借りた本
　三　日本・世界の民話・童話（母から）
　五　『われらの村がしずむ』
▽アンケートBから
　一　『レ・ミゼラブル』『山椒大夫』『西遊記』、伝記や少女小説
　四　相手の人の立場に立って考える。
(4) グループの人たちのとらえかた
　1…5　略、6　読ませたいと思っている本とぼくたちの印象に残っている本を比べる。
(5) だれからお話を聞いたか。
　私たちのほうは、…。父母のほうは、母から49％、祖母から30％、先生から11％
(6) どんなお話を聞いたかでは、日本の昔話「桃太郎」「花さかじいさん」「さるかに合戦」…。私たちは、外国のお話をたくさん聞いています。…。
祖父・祖母のころには、外国の話は普及していなかったのでしょう。
昔話のほか、伝記なども聞いている。

21　仕上げられなかった研究から
(1) 中学生の研究は、結果よりも、その過程がたいせつとして出発した研究。
　A　"助動詞「た」の研究"。現代では一つだが、古くは六語…だから短歌などは口語では作りにくいといわれると話した。
　1）まず、「き」「けり」以下の助詞をつかめた程度で進めることにし、かなりの感覚をもってきた。
　2）次に現代文学作品、川端康成の作品に使われている「た」を調べる。…大困難…しかし、…深く作品を読むことはできたよう。
　B　"古典はどのように書き出されているか"の研究。
　1）書き出し文を集め
　2）自分たちなりの口語訳の文も仕上げ、
　3）その間に…―どのように書き出しているかをつかむことは、むりと気づいた。―いろいろの古典に触れ、書き出し文をすらすら覚えたことが収穫。
　C　"文学に描かれている少年"。個々には、"こういう少年"ととらえているが、話し合って研究し、まとめるまでこれなかった。…
　D　生活の場ごとに、ことばを集めるという研究もある。生活の場をとりあげて…。ことばを集め、品詞に分けたりしている。
　E　"昔のことばと今のことば" "昔と今と変わらないことば" "昔と今と、形は同じで内容の違ってきたことば"を調べた研究も。
　F　"流行語の研究"その年の流行語がどのような出来事なり、背景なりから生まれているか調べている。…
　○見ていてよかったなと思ったのは、読書の範囲が広くなったこと、調べるために読んだり大人の人に尋ねたりする機会がふえたこと。

22　あとがき
◇みなさんの身近かなところに、皆さんの集められる資料で、皆さんが処理し、考えることのできる研究がいくらもあります。この本は、そういう研究の例です。
　研究の中みが、学問としてどれだけすぐれているかは、第一の目あてではありません。資料を集めたり、それを使って考えたり、また、まとめたりする間に、皆さんの年ごろにきたえておきたいことばの力が練られていきます。…それがねらいなのです。
　…作家井上靖の作品の一節に、実際に使っている「も」はどんな種類のものでしょう。それ

を調べる手順のなかで、…。もっと根元的にはことばのはたらきを精密に、敏感にとらえる力がついていくでしょう。それは、生きたことばの力でしょう。…

新聞から材料をとった研究もいろいろありました。…

かたかながどのように使われているか調べたのなどは、資料が長期間かけずに集まります。

名まえに多い音の調べもありました。あなたのクラスで…どんな結果になるでしょう。

この本がきっかけになって、自分で研究に取り組む人がふえ、そして生きたことばの力をもった人がふえていきますようにと願っています。

Ⅱ　ことばの勉強会

1　「勉強会」の誕生　　　　　［187〜41ペ］
（『ことばの勉強会』毎日新聞社　S.45.6）
（共文社　S.56.10）

(1)　A　これは、ぼくのうちの「ことばの勉強会」です。

　　B　きっかけは、母の話から。「上のすみ子おばさんは、なんでもよくできた。おばあちゃんがなんでも相談をかける。それがものたりなく母は『欲求不満』で、おこりんぼということになった。…おばあちゃんが原因に感づいて…。―ぼく「おかあさんの心をくんでくれていたのね。」―兄が引きとって、「いまの話の場合、"心をくむ"がいちばんだ。」と。―ぼくは、ことばに対して、深い興味をそそられた。―そして、この「ことばの勉強会」の誕生となった。

　　C　発起人はぼく、小川弘中学三年生。弟は中学一年、大学生の兄、高校二年生の姉。母も入会。それではと父も、そして祖父まで加わってもらえた。隣の直子さん［中学二年］も入会し、八人の会に。
▽会長はぼく。記録係もかねます。進め役は兄。材料はぼくや弟の務、それに直子さん、つまり中学生がおもに持ち寄ることにした。

2　自己紹介［はっきり、明快、明瞭、明記］
(1)　兄（進行係）、弟（務）から問題の提出。

①務、―きょう学校で、担任の川島先生からひとりひとり名まえを呼ばれ、声が小さいと、「返事をはっきり」と何度も注意された。

②そのあと自己紹介になった。―川久保君が「直紀」という名まえの由来を話した「じつに明快な説明だな」と言われた。そのあとが、ぼく。「ねえさんに似て、発音がいいぞ、発音明瞭だ。」とほめてくださった。

③「はっきり」「明快」「明瞭」について。ぼく）はっきりした返事・説明・発音、みんな使える。姉）「明快な返事」という場合の返事は、…姉）「明快な発音」て？　父）言わないね。発音は、「明瞭」「明晰」とか。…直子）頭脳明晰、発音明晰、まだ、どんな時に…。父）「明晰な思考」「明晰な論理」などとも…「明快」は「説明」のほかには？　兄）…父）「明瞭」は？　ぼく）弟）母）…。ぼく）鮮明もはっきりしている…。兄）これは色や形を。姉）鮮明な印象。祖父）今は、「判然」「歴然」はあまり使わないかな。父）使いますよ。…。

④ぼく）「はっきり」のような和語は？　直子）「さやか」「あきらか」は。父）「さだか」も。祖父）たとえかたに…。

⑤兄）「はっきり書く」のにどんなことばが？　ぼく）「明記」。それから「銘記は？」父）これは、…。弟）じゃ、住所・氏名は明記。校長先生の「努力のたいせつさについての話は、「銘記」のほうね。兄）第二問「はっきり言う」は？　直子）「明言」かな。ぼく）…母）政治むきのこと、公のことでしょう。父）責任ある人がはっきりと言いきるときに使うね。弟）言明にしたら？　父）…

3　先生についてものをならう人
　　　　　　　　　　　　　［児童、生徒、弟子］
(1)　①弟（務）「きょう、早く生徒になるように」と言われた。ぼくは、…。姉）小学校は児童よ。…父）「児」はもともと乳のみごのこと、「童」も「小さいこども」の意味。その意味がだんだん変って、…。直子）学生・生徒、児童、学童、園児。

②姉）お母さんはお茶の林先生の―お弟子！　兄）生徒とお弟子はどの点が違うか。…直子）バイオリンの先生に「生徒になったつもりで…」と小説にあった。…父）それは、もとの意味の…。ぼく）い

まの「生徒」のもとの意味の「生」って、…父）そういう意味もあるんだよ。「徒」は「なかま」。祖父）このごろは「教え子」ということばは使わないのかい。父）いえ、使われていますよ。しかし。母）「教え子」というと、…対照的に浮かびますが、…祖父）ほんとうは、教えた人のほうが使うことばなんだよ。母）実際には、教えられたほうがどんどん使っていますね。父）ほんとうは、おじいさんのおっしゃるとおりだけれど、おおぜいがまちがえているうちに…。

4　自分の気持ちから遠いことば　[いらいらしない][もどかしい]

(1) 姉）きょうは、わたしが司会をします。
① A　直子）弟の隆が、はさみで何か切るのが好きになり…。見ていられなくなって、つい口を出してしまう。母に、「…いらいらしないで、ほっておけばいいのよ」と言われた。B　この…。たどたどしく切っている弟のを見ているこの気持ちをあらわすことばが知りたいんです。C　弟）「じれったい」―兄）「じれったい」は…いやなところを二倍ももっている気がする。…母）「はがゆい」は。ぼく）「いらいらする」「じれったい」「はがゆい」だいたい同じですか？―父）使うときは同じでないよ。▽三時に校門のところで待っていると約束したとする。…兄）直子さんは「もどかしい」ということば知っている？…▽「しんきくさい」は方言。直子）漢字の熟語はないでしょうか。兄）「焦燥」は。姉）島崎藤村の「嵐」の一節に…。

5　連休の予定　[つくる]

(1) ①直子さんの話、A　ア　和菓子「いとしご」　イ　こども図書館　B　「つくる」―文案は「作成」、会は「結成」、宅地は、「造成」、兄）花をつくるは、直子）「栽培」、…直子）「新設」…兄）中学生に…みんな「造」のつく熟語だ。「にせものをつくる」は…。兄）「まねてつくる」は兄）「はじめてつくり出す」は…。

6　健康の表現　[かくしゃく、剛健、まめ]

(1) 母）直子さん、おかげん、いかが？　直子）…。母）それまでは、「頑健」というほ

どでもなかったけれど、まあ…。
① A兄）きょうは「健康」に関係したことばを考えてみようよ。兄）「かくしゃく」っていうのは、…年をとってはいるのだけれど、…はつらつとしているんだ。…こんな字だよ。…
B兄）弟に、「ああ、小川さんところの務くんですね。おとうとさんは、お元気ですか。」「…」と使えるかね。
②直子）「壮健」というのは、「健康」より、もっと…ぼく）そうでしょう。父）そうだな。それから、精神の健康のほうには使わない。ぼく）「剛健」というのは？…父）それは、…姉）「達者」ということばも弟）「御健勝」というのは、…姉）和語は？「すこやか」は思いついたけれど。母）「まめ」は？父）「筆まめ」は少し聞くけれど。　「まめ」について母の話。

7　旅と旅人　[旅客、乗客、過客、遊子]

(1) ①兄）旅人　旅行者　旅客ということばは、違うようですが。直子）「旅人」というと…兄）ところで「旅客」は？…父）…
②直子「旅がらす」というのは？…兄）
③直子）こんどは、本から例を。「月日は百代の過客にして…」姉）「小諸なる古城のほとり、雲白く遊子かなしむ」弟）どうして「旅人」なの…父）遊覧バスの「遊」は、…ぼく）「子」は、…祖父）「子」は「ひと」ということだ。…

8　「カッコイイ」使用禁止同盟

(1) ①弟）三年生が「カッコイイ」を使うのをやめる約束をしたんだって。…
ぼく）新しい体育の先生が倒立のようすを「カッコイイ」ということばを使わないで言ってごらんと言われたんです。ぼくはまず「力強い」と言いました。そしたら「力がみなぎっている」、「力があふれている」と…
明子さんが「元気（強い）」より「力」のほうがいいと。―こういうことばを捜そうと、考えました。先生がヒント！「ある漢字が二回続けて使ってあると…保男君が「堂々としている」でしょうと言った。真理子さんが、「気持ちがいい」ということも、はいっていると言いだした。…先生が…考えてみると、こんなに

Ⅱ　ことばの勉強会

ゆたかに、しかも的確に表現できるんだ。…どうだ、しばらく「カッコイイ」を使わないことにしたら…と言われた。
②ぼく）きょう帰りに…すてきな外車があったの。兄）務は？　弟）「すっきりしている」は？直子）「しゃれてる」は？姉）「あかぬけしている」は？…母）「いき」などというのは…。

9　辞書を引いて調べよう［たなに上げる いたずらに］
(1)①兄）弘さっきの「たなへ上げる」話を。ぼく）きょう学校で…、発言のしかたを勉強していたんです。ぼくたちは、よくない発言のほうに気をとられて、…先生が、いい発言にも…と注意してくださった。…そのとき、行雄くんが、「…みんなの発言をたなへ上げて、それをさらに発展させています」って言った…。姉）務、「たなへ上げる」は、…。父）成句としては「たなに上げる」なのだから…直子）ああほんとに。弟）この辞書も…
②直子）ある作品のなかに…「いたずらに過ごした…。そうしたら、頼子さんが、主人公の生活のなかに「いたずら」をしている生活などは、…。兄）それで直子さんは。直子）…このあいだ、母が草もちを作って…おばさんのところへ…。正彦さんが…おじさんのお見舞に行ったら、…「…こんないたずらをしております」と言われたというのです。
　先生が…終りにひと言、「いたずらに」でひとことばだよっておっしゃったの。…父）それは名ヒントだな。…兄）直子さんの例も、正彦くんのも違うよ。ぜひ辞書を引いてみなさい。…

10　細かい意味の違い［わびしい］
(1)①弟）「わびしい」って、どういうこと？姉）どんなところに。弟）学校で、「こういうときの気持ち、こういうようすはどう言い表わせるだろう」と…弟）あるとき…それぞれのおかあさんが呼びに来て、順子さんは、ひとりになってしまったのだって。そのときの気持ちを…。
　兄）それで、…。〔弟〕）「さびしい」が出、ぼくは大失敗…みんなに笑われた。「心細い」…「うらみがましい」…。姉）「みじめな気持ち」なんかは？　弟）

ああ出た。
　父）「わびしい」は、それまで出たことばをつつむような、…も含んだ複雑な味わいのあることばだ。…陰影があると思う。…「美しい日本語」の一つだね。
②弟）「あやまる」という意味はないの？祖父）…務は「わびる」といっしょにしているんだよ。父）このことばのもとは、つながっているんだ。もともと「わびる」「わぶ」ということばは、…「思いわずらう」意味から…。姉）「わび住まい」というのは？父）それは…。みずぼらしくなくてもけんそんして使うことがあるね。

11　やぶから棒
(1)①兄）務、さっきの「やぶからへび」の話を。弟）きょう学校で、…「きみの話しかたがやぶからへびだからだよ」って正彦君が言ったんだ。みんな…。姉）「やぶからへび」って、だしぬけに言うことだと思ったの？弟）うん。…ぼく）じつは、ぼくもよくわからないんで。「やぶから棒」ですか、「やぶからへび」ですか…。直子）「やぶうぐいす」の応用？
　兄）大混乱。まさに「やぶの中」だな。まず…この二つがまじっちゃったんだね。父）今、おねえさんは、言わなくてもすむことを言い出して、…こういうのが「やぶへび」っていうんだよ。
　ぼく）それからさっきの「やぶ中学生」ね、「やぶ医者」…つまり、…。姉）信用できないお医者さんの姓が「やぶい」っていったんでしょう。…祖父）おねえさんの創作力にだまされるなよ。…母）直子さんも「へた」の意にとっていたの。直子）ええ、「やぶうぐいす」って、…母）ほんとに、へたかもしれないけれど、…。「やぶ」というのは、自然のまま、山野というような意味ね。…世間になれていない人、礼儀を知らない人という意味にも使うんですよ。…

12　仲よしとのけんか［めいる、しぼむ］
(1)①兄）おや、務、元気がないね。直子）仲よしの…。ぼく）けんかしていて、「気持ちがしずむ」はどう？…父）「気落ちする」ということばがあるよ。…兄）ほ

かの言い方もありますか？直子）気が晴れない。ぼく）「気がめいる」姉）「気がふさぐ」父）「しょんぼり」は…と使うのではないかな…。祖父）古いことばを一つ、「ぶぜんとする」（憮然）弟）…「しぼむ」が好きだった…急に心細くなった気持ちを表わせる気がする。

兄）ところで、けんかのたねは……

②ぼく）宇宙には「雄大な」はどうだろう…。姉）ぼく）「広大」はどう。父）当用漢字外なら「宏」もある。…祖父）弘は「広大無辺」も知っているだろう…。兄）「無限大」は。

13　コンピューターの見学
[精密、精巧、感嘆]

(1) ①弟）コンピューターが、たいへんうまくできていることをいう短いことば、漢字二字の熟語を教えて…。姉）どういう文の筋に使うの。弟）見学記の結び…。ぼく）「精密」直子）「精巧」のほうが。父）「精密」も…兄）務はどっちを選ぶか？弟）ぼくは「精巧」のほう…。母）わたしは、「精密」のほうが合うような気がします。父）ほんとうは、…弟）「うまくできているのに感服した」と言ったら…父）「服」に「したがう」意味があって…やはり機械の精密さに感心したときなんかに使うのは、おかしいね。直子）「感嘆」とか「驚嘆」父）「感嘆」のほうがいいかな。「驚嘆」は…しかし、ね、むりにこういうことばを使わなくても、上が「精巧」となったら、…でもいいと思うよ。

14　静かなけしき [静寂、ひっそり、しじま]

(1) ①兄）静かなけしき、ようすとして、どんなところが浮かんでくる。ぼく）お寺の境内。ことに池のほとりなんか。直子）わたしは、「…からまつの林の道は…」のところ…。ぼく）…直子…ぼく…弟…ぼく）お寺の境内は「静寂」って言えると思う。直子）夜中の静かさね。…ぼく）ほかに…。父）「しじま」じゃないか…。祖父）源氏物語なんかに出ているついでに…「しじまの鐘」…

兄）話をもとにもどしてほかにも「静寂」にあたるのが…弟）いなかのたんぼ道を歩いたとき、都会にない…。兄）同じ静かでも、ひと色でないと思う。…さっき務の出した、るすの家の静かさは「静寂」といわない。直子）ひっそりしている。兄）それから、あのこどもべやが静かになったのは、…母）ぼく）おかあさん式だと、父）ほかに「世の中が静かになる」というような使い方があるね。戦争がなく、平和になるという意味でね。

15　「予定表」と「企画表」（[計画表]）

(1) ①兄）さあ始めよう。夏休みの…ぼく）「予定表」です。弟）ぼくは「企画表」直子）「計画表」…兄）三人とも別のことばを使ってきました。姉）意味からいうと…、使う場面から考えると…兄）それでは、弘から。ぼく）ぼくは読書を二種類に…一つは、もう一つは、昼食後の休みの時間のなかにとって…およそどんなものを読むつもりかも表に。次は…。兄）務は、…弟）…こんなに簡単なの。「六時半起床。体操…。」というぐあい。直子）私のは、一日のなかを…見わたして書いてあるのです。姉）内容がそれぞれちがうので、…。兄）共通していることは、夏休みをどういうふうに過ごしたらいいか…。直子）夏休みの前に、予定を立てるので、「計画」だと思いますが、「企画」は「計画」と同じかしら…。母）この辞書で見ると、…。父）そりゃそうさ。「企画」のほうが…。兄）弘の出していたような、しようとすることについて、方法とか手順をいつ、何をするか、細かく予定を立てている。ああいうのは、やはり、「計画表」のほうがいいでしょうね。おとうさん。父）「予定」は…弘のようなのも「予定」といえなくはないが、「計画」のほうがいいね。

16　おみやげのお菓子 [おいしい、うまい、いし、うまし]

(1) ①兄）きょうはおみやげの…。直子）今、いろいろのほめかたを聞いて…「おいしい」は…。姉）場面によるのでしょうか。父）そうだろうね。もともと「いし」ということばに…直子）「お」は接頭語というわけですか…。姉）「暑い」を

「お暑い」というのと同じ…父）そうだよ。…「いし」は味に限らず、「よい」という意味、「みごとだ」とか、技術的なことがよくできることをいったのだ。そのほうがおもで、…「味がいい」ことにも使う。祖父）「美」を使って「美（い）し」と書いてあることもある。…狂言に「いしい酒」がある…。ぼく）「いし」と「うまし」は…。父）「うまし」のほうは、…。

②兄）「おいしい」と「うまい」は、使われる広さがだいぶちがう。ぼく）ああ「うまく書けた」…とか。直子）「うまいぐあいに」って言いますね。…姉）「うまくだました」とほめないときにも使うでしょう。姉）技術的なことなどがよくできたとき「じょうず」を使うことが多いと…。

③ぼく）さっき直子さんにも…をすすめた。母）「お持たせですけれど」でしょう。祖父）今は、いただいたときにその場であけてお礼をいうのがあたりまえになってきたようだが、…

17 「真」のつかい方 [純粋、正確／中心、美称]

(1) ①兄）務、ことばの研究を発表して…。弟）まだ…姉）中間発表ということに…ぼく）務の研究は、この間、おばさんが公園の池のコイをながめながら…「こういうのが、ほんとのコイだろうね。」って、言われたんだって。弟）…きいてしまったんだ。そしたら、おばさんが、教えてくださったの。兄）それで「真」という字のいろいろの意味を調べることになったんだね。弟）「真」が接頭語になって「ま」と読んでいるときと、「シン」と読んで熟語になっているときとあるけれど、とにかく「真」のつくことばを集めたの…。直子）辞書で？弟）まず思い出してみたの。父）カードにとり、分類したんだね。どんな種類があったの？弟）だいたい似ていて、少しの違いのあるのなんか、よくまとめられないんだけれど、…今まで分けたところまで言ってみる。弟）まず、一つの種類に、「まっか」「まっ白」「まっさお」「まっ黒」…。母）「純粋」弟）次の種類は、「まっさかさま」「真一文字」「まっ先」「ま正面」というようなの。父）「まちがいなく」「た

しか」「正確」という意味がある。弟）三つめに、「ま夏」「ま冬」「ま夜中」…は、二とちがうという気がする。祖父）「中心」という意味だろう。弟）「ま水」は「まゴイ」と同じでいいかしら。「ま清水」はどの種類だろうか。祖父）「ま清水」は…「美称」というんだ。

18 秋がやってきた [さわやか／清涼]

(1) ①兄）父が出張先から「涼しい、気持ちのいい秋」を表わすことばを考えては、と書いてきた…。直子）「さわやか」な秋…。母）たいへんいいと思う。…もとは、…という意味でしょうね。弟）どの季節でも使う？「さわやかな初夏の風」姉）少しむりじゃない？もう少し涼しくないと。

祖父）話がそれたついでに「弁舌さわやかに」という意味がわかるか。ぼく）…祖父）「ものの言い方」が、はっきり…。兄）話をもどすよ。…弟）「すがすがしい」は。兄）…「秋」に続けて使う習慣がないようだ。直子）「さっぱりした」…弟）どうも「秋」には続かないな。姉「さわさわ」は…。兄）務、また二字の熟語がほしいんだろう…。兄）ヒントを…弟）清涼。…祖父）「清涼の秋、ますますご清栄の段…」と手紙の書き出し文句だった。

19 夏休みの自由研究 [実現―現実／習慣―慣習など]

(1) ①兄）きょうは直子さんの自由研究を…直子）漢字二字の熟語のなかに、順序をひっくり返しても、意味のあることばになるのが…たとえば「実現」をひっくり返すと「現実」。ぼく）意味は…。直子）違うけれど、通じるところがおもしろくなったの。兄）頭にあったことが、ただ考えられているだけでなくて…兄）「理想が現実になった」…直子）それから「実現する」と動詞になるけれど、「現実」のほうは…。

②兄）さあ、もとにもどろう。ひっくり返しても、意味のあることばになる熟語を、みんなで…。ぼく）「習慣」と「慣習」。…「読書の習慣が身についている」―「この地方の慣習で…」…やっぱり違うという気もする。…父）「慣習」の

ほうが「一般的」「社会的」という広がりがあるね。昔から、…。ぼく）そうすると…父）はっきり…合うときと、…どっちでもいえない場合があるということだね。「早起き」だって務が…もあり、ある地方全体…もあるし。「慣例」ということばもあるよ。「しきたり」というのも。
③兄）さあ、もっと、…出してみて。弟）「住居」と「居住」。ぼく）「山野」と「野山」。姉）「色彩」と「彩色」。父）…「議論」と「論議」。

20 「敬老の日」の贈り物
(1) ①兄）三人で、おじいさんにプレゼントがあるようですよ。ぼく）…これは三人の作文を集めたのですが、ことしの「敬老の日」の…読んでくだされば と…。どうぞ。（拍手）祖父）ほう、「しらこばと」ね。直子）もう一つ名まえがあって、「としよりこい」っていうんです。…弟）鳴き声が…。姉）動物図鑑なんかを、はじから見ていったの。ぼく）それがそうじゃないんだ。…なんの気なしに「年寄り」を引いたら、…。

兄）ところで、務の作文が、ことばの問題なんだってね。務）もう一ぺん、おかあさんに話してもらったら…母）私のおじいさんは、ことばにきびしい人で、…たとえば、うっかり「うそ」ということばを使ったりすると、その場で言い直しをさせられた。母）今度のお話は…ねえさんと、おかあさんの名まえが反対になってたの。おかあさんは…「おじいちゃんももうろくしちゃったのね」と言ってしまった。とたんに、大きな声が降ってきて…どんなあなどりのひびきがあるか、…父）ことばそのものがわるいとか、下品とかいうことでないよ。母）…思いやりなしにことばを使う、そのもとになる心のもち方をしかられたんだと思うわ、……弟）これから気をつけて、…言わない。ぼくは。祖父）…昔は…わるさをする人たちのことをいってね、「浮世風呂」に…。

父）一般にいま「老人」といったら男女ともさすけれど、昔―明治にはいっても男のほうだけをさしていることは多いよ。姉）やっぱり「お年寄り」ということばのほうがいいかな。

21 思案投げ首 [苦慮、考えあぐむ]
(1) ①兄）弘、その「禍を転じて福となす」問題とか…、なに？弟）考えたのは、ぼく。…。思案投げ首！…兄）―ずいぶん写実的な…父）その昔、だれかが今の弘のように、ああでもない、こうでもないって考えていて、ふいっと口にしたようなことばだね。…兄）そうそう、「かしげる」や「曲げる」より強い感じがする。…ぼく）でも、もっとほかにないかな？…。直子）「思案顔」はどう？…姉）「思案にくれる」はどう？…兄）「苦慮しています」はどう？直子）「苦慮」は少しおおげさな気が…父）…今の弘の場合に使うには、ちょっと重い。…弟）どんなことならいいの？父）たとえばね、…。直子）「苦心」「苦労」…祖父）「考えあぐむ」など、…。直子）…。「書きあぐむ」とも使えますか？父）使えますよ。直子）「わたしにとって、はじめての長い童話なので、途中で、いく度と書きあぐみ、考えこんでしまいました。」母）今は「あぐむ」だけ、はなして使うことは、まあないと思いますが、昔は…。祖父）狂言にあるけれど…。

22 クラス新聞の見出し [いどむ]
(1) ①直子）…体育祭の代わりに記録会が…めいめい自分の記録を少しでもよくするねらい…。クラス新聞に書いたその見出しなんです。―「戦おう、自分の記録と」気に入らないんです。…弟）「記録の更新をねらって努力する」はどう？ぼく）ちょっと長いし…。直子）…「努力する」ことばを入れたいの。弟）「ぶつかる」は？…ぼく）もう一字少ないと調子がよいのにね。…父）務、おとといの新聞を持ってきてごらん。…政治面だったんだ。ほら「山積する難問にいどむN氏…」と出ているだろう。…ぼく）「アルプスにいどむ」弟）「冬山にいどむ」兄）…この「いどむ」は、…直子）なかなかできそうもないことに向かっていくことなんですね。…そうすると、…りっぱすぎるでしょうか…。父）いや…記録を新しくしていくことは、なかなかむず

Ⅱ　ことばの勉強会

かしいことだもの。…弟）「テストにいどむ」って使えますか。兄）…この勉強会は、ことばにいどむ会ですね。

23　「経験を話す」［発表／演説、講義、講演、講話］

(1) ①兄）きょう、務の組で…弟）大もめ。…ぼくたち、いま「経験を話す」という勉強をしているの。この間から…準備をして、きょう発表することになったの。黒板に先生が　一聞き手への注意　二話し手への希望　三お話　…明夫さんが、…なんだか合わないと言い出した。…ぼく）「お話」というと…。弟）明夫くんは「話」、正恵さんが「談話」はどうかと…。みどりさんが「スピーチ」…。とうとう「経験発表」に決まった。

②ぼく）…関係はあるんだけれど、別の問題を出してもいい？…どのくらいむずかしい話から「講演会」っていうの。姉）「演説会」というのもあるでしょう。…母）それじゃ…「講話」というでしょう。…父）もう一つ「講義」というのも入れて解説するかな。選挙のときに…「演説」だ。あとのは、中みが違うんだ。学問について…説明とか解説とかするわけだね。それが「講義」「講演」「講話」だ。直子）その三つに、区別は？祖父）その三つのなかで…父）講義は…。「講話」は「講義」より…解説するわけでね。

24　新しいこどもの遊び場［林、木々／木立ち］

(1) ①弟）「林」より木の少ないところはなんていうの？　新しいこどもの遊び場ができたでしょう？　ぼく）…池だとか、小山だとかそのままでね、…　直子）木なんかも切らないで残してある…弟）…このくらい生えている木は、なんていうかって、言い出してね。…木が14本あったの。このくらいの数じゃ、「林」とはいわないという人と、「小さな林」だろうという人と…もし、「けやきの林」といってよければ「けやきの林も少し紅葉しはじめて…」と書きたいところが「十四本の」となると、14本というのがへんに重くなってしまうということになったの。…弟）だから九本、十本から「林」までのところは、なんていうのかなあ。…でも「並木」は植え方で数に関係ないってたちまち否決。…

兄）まだほかに出なかった？弟）明夫くんが、…日本語が足りないんだ。みんなで作ろうよ、なんて言い出して。父）おもしろいね。弟）できなかったけれど、和子さんが「木々」というのを出したの。でも…。父）「木立ち」というのがあるよ。…。

兄）数にこだわるのは…。ことに「林」と「森」なんか「森林」となるくらいだもの。母）習慣もあるのでないの。「松林」とはいうが「松森」といわない。兄）おとうさん、「森」は…「木立ち」は一本一本が立っている感じだけれど「森」というと…。父）おじいさん、「林」は、木が「生える」がもとになっているでしょうね。祖父）「生える」から「生やす」になったんだろうな。父）「森」は「木がたくさん生えているところ」のほかに…。

25　ちまたの声［ちまた、つじ／市井］

(1) ①兄）務は、おじいさんにだいぶお聞きしているようだね。父）「ちまたの声」ってと聞かれているところだ。ぼく）ぼくも知らない。直子）姉）…母）「ちまた」ということばは、こどもたちから遠くなっているんですね。祖父）含蓄のある…いいことばだがね。…

弟）それで、もとは道の分れるところだという、さっきのつづき。祖父）…「木のまた」、道の分れるところは「道のまた」。

姉）「つじ」と同じですか。祖父）…「つじ」は「十字路」だね。そっくり同じではないんだ。…

ぼく）「ちまた」のいろんな意味というのは？…父）「ちまた」は、町の中の道、もっと変って…。つまり…直子）「庶民の声」といっても同じですか。弟）庶民って？祖父）もとは貴族などに対して、そうでない人をいったんだ。

兄）「市井の人」というのも同じでしょうか。父）ちょっと感じはちがうけれど…直子）それでわかった。島崎藤村の「市井にありて」は…「町のなかに住まって」ということですね。…

211

ぼく）さっき「市井」と「ちまた」では、ことばの感じが違うと…どんなふうに？母）「ちまた」のほうが、「庶民」とか、「みんな」とか、「なんでもない人」とかいう気持ちがしますわ。兄）このごろの「ひろば」は、現代的なちまたを…。父）なるほど。そうだな。

ぼく）「戦乱のちまた」、「流血のちまた」…父）そういう場合は、ただ「ところ」「場所」とかいう意味でね。「ちまた」の第三の意味だ。…この意味のときは、だいたい…。

ぼく）もう一つ聞いておきたいことがあるんだけれど。「私は一生ちまたの人でありたい」というのは…。弟）じゃ「ちまたの詩人」は？

26　グループ文集［大作、力作／傑作、小品］
(1) ①弟）今度の、グループ文集のなかに十枚以上の作品というのがある。…わいわい言ったら「じゃ、力作を期待しますよ。」って。…

兄）ことばの問題は、その「大作」「力作」か？　ぼく）同じような違うような気がする。…直子）務さんは、もう題材を決めた？…祖父）もう、さっそく務につかまってね。いや、熱心に聞くこと…。直子）いま、弘さんの使った「大作」…それに…打ちこんで書いているのだから力作になること。兄）ちょっと整理するとね。「大作」にも「力作」にも意味が二つあるんだ。その「すぐれた作品」という意味は、両方にあるんだ。もう一つの意味がね…。「大作」のほうは、…そして「力作」の第二の意味は、…父）にいさんのいうとおりだけれど、しいて言えば、両方にある「すぐれた作品」という意味が「大作」では、より強いし、「力作」では…ということになるな。

姉）ああ、それで批評のなかに「…」とある。直子）「傑作」というのは…。ぼく）ほかに使いかたはない？…ぼく）もう一つ意味があるのね。父）しかしね、くだけた使い方だよ。「とんだ失敗」とかいう意味でね。…直子）わたしも質問一つ。「小品」というのは、「大作」の反対ですか。

27　「のぞみ」の区別［希望・志望／願望・志願］
(1) ①兄）さあ始めよう。…ぼく）いま「希望」という題で作文を書いているんです。そこへ、「志望調査」が配られたの。…。直子）「志望」はかたくるしくて、「希望」は自由な感じだとか…。ぼく）そこへ「願望」ということばを持ち出した人も。直子）そのうちに、「大望」「宿望」、とうとう「野望」まで…出てね。…兄）辞書は…。ぼく）引いたけれども…。直子）わかりかたがものたりないのね。父）いま直子さんはいいことを言ったね。そういう態度が、ことばの力をつけるんですよ。…

ぼく）「希望」ということばは、…。姉）いまの務の話の、人以上の力に、神・仏にお祈りするのが、「願望」ではないの？父）そうだね。…祈るのは「願い」にある意味といえるだろうな。…しかし、あまり思いこんでしまっては…「志望・希望・願望」というグループで考えているところですから。「入学願書」という使い方もあるし。…兄）さっき弘が「希望」は…といいましたね。…父）あることを成しとげようと望んでいる。そのあることは人間だれしもがしぜんに望んでいる向きくらいに考えるほうがいい。直子）「志望」というとせまくなりますか。父）こうと心の目ざすところがあって、そうなりたいという気持だからね。直子）志願というのは？父）さらにせまくなる…。

父）ところで、「のぞみ」「ねがい」と出てくる「志望・希望・願望」もその重なり合っている部分のほかに、それぞれ…。

28　ことの順序［生徒研究発表会一／順序、プログラム］
(1) ①兄）どのことばが、どのことばのあとにつづく…Aグループ「次第・順序・順番・プログラム」、Bグループ「文化祭・研究発表会・音楽会・卒業式・授賞式・体育祭」…弟）ぼくは「音楽会」は「プログラム」…直子）「卒業式」は「次第」でいいと思います。…母）あの時は「式次第」の三字ではなかったでしょうか。…姉）ところが、この間、「式プログラム」があったのよ。…直子）なんの式？姉）

結婚式なの…そんなふうになってきたということね。父）つまり、催し物の場合だね。姉）試合のときもプログラムというでしょう。弟）「祭」というときは、…兄）そう決めてしまうのは…。

兄）弘、さっき迷うのがあると言っていたのは。ぼく）「研究発表会」。じつは…だいたいは「プログラム」がいいと…明くんは…軽くなると…。父）それは、おもしろい議論をしあったな。それで…。ぼく）書かなかった。直子）じゃ、白紙？ぼく）ううん、「生徒研究発表会」って書いたんだ。父）うまいもんだね。…兄）このあとに、なんと。直子）「順序」と「プログラム」の間くらいの感じのことばがほしい。父）まあ「プログラム」でいいんじゃないかな。母）一種の催し物ですものね。…

29 「マッチ売りの少女」
[かわいそう、みじめ]
[かれん、いたわしい、いじらしい]

(1) ①兄）さあ、始めよう。姉）アンデルセンの童話で「マッチ売りの少女」というのが…。ぼく）かわいそうな女の子がクリスマスの晩に…。姉）この女の子が、町を歩いていく姿を言い表わすぴったりしたことばを考えてほしいの。姉）…その「かわいそう」…もっと的確な…言い表わしかたはないかと思って。…直子）「みじめ」は？姉）悲しい暗い面だけのことばでしょう。わたし、この少女の場合は、…どこかに、かわいらしさのようなものがはいったことばがほしいと思うの。…ぼく）「かれん」というのは？…姉）こんどは、…かわいそうなほうが、少なくなり過ぎる…ぼく）「いたいたしい」なら、…直子）「いた」が重ねて使ってあるだけ程度が…。母）「いじらしい」…。父）それこそぴったりだが、このことばは、このごろおとなにも、あまり使われていないね。いい日本語なのにね。

30 図書館についての夢
[とっぴょうしもない（案）]
[きばつ、意表に出る]
[意表をつく]

(1) ①弟）きょう、みんなで、図書館についての夢を話し合うことになったの。兄）さあ聞かせて。弟）図書館を広くする案を出したの。二階だけを川に沿った道と、川とをまたぐようにして広げたら、と言ったの。…ぼく）ガードみたいになるわけだね。母）…みんなが考えることとかけ離れていて、驚いて「とっぴょうしもない」と言ってしまったのでは…。ぼく）「調子っぱずれ」とか「とほうもない」…直子）「きばつでおもしろい」は、ほめることになることばでしょう。ぼく）さあね…。…弟）「きばつ」と言われたときは、いやじゃなかった。…ぼく）ほめられた気がした？弟）ううん。少し、ほっとする気がした。…直子）わたしが夏かいた海の絵ね、あのとき、心のなかからつき上げてくるものがあってね、…「とにかくきばつね。」と…。直子）わたしは、聞いていて、いやではなかった。…兄）「きばつ」は、少しいい感じで受け取られている…この二つのことばはかなり似ているけれど、…父）今、「似ている」と言ったのはどういうところが？直子）意外なところ。弟）珍しいところ。…父）風変りなところが、「たいへん変っていておもしろい」となれば……、「たいへん変っていて、へんだな」となれば、…だ。

祖父）きょうのしめくくりに「意表に出る」「意表をつく」を調べてごらん。

31 ことばの勉強ゲームを作る
[すごく、すごい]
[うちこんでいる]
[はびこる]

(1) ①兄）弘たちはにぎやかだな。…直子）三人でことばの勉強ゲームを作っているんです。…「ことばの勉強かるた」とか「ことば合わせ」とか…。兄）中間発表しなさいよ。祖父）顧問にされたんだが、これは作るところがいちばんおもしろいかもしれないな。直子）みんなの「おもしろい」は、同じ意味だったかしら。こういうのをたねにして、もう一つゲーム作れるんじゃない。…兄）ところで、…ぼく）まず、「すごく」「すごい」を、もっと適当な、もっと細やかなことばにする…。弟）まず一つ。A「そのとき、何か、破裂したような、すごーい音がしたので、ぼくは、思わず耳をふ

さいだ。」ここに合うことばをどうぞ。母）耳がびりびりする音。弟）教えてもらったんだけど「耳をつんざく」が…。

ぼく）B「どうしたらよいか。ぼくはすごく迷っている」姉）「考えあぐむ」「思案にくれる」は？　直子）C「この模型…すごく細かいところまで…」D「いざとなると、すごく考えちゃって。」G「この亀の子をすごくかわいがっている」…　弟）まだ文にしていないけれど、…父）どのくらいで一組にするのかい？ぼく）五十くらい。父）みんなの使っていることばを集めて考えている…。ぼく）そう。ほねの折れるのは、そのあとなんだ。母）そこでおじいさんに…。

兄）さて、ほかに、どんなのがあるの？　直子）「昆虫採集にうちこんでいるいとこは…」この「うちこんでいる」を…。弟）「集中」だったね。直子）これは「熱中」ということに…。

(2) ところでゲームのやり方は…

兄）一つの文に一語とは決まらないでしょう。直子）ええ、…「やめ」で、一文ずつ、ことばを入れて読むんです。…「だめ」ということになったら、マイナス２点です。…

父）喜んで審判の役に…。一組は、何枚。直子）わたし、百枚と…。母）漢語だけなの？直子）いいえ、今、「はびこる」が使える文…作っているところです。父）…もとの文よりいい文になるのでないと意味がないね。

32　からだの部分のつくことば

[手、―（手首・腕・全部）
手におえない、その手のものは
手料理、手荷物、手鏡]

(1) ①ぼく）このあいだ、おじいさんから、からだの部分のつくことばのたくさんある話を聞いて…弟）「あご」「足」「腹」

Aぼく）直子さんに見せたら、これもゲームにしようということになって…直子）たとえば「足」ね。―。その一つ「道具なんかのささえになる部分」がAカード。その用例「つくえの足」がBカード。そろえるゲーム。

Bぼく）みんながAカードを持っている。そしてまんなかにBカードを裏向けに積んでおく。Bカードを一枚めくる。

もし「会費だけでは足が出そうだ」と出たとしたら、ぼくが「用意していたお金ではたりなくなる」を出して、それを取る。父）中へおいてめくるのがAカードでもいいんだろう。そのほうがやさしいんじゃないか。まあ…。

C直子）相談中なのが「手」。うで全部をさすとき、…こともあるということで、なかなか、いい例がないんです。上から全部の用例は…弟）「かごを手にさげる」でもめてるんです。父）ひじから先の部分を…。直子）「手首から先の部分」の例が…

ぼく）「いたずらで手におえない」の「手」は。姉）「自分の手におえない」父）そういう「手」は「能力」だろうな。

きょう、店のおばさんが「この手は、いまちょっと品切れで…」と言ったけれど、これは「種類」でいいかしら。

母）「手料理」という使い方は入れたの。「手荷物」「手鏡」といろいろあって、うまく区別が…父）その「小さい」は「手で持てる」ということだ。母）「手料理」は、しろうとの、自分が作ったという意味よ。…

33　あどけない人形

[かわいらしい、愛らしい、純真
愛くるしい、無邪気でかわらしい]

(1) ①兄）きょうの話のたねは、直子さんがいちばん喜びそうなものですよ。…（母が博多人形を）直子）ちょっとふし目のところが、…で、…。姉）口もと…。あごのあたりの感じも、…。母）…これ肩あげといってね、…「幼い」ということでね。…直子）このあたま…母）「ももわれ」でしょうけれど、…直子）これ、「てがら」とかいうんでしたね。それにまたリボン、ちょんとつけて。…姉）「純粋」と言っていいかしら。直子）「清純」ということばがあるわね。兄）ちょっとメモしておいた…。「かわいらしい」のほかに「おっとりした」「無邪気な」「幼い」「すなお」「清らかな」感じ、…ぼく）「かわいい」は広く使われ、「愛らしい」は使われかたが限られているのかな。父）「愛らしい」は「かわいい」のうえ、「小さなもの」「幼いこども」などのときに…父）「無邪気でかわいらしい」ということ

ば…ヒント高村光太郎の詩に…直子)「あどけない」ですか。父)いいことばだね。…これは、「あどなし」いうことばから…。祖父)こどもっぽいという意味でね。古い文章に「あどなきこと」をするものではないと使ってある。…ぼく)ちょっと聞いておきたいんだけれど、「かわゆい」―とも言うの？父)いやいや「かわゆい」のほうがもとのことばだよ。

34 年の暮れ[暮れ、歳暮、歳末、年末、年越し、年の瀬、節季、歳晩]
(1) ①兄)おじいさんは、暮れの町のようすを少し見てくると…祖父)どこも…大きな看板を出してね。角屋なんか…。兄)「年の暮れ」ということばもいろいろある。弟)ただ「暮れ」…直子)「歳暮」「歳末」…「年越し」「越年」父)「年の瀬」祖父)…「節季」…。直子)「なまけもののせっき働き」祖父)それは、「せっく節句」だろう。「節季」のようにいそがしいときに働くことは、あたりまえで…。直子)ようくわかりました。兄)実際に使うときには、どれでもというわけには…。「歳末大売出し」は？直子)ほかのは、どうも使えません。兄)あとで調べてごらん。ぼく)「暮れのうちに…」とおかあさんが言うでしょう。ほかのも使うかしら。直子)年のうちにと言わない？ぼく)言うね。祖父)おや、ここの絵をとりかえたね。いいな、いかにも年の瀬のせまった山の生活が出ていて…。ぼく)題が…母)「歳晩」よ。これも「年の暮れ」という意味よ。…

35 「すがすがしい」[×所 ×忘れる ○朝 さわやかな]
(1) ①兄)暮れに三人が作っていた。ことばのゲームをやったら。…まず組分けをするよ。A組は、…C組は…弟)おじいさんは？兄)審判さ。ぼくは進行係。中学生ができたら２点、次へ行ってしまったら１点。もし、できなかったらマイナス２点とする。…兄)…「すがすがしい」その使い方はいいかどうか、答えてください。「この夏は…」直子)その使い方は、へんです。祖父)そうだね。代りに、どんなことばが…直子)代りに「涼しい」がはいると思います。夏ですから…父)つけ足しますよ。「すがすがしい」は、

「所」につづけて使われる習慣がないんじゃないか。場所でも「山の朝」でないと。祖父)A組２点。

兄)次、B組。「もうすんだことだから、そのことはすがすがしい気持で忘れてしまいなさい」ぼく)逆みたいでへんだ。…祖父)「すがすがしく忘れてしまいなさい。」ぼく)それもへん。…「全部」…「すっかり…」…母)「さっぱり」はどう…。祖父)いいな…１点。

兄)今度は、C組、務だよ。「…前の晩の雨があがり、風も…すがすがしい朝である。」弟)これはいい。祖父)ところでおまけの質問だが、この文の―の代りに使えることばは。弟)「清らかな」は？祖父)だいぶ意味が重くなるね。…弟)「さわやかな」祖父)ご名答。２点獲得したな。…弟)雨降りでも気持ちよければ「すがすがしい」っていう？ 祖父)務はなかなか、よい問題を見つけるね。特別点としてプラス１。

36 学級会の議長[抱負を述べる]
(1) ①弟)議長としての抱負をと言われ、…兄)じゃ、やってごらん。弟)今まで、意見を言ったのは…。直子)「反省」と「お願い」では…。父)「努力する」その努力を具体的に…。直子)…のところは、強く響き過ぎないか、気になります。祖父)…抱負のほうを主にしたらどうかな。父)…暗いところを打ち消して出発しないで…を語ったほうがいいね。弟)…何でもよく話し合って、そしてほんとうに助け合うクラスにするというぼくの決心を述べるのがいいわけね。その実際の計画と。…「ぼくは、どうかして、このクラスが、…。

ぼく)ほんとにうまい。ぼくなんかありきたりに…」なんてやっていた。直子)…姉)務は「…したいと思います」と、言わないようにしていたと思いますけれど、…兄)かまわないと思う。少し、弱い感じになるけれどね。

37 国語科の研究発表会[由来と経過]
(1) ①兄)お客さまを紹介して。ぼく)同級生で、明子さんです。…ぼく)ぼくたちの学校の国語科の研究発表会、ことしで第

215

十回だそうだけど、…ぼくが開会…、明子さんが「現代詩を味わう」研究をどのようにしてきたか、経過を話すことになったの。…きのう、先生がふたりとも「由来」と「経過」を書いているとおっしゃったの。…兄）弘のから。ぼく）…このような国語科だけの研究発表会は、ほかの中学校にはないようで…直子）じょうずね。…兄）明子さんのは？明子）この一は、十年前、私たちの先輩が熱心に自主的に研究をしたのがもとで、始まったということです。…。兄）明子さんは、「先輩の精神」を言うために、だんだん、さかのぼって…。ぼく）ぼくも会につなぐとき、…。兄）この会がどういうことで始まったか…が「由来」だね。…明子）わたしは、…はじめどのようにし、次に…。直子）「経過」というのは…父）「変っていく」というのか、「進行していく」というのか。ぼく）「会議の経過」とか「経過報告」とか。兄）今、弘の出したようなのが「進行していく」という意味だね。…その結論がでるまでのいろいろを報告するわけだ。…

38　寒いときのあいさつ
[お寒うございます。 / 寒げいこ、寒行、寒色]

(1) ①直子）こういう寒いときのあいさつのことば、「お寒うございます」のほかに…。ぼく）「寒いですね」直子）「お寒いですね」「お寒いことです」母）「きびしい」だけではどうでしょう。…。

姉）気候の「寒い」ときだけでなく、ぼく）「ふところが寒い」…。直子）―「寒村」

ぼく）「寒げいこ」とか「寒行」とかも…兄）務、「寒色」を知っている。弟）水色なんか…だよ。兄）クイズを一つ。「さむい」という漢字を使えるところへ全部使うとなん回使うようになるかという問題ですよ。「だいかんにはいってから一段とかんきが強く…かんしんにたえない。」直子）わたし、終りのほうに意味のよくわからないところがあった。もう一度聞けばわかりそうですけれど。兄）務はいくつ？弟）弘にいさんと同じ10。兄）「かんしんにたえない」の「かんしん」を落したでしょう。直子）この寒

心も動詞になりますか。

39　「春眠暁を覚えず」
[張る、晴れ、墾 / 春一東、春先、春寒し / 残寒、余寒 / 人生の春、わが世の春]

(1) ①兄）きょうは二月のついたち、…これで立春を過ぎると、…どこか春めいてくるもんですね。弟）おじいさん、「春」ということばは、…直子）あら、お天気の「晴れ」から変ってきたことばでしょう。ぼく）…直子）…祖父）それはね、いろいろあってね。「墾」の字を使って「はる」って…祖父）どれもみなそうだよ。ぼく）年賀状にも「頌春」とか「賀春」とか…。直子）昔は、春とお正月と一致していたんでしょう？兄）旧暦、太陰暦だな、…父）相撲なんかも、もとは、…弟）いっしょになるっていえば、「春」と「東」もそうでしょう。…父）「春」をあてはめて考えたんだね。…母）…今は「春宮」は使われないようですね。祖父）務、菅原道真の…和歌を知っているか。祖父）そして、それは「春風」のことだな。…直子）「春先」って…じゃ「春が浅い」というところですね。ついでに「春寒し」というのは…父）兄）春になって寒さが残っているという事実はあるんだから…直子）「余寒」ですね。

兄）…季節をいうだけでなくて、「人生の春」と使われますね。姉）その春は「若い時」を表わしているのでしょうね。…「わが世の春」…これは？兄）それは、いちばん盛んなとき、栄えているときだな。祖父）「春」といえば二つあるが、…ぼく）朝、ねむくて起きられない、というようなの。父）「春眠暁を覚えず」だよ。―という人の詩だ。姉）もう一つは、「春宵一刻価千金」祖父）さすがだな。こういう長い間親しまれてきた…ことばはだいじにするんだよ…。

40　先生にクイズを出す
[拾い読み / 口をつぐむ、だまる / もだす、沈黙]

(1) ①兄）さあ、始めよう。ぼく）きょう国語の先生に…「君のクイズは正当な国語の…のか、それともとん智かい？…」と。ぼく）読書の一方法で、高級な読者もこどももする読みかた…直子）「精読」

「熟読」じゃないわね。姉）「速読み」でもない…父）「拾い読み」だろう。姉）高級な人は、たいせつなところだけを、…父）その二つの意味があるんだ。…

直子）きょう、芥川龍之介の作品を読んでいて、…気がついた…兄）「口をつぐむ」ね。…ぼく）「だまる」より…。兄）…というような、ほかの使い方もある。…直子）「つぐむ」はあまり使われていないでしょう。…母）おかあさんなんかは「口をつぐんで、しっかり聞くんだよ」なんて言われた。父）「だまる」の古語というと「もだす」でしょうかね。祖父）そう、これは無言というほかに…。弟）その「君命もだしがたし」ってどういう意味？兄）「沈黙」も「だまる」ですね。直子）「沈」は。祖父）おちついているという意味がある。直子）「黙す」。これは、「だまっている」でしょうか。姉）「沈黙を守る」といういいかたが…父）今、ふたりが出したような「沈黙」は、いわゆる「ものを言わない」という意味ではないことがわかる？…「K氏は…沈黙を守っていたがきょうの…」ぼく）「沈黙を守る」は「発表をしない」ので…

41 記者会見 [インタビュー、面会、面談 / お目もじ]

(1) ①ぼく）さっき直子さんとテレビを見ていたら、首相の記者会見が…こういうことは「インタビュー」とも言える…いや少しちがう…なんて…直子）ほかにも「面会」とか「面接」とか「面談」とか「対面」とか、よくわからなくなってしまった。父）使うとなると案外、流用できないんだが。父）病院なんかで「…謝絶」という札を…直子）…姉）「面会時間」もひとつのことばのようね。兄）「委細面談」も固定している。…姉）「記者会見」は、おおぜい集まるというところが…ぼく）インタビューは？弟）「会見」は多い専門？…ぼく）「面接」とインタビューなんだけど…。兄）入学にしても就職にしても、受験者に直接会って質問するというのが、面接だろう。インタビューのほうは…

姉）「お目もじ」ということば…祖父）「お、めもじ」弟）「もじ」は？祖父）「文字」だよ。会うということがわかる

ように…兄）さっき、使おうとすると気がひけると…どうして…ぼく）がらに合わないんだ。…兄）おじいさん、たしか女性用でしたね。祖父）女性でも、不用意に使ってはおかしいからね。母）「しばらくお目もじの折もなく…」とか。兄）さすがに…それにおかあさんの口から出てくると、自然な感じがする。

42 和語で考えてみよう [たたずむ、どよめく / 耐える、たたえる（入れる）/ 使い尽くす、思いめぐらす]

(1) ①祖父）このごろの若い人のことばを聞いたり、書いたものを読んでいると、ことばが貧しくなっているような気がするね。特に和語がね。父）弘、町でも、川のほとりでも、しばらく、じっと立ち止っていることをいうことば…ぼく）「たたずむ」？

祖父）「音がごうっと鳴りひびく」とか、「鳴きさわぐ」とかは。…「とよむ」か？後世「どよむ」と濁るようになって。直子）「どよめく」でしょう？弟）「ざわめき」は？祖父）平家物語の那須の与一のところ…姉）「陸には源氏ゑびらをたたいてどよめきけり」でしたね。祖父）源氏はうれしさのあまり…もし「ざわめいた」のなら、与一が失敗したので…ような感じだな。

父）「じっとがまんする」をひと言で…。内容とも、前後の文章の調子とも似合わない…弟）思います。…ぼく）「じっとこらえて」…「忍耐」兄）和語で。ぼく）「耐える」兄）いいことばだね。

母）おふろに水を「いっぱいに入れる」というところ…弟）「たたえる」でしょう？

祖父）たとえば「すっかり使ってしまう」ことを「使い尽くす」という、こういう使い方ができないために冗漫になっている気がする。

父）…「いろいろに考えてみる」…直子）「思いめぐらす」ですね。

43 「異同」「多少」「軽重」 [遅速、巧拙 / 話しこむ、着こむ]

(1) ①弟）にいさん、「異同」ということば

は、…直子）わたしのは「多少」ということばです。助け合い運動のとき「金額の多少にかかわらず…」と…ぼく）ぼくも恥さらしをするかな。テストの問題に「新聞に書きたてる」と「新聞に書く」との異同を説明するというのが…ぼくは、違いのほうはすらすらと書けたんだ。ところが…あとで、先生に言われて…前にならったことを思い出したんだ。…。弟）わかった。「異同」は「異」のほうに、「多少」は「少」に、「軽重」は「軽」のほうに意味があるって。兄）もとの意味として「軽いと重い」の意味もあるんだよ。父）それに、そうたくさんあるわけではない。それから「仕上げの巧拙よりアイディアだな」というような使い方があるね。兄）どう、ぼく）多少どころか、おおいによくわかった。ぼく）先生のおはこの「成績の優劣じゃない、力いっぱいやれ！」の意味も…。弟）「おはこ」って？祖父）…「はこ」は…だいじに守られているというような意味でね。「得意の芸」ということだな。…直子）「話しこむ」といいますが、母）ああ、きょうはほんとに話したなあというような気もちが残るような話し方でしょうね。直子）「着こむ」というのは？…姉）…

44 一流の俳優さん［ひさぐ、もとめる、あきなう］

(1) ①兄）おじいさん、さっき、さすがは一流の俳優だ。…どんなことばだったんですか。…祖父）専門家と盆栽の好きな俳優との対談なんだが…いいけやきがあって…「これは長くご丹精でしょうな」と…「もう二十年にもなりますかな…いくつかの盆栽をひさぐ者がおりましてね。つい…」どうだ。…母）全体として、きれいな、つつましいことばづかいですね。ぼく）「ひさぐ」でしょう。…習ったばかりだもの。祖父）へえ、…ぼく）「矛盾」の起こりが出ていたの。兄）盆栽でないものなら…。弟）…。兄）やっぱり「その場」ということがだいじになりますね。祖父）ところで、そのあとはどう言われたと思うかね。姉）…弟）…

父）まず、コマーシャル…直子）「どちらでおもとめになりましたの？」兄）うまい、うまい。父）「買う」ということを「もとめる」といういいかたは…減ってきましたね。

弟）「あきなう」っていうのは？兄）…することだよ。祖父）新井白石の「東雅」に、秋にはいろいろなものがとれる。それで収穫物とか、織物とか、必要なものを秋に交換することが行なわれてね、それで売ったり買ったりすることを「あきなう」っていうんだと書いてあるよ。

45 橋のたもと［たもと、きわ、細かい、細やか、こまごま、ねんごろ］

(1) ①祖父）きょうタクシーで、…若い人は「橋のたもと」ということばは知らないようだな。ぼく）？母）そういう、細やかな味のあることばは、少なくなってきたような…。父）…せいぜい「橋のそば」「橋のきわ」くらいかな。母）洋服が多くなって…。祖父）もともと、着物のたもとのことだけではなくて「ふもと」とか、「そば」「きわ」という意味なんだけれどね。「もと」は…同じ意味でね。直子）今のお話、とてもおもしろかったんです。きれいな、やさしい感じですね。…

ぼく）今、ことばを使うとき、「細かに考えて」と直子さんは言ったけど、「細やかに」とおかあさんは言ったような気がした。…姉）違っている部分があるということばの類のようね。兄）そしてその違っている部分がたいせつということだな。まず、その重なっているところというと、弟）「小さい」。姉）じゃあ「注意」は？ぼく）「細やかな…」だっていい…。父）同じ意味のときは「細かい」のほうが、多く使われているということだろう。だけど、今ねえさんが出している問題のなかに「細やか」は使わないというのがあった。弟）「細かい字」父）そう、…心づかいがすみずみまでとどいているということだろう。…兄）「細かい」にも「細やか」にも「ていねい」とか、「親切」とかいう意味もありますね。父）「ねんごろ」をわからせるのに「細かい」「細やか」を使うのだろう。あらっぽくなく、ゆきとどいた、しみじみと心の

こもった。兄）違うところというと。祖父）「濃やか」とも考えられるし。源氏物語に「すみぞめの色こまやかにて」なんてあるが。姉）お話がとんで…「金に細かい」…直子）「細かしい」…父）「いかにも小さい」「いかにもくわしい」ことになって喜ばれない意味になってしまう。…「こまごま」までだとゆきとどいた面だけしかはいっていないんだな。

46 おしまい雑談会

［鼻じろむ、うしろめたし
とどろく、せせらぎ、ささめく
たどたどしい、たゆとう、ただよう
ちらつく、まどろむ、こんもり、ともす］

(1) ①兄）きょうは、ことばについて特別な思い出…好きでたまらないことばとか、ぜひ忘れないで使ってほしいと思うことばなど楽しい雑談の会にしよう。母）じゃ、わたしから。女学校の古典の時間、「鼻じろむ」ということばが出てきたの。その日は英語の宿題が…みんな下を向いたの。「そういうふうに恥ずかしくて、うつむいているようすのことだよ。どうだ、写実的で、実感そのままで…」と…。直子）「恥ずかしい」とか「うつむく」とかと違ったおもしろい味がありますね。
弟）「うしろめたし」は…？…祖父）「後ろ目、痛し」で「痛し」は「つらい」とか「苦しく感じる」意味がある。…
父）音を表わす好きなことばがあるんだ。「とどろく」とか「せせらぎ」とか「ささめく」。直子）わたしも好きなことばを言いますと、「たどたどしい」。…
父）速さが遅いことだけでなく、「はっきりしない、たしかでない」というような意味があるわけだし、「たどる」ということがね、「わからないことを迷いながら、求めながらゆく」ことだものね。直子）「たゆとう」「ただよう」も好きです。それから「ちらつく」…父）そうだね。しかし、…単語とは扱われていないね。…祖父）「まどろむ」なんか、いいことばだが。母）「こんもり」は。…祖父）「ともしび」ということばが好きなんだが、今は、あかりを「ともす」なんて言わないな。父）「つける」ですね。兄）「スイッチを入れる」とか「点燈」。父）「ともしび」は「たく火」に対して、「ともす」火、「ともし火」と言ったんでしょうね。
ぼく）ぼくの組のグループ文集にも「ともしび」というのも、「灯」というのもあるよ。

47 あとがき

この本は、こんな会があって、ことばの感覚を磨き合い、自然に、ことばを大切にする気持ちが育ち、ことばへの愛が深まっていったらいいなと思いながら、楽しく書いたのでした。それが今度新しい装いをして、また世に出るようになって、うれしいことです。

ここでは、みんなが身近な生活のなかからことばの問題を拾い、自分の心、自分の感覚をたよりに、一生けんめい考えています。そして、お互いに考えたこと、感じたことを率直に、細かに、発表し合って、お互いのことばの感覚を磨き、ことばの理解を深め合っています。いくつのことばを覚えたということよりも、もっと根本のところで、ことばの力が育ち、ことばの感覚が鋭くとぎすまされていっているようすが思われるでしょう。

たくさんのことばを使いこなす人になっていくもとになる力、といったらよいでしょうか。ことばは、人間のしるし、人間の宝物です。聞き話し、読み書くことはもちろん、考え、感じることもことばをわがものにしてこそです。文化を受けつぐことも発展させることも。

Ⅲ 学習慣用語句辞典　［416〜444ペ］
（『学習慣用語句辞典』三省堂　1983.10）

1 はじめに

この辞典は、ほんとうに、生きたことばの力がつけられるようにと願って作りました。わからないことばの意味を求めて引いていると、意味も使い方もよくわかり、しぜんに、ことばの力が伸びる辞典です。

ことばには、いくつかのことばがいっしょになると、その一つ一つのことばが、それぞれ持っている意味とは違った、別の意味を表してくるものがあります。たとえば、「顔がひろい」は、顔の形のことではなくて、「いろいろな社会の人とつきあっていて、知っている人が多いこと」ですし、「筆が立つ」は、「文章がうまい」とか、「字が上手」とかいうことです。この一まとまりで、まるで一つの単語のようで

219

す。ですから、教えてもらったり、特に勉強の機会がないと、「顔・ひろい」「筆・立つ」ということばをよく知っていても、この一まとまりのことばとしてはわかりません。昔、なにかの場面で、ある人が、あの人にもこの人にも親しそうに声をかけているようすを見て、だれかが「顔がひろい」という言い方をしたのでしょう。いつからとも、だれが作ったともなく、生活の中から慣用語句が生まれます。ことわざと同じような生まれ方、伝わり方です。この辞典には、たくさんある慣用語句の中から、一般によく使われているものを選びました。

　この辞典の大きな特色は、…実際の生活場面で使われているすがたで、生きたことばのまま、それぞれの慣用語句の意味と使い方とを身につけられるようにしたことです。

　「このごろの子どもは、ことばを知らない」となげくのを聞くとき、それが慣用語句である場合がかなり多く、教科書には案外出ていないので、私の国語教室の週刊手作り新聞の一部を使って、慣用語句に通じさせようとしました。

　ことばの勉強というと、このことばは、こういう意味と、知っていることばで言い換えようとします。しかし、それでは、ことばを使って生きていく人間の力にはならないのです。ことばは、生活場面のなかで、じかに出会って学ぶべきものです。

　いろいろの生活場面、いろいろな話題を取り上げていますが、どれもみな、実際の生活場面や事実から、材料をとりました。用例のための、作り話は、一つもありません。一度は、人間の生活のなかで生きて使われたことばを、あるいは、そこで使われたら、生きたと思われることばを取り上げました。

　ある慣用語句には、意味が、話し合い（「使われる場面」）に取り上げてあるもの以外にもあります。別の意味も、終わりの解説で触れるようにしました。

　巻末に、参考までに、説明をつけました。前の話し合いを読み、この説明を読み、また、もどって、前の話し合いを読んでくださったら、いっそうよくわかると思います。このようにして、この辞典が、ひとつの読みものになり、「読まれる辞典」になりましたら、うれしいことです。

2　話し合っている人たち

　みんな、実際にいる人ではありません。私が頭のなかで、えがいている中学二年生ですが、およそ、どんな人と考えているか、簡単に紹介します。

　ひろし　公正な考え方ができる。委員長とか、班長とか、なにかの「長」をつとめられる。おだやかで、すぐ興奮したりすることは少ない。

　つとむ　よい意味で、常識的、社交的。比較的もの知り。ひょっと、ことばの意味などまちがえることがある。

　ちから　ものの考え方が鋭い。いわゆる頭の切れるほう。不正に対してきびしい。

　ゆたか　少し気が弱い。なんでも、あまり自分から主張しない。

　なお子　ことばの力がゆたかで、才能にめぐまれている。文章を書くことにもすぐれ、言語感覚が鋭い。

　えつ子　よい意味で女らしくやさしい。感じ方がこまやかで、語感に鋭い。

3　使われる場面ア～ヨ

　ア　足が出る

　ひろし　きのうのクラス会は楽しかったね。準備委員はずいぶん、なん回も集まって、たいへんだったろう。

　ゆたか　うん、前の日も買い物やなにかでおそくなった。

　ひろし　あんなにいろいろごちそうが出て、よくあれだけの会費でまにあったね。

　ゆたか　いや、それがまにあわなかったんだ。グループに分かれて買い物したもんだから、打ち合わせはしてあったんだけど、このくらいはなんとかなるだろうって、互いにきらくに考えたんだなあ。だいぶ予算を越しちゃったんだ。千六百円も足が出ちゃったんだ。

　ひろし　そうだったの、やっぱり。

　このことは、いくらのお金ですると決めてやり出して、だいたい、それで足りたつもりだったのに、計算してみたら足りなくなっていたというよう。（もうかるつもりでやっていたのに、もうかるどころか、損をしたときにも使う。）

イ　足をのばす
　　えつ子　こんどの連休のとき、家族みんなで梅を見に行くの。
　　ゆたか　どこへ？
　　えつ子　奥多摩の吉野。"梅ヶ岡丘梅園"というのが有名なんだけれど、そのへん一帯がもう梅ばかりでね、"梅の里"っていわれてるそうよ。青梅なんとかっていうお寺も近くにあるんですって。
　　ちから　そういえば、聞いたことがある。なんかふしぎな梅の木があるんだって。せっかく行くんだったら、ぜひそこまで足をのばすといいな。
　　えつ子　ああ思い出した、金剛寺っていうお寺だった。梅園の少し先のようだから、ぜひお寺まで行ってくるわ。

あそこまでと予定していたところを越えて、そこからもう少し遠くまで行くこと。

　第⑮巻には、以下の語句、40項目が抜粋されている。
　［原著には352項目あり］
ウ　息をころす（421ペ）［以下、生活場面を叙した文は略す］
エ　一枚加わる
オ　一石を投じる（422ペ）
カ　一頭地を抜く
キ　色をつける（423ペ）
ク　言わぬが花
ケ　売りことばに買いことば（424ペ）
コ　大船に乗った気持ち
サ　顔をつぶす（425ペ）
シ　かたずをのむ
ス　我田引水（426ペ）
セ　脚光を浴びる
ソ　漁夫の利（427ペ）
タ　くちばしが黄色い
チ　紅一点（428ペ）
ツ　すずめの涙
テ　だめを押す（429ペ）
ト　つるの一声（429ペ）
ナ　とりつく島もない（430ペ）
ニ　二の句がつげない
ヌ　二番煎じ（431ペ）
ネ　根も葉もない
ノ　八方ふさがり（432ペ）
ハ　火花を散らす
ヒ　覆水盆に返らず（433ペ）
フ　二つ返事
ヘ　満を持す（434ペ）
ホ　水かけ論
マ　水ぎわだつ（435ペ）
ミ　水をあける
ム　みそをつける（436ペ）
メ　耳が早い
モ　身もふたもない（437ペ）
ヤ　六日のあやめ
ユ　目くじらを立てる（438ペ）
ヨ　やぶへび（439ペ）

4　「学習慣用語句辞典」を使って遊ぶ
　◇慣用語句なしの言い方に出題し、そこに使われる適切な慣用語句を考え合う、当て合うゲームである。3の「使われる場面」のゆたかの「足が出ちゃった」をあとの「ことばの説明」を活用して、「足りなくなっていた」をわからせる。
　［学習の実際］
　　［1］グループの担当を決める。第1グループ91－107ページ…第10グループ143－160ページ
　　［2］問題作り各グループ担当の範囲から、二題ずつ作る。てびきとして実例を配った。　　　［例第⑮巻442～443ペ］
　　［3］会の準備
　　　1　読む練習
　　　2　司会を決める。
　　　3　他のグループの問題に答えられるよう全面的に学習。
　　［4］出題し合い、答え合う。
　　　1　慣用語句の使ってない文章を生き生きした話しことばで読む。
　　　2　「今の場面で、〇〇〇のなかに使われるといいと思われる慣用語句をどうぞ」というように問いかける。
　　　3　二つか三つのグループに答えを求める。
　　　4　いろいろな答が出てしまったときは、必要な説明をする。
　　　5　まとめのひと言。
　　　　「では、次は一グループで、どうぞ。」

第16巻（別巻）

I　自伝
　○まえがき
　1　元街小学校のころ…
　2　捜真女学校のころ
　3　東京女子大学のころ
　4　諏訪高女のころ
　5　府立第八高女のころ
　6　中学校へ転じてから
　7　今日の日まで

II　実践・研究目録
　一　研究授業・研究発表目録
　二　著述目録

I　自伝

［5〜376ペ］
（出典「自伝」『大村はま国語教室　別巻』
　　　　　筑摩書房　1985.3.8）

　○まえがき
　　ちょっと風変りな自伝になると思いますが、子どものときの作文、学生時代の論文、若い教師のころの、この十五巻におさめたものより以前の指導記録などを取り出してみようとしています。そのなかに、じかに私の歩みを見ていただきたいと思います。…石川台中学校のものは、本巻におさめられましたので、ここには、その背景になったものを少し取り上げるだけにいたします。

1　元街小学校のころ
　(1)　作文「朝のおともだち」と詩「押入」
　　◇元街小学校入学は大正2（1913）年。大正12年9月1日、関東大震災で全部崩れ、炎になめ尽くされた。現在、別の所に建っている。
　　○尋二ノ四大村濱「ワタシノネエサン」
　　①「朝のおともだち」尋三の三（『学の窓23号』T.4.5.27）自由選題であろう。
　　②「押入」（「新少女」羽仁もと子編　婦人之友社に投書。一等）［選者「詩としては妙な題でしたけれど…」］

2　捜真女学校のころ
　一　「初めて日曜学校を教へに行つた日」と「一年間の文の跡」
　　◇女学校入学は大正8（1919）年。共立女学校は予科1年、本科5年のミッションスクール。
　　　翌9年、本科1年、その2学期に捜真女学校2年へ編入。作文「秋を思う」「朝」「夜」
　　①初めて日曜学校を教へに行つた日（2年生1.19）
　　②一年間の文の跡（2年生3.16）共立の時、作文は大嫌ひ［文語で長く書かねばならなかった］捜真女学校へ来て、口語で書く様になつて、作文が好きになつて、書きたいと思ふ様になつた。
　二　家族のこと
　　○私は兄弟六人です。長兄、次兄は十歳で、姉は三十六歳で世を去りました。
　　○捜真の三年生のときは、…身辺の「人」のことばかり書いていたようです。
　　①兄さん［私は四つの時に北海道へ行つて、八つまで居たが、その間にお別れした。］清い人（三年、6.21）
　　②牧さん　日露戦争の傷痍軍人でよくわが家に来ていた家族同様の人。（三年8.18）
　　③家に居る弟（三年10.4）
　　④父（1921.10.24）
　　⑤寂しく生きた兄［次兄］（2.1）
　三　「いゝ人とほんとうの人」など（4年）
　　舎夷かをるさんとの交わりが深いものとなり、4年生の作文は、当時の話し合い、考え合いから生まれてきたものでした。
　　①菊（11.24）
　　②姉と自分（1.16）
　　③いゝ人とほんとうの人（1.23）
　　④叔父（3.6）
　四　「性格」と「静けさと悦へ」［五年生の二月、初めて川島治子先生から◎をいただきました。］
　　①性格（2.6）
　　②静けさと悦へ（12.8）
　五　友だちの作文
　　①お手伝ひ（1年　折原昌枝）
　　②魚つり（5年　新井れい）

③帰る夜（1920.9.14中村アンナ）

3　東京女子大学のころ
一　「自然主義かぶれ」の作文「ひと月」十八章82枚〔女子大二年　大正15年（1926）5月作〕

二　「春のスケッチ」7編26枚（三年　昭2年5月）

三　「新しき村について」㈠㈡㈢㈣（一年　大正14年9月　竹岡勝也教授に提出。お励ましをいただく）

四　「もののあはれの思想の胎生」まえがき（一年　大正14）三章42枚〔第一章4節　第二章5節　第三章〕思い出の研究

五　「高天原、綿津見国、黄泉国」五章（三年　昭和二年　1927）〔次田潤『古事記新講』を繰り返し読んで書いたもの〕

4　諏訪高女のころ
(1) 作文指導のあと、「くわしくとか、気持を表すように」との助言・指導でなく、直す力を育てる…足りないところを満たしてみせ、豊かなものの書けるもとを養うことを考えていた。
　①「夕日」（斎藤栄子1－26）
　②「芍薬」（小松春子　6.8）
　　①の「…もう夕日は影も形もなかった」のところへ、「なんだか惜しくて、追いかけたいやうな気持」と書いた。一別のことばでこまやかにいったものを見ていると、情景をこまやかに味わう訓練ができる。そういう癖がつくと、長いあいだにこまやかな見方のできる人になっていく。②の「芍薬」全体を流れているこの人の心のきれいさに気づかせたい気持があって、ア「驚く心のなかのきれいさ」と書いた。その次は、深みを誘うことばとして、イ「なにかしてやらずにはいられない心…」と書いてみた。それから、ウ「そのときの満足を思う。…」と。その次も　エ「かはいく大切に思ふ心も」と入れてみた。そしておしまいのところに　オ「幸せの此の頃」とことばにしてみせた。心の世界を少しずつ〳〵開けていって、あったことが素直に書ける子どもに、少し深まりを誘うように書いた。
　③「びしょ〳〵と降つた雨」（5.26）
　④「青田」小池初子（6.14）
　⑤「春雨の後」2年　藤森のち子（5.10）
　⑥「文に出る私の性質」林美恵子
　⑦「ある日」1の2　小口周子（一日）
　⑧「雨の後」立石みわ（6.14）
　⑨「心からしたつてゐる人」
　⑩「新しい勉強部屋」長田小枝（6.17）
　⑪「ある日」1の2　小松きみ

(2) 「葡萄の話」学年末の学芸会（昭和4年度三学期）国語科からの出し物として「お話」。―発表者・池田梅子といっしょにたくさんの資料を集め、ぶどうの性質・特色を試べた。なぜ山梨の勝沼のぶどうがおいしいか、その由来、苗の作り方…を工夫して教えた人がいたことなど、発見もあり、新鮮で「知る喜び」もあり、成功した。

(3) 「雛祭りについて」と「ひなまつり」
　昭和8年11月新校舎へ引越し。
　①作法室において雛祭り
　　「雛祭りについて」小冊子を作った
　　その由来と定着について　三月上旬の巳の日→三月三日に定ってしまったこと。立雛・十五人雛のこと。
　②このとき〔注　今井密子さんの話で昭和11年と判明〕歌も作ることになり、「ひなまつり」を作詞。藤沢紫朗曲

(4) 指導案と授業の工夫
　○　昭和三年から十三年までの前半は、川島治子先生の、後半は、芦田恵之助先生のまねをして授業をしていた。
　㈠第一学年国語科教授案（S.11秋）
　A一　教材　垣内松三編「女子国文新編」第二版　巻二　二　国境（北原白秋）
　　二　要旨
　　三　教材観　大正十三年夏、白秋は…国境の地を踏んだ。詩人らしい飛躍もあり、荒削りの感のある文である。白秋らしい清新な味ひも巧みな描写も乏しいが…この文を生かしている。
　　四　時間配分　第一時　○読み　○安別に立つての二つの心持。
　B　〔本時教案〕
　　一　朗読
　　二　話合ひ（予備）
　　三　朗読（教師）
　　四　内容吟味
　　五　朗読
〈細案〉
　一　読む

二　話合ひ
　ア　国境
　イ　珍しい所、ゆたかな詩の心を持つて、この珍しい景色と意味のあるところに行つた。書かずにはゐられない。
　オ　どんなところをどんな心持でいつたらうか。
三　読む
四　今日は皆はあとで書く。(あとの図　略)
　1　上陸したところは安別。地図を…
　11　着きました、天測点に。…
〈板書案〉(話し合いながら書いていく案)[略]

㈡　2年生小坂安都子の記録(S.12.5.13、15・17)「女子国文新編　第二版」巻三
　　五　お遍路さん(荻原井泉水)[板書によって、話し合いの内容、指導者の考え方、指導のしかたが、学習者の目でとらえられている。(学習の進め方は、芦田恵之助の一線を引く形になっている)]
◇第一時(5.13)お遍路さんの二つの美しさ。
　　一　姿の美しさ…
　　二　心の美しさ
　　板書(略)
◇第二時(5.15)
　○1　耳から入ったお遍路さん(板書　略)
　　2　目から　　〃　　　〃
　　4　心の目でみた　　〃
　　5　自分の心の中の　　〃
　○2のお遍路さんは、人生の遍路と同じである。…
　○1の…
　○4のは…
◇第三時(5.17)
　　1　心の美しさ
　　2　姿の美しさ
以上にあげた四つの事は…
弘法大師の暗示
一口にいへば、「信と愛である。」…
お遍路さんを読んで。

㈢　そのころ、文学の表現を味わわせる試み。右がわに、普通書かれそうな文章を。作品と比べる…この方法は、ずいぶん後まで、よく採っていた。
　　[注　戦後、芥川作品でも]
　　｛「おい。」といったが…奥をみると
　　　暗い障子が　立てて　ある。

　　｛「おい。」と声を掛けたが…軒下から
　　　奥を覗くと　煤けた障子が　立切つてある。[以下略]

㈣　そのころ、成績評価の項目を複数に。(学習記録でも朗読でも、ひとつの評点ではむずかしかった。)
諏訪高女での「学習記録」の採点項目は、
一　努力
　1　書くこと
　2　貼るもの
　3　予習始末
　4　答案始末
　5　、○
二　学力
　1　文字の正確さ
　2　内容
　3　感想
三　たしなみ
　1　帖面取扱い
　2　文字の美しさ
　3　整理
　4　貼りかた
◇朗読　採点表

㈤　習字を教える[昭5.1から転任まで][注『子どもに聞かせたいとっておきの話』第四集にいきさつ]

㈥　初めての講演(S.9.9.30　本郷村婦人会)「心のふるさと」プリント3枚
[第16巻180～192ぺ]

5　府立第八高女のころ
一　「研究授業準備日誌」
昭和13(1938)年4月、転じて三年生担当～4～5年と続け、16年3月卒業させ、1年生を。その一年生の3学期(S.17.1.9)から、作文の研究授業日誌。内容「題材集め」一、書き出し、結びなど、くわしく記録されている。生徒への話も、話すとおりに書かれている。
◇研究授業準備日誌　一年作文　一月九日(金)…二十四日(金)
(2)　国語科作文指導案　大村　濱
　一　日時　昭和十七年一月二十九日(木)第三時限
　二　第一学年四組
　三　教材
　四　教材について
　五　指導過程

二　短歌の指導のあと
三　「月の出に阿弥陀様が」（指導細案）昭和十三（1938）年秋女子高等師範学校の学生が参観に。教材　大町桂月
四　文芸ニュース板より　第八高女文芸部の「八潮」に寄せたもの。（第十号S.15.7発行）
五　蓼科の歌　生徒百名　引率。あすの朝から歌うために、「椰子の実」のふしで。
六　「典座教訓」研究　教員一同に読ませたい。話してほしいと山本猛校長のご命令で。4回、8時間で。
七　図書係として　第八高女には、教師用一　生徒用二　があった。生徒用の方では、整理や新購入図書の始末、閲覧室の世話も忙しく…仕事として図書室だよりを出していた。※「黄菊叢書」に。

6　中学校へ転じてから
一　文部省通信教育学習書　委員長以下4人。細かく正確に伝わるように書かねばならなかった。
　①学習書の組織―ア単元という考えはなかった、一課一文章、一学期一冊としてGHQに案。「三ユニットにせよ」と言われ、第一課　世界へ開く目(1)クラーク先生、(2)国際婦人会議に出席して…第四課　国語の姿(1)万葉秀歌(2)意味の変遷　として許可に。また④、Ｉどう学ぶか、一教材のくみたて　学習の注意　Ⅱ学習のしかた　第一課　世界へ開く目　◇学習の心がまえ　◇学習の手びき　◇学習の作業　◇学習の整理　◇学習の発展　◇参考資料を仕上げた。
二　読書新聞から読書生活通信へ
　Ａ　「読書生活を豊かにする」
　Ｂ　国語科における読書指導はこのように
　〈読書指導の目標〉…
三　春を待つ―呼びかけ―　昭和27（1952）年ころ呼びかけという朗読劇がよく行われた。紅葉川中の学芸会（2月）の出しもの
　○少年ＡＢＣ　春よ
　　〃　　　　　こい
　　少女ＡＢＣ　春よ
　　〃　　　　　こい
　　少年ＡＢＣ　春を待つ
　　少女ＡＢＣ　春を待つ
　　少年Ａ　　　ごらん
　　〃　　　　　あの空の色を
　　〃　　　　　うすい　あいいろ
　　［以下略］
四　日案の工夫
　校長に提出する週案とは別に、日案―それは指導案でもあり、指導記録でもあり、研究記録でもあった。しばらく使い、改善したくなり、何種類もあった。
　昭和27年ころ（紅葉川中）固まってきた形、それから三十年近く使っていたもの
五　報告「話しことばの会合宿研究会」
　昭和37年、日本教育新聞が、「夏の研究集会レポ」の題で、各研究集団の夏の研究会の報告を特集した。「話しことばの会」の報告を書いた。一話し方の会でなく話しことばの会…
七　週案の実際　昭和35（1960）年　石川台中のもの。週末にその週の記録と次週の案とを書き、提出。二年目からは求められず。ために自分だけわかるものに。ほかに「日案」というより「時案」―記録をかねたを書いていた。第一学期（16週）分、及び説明［第16巻294ペ］
八　生徒会誌の編集　昭和35（1960）年度から担当。生徒に喜んで読まれるようにしたいと座談会と組み作文を考えた。
　ア　座談会は、題目を決め（「親の願い、子の願い」「遊び」「現代っ子」など　好評）その録音を文字化して記事にした。
　イ　組み作文は見開き2ページに4人が書く。4人の組み合わせは　1保護者　2教職員　3男子生徒　4女子生徒で題は、「くせ」、「試験」、「マスコット」、…各クラスだより、生徒会委員会の報告、各クラブ活動の報告は、個性・クラブらしさがあるようになり、隅から隅まで生徒会誌が読まれるようになった。
　エ　目次などは、国語学習記録の目次の作り方のよい教材なった。
　　◇「石川台」第十号の目次［328～329ペ］
九　石川台中学校創立十周年記念式典
　式典を生徒全員の参加するいきいきした式典にするため、「呼びかけ」を作った。
十　国語科実践研究発表会
一　第一回　昭和47（1972）年11月7日の案内文「国語教育を飛躍的に前進させるためには、もっと、実践的提案がなされな

ければならない。これからの国語教育への授業による提案をいたしたい…。」
二　提案一覧　昭和51年〜55（1980）年2月15日の提案［注　36項247細目］
　　提案の一項目めには、「国語教室」が置かれ、
　1　学習を真に学習生活にするくふう
　2　一人一人、それぞれにことばの何らかの力が静かに、確かに身についている時間にするくふう。
　3　ときのニュース、世の動きに関心をもち、…国語教室にするくふう。…
　　　　　　　　［第16巻338〜359ペ］
　247　ことばをゆたかにし、語感を鋭くするくふう　があげられている。
　［注—大村教室における　国語科教育の課題を解決するための実践による提案は、「大村はま国語教室の会」（1980〜2000年）においても続けられた。それらのまとめは、橋本暢夫『大村はま「国語教室」に学ぶ』（2001.7.30　溪水社　3〜104ペ）に整理している。］

7　今日の日まで
　（もとは昭和36年1月に冊子「大村浜さんの仕事」として配られ、昭和52年（1977）年11月、「大村はま先生教職五十年の歩み」において加筆された。）
①明治39（1906）年6月2日生まれ。父は、共立女学校の教頭。明治41年札幌に移る。6歳のとき、横浜に帰る。
②大正2（1913）年4月横浜市立元街小学校に入学。非常に新しい行き方をしていた学校であった…
③大正8（1919）年共立女学校に入学。アフリカの伝道者マリ・スレッサの生涯を書いた「命がけ」という本に感動し、感想文を書いた。それを児玉愛子先生にほめていただいた。
　大正9（1920）年9月、捜真女学校に転校し、川島治子先生に出会う。先生は、主体的に創作的に野心的に国語の授業をしてくださった。そして、私には「国語」は「好き」以上の離れられないものになった。…
　五年生の大正12（1923）年9月1日関東大震災に遭った。クラスの友だちは半分死亡し、26名になった。翌年3月卒業。東京女子大に合格したが経済上の都合で1年入学を延期し、文部省内パーマ英語教授研究所に事務員として働いた。
④大正14（1925）年東京女子大に入学。安井哲先生に実践倫理の指導を受けた最後の学年である。新渡戸稲造先生の考えによって建てられた一人一室の寮室で心ゆくまで自分を見つめ、ものを思い、読書し　意義深い三年間を送った。一年のときには「新しい村」の研究と、「もののあはれ」がどのように生まれ、形づくられ、文学の中に生きているかを研究し、三年めには、古事記によって「高天原・綿津見国・黄泉国」という題で古人が、この世以外に考えていた世界を調べた。
　一方、国語教師になる心は、ごく自然にきまっていた。芦田恵之助先生の「国語小読本」を読み、「綴方十二ヶ月」を読み、…いろいろな文章で指導案を立ててみたりしていた。…
⑤昭和3（1928）年卒業。当時、東京女子大では、無試験で教員免許状を受けることができなかったため、文検（文部省の教員検定試験）を受ける準備にはいる。7月、小学校専科英語の検定試験に合格。—新しい英語教育の方法であるダイレクト・メソッドが検定試験に出た—昭和3年8月11日、諏訪高女から「スワコウジョニクルキアルカ　コマツ」の電報が届き、「行く行く、行くっ」と声をあげ、8月20日飯田橋駅を立った。文検は十月予備試験。十一月の本試験に合格し、昭和4（1929）年2月免許状を得て教諭になった。…
　昭和5年、静岡で芦田恵之助先生にお目にかかった。その後、芦田先生は、西から帰京なさるとき、東京から西下なさるとき、一日か一夜かを諏訪で過ごされ、「難破船」の授業を見たり、自分でして見せてくださったりした。
　昭和8（1933）年の夏、岐阜から和歌山への旅行に同行—垣内松三先生の田辺講演も——早暁、廊下のテーブルで指導案をねっていらっしゃる先生を見て、何かおののきを感じたりした。
〇国語の学習記録を指導するようになったのもこのころであった。
〇芦田先生の一線を引く授業をわがものにしようと板書のくふうに凝ったのもそのころである。

⑥昭和13（1938）年　東京府立第八高女（現都立八潮高校）に転じた。まもなく、山本猛校長に代った。鋭く、きびしく、しかし、あたたかく深い理解をもって導かれた。［第16巻Ⅰ－5－六「典座教訓」研究参照］

弟が応召し、父が亡くなり、昭和19（1944）年、千葉県我孫子に疎開した。

終戦とともに、二十年の経験を生かして、新しい時代のしあわせのために何かしたい、捨身になって何かしたいと考え、ひとつの悲願のようなものを抱いて中学校へ出た。

⑦ア　昭和22（1947）年5月2日深川第一中学校開校。ガラス片を片付け、本なし、ノートなし、百名を講堂に入れて、すさんだ生徒たちに　ある「目的」のある作業を一「学習」をさせる方法に知恵と力とをふりしぼった。主体的な学習、グループ学習、個人差に応ずる指導が生まれた。

⑦イ　昭和24（1969）年1月　目黒区第八中学校に移動。教員再教育講習会、東京都研究校、文部省協力校、文化集会などでたくさんの研究授業をした。討議の指導、個人差に応ずる指導、グループ学習の指導、文学の鑑賞、古典入門など忘れられない収穫であった。

　このころ、学習指導要領の委員会が週一回、土曜日に開かれていた。新しい国語教育の目ざすものがはっきりしてくるにつれ、一つ一つ教室に生かしてみないではいられなかった。

ウ　昭和26（1951）年9月　中央区紅葉川中学校に転じた。［注　368ページに27年7月まで目黒八中とあるのは誤り］思いきって、いろいろのくふうを試みた数年であった。「研究発表」（1953年5月　二年）や、都の研究校としては、「文学の鑑賞」二年（1953.11.12）の発表がある。

エ　昭和31（1956）年4月、中央区文海中学校に移った。5月「どの教科書も読めるようにするために」の題目で語句の指導の発表会をした。その後の三年間は、中学校の作文指導はどうしたらよいかを追求し、1959年11月発表会をもった。「作文の基礎力を養うための学習一覧表」を作り、その一つ一つのための教材を作って実践した。

その教材集が、のちの『中学作文』で、このときの「書き出し文の研究」は、その後の私の書くことの指導の武器になっている。

西尾実先生「古稀記念の会」［昭34（1959）6.8　文海中3年］に『徒然草』を「討議」の方法で学習する［「古典に親しむ」］一時間を捧げることができたのは、うれしいことであった。

⑧ア　昭和35（1960）年4月、大田区立石川台中学校に転じた。この年の第一学年は、ベビーブームの頂点といわれた学年である。文海中での作文指導の研究を実践し、よい書き手をたくさん育てることができた。ことに、いわゆる理科系といわれる生徒に、よい書き手が育った。この生徒たちが1年生の秋、東京都教育功労賞を、3年生の冬、ペスタロッチ賞をうける。

⑧イ　昭和39（1964）年一年生（石川台　二回目）担当。

国語学習入門に必要な学習方法、学習能力の基本を精選して一年生を迎えた。また、グループ文集や個人文集、学年文集や学級文集など、いろいろの文集を作らせながら、文集のあり方とその使い方について研究した。

三学期から「国語教室通信」を週間で発行した。学習の予定を知らせておくことによって、学習を主体的にし、単なる連絡のために時間を失わないようにすることが目的である。

昭和40年［2年生］から、41（1966）年［3月］にかけて、月一回東京教育大学倉澤栄吉先生と内地留学生を迎えて、作文の学習指導の実際を見ていただいた。のちに、毎日新聞に文章読本として連載され、『やさしい文章教室』（共文社）になった記録である。［作品は当時の二年生のもの］

この、毎月、授業を見ていただくことは、私自身から願い出たものである。芦田恵之助先生は、「師のない者は育たない」と言われた。ただの参観でなく、本気で見て、話し合ってくださる方が欲しかったし、もう少し成長した

第16巻（別巻）

　　　かった。
　　　この年の４月から「毎日中学生新聞」に「どう学ぶか」を書きはじめた［のちに『やさしい国語教室』になった］週五回一回千字。
　ウ　昭和41（1966）年４月一年生担当に。月一回の研究会の目標は「読書指導」になる。年間二十数時間の帯単元。一回二時間は、それぞれ別の目標の学習あるいは別の単元になっていった。
　　　41年度から三年間、さらに44年度から46年度へと一・二・三学年を担当した。主として読書生活を確立させることと読書［生活］技術を身につけさせることを取り上げた。滑川道夫『読書指導』の旧版のものの、あるいは、列挙してあった読書指導を全部実践した６年間であった。
　　　…読解指導が読書［生活］指導のどこに位置を占めるかを明らかにしていった。
　　○新しい読書指導は、読書生活の指導なのだと気づいた。…読書日記の代わりに「読書生活の記録」を作り、「読書生活通信」を作った。一方、本の紹介の仕方、感想を育てる試みをした。
⑧エ　昭和47（1972）年度からは、読書指導に限定せず、単元学習の実際を見ていただくようになった。この年の秋、第一回の実践研究発表会が開かれた。この回だけが学校の主催。48年度は、49年２月に口頭発表会、49年度からは、図書室を使って、例会を少し拡げた形で開いてきた。
　　　生きていく力の一つとしての読書［生活］人を目ざす単元学習、あわせて古典の指導、創作［力に培う］指導の試みを見ていただいてきた。
　　　昭和51（1976）年４月２日、ＮＨＫテレビ「教える」―「いきいきと話す＝『クリちゃん』による」と「本を知る窓＝『子ども日本風土記』を使用」―昭和49年秋から51年３月まで、作られた番組。（8.7再放送）
　　　昭和52年また、一年生の担当になった。
　　　始めたことは、
　　１　みんなで集めていき　３年間つづけて学習する。
　　２　去年の「各国に生きる現代の子どもたちの姿」の前段として、日本の現代児童文学作品を読む。
　　３　新しい形の文集［個人文集］。
　オ　「個人文集」の生まれた背景には、さまざまな事情があった。
　Ａ　昭和50年４月　１年生を迎えるにあたって、教科書の語彙一覧と事項索引、読書生活の記録の各用紙一年分の印刷、そして単元と指導案。
　Ｂ　この学年では、話しことばの指導の一つの仕上げをしたい。中学生としてここまで行けるという一つの筋道を見きわめたい。
　Ｃ　創作の力（力そのもの）をつける指導。この二つ［ＢとＣ］の目標を中心に力を尽くして二年間が過ぎた。52年は思いがけなく、一年担当となった。
　　○もう一度、一年生をもたなければできないことを…と心に決め、この文集の作成になった。
⑨昭和53（1978）年度も、54年度も一年生を担当した。二年生程度の単元の学習を試み、思いがけない力を発揮する実際も確かめた。ことに54年度は、国際児童年にちなむ単元をゆたかに展開でき、語彙の学習を楽しんだ。
　　○月例研究会は、昭和40年から、実践研究発表会は47年から続いてきた。
　　　［注　47（1972）年からの「実践研究発表会」を承けた「大村はま国語教室の会」研究発表大会における大村はま先生の提案（第10回1980.10.26～第30回2000.11.23まで）は、『大村はま国語教室の実際　下』（2005.6.2溪水社）の「あとがき（橋本暢夫稿）」の三（726～728ペ）にまとめて掲げている。］
⑩昭和55（1980）年３月31日、午後８時25分一人電気を消し、部屋を出た。

［自伝として、ほかに『日本一先生は語る』国土社1990、『私が歩いた道』筑摩書房1998、『忘れえぬことば』小学館2005、『学びひたりて（大村はま自叙伝）』共文社2005など。なお、苅谷夏子『評伝　大村はま』筑摩書房2010がある。］

Ⅱ 実践・研究目録

橋本暢夫（1984・11　25）作成

一　研究授業・研究発表の部
　㈠　研究発表　　　　　　　　　381ペ
　㈡　研究発表　　　　　　　　　412ペ
　㈢　講義・講話記録　　　　　　414ペ
　㈣　講演記録　　　　　　　　　416ペ
　㈤　国語教室通信　　　　　　　423ペ
　㈥　読書生活通信　　　　　　　469ペ
二　著述の部
　㈠　著書　　　　　　　　　　　477ペ
　㈡　共編著・講座・単行本等所収論文　479ペ
　㈢　雑誌・研究紀要等所収論文　485ペ
　㈣　編集に加わった教科書・指導書等　491ペ
　㈤　座談会（対談）シンポジウム記録　491ペ
　㈥　放送記録　　　　　　　　　494ペ
　㈦　その他（新聞・エッセイ・校内紙・まえがきなど）　496ペ

大村はま　著作一覧

No	書　　名	冊数	出版年月日	出版社	備　考
1	大村はま国語教室	16	1982.11.30〜1985.3.8	筑摩書房	全15巻別巻1
2	大村はま国語教室　資料編	5	1985.2.20	筑摩書房	①学習記録（大村はま指導　2冊）「たけの子」「栄光」 ②国語教室通信（3冊） ③個人文集 　わたしの本（1〜9） 　生徒作品（1〜3） 　個人文集わたしの本第二案 ④読書生活通信 　学年通信 　読書生活の記録（生徒作品） 　読書生活通信 　読書生活の記録 ⑤研究発表（大村はま） 　カセット全3本 　資料6冊
3	国語の教育計画〔これからの国語教育のために　Ⅱ〕	1	1953.5.25	習文社	共著
4	中学作文	1	1961.11.10	筑摩書房	
5	やさしい国語教室	1	1966.3.15	共文社(1978)	（もと毎日新聞社）
6	やさしい文章教室	1	1968.9.15	共文社	
7	やさしい漢字教室	1	1969.6.20	共文社(1981)	（もと毎日新聞社）
8	国語教室の実際	1	1970.12.1	共文社	
9	ことばの勉強会	1	1970.6.30	共文社(1981)	（もと毎日新聞社）
10	みんなの国語研究会	1	1971.8.25	共文社(1981)	（もと毎日新聞社）
11	小学漢和辞典	1	1971.12.1	三省堂	
12	教えるということ	1	1971.2.20	共文社(1973)	（もと富山県教委）
13	続やさしい国語教室	1	1977.11.7	共文社	
14	読書生活指導の実際	1	1977.11.7	共文社	
15	国語教室おりおりの話	1	1978.10.20	共文社	
16	正しい使い方がわかる　学習慣用句辞典	1	1978.10.1	三省堂	
17	国語教室通信	1	1980.3.10	共文社	
18	大村はまの国語教室：ことばを豊かに	1	1981.7.10	小学館	小学館創造選書38

19	大村はまの国語教室：さまざまの工夫	1	1983.10.10	小学館	小学館創造選書60
20	大村はまの国語教室：学ぶということ	1	1984.9.29	小学館	小学館創造選書73
21	教室をいきいきと：1・2・3	3	1986.1.30 3＝1986.7.29	筑摩書房	
22	教えながら教えられながら	1	1986.4.30	共文社 (1989)	(もと長野県国語教育学会)
23	授業を創る	1	1987.4.20	国土社	
24	教室に魅力を	1	1988.2.25	国土社	
25	世界を結ぶ	1	1989.11.30	筑摩書房	
26	〈日本一先生〉は語る	1	1990.2.10	国土社	
27	大村はま・教室で学ぶ	1	1990.12.1	小学館	
28	日本の教師に伝えたいこと	1	1995.3.20	筑摩書房	
29	新編教えるということ	1	1996.6.10	筑摩書房	
30	新編教室をいきいきと：1・2	2	1996.7.7	筑摩書房	
31	私が歩いた道	1	1998.8.25	筑摩書房	
32	心のパン屋さん	1	1999.4.15	筑摩書房	
33	大村はまの日本語教室：日本語を育てる	1	2002.6.25	風濤社	
34	大村はまの日本語教室：日本語を鍛える	1	2002.8.25	風濤社	
35	大村はまの日本語教室：日本語を味わう	1	2003.1.30	風濤社	
36	教えることの復権	1	2003.3.10	筑摩書房	共著
37	教師大村はま96歳の仕事	1	2003.6.20	小学館	
38	大村はま講演集：上下	2	2004.5.30 （下2004.6.20）	風濤社	
39	灯し続けることば	1	2004.7.1	小学館	
40	22年目の返信	1	2004.11.10	小学館	共著
41	大村はま国語教室の実際：上下	2	2005.6.2	渓水社	
42	忘れえぬことば	1	2005.9.1	小学館	
43	学びひたりて（大村はま自叙伝）	1	2005.12.20	共文社	
	合　　　計	67			

□　上記著書のほか大村はま著述の共編著・講座・雑誌・研究紀要等の所収論文、編集に加わった教科書・指導書等、また、座談会・シンポジウム及び、放送記録・新聞・校内紙等については、「大村はま国語教室　別巻」の479～500ページにあげている。

□　大村はま指導の「学習の記録」（鳴門教育大学附属図書館蔵2050冊）の細目（類別、学校名・学年・学期、単元名等個人別）については、『大村はま「国語教室」に学ぶ』（橋本暢夫　渓水社　2001）の340～475ページに掲載している。

おわりに

　大村はま先生の実践は、「人は一人では育たない。」「人はお互いにだれかを育てながら生きているものですし、なにより自分を育てながら生きているものです。」(「諏訪こそわが根」1983　講演)との人間観にたち、一人の日本人として民主社会を生きていく基本的な力を主体的な学習を通じて、学習者一人ひとりの身につけさせていこうとする「理念」のもとに営まれてきた。「理念」ゆえに、いつ、いかなる学習者に対しても、それぞれの個人差に応じて、創意・工夫のこらされた学習の「実の場」が創りだされてきた。

　先生は、その工夫された「実の場」において、一人ひとりの学習への意欲を喚起し、「学び方」を自得させ、自己を確立させ、個性を発揮させていかれた。大村単元学習においては、学習者一人ひとりに学習目標を達成させつつ、先生ご自身のなかでは広く深い識見のもと、国語学力・国語学習力が見通されていて、指導の目標、内容、評価が重層的に構造化され、螺旋状にたかめられてきた。

○

　大村はま先生の実践の基底は、一人ひとりの学習者の実態把握の上に立った的確な目標の設定と学習者の自己評価力の育成におかれている。

　たとえば、1941(昭和16)年度の東京府立第八高等女学校第一学年三学期の作文指導は、「題材の乏しさ」「書きたい事の乏しさ」「心の内の貧弱さ」の克服を目標とし、「文題　どういう事を書くか　始の文　終の文」を提出させ、授業の当日(1942・1・14)は、①文題を発表させ、②もっとこういう部面を見るべきであろう。こういう題で、こういう事が書けるであろうとの助言がなされている。[「作文準備日誌」(全集　別巻)による]

　また、戦後中学校に移られてからの精密な目標と学習活動及び、評価の工夫は、本全集を通して詳述されている。[領域ごとに編まれている第⑨巻までに加えて、ア．第⑩巻においては、具体的な単元目標の設定、その学習活動の工夫[A案～D案]、評価のありようを、イ．第⑬巻からは、学力を生活的に身につけさせていく具体例を、ウ．第⑭巻からは、「実の場」をどう工夫するかを、また、エ．第⑪巻からは、ひとりひとりの学力を育てる指導者の技術の研鑽の姿を、そして、オ．第⑫巻からは、自己学習力の基底としての学習記録の意義と方法を、さらに、カ．第⑮巻からは、発動的自己学習力の拡充・深化の具体を編者は学んできた。従って、本書では、大村はま国語教室のねらい・特質・工夫がより具体的に把握できるとみて、第⑩巻以後の巻々の項目をより詳しくあげている。]

　こうした実践のもとには、自叙伝『学びひたりて』(共文社　2005)の「勉強三昧・読

書三昧」以降の、指導者としての無比な自己研鑽が積み重ねられてきている。――全集第④巻Ⅰ章6の「教材研究『北風』のくれたテーブルかけ」の前人未踏の精緻な教材解釈にその一端を見ることができる。――

　先生の教材発見・教材産出・教材解釈の姿勢は、最晩年の読書生活についての「大村先生は尋常でない本の買い方をなさる」との苅谷夏子さんからの電話に繋がっていく。

〇

　ただし、活字化されたものは、お仕事の一部である。大村はま教室における実践の営み――方法・技術は、先生の開拓者精神にうらづけられ、精神と一体のものとして創造されてきた。活字化された『大村はま国語教室』は、「実の場」を経て立体的に営まれた授業そのものではない。活字を通して大村はま教室を見ようとするとき、その教室の底を流れる教育者精神に想いを致す必要がある。

〇

　大村はま先生は最晩年、「橋本さん、あの実践は、全集の何処に（載せて）あった？」と電話でたびたびお尋ねになった後、その資料の発見や単元の胚胎・展開の内輪話などを詳しく語ってくださった。

　また、鳴門教育大学付属図書館の（大村はま文庫の）係の人に「『書き出し文の研究』は何巻のどこにありますか？」とか、「新聞の見出しの語彙の実践研究はどこに載っています？」との問い合わせが始終来ている。その度ごとに係の方が「全集」の目次を繰って探したり、私の所へ電話を回したりしてこられたりする。探しあぐねて実践・研究への意欲を乏しくされる方があるのでは…と懸念することもあった。

［画期的な全集16巻が完結してから28年が経過しようとしている。本「全集」の企画・編集の段階から協力させていただき、「別巻」のⅡも担当しながら「全集」に学ぶことに偏し、検索のための作業が遅きに失した。申しわけない思いが強い］

〇

　活字化されたもので 大村はま実践の精神、方法・技術を云々してはならないと考えつつ、全集のその箇所にふれ、大村はま先生の理念に学び、「数多くの二十一世紀への提案」に応えて、自己の実践を互いにたかめ合うために、本書を上梓することとする。この試みが新しい学室の建設に役だつことを念じつつ。

〇

　「大村はま国語教室　全15巻別巻1」の巻別総覧の試みは、総索引のため用意した2000枚の手書きカード・資料の整理にはじまった。［本書にはカードの三分の一をあげるにとどまった。］その組版、編集、刊行にあたって、この度も溪水社　木村逸司社長に格別のご高配をいただいた。記してあつく感謝申しあげる。

編者略歴

橋　本　暢　夫（はしもと　のぶお）

1931年大阪市生まれ。広島大学教育学部卒業。和歌山県立桐蔭高等学校、広島県下の高等学校に勤務。1969年広島県教育委員会指導主事・指導課課長補佐。1970年から広島県立広島女子大学講師を兼務。1980年から大分大学・鳴門教育大学・徳島文理大学に勤務。1996年鳴門教育大学附属図書館に「大村はま文庫」を創設した。
1990年大村はま賞受賞。1996～2004年 徳島県ＮＩＥ推進協議会会長。
（『中等学校国語科教材史研究』により、2002年博士・教育学＝[広島大学]）

○　大村はま「国語教室」関係の著作・論考
・「大村はま実践・研究目録」（『大村はま国語教室　別巻』　筑摩書房　1985）
・『大村はま「国語教室」に学ぶ―新しい創造のために―』（渓水社　2001）
・『（大村はま）22年目の返信』（共編　小学館　2004）
・『大村はま国語教室の実際　上・下』（大下学園講演を補訂・編　渓水社　2005）
・『大村はま「国語教室」の創造性』（渓水社　2009）
・「国語教育の本質と国際化」（「国語科教育37集」　全国大学国語教育学会　1990）
・「子どもの発達と国際化」（『子どもの発達と教育』　ブレーン出版　1992）
・「自己学習力の育成」（『国語教育の授業改善』　ＫＫニチブン　1997）
・「大村はま先生のおくりもの―数多くの「提案」について―」
　　　　　　　　　　　　（大村はま国語教室の会研究発表大会資料　1983）
・「中等国語教育実践史研究―大村はま氏の実践・研究を中心に―」
　　　　　　　　　（『教科教育学研究　第4集』　日本教育大学協会　第一法規　1985）
・「大村はま文庫『学習の記録』に学ぶ」
　　　　　　　　　（第30回大村はま国語教室の会研究発表大会　別冊資料　2000）
・「『大村はま国語教室』の各巻に寄せられた波多野完治博士の書簡」
　　　　　　　　　　　　　　　（『22年目の返信』「巻末に寄せて」　小学館　2003）
・「大村はま『国語教室』の創造性」（全国大學国語教育学会資料　千葉大学　2004）
・「二十一世紀の国語教育への提案―『自己学習力』の育成―」
　　　　　（「優劣のかなたを目指した単元」別冊資料　大村はま記念の会・横浜　2005）
・「『新聞』学習の創造」（「季刊ＴＫＳ　85号」　東京機械製作所　2006）
・「ＮＩＥの先駆者　大村はま」（「日本ＮＩＥ学会誌2号」　日本ＮＩＥ学会　2006）
・「大村はま教室の『学習記録』にみるメデイアリテラシー教育」
　　　　　　　　　　　（「月刊国語教育研究　9月号」　日本国語教育学会　2008）
・「『自己を育てる』教育の系譜―蘆田惠之助・川島治子・大村はまの国語教室―」
　　　　　　　　　　　　（第7回大村はま記念国語教育の会資料　福岡教育大　2011）
・「日本におけるＮＩＥ学習の源泉とその課題」
　　　　　　　　　　　　　　　　（第8回ＮＩＥ学会鳴門大会講演資料　2011）
・「大村はま教室の『自己を育てる』教育の生成」
　　　　　　　　　（第8回大村はま記念国語教育の会千葉大会資料　2012）
・「大村はま教室の『自己を育てる』教育の成熟とその成果」
　　　　　　　　　　　　　　　　　　　（「はまなす　17号」2013）　　　　など

□『大村はま国語教室　全15巻　別巻1』からの縮約や要点の記述、引例等については、著作権継承者である大村努氏の了承を得ている。

『大村はま　国語教室　全15巻　別巻1』巻別内容総覧

2013年8月14日　発行

編　者　橋　本　暢　夫
発行所　株式会社　溪水社
　　　　広島市中区小町1-4（〒730-0041）
　　　　TEL（082）246-7909
　　　　FAX（082）246-7876
　　　　E-mail：info@keisui.co.jp

ISBN978-4-86327-226-2　C3080